普通高等教育经管类系列教材

工程经济学

陈中柘　李海庆　编著

机 械 工 业 出 版 社

本书介绍了工程经济学的基本原理和分析方法，覆盖了工程经济学的基础知识和关键内容。本书旨在培养读者的工程经济分析能力，通过学习本书，读者能够运用工程经济学提供的方法分析和评价工程项目涉及的技术经济问题，为投资决策提供科学依据。书中介绍的工程经济的计算方法将手算和电算相结合，演示了采用Excel电子表格计算工程经济的定量评价指标的过程，使工程项目方案评价人员既能够掌握工程项目评价指标的经济含义和计算原理，也能够轻松处理各种复杂的工程经济运算问题，并辅以图形说明，使读者可以直观地分析所面临的各种复杂工程项目的管理问题和经济问题。

本书可作为高等院校工业工程、机械工程以及电气工程等专业本科生和研究生的教材，也可供报考建造师、资产评估师、房屋估价师职业资格考试的读者参考，还可供工程技术人员和工程项目管理中的投资管理人员、工程项目预测与决策人员、建设项目经济咨询及评估人员使用。

图书在版编目（CIP）数据

工程经济学/陈中柘，李海庆编著．—北京：机械工业出版社，2020.6（2025.7重印）

普通高等教育经管类系列教材

ISBN 978-7-111-65216-8

Ⅰ.①工…　Ⅱ.①陈…②李…　Ⅲ.①工程经济学-高等学校-教材　Ⅳ.①F062.4

中国版本图书馆CIP数据核字（2020）第052828号

机械工业出版社（北京市百万庄大街22号　邮政编码100037）
策划编辑：曹俊玲　责任编辑：曹俊玲　刘　静
责任校对：聂美琴　封面设计：张　静
责任印制：常天培
河北虎彩印刷有限公司印刷
2025年7月第1版第5次印刷
184mm×260mm · 17.25印张 · 426千字
标准书号：ISBN 978-7-111-65216-8
定价：45.00元

电话服务	网络服务
客服电话：010-88361066	机　工　官　网：www.cmpbook.com
010-88379833	机　工　官　博：weibo.com/cmp1952
010-68326294	金　　书　　网：www.golden-book.com
封底无防伪标均为盗版	机工教育服务网：www.cmpedu.com

前　言

工程经济学（Engineering Economics）是工程学与经济学边缘交叉的一门应用学科，已被广泛应用于工程项目的技术经济分析中，其原理和方法是工程项目投资决策的基础，为工程项目的投资决策提供了系统的分析方法。

本书介绍了工程经济学的基本要素、基本原理和工程项目的经济分析方法、不确定性分析方法、投资估算与资金筹措、设备的工程经济分析方法、设备的工程经济分析方法、工程项目的可行性分析，覆盖了工程经济学的基础知识和关键内容。本书旨在培养读者的工程经济分析能力，通过学习本书，读者能够运用工程经济学提供的方法分析和评价工程项目涉及的技术经济问题，为投资决策提供科学依据。

本书的内容是根据不同类型的工程项目所采用的方法和评价指标的逻辑结构来安排的，以方便工程评价人员准确选用符合工程项目类型的评价方法和指标，避免在面对众多评价指标时的茫然无措，甚至评价方法和指标的错用。

书中介绍的工程经济的计算方法将手算和电算相结合，演示了采用 Excel 电子表格计算工程经济的定量评价指标的过程，使工程项目方案评价人员既能够掌握工程项目评价指标的经济含义和计算原理，也能够轻松处理各种复杂的工程经济计算问题。

本书在章首部分安排了引例，以提高学生的学习兴趣，在章末提供了思考和练习，且包括 Excel 练习，以多种方式使学习掌握所学到的知识。本书涉及范围广泛，内容丰富，教师可以根据不同层次学生的水平和教学目的灵活选取教学内容。本书在适合教学的同时，也可供相关人员参考和使用。

本书由电子科技大学陈中柘、李海庆编著，李海庆主要对教材中的部分插图进行了绘制并对教材内容进行了校核。本书参考了由钟世谋、孙小兵和孙京燕编写的《工程经济及电算法教程》部分内容和例题，在此向三位老师表示感谢。

由于编者水平有限，书中纰漏和不足在所难免，恳请读者批评指正。

编　者

目　录

第1章

工程经济概论

学习指导

本章知识要点：

1. 掌握工程经济学的概念
2. 理解工程技术与经济的关系
3. 了解工程经济学的发展情况
4. 理解工程经济学的研究对象和特点
5. 了解学习工程经济分析的重要意义

本章难点：

1. 工程技术与经济的关系
2. 工程经济学的研究对象和特点

引例

许多重大工程技术项目投资决策失败，不是因为技术原因，而是由于经济分析不合理所致。英法两国联合试制的协和式超音速客机（简称“协和式飞机”），在技术上是世界上最先进的飞机，特别是在自动飞行方面，协和式飞机能够达到四级自动降落和起飞，完全能按照程序和指令在无飞行员操纵的情况下自动进行起飞与降落。而且协和式飞机有两倍音速的飞行速度、豪华舒适的内部设施，对“惜时如金”的商业人士具有无可比拟的吸引力，因此一度成为欧美商贾贵族出行的首选。但是，英法两国航空公司为什么同时宣布停止协和式飞机的商业运营？

究其原因，尽管协和式飞机拥有这么多的先进技术，但耗油多、票价贵，在同等的通货膨胀率下，协和式飞机票价的增长速度比普通客机快很多，远远超过了普通客户的承受能力，因此不能吸引足够的客商。除此之外，飞行过程中噪声很大，为某些追求舒适的高端客户所厌弃，上座率不高，由此航空公司蒙受了巨大的损失。仅经过27年的商业运营，协和式飞机终于在2003年10月结束了飞行生涯，现在只能搁置在博物馆当作曾经的先进技术装备来展示，成为商界公认的投资决策失误的典范。

协和式超音速客机运营失败的主要原因是仅考虑了产品的技术先进性，而没进行产品寿命周期的工程经济分析。在进行投资决策时，若技术和经济矛盾，该怎样进行决策呢？这正是本课程所要讲述的核心内容。

1.1 为什么要学习工程经济学

什么是工程经济学？为什么工程经济学非常重要？很多工科学生都会认为“工程师的专业是解决技术问题，有关经济的问题应该由经济学专业的人士去解决，这并不是工程师要考虑的问题”。但是，无论是机械工程师、建筑工程师、电气工程师还是工业工程师，他们所解决的问题从选材到结构设计，从电气设计到产品的方案，其技术路线并不是只有一个方案，如何从众多的技术方案中选择一个可以使经济效益最大的方案，这个方案既有执行的技术基础，又具有经济优势，这就需要运用工程经济学的知识来解决。一般地，工程经济分析在面临工程设计的多个方案时，通过定量化的方法来评估其经济成果，从而对工程项目各个阶段的方案做出经济上合理的决策。

工程师们为了使产品在高度竞争的市场上处于盈利地位而做的涉及金钱方面的一类决策是工程经济学研究的主要内容。这些决策本质上是提出的设计或解决问题的方案产生的各类成本与性能的权衡，工程经济学的任务就是以最经济的方式做出这种权衡。例如，计算机焊接生产线是否采用计算机视觉系统来取代人工检验？这项投资多少年可以收回投资成本？

企业在进行工程项目的建设决策时，或个人投资者在进行个人投资决策时，都会面临一个选择的问题。例如，企业为提升竞争力或扩大生产能力，可能要投资建设新的项目或生产线，而实现这个目标的方案一般都有多个，这就涉及以下问题：不同的方案如何进行比较？比较的标准和方法是什么？新的建设项目其最合理的建设规模是多少？如何考虑项目从设计到建成投产过程中的各类不确定性因素？对个人投资者而言，当积累了一定数额的资金后，以何种方式保证其增值，是进行固定资产投资，还是投资股票或基金？等等。这些问题具有以下特点：①每个问题都有多个解决方案，实质是要研究多方案的选择问题；②每个问题研究的核心应当是经济效益，实质是要研究经济效益评价的标准和方法；③每个问题都是以现在为基点，研究未来的经济效益，涉及未来的收益和费用，这些因素是需要预测的、不确定的，其中的不确定性因素对决策的结果有很大影响。在影响因素众多的情况下，要做出正确的决策，仅仅依靠工程学的知识是不够的，还必须具备经济学的知识，并且掌握一些工程经济的分析方法。

工程经济学不仅在工程项目的经济分析中，在很多其他情况下都能发挥重要的作用：

1. 在工程上

是否要采用机器人代替人工进行某个设备或零件的制造？

是否要将某种新的技术代替旧的技术应用到现在的汽车自动波箱的制造中？

将有限的资金投入到现有技术的改进中，还是更换新技术设备？

2. 在公共事业上

在两地之间该修筑地铁还是地面轨道交通？

对拥挤的城际高速路建造分道还是拓宽目前的道路？

3. 在个人生活中

是应该付最小的信用卡账单还是分期付账单，或是借钱付信用卡账单？

面对各保险公司的投资连结保险，应该买哪种险种？

房贷提前还贷还是继续贷款？

从以上例子可以看出，任何工程项目并不是仅在技术上可行就可以了，它还必须强调在经济上的合理性，因此，工程经济学是一个合格工程师的必修课程。而且工程经济学广泛应用于工程项目、公共事务和个人投资等的方案决策，是现代工程师和项目管理人员的必备知识。

1.2　工程经济基础知识

1.2.1　工程经济学的概念

工程经济学是运用工程学和经济学等有关知识相互交融而形成的原理与方法，针对工程项目，系统地评价其解决方案的经济效益，从而实现有效利用资源、提高经济效益的一门应用性学科。

工程经济学研究的是各种工程项目的技术方案的经济效益。第一，这些技术方案是在技术上能够解决工程问题的各种方案，即在技术上可行的方案，要想建造一个技术上不可行的项目是不可能的，因为其建造的内在客观规律人们还没有掌握。第二，这些技术方案是在经济上合理的，经济合理考察的是：各种技术方案在实施过程中如何以最小的投入获得预期产出或者如何以等量的投入获得最大的产出。为了最大限度地满足市场和社会的需要，用最低的寿命周期成本实现工程项目的必要功能，实现工程技术服务于经济的目的，就应该探究工程技术和经济的最佳结合点，在特定条件下，获得投入产出的最大效益。

因此，工程经济学就是对能够完成工程项目预定目标的各种工程项目方案进行技术、经济论证，比较、优选出技术上先进、经济上合理的方案，从而为实现正确的投资决策提供科学依据的一门应用性学科。

1.2.2　工程经济学涉及的工程、技术和经济

工程经济学包括两个大的范畴，即工程学与经济学。

1. 工程经济学中的工程

工程经济学的研究对象是各类工程项目，工程经济学为具体工程项目的经济性分析提供方法基础，即研究采用何种方法，建立何种方法体系，才能正确估价工程项目的经济性，才能寻求到技术与经济的最佳结合点。工程的范畴很广，包括机电工程、土木工程、冶金工程和化学工程等，不同的工程领域所遇到的问题不同，解决方法各异。这里所说的工程项目是指投入一定资源的计划、规划和方案并可以进行分析和评价的独立单元。因此，工程项目的含义是很广泛的，它可以是一个拟建的工厂车间或房屋，也可以是一项技术革新或改造的计划，可以是设备，甚至设备中某一个部件的更换方案，也可以是一项巨大的水利枢纽或交通设施。通常，一个工程项目具有独立的功能，需要明确的费用投入。

工程项目还可以划分成更小的、便于进行分析和评价的子项目。例如，为汽车装配线上的焊接操作选择合适的自动机械；又如水利工程，其水坝和引水渠等在规划、设计和效益发挥上密不可分，分成两个项目就不合适了。把一些同一性质或虽然性质不同但有密切联系的投资活动纳入特定的项目或项目系统，旨在统一规划、设计、指挥和协调，以便更充分地利

用投资资源，以更快、更有效地发挥投资效益。

2. 工程经济学中的经济

经济是一个外延广泛、内涵丰富的概念，它来源于希腊语“家政”。现在的“经济”包含了多层意思，一般有以下四个方面的含义：

（1）经济是指生产关系。经济是人类社会发展到一定阶段的社会经济制度，是社会关系的总和，是政治和思想意识等上层建筑赖以建立起来的基础。

（2）经济是指一国国民经济的总称或国民经济的各部门，如工业经济、农业经济和运输经济等。

（3）经济是指社会生产和再生产，即指物质资料的生产、交换、分配、消费的现象和过程，是研究社会和部门经济发展规律的科学。

（4）经济是指节约或节省，是指人、财、物、时间等资源的节约和有效使用。

而工程经济学中的“经济”，是一个狭义的概念，它代表节省或节约的意思，即要求以最少的资财投入（占用或消耗）而获得最大的产出或报酬。工程经济学中的“经济”更多的是指工程项目或其他社会经济活动中的“相对节约”“相对节省”，即项目的经济合理性问题。

经济学是研究稀缺资源在给定但有竞争的目的之间的配置的科学，包括一个庞大的体系，根据研究角度不同，经济学分为宏观经济学和微观经济学。宏观经济学是研究稀缺的资源怎样有效为社会所利用的问题，它关注国民经济整体运行方式与规律，通过研究产量、收入、价格水平和失业等要素来分析整体经济行为，研究现有资源未能得到充分利用的原因、到达充分利用的途径以及如何增长等问题。微观经济学研究单个经济单位的经济行为和特征，解决的问题是如何使资源配置达到优化，即在这种资源配置下能给单位带来最大的经济利益，具体地说就是经济实体单位生产什么、生产多少、为谁生产的问题。

在利用工程技术服务于人类的过程中，如何使有限的资源最大限度地满足社会的需求，如何在技术可行的方案中配置有限的资源，需要研究各种工程技术方案的经济效益的影响因素、评价准则和评价指标，通过对不同方案经济效果的计算，以求找到最优的经济效果的技术方案，作为决策者进行工程技术决策的依据。工程经济学就是在这种背景下产生的。

3. 工程技术和经济的关系

（1）技术的概念。狭义的技术是指人们从事某种活动的技能。广义的技术是指人们控制自然和改造自然的手段。技术是多种多样的，在生产活动中的技术大致可以分为两类：一类是体现为机器、设备、厂房、建筑物、原材料、燃料与动力等的物质形态技术，又称为硬技术；另一类是体现为工艺、方法、配方、程序、仪器、技能、规划和谋略等管理能力和非物质形态的技术，又称为软技术。

（2）工程技术的先进性和经济合理性。工程技术是经济发展的手段和方法，经济是工程技术进步的目的和动力。工程技术的先进性和经济合理性是社会发展的一对相互促进、相互制约的既统一又矛盾的统一体。

工程技术的进步是经济发展的必要条件和手段。人类历史已发生的几次重大技术革命，每一次都是由于有新的科学和技术的发展而产生的。这些新的科学和技术导致生产手段和生产方法的重大变革，促进了新的生产部门的建立和经济水平的提高。新技术的出现，不仅改善了劳动条件和环境，减轻了人们的劳动强度，使人们在广度和深度上合理利用自然资源，而且开辟了广泛的工业领域。例如，蒸汽机的广泛使用，促进了纺织业和交通运输业的发展；内燃机技术的发展与应用，开辟了汽车工业和航空工业等。

工程技术的先进性表现在两个方面：①它能创造落后技术所不能创造的产品和劳务，例如智能手机将手机带入互联网时代，现代航空航天技术将人类带上了月球等；②它能够用更少的物力和人力创造出相同的产品和劳务，也就是说提高了效率，降低了成本。

经济的发展为工程技术的进步提供了物质基础。技术发展是受经济条件制约的，一项新技术的发展、应用和完善，主要取决于是否具备必要的经济条件，是否具备广泛使用的可能性。因此，任何一项新技术的产生和发展都是由社会经济发展的需要而引起的，也是在一定的社会经济条件下应用和推广的。

技术的先进性与经济合理性在很多情况下是一致的，因为人类发展技术是为了经济的目的，技术不断发展的过程就是经济效果不断提高的过程。凡是先进的技术，一般来说，总是有较高的经济效果。但是，技术的先进性和经济合理性之间又存在着一定的矛盾。这是因为在实际的生产中采用的技术只能凭借当时当地的具体自然条件和社会条件，而条件不同，技术所带来的效果也不同。某种技术在某种条件下会体现较高的经济效果，而在另一种条件下就不一定是这样。可能从长远的发展来看，应该采用某种技术，而从近期的利益来看，则需要采用另一种技术。例如，铁路机车的牵引动力，从总效率方面比较，以电力牵引为最优，内燃机牵引其次，蒸汽机牵引最差。采用电力牵引，可以节省燃料，提高行车速度，减少环境污染，但是需要建设庞大的电力网和供电设备。因此，目前阶段，世界上许多国家以内燃机为主要动力，电力牵引的电车仅为少数地区的交通工具，经济性并不好。由此可见，联系到具体的自然条件和社会条件，并非一切先进的技术都是经济合理的。很多高科技项目如新能源汽车、新型材料和生物技术产品，在技术上是先进的，但由于成本过高、经济性差而无法实现其商业价值。

因此，为了保证工程技术很好地服务于经济建设，最大限度地满足社会的需要，就必须研究在当时当地的具体条件之下采用哪一种技术才是合适的。这个问题显然不仅仅是由技术是否先进决定的，而必须通过效益和成本的计算与比较才能够解决。

由此可见，在工程技术和经济的关系中，经济占据支配地位，起决定作用。工程技术是人类进行生产活动和完善生活的手段，工程技术的进步是为经济发展服务的。一般情况下，技术的发展会带来经济效益的提高，技术不断发展的过程也正是经济效益不断提高的过程。随着技术的进步，人们能够用越来越少的人力、物力和时间消耗获得越来越多的产品或服务。因此，一般来说，技术的先进性和经济合理性是一致的，具有较高技术水平的项目，往往也具有较高的经济效益。但是，技术的先进性并不等同于经济的合理性，不是在任何情况下，先进技术的应用都能带来经济上的高效益，协和式飞机就是明证。

（3）典型示例。我国迄今为止，最有名的、经济效益最好的工程，当数都江堰水利工程。都江堰位于四川成都平原西部的岷江上，建于公元前 250 多年前，是中国战国时期秦国蜀郡太守李冰及其子率众修建的一座大型水利工程，是全世界至今为止，年代最久、唯一留存、以无坝引水为特征的水利工程。2 200 多年来，它一直在发挥着巨大的效益，灌溉土地达 1 000 多万亩⊖，不愧为世界文化与自然双重遗产。从工程本身来说，该工程没有宏大的水坝，也没有自开启的水闸，用现在看上去并不起眼的鱼嘴、飞沙堰和宝瓶口实现了分水、溢洪和引水。所用技术也谈不上先进，在没有火药的情况下，用火烧石使之爆裂开凿山岩；在没有水泥的情况下，就地取材，用竹笼裹卵石筑堰；在没有钢材的情况下，用树木编成的木排实现分水。其了不起之处还在于工程巧妙地解决了水利工程常见的泥沙淤积的问题，使工程能延续数千年不辍。可以说，都江堰以最小的代价实现了最大的社会经济效益。而我们近代实施的一些水利工程，可谓高峡出平湖，非常雄伟，技术也先进，但不出数年，泥沙淤积，水位提高，造成上游被淹。这些工程即便不算是完全失败，但至少可以说是没有达到规划设计的经济性要求。

为保证工程技术更好地服务于经济，最大限度地满足社会需要，有必要研究技术与经济的最佳结合点，在特定的条件下，获得较大的效益。

工程经济方面的规律性是复杂的、变化的，这是因为经济规律受人们行为和社会的影响，它比自然现象复杂很多。因此，工程经济学的内容也在不断充实和发展中，不能一下子找到一种绝对正确的方法，重要的是要掌握基本的经济概念以求在实际工作中灵活应用。

1.3 工程经济学的产生与发展简史

1.3.1 工程经济学的产生

工程经济学是建立在技术与经济基础之上的一门学科，它的产生有其历史原因。直到 19 世纪末，工程师的工作仍然是把科学家的发明转变为有用的商品，他们仅仅关心机器的设计、制造和运转，很少注意到有限资源的合理配置和投资活动的风险。随着科学技术的飞速发展，社会投资活动的增加，工程师的职责范围不断扩大，他们不得不对许多工程问题进行决策，例如，相比较的工程项目设计方案应该选择哪一个？正在使用的机器是否应该更新？在有限资金的情况下，如何设计工程方案不超过预算？这些问题都会涉及方案的选择，需要考虑经济问题。因此，工程师要在日益复杂的经济环境下做出正确的决策，必须兼有工程学和经济学知识，掌握兼顾技术和经济的评价方法。这样就促成了工程经济学的产生。

1.3.2 工程经济学的发展简史

1. 工程经济学的发展历程

工程经济学源于 100 多年前美国的土木工程师亚瑟 · M. 惠灵顿（Arthur M. Wellington）。他在工作中发现，在进行铁路布局时，除了坡度、弯道半径等技术参数外，经济性常常是影响选择的一个重要因素之一。因此，1887 年，他出版了《铁路布局的经济理论》（*The Economic Theory of Railway Location*）一书，对工程经济做出了精辟的评述：**“从某种意义来说，工程经济学可以定义为一门少花钱多办事的艺术。”**他的论点开辟了工程领域中的经济评价工作，他首次将成本分析方法应用于铁路的最佳长度和路线的曲率选择问题上，并提出了工

⊖ 1 亩 = 666.67m^2。

程利息的概念。1920 年，戈哥德曼（O. B. Goldman）教授出版了专著《财务工程》（*Financial Engineering*），为工程经济学的核心理论做出了重要贡献。书中研究了工程结构的投资问题，提出了用复利法来确定方案的比较值。书中提出：“有一种奇怪而遗憾的现象，就是许多作者在他们的工程书籍中，没有或很少考虑成本问题。实际上，工程师最基本的责任，是分析成本，以达到真正的经济性，即赢得最大可能数量的货币，获得最佳财务效率。”戈德曼教授为工程经济学中许多基本原理的产生奠定了基础。1930 年，尤金 · L. 格兰特（Eugeue L. Grant）教授出版了《工程经济学原理》一书，第一次对工程经济学原理做了系统的论述，该书历经半个世纪，到 1982 年已再版六次，是一本公认的学科代表著作。在《工程经济学原理》一书中，他指出了古典工程经济学的局限性，提出要以复利计算为基础，讨论了判别因子和短期投资评价的重要性，对长期资本投资评价做了介绍，至此，工程经济学的基本框架基本形成。格兰特教授的卓越贡献获得社会承认，被誉为“工程经济学之父”。经济学家乔尔 · 迪安（Joel Dean）将凯恩斯等经济学家的理论结合起来，提出了分析资源配置中各种影响因素的方法，在他的影响下，现金流量折现法和资本分配法等工程经济学中许多基本的研究方法应运而生。1982 年里格斯（J. L. Riggs）出版了《工程经济学》一书，系统地论述了工程经济学的核心任务和经济决策方法问题，并详细地研究了工程师利用工程经济思想解决问题的方法和决策过程，提出了决策问题的不确定性问题，并通过灵敏度分析对风险进行预估。该书具有观点新颖、内容丰富、论述严谨的特点，把工程经济学的学科水平向前推进了一大步。

2. 工程经济学在中国的发展历程

工程经济学在中国的发展基本经历了三个阶段。

第一阶段：创建时期。20 世纪 50 年代末期至 60 年代初期，我国从苏联引入了技术经济分析方法。1962 年制订《1963—1972 年科学技术发展规划》时，正式提出了“技术经济学”这门学科。这一时期属于经济分析方法与经济效果学发展阶段，经济分析方法开始应用于工程技术中，并在工程建设和许多领域得到广泛应用，是发展较快的时期。

第二阶段：停滞时期。20 世纪六七十年代，这一时期工程经济学被否定，工程经济研究机构被撤销，属于停滞阶段。

第三阶段：快速发展时期。改革开放之后，随着国外投资的涌入，工程经济研究又活跃起来，开始了工程经济的讨论，1978 年，联合国工业发展组织为了推动发展中国家开展可行性研究，编写和发行了《工业可靠性研究手册》和《工业项目评价手册》，我国及时翻译出版并推广应用。1983 年有关部门颁发了《关于建设项目可行性研究的试行管理办法》，在经济建设中普遍开展了技术和经济分析论证工作与建设项目的可行性研究工作。80 年代初引入了西方的投资项目可行性研究以及价值工程的内容。这一时期，工程经济学的原理和方法在经济建设的项目评价中得到系统、广泛的应用；学科体系、理论与方法、性质与对象的研究不断深入，形成了较完整的学科体系，属于快速发展阶段。

1.3.3 工程经济学的发展趋势

美国经济学家沙利文（W. G. Sullivan）提出了今后工程经济学的发展趋势是：

（1）研究用哪些财务指标正确地判断企业生产竞争的战略投资。

济规律本身，而是以经济科学作为指导，研究工程技术方案的经济效益问题。工程经济学的任务不是发明新技术方案，而是对成熟的技术和新技术进行经济性分析、比较和评价，从经济的角度为技术的采用和发展提供决策依据。工程经济学也不研究经济规律，是在尊重客观规律的前提下，对工程方案的经济效果进行分析和评价。

工程经济学具有以下特点：

1. 综合性

首先，工程经济学是跨自然科学和社会科学两个领域的交叉学科，本身就具有综合性的特点。其次，每个工程项目的可行性方案都是包含多因素和多目标的综合体。工程经济学从工程技术方案的角度去考虑经济问题，又从经济的角度去考虑工程技术方案问题，工程技术方案是基础，经济是目的。既要考虑技术上的选择，又要考虑经济上的成本与效益；既要考虑直接结果，又要考虑间接效果。对方案进行评价不仅要进行技术经济评价，还要进行企业财务评价，更要进行国民经济评价等。这些都决定了工程经济分析的综合性特点。

2. 实践性

工程经济学是一门应用学科，工程经济学的研究对象来源于工程建设或生产的实际，其理论和方法都是实践经验的总结和提高，分析和研究的成果直接用于生产，并通过实践来验证分析结果是否正确，具有明显的实践性。

3. 定量性

工程经济学是一门以定量分析为主的学科，它是以微观经济学和计量经济学为基础的应用学科。定量分析与定量计算是工程经济学的重要手段，如果没有定量分析，工程技术方案的经济性就无法评价，不同方案的经济效果也就无法表达，方案之间的比较和选优也就无法实现，因此，工程经济学的研究方法以定量分析为主，对难以量化的因素也通过主观判断的形式给予量化表示。

4. 比较性

工程经济学的分析是通过经济效果的比较，从多个可行的技术方案中选择最优的方案或最满意的方案。这种比较是对各种可行方案的未来“差异”进行经济效果分析比较的，即把各方案中相等的因素的具体分析可略去，以简化分析和计算。所以，工程经济分析的过程就是方案比较和优选的过程。

5. 预测性

工程经济学的分析活动是在相关技术方案实施之前进行的，是对即将实施的技术政策、技术方案、技术措施进行的预先分析评价；是着眼于“未来”，是对技术政策、技术措施制定后，或技术方案被采纳后，将要带来的经济效果进行计算、分析和比较。工程经济学关心的不是某方案已经花费了多少代价，不考虑过去发生的、在今后决策过程中已无法控制的、已用去的那一部分费用的多少，而只考虑从现在起为获得同样使用效果的各种方案的经济效果。工程经济学讨论的是各方案未来的经济效果问题，那就意味着会有对“不确定性因素”与“随机因素”的预测与估计，这将关系到技术效果评价的结果。因此，工程经济学是建立在预测基础上的科学。

综上所述，工程经济学具有很强的综合性、实用性、定量性、比较性和预测性等特点。

1.7　工程经济分析的重要意义

一个国家、一个地区或一个部门，其经济发展水平和增长速度，不仅取决于投入的人力、物力和财力的数量，而且还取决于这些投入能否得到充分有效的利用，能否发挥出最大的效益。工程经济分析就是要使这种投入能够得到合理利用，发挥出最大的效力。其意义在于：

1. 工程经济学是工程师必备的经济学知识

工程经济学是专门面向工程师的经济学。工程师所从事的工作是以技术为手段把各类资源（如矿产资源、资金）转变为能被市场所接受的产品或服务，以满足人们的物质和文化生活需要。技术目的是经济性的，而技术所存在的基础也是经济性的。工程师的任何技术活动都离不开经济，工程师的任何工程技术活动，包括任何计划过程和生产过程，都应考虑收入和支出情况，最终考虑经济目标实现的程度，并由这一标准去检验工程技术和工程管理活动的效果。因此，工程师应掌握基本的工程经济学原理，只有这样才能成为一个合格乃至卓越的工程师。正如里格斯教授在《工程经济学》中所写的：工程师的传统工作是把科学家的发明转变为有用的产品。而今，工程师不仅要提出新颖的技术发明，还要能够对其实施的结果进行经济评价，缺少这些分析，整个项目能否实现、能否获得成功都存在着很大的风险。这也是工程类专业学生学习工程经济学的原因。

2. 工程经济分析是提高工程项目合理利用资源的有效保证

工程项目的建设要占用各种有限资源。对拟建项目，必须从中选出对经济发展有重要影响，社会效益、经济效益好的项目，投入资金、人力、原材料、能源等，所以，如何以最低的成本可靠地实现产品的必要功能是项目管理部门必须考虑和解决的问题，而要做出合理分配和有效利用资源的决策，则必须同时考虑技术与经济方面的因素，进行工程经济分析，做出正确的投资决策。

3. 工程经济分析是降低项目投资风险的有效途径

随着科学技术的迅猛发展，各种新技术、新设备、新工艺和操作方法以及新材料、新能源层出不穷，使得实现同一目标的方案越来越多，达到同一目标的手段也越来越多，选择项目方案就要从技术和经济出发，对方案的效益水平进行全面分析、评价和比较，寻求技术与经济的最佳结合。工程经济分析是克服盲目投资，避免不必要的损失，保证每项投资获得预期收益的有效途径。

4. 工程经济学是连接技术与经济的桥梁

技术与经济是一对互相制约、互相依存的矛盾体。工程离不开技术，而先进的技术并不一定能够在工程中得到应用。即技术上的先进性并不等同于经济上的合理性，不是在任何时候，先进的技术应用都能带来经济上的高效益。工程经济分析是横跨技术与经济的桥梁，是寻求技术与经济两者有机结合的直接途径，是改变技术与经济脱离的有效措施。通过工程经济分析寻找技术与经济的最佳结合点，在具体目标和具体条件下，获得投入产出的最大效益。

5. 工程经济学在项目管理中有着重要地位

在工程项目管理中，工程经济学的应用可分为两个层次：一方面，可根据工程经济学的理论和方法，在项目的策划、设计、实施过程中，结合项目的特点，通过多方案的评价，选择技术上先进、经济上合理的方案；另一方面，可根据国家和有关部门制定的各项政策、法律法规进行工程项目的有效管理，保证项目最佳效益目标的实现。因此，工程经济学知识已成为现代项目管理人员必备的基础知识。在我国现行的诸多建设领域的执业资格考试中，如监理工程师、房地产估价师、资产评估师、造价工程师、结构工程师、咨询工程师（投资）、一级建造师、设备监理师、投资建设项目管理师等，都需要考工程经济学的相关内容。

1.8 工程经济学与其他经济学科的关系

1. 工程经济学与西方经济学

工程经济学是西方经济学的重要组成部分，其研究问题的出发点、分析问题的方法和主要指标内容都与西方经济学一脉相承。西方经济学是工程经济学的理论基础，而工程经济学则是西方经济学在工程领域的具体应用。

2. 工程经济学与投资项目评估学

工程经济学侧重于方法论研究，投资项目评估学侧重于应用；投资项目评估学具体研究投资项目应具备的条件，工程经济学为投资项目评估学提供分析方法和依据。

3. 工程经济学与技术经济学

工程经济学与技术经济学有许多共同点，如技术经济学与工程经济学有共同的理论基础，很多工程的核心问题是技术问题；但也有所不同，技术经济学研究的对象、研究的内容要比工程经济学广泛一些。

4. 工程经济学与会计学

工程经济学与会计学既有联系又有区别。工程经济学借用了会计学的一些概念，如成本、收益等用于项目预期经济效益分析。工程经济学与会计学的区别在于，成本和效益的口径有所区别，分析中数据的取得方式和分析目的不同。

1.9 Excel 在工程经济学中的应用

工程经济学的问题涉及数据处理和变换参数的重复性计算，十分烦琐且容易出错。而其中的许多问题都是由结构化、重复的计算组成的，因此可以通过一些函数关系用公式来表示。随着计算机应用技术的普及，Excel 越来越多地被用于企业财务管理决策分析中。Excel 可以使问题结构化，比起手工解决问题，用 Excel 不仅简化了计算过程，而且使读者更容易发现其中的问题，也更容易修改某些错误。

Excel 拥有直观的界面、强大的计算功能和高效的图表工具，为工程项目的经济分析计算提供了极大的方便，简化了工程经济中的复杂计算，特别是求解较为复杂的资金等值计算问题、不确定性和风险问题以及方案优化。在本书中，采用了 Excel 内置的函数和工具，针对适当的例题和案例，讲述其在工程经济分析中的应用。

尽管 Excel 的应用简化了工程经济中的计算过程，降低了计算的复杂程度，但是，手工计算能帮助理解工程项目财务问题的含义和经济性计算的原理，是不能简化和忽略的基本功。

思考与练习

1. 什么是工程经济学？
2. 工程技术与经济的关系是怎样的？
3. 工程经济学有什么特点？
4. 工程经济学有哪些原则？
5. 简述进行工程经济分析的重要意义。
6. 列举国内外重大工程建设项目成功和失败的例子各两个，并分析其成功和失败的主要原因。
7. 举例说明经济因素是怎样促进或制约新技术或新商业模式的发展的。

第2章

工程经济分析的基本要素与估算

学习指导

本章知识要点：

1. 建设投资的构成及其组成费用的含义
2. 总成本费用的组成、经营成本的概念以及它们之间的关系
3. 固定成本与可变成本的概念，以及它们之间的联系和区别
4. 沉没成本与机会成本的概念及其在工程经济分析和投资中的作用
5. 投资、资产与成本的关系
6. 企业涉及的流转税种的计算
7. 投资和成本估算技术
8. 工程经济基本要素的估算方法

本章难点：

1. 各种成本的关系及其在工程经济分析和经济决策中的作用
2. 投资与成本的关系
3. 工程经济基本要素的估算方法

引例

引例1： QC公司进军饮用水行业，从1998年到2002年五年间，固定资产投资5.4亿元，每年3 000万元广告费用，加上其他费用累计投资3亿元。在成本没有优势的情况下，又没有市场份额作为支撑，每年都是亏损。请问，QC公司应该退出饮用水行业吗？投资决策应该考虑什么成本？

引例2： 某一工程项目预计投资2 800万元，投产后预计每年可获得收入480万元，预计每年的总支出为280万元，试问这一工程项目是如何预测出投资的资金额、总收入的资金额及每年总支出额的？

工程项目的建设是个投资活动，要对其经济效益与社会效益两个方面进行分析与评价。投资、成本费用、销售收入、税金及利润是工程建设项目经济分析的基本要素，是工程经济分析的基础。在项目的经济分析和投资决策中，不同的目的采用不同的成本和经济指标，区分这些成本的组成及其与投资之间的关系是进行工程经济分析和投资决策的基础。要进行工程项目的经济性分析，需要对这些基本经济要素产生的现金流进行预测和估计，只有这样才

能计算相应的评价指标，因此，采用科学的评估方法能够更精确地预测工程项目的经济要素，从而有助于做出正确的投资决策。本章主要对工程经济分析的基本要素——投资、成本和收益的概念以及对这些基本要素进行估算的方法进行介绍。

2.1　工程经济分析的基本经济要素

对工程项目进行工程经济分析和评价时，要借助现金流量计算收益和成本费用，而构成现金流量的基本经济要素就是项目的投资、资产、成本、销售收入、利润与税金等。这些基本经济要素是进行工程项目财务评价和国民经济评价不可缺少的基础数据，是工程经济分析的前提。而对这些基础数据的认识和估算将直接影响工程项目方案评价及选择的质量。

2.1.1　投资

1. 投资的概念

投资的概念有广义和狭义之分。广义的投资是指人们的一种有目的的经济行为，即用一定的资源投入某项计划，以获取所期望的报酬的过程。例如，通过提供咨询、提供劳务、投资办企业、银行存款、发放贷款等行为而获得收益的活动都可称为投资。狭义的投资是指人们在社会经济活动中为实现某种预定的生产、经营目标而预先垫付的资金。例如，在建工程、采用 BOT 方式建公路、买股票、买债券等预先投入的资金都可称为投资。

工程项目总投资是指项目建设和投入运营所需的全部投资，这个项目可以是购买一个单体设备，可以是开发一个新的工艺流程，也可以是建设一座工厂或一个联合企业，也可以是对原有项目或企业进行更新改造，还可以是购买和取得无形资产等。

2. 投资的分类

这里的投资分类主要是指工程项目的投资分类。投资的分类方法很多，按照不同的标准，在工程项目的工程经济分析和评价中，投资主要有以下分类：

（1）按其与形成真实资产关系的直接程度，可划分为直接投资与间接投资。

1）直接投资是指投资者直接运用资金，进行开厂设店，独立经营，或购买企业，或与其他投资者合资经营、合作经营、合作开发等，从而获得支配企业经营管理的权利。直接投资一般都能增加真实资产存量，为最终生产产品和提供劳务创造物质基础。

2）间接投资是指投资者运用资金购买股票、债券等有价证券，以收取一定的股息或利息为目的的投资行为。间接投资只能形成虚拟资产，本身并不直接导致生产能力、服务能力的增加。

（2）按其形成真实资产的内容，可划分为固定资产投资、流动资产投资、无形资产投资与递延资产投资。这几种资产的概念将在后文中介绍。

3. 投资的构成

根据国家发改委和建设部（现为住建部）联合发布的《建设项目经济评价方法与参数》（第 3 版）对资产的划分，工程项目总投资包括建设投资、流动资金投资和建设期借款利息，其构成如图 2-1 所示。

（1）建设投资。建设投资是指从工程项目确定建设意向开始直至建成竣工投入使用为止，在整个建设过程中所支出的总建设费用。建设投资一般由工程费用、工程建设其他费用

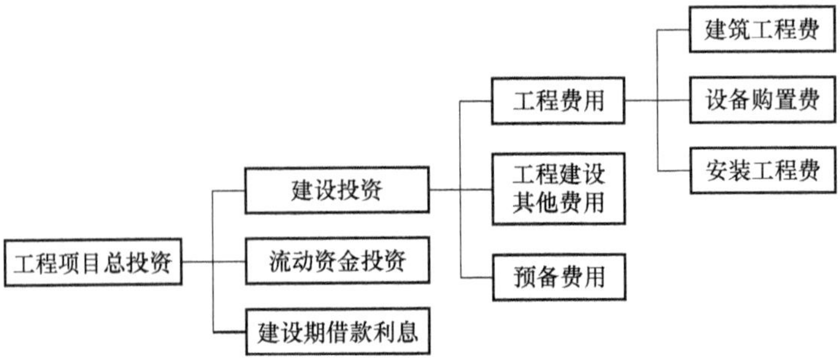

图 2-1　工程项目总投资的构成

和预备费用三部分构成。工程费用又包括建筑工程费、设备购置费和安装工程费三个部分。工程建设其他费用主要包括土地征用及补偿费、开办费、勘察设计费等相关费用。预备费用是指由不可预见的因素和物价变动因素所引起实际投资发生变化的投资变动费用，分为基本预备费和涨价预备费。

（2）流动资金投资。流动资金是为维持生产所占用的全部周转资金，它是流动资产与流动负债的差额。流动负债是指那些要动用流动资产来偿还的各种债务。流动资金按其在生产过程中的形态和作用，可分为如图 2-2 所示的三个阶段。

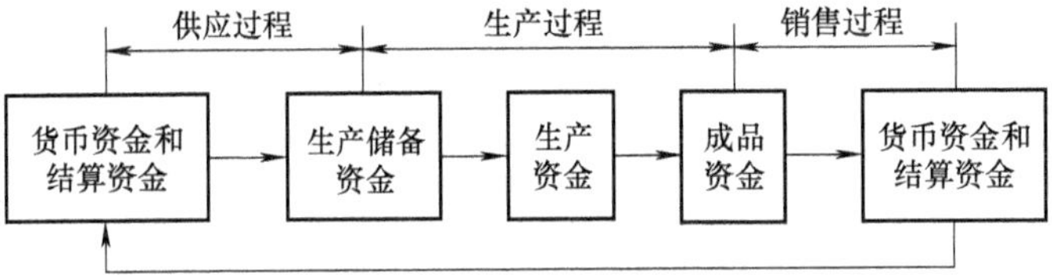

图 2-2　流动资金循环过程

企业的流动资金从货币形态开始，依次经过如图 2-2 所示三个阶段再回到货币形态，周而复始。在实际生产过程中，企业的流动资金是同时以实物形态或货币形态分配在各个阶段的，主要包括现金、应收账款、应收票据和预付账款以及各种存货等。存货是指企业在生产经营过程中为销售或者耗用而储备的物资，流动资产中存货的价值占有较大的比重，它分成原材料存货、在制品存货、产成品存货和包装物等。一般情况下，其价值一次性转移，并随着产品销售的实现，被耗用的价值一次性得到补偿。在流动资金中，现金是企业在生产经营过程中停留于货币形态的那部分资产，它具有流动性大的特点。企业要进行生产经营活动，首先必须拥有一定数量的现金，以支付劳动对象、劳动手段和活劳动方面的费用，通过生产经营过程，将劳动产品销售出去，又获得这部分资金。流动资金通常在项目投产前预先支付，在项目寿命终了全部还原成货币资金的行为叫流动资金回收。流动资金的构成如图 2-3 所示。

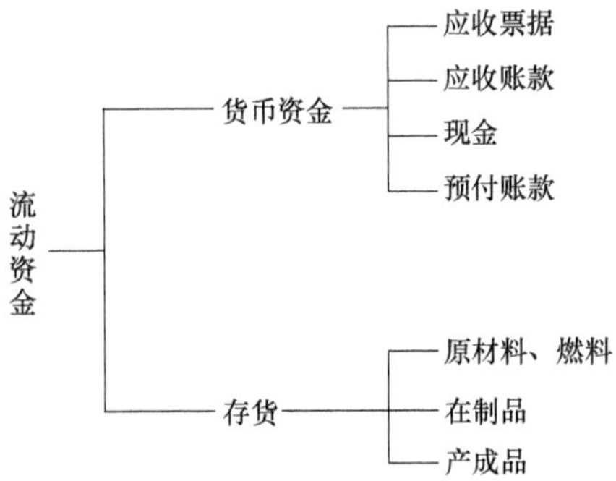

图 2-3　流动资金的构成

（3）建设期借款利息。建设期借款利息是指筹措债务资金时在建设期内发生并按规定允许在投产后计入固定资产原值的利息，即资本化利息，如银行借款、企业债券等利息。

2.1.2　资产

资产就是企业拥有或控制的以货币计量的经济资源，包括各种财产、债权和其他权利。它是企业从事生产经营活动的物质基础，并以各种具体形态分布或占用在生产经营的全过程中。根据资本保全原则，当建设项目建成投产运营时，前期的资产投资和新增投资将按规定形成固定资产、无形资产、流动资产和递延资产。

1. 固定资产

固定资产是指使用年限在一年以上，单位价值在规定标准以上，并且在使用过程中保持原有物质形态的资产，包括房屋及建筑物、机器设备、运输设备、工具器具等。其特点是：从实物形态上看，固定资产能以同样的实物形态为连续多次生产周期服务，而且在长期的使用过程中始终保持原有的物质形态；从价值形态上看，固定资产由于可以以同样的实物形态连续多次地为生产过程服务，因此固定资产的价值应当随着固定资产的使用而磨损，以折旧的形式分期分批地转移到产品的价值中去，构成产品价值的组成部分；从资金运动来看，固定资产所占用的资金循环一次周期较长，通过折旧得到补偿与回收的部分将转化为货币资金。

固定资产残值是指在项目的寿命终了时，固定资产还可以出卖换回的价值。由于固定资产（机器设备）的出卖还需一笔拆迁费，因此通常所说的固定资产残值是扣除拆迁费以后的净残值，净残值也可能为负数。固定资产残值通常是由有经验的资产管理人员评估与预测，固定资产残值不同于会计账面上的固定资产净值。

固定资产在使用过程中由于逐渐磨损而转移到产品中的那部分价值称为折旧。固定资产投产时核定的价值称为原值，固定资产原值扣除折旧后的价值称为净值。折旧方法目前有直线折旧法、加速折旧法等，将在后续章节中具体介绍折旧的方法。

2. 无形资产

无形资产是指没有物质实体形态，但却可使拥有者长期受益的资产。它是企业拥有的一种特殊权利，有助于企业取得高于一般水平的获利能力。无形资产的价值随着无形资产的使用而磨损，其损耗的价值以无形资产摊销的方式逐渐转移到产品成本中，并通过销售收入得到补偿。无形资产主要包括专有技术、专利权、商标权、著作权、土地使用权、特许经营权和商誉等。

无形资产是一种特殊的资产，与其他资产相比，具有以下特点：①不存在实物形态；②可以在较长时期内为其拥有者提供经济效益；③与特定企业或企业的有形资产具有不可分离性；④有偿取得；⑤所提供的未来经济效益具有不确定性。无形资产包括可辨认无形资产和不可辨认无形资产两大类。前者包括专利权、非专利技术、商标权、著作权、土地使用权等，后者是指外购商誉。

摊销费与无形资产的关系类似折旧费与固定资产的关系。摊销费是指无形资产和其他非流动资产的原始价值在规定的年限内，按年或产量转移到产品成本中的那部分价值。例如，项目引进的技术转让费，在项目投产前一次性支付的那部分已作为固定资产列入总投资，在项目投产后分次摊入管理费用，称为摊销费。

因为摊销费与折旧费具有类似的性质和地位，所以在计算现金流量时，也可以将它列入折旧栏目一并计算。

账面净值的差额等。

工业企业的营业外收入和营业外支出是指与企业生产经营无直接关系的各项收入和支出。营业外收入包括固定资产盘盈、处理固定资产净收入、罚没收入、罚款收入、确实无法支付的应付款项、以前年度的收益等。营业外支出包括固定资产盈亏、报废毁损、研究与开发失败损失、非常损失、公益救济性捐赠、罚息、赔偿金、违约金、以前年度损失等。

（2）利润率。利润率有以下三个衡量指标：

1）资本金利润率。资本金利润率是企业的利润总额与资本金总额的比率。资本金是企业吸收投资者投入企业经营活动的各种财产物资的货币表现。资本金利润率的计算公式为

$$资本金利润率=\frac{利润总额}{资金本总额}\times 100\% \tag{2-5}$$

资本金利润率是衡量投资者投入企业资本金的获利能力。在市场经济条件下，投资者关心的不仅是企业全部资金所提供的利润，更关心投资者投入的单位资本所创造的利润。资本金利润率指标越高，反映企业资本的获利能力越强。资本金利润率也是向投资者分配股利的重要参考依据。一般来说，向投资者分配的股利率要低于资本金利润率。

2）销售收入利润率。销售收入利润率是企业的利润总额与销售收入净额的比率。其计算公式为

$$销售收入利润率=\frac{利润总额}{销售收入净额}\times 100\% \tag{2-6}$$

所谓销售收入净额，是指企业销售收入减去当期销售收入中扣除的项目，如销货折扣、销货折让和销售退回等。

销售收入利润率反映企业单位销售收入所创造的利润。一般来说，销售收入利润率越高越好。

3）成本费用利润率。成本费用利润率是指企业的利润总额与成本费用总额的比率。它反映企业投入与产出之间的比例关系。其计算公式为

$$成本费用利润率=\frac{利润总额}{成本费用总额}\times 100\% \tag{2-7}$$

一般来说，企业在一定时期内的成本费用水平越低，利润总额越高，则企业的投入产出效果就越好。

3. 税金

税金是指企业根据国家税法规定向国家缴纳的各种税款，是企业为国家提供积累的重要方式，也是国家对各项经济活动进行宏观调控的重要杠杆。税收是国民收入分配与再分配的一种方式，具有强制性、无偿性和固定性的特点。在计算工程项目的经济效益时，税金是现金流出项，因此必须考虑项目相应税金的计算。本章就工程项目可能涉及的税种做一个简要的介绍。

（1）增值税。增值税是以商品生产、流通和提供加工、修理、修配劳务等各环节的增值额为征税对象的一种流转税。根据规定，在我国境内销售货物、进口货物以及销售应税劳务，均应缴纳增值税。因此，不仅在生产环节销售货物要缴纳增值税，而且在商业批发和零售环节销售货物也需缴纳增值税。

增值税的计税依据是增值额，即对生产经营过程中活劳动所新创造的价值课税，对商品

生产和流通中各环节的新增价值或商品附加值进行征税。增值税的计算方法如下：

1）扣额法。扣额法直接以增值额为计税依据，即

$$应纳增值税税额 = (销项金额 - 进项金额) \times 税率 \tag{2-8}$$

2）扣税法。扣税法间接以增值税税额为计税依据，即

$$应纳增值税税额 = 销项税额 - 进项税额 \tag{2-8'}$$

① 销项税额 = 不含税销售额 × 增值税税率。

其中，不含税销售额 = 含税销售额/(1 + 增值税税率)

② 进项税额是纳税人购进货物（或者接受应税劳务当期允许扣除税款）的购入物发票上注明的增值税税额。

在理论上，扣额法和扣税法是一致的，只是计算顺序不同。

近几年由于国务院施行减负政策，我国的增值税税率变化较为频繁。财政部、税务总局、海关总署 2019 年 4 月公告对增值税进行了改革，主要内容如下：

1）增值税一般纳税人（以下称纳税人）发生增值税应税销售行为或者进口货物，原适用 16% 税率的，税率调整为 13%；原适用 10% 税率的，税率调整为 9%。

2）纳税人购进农产品，原适用 10% 扣除率的，扣除率调整为 9%。纳税人购进用于生产或者委托加工 13% 税率货物的农产品，按照 10% 的扣除率计算进项税额。

3）原适用 16% 税率且出口退税率为 16% 的出口货物劳务，出口退税率调整为 13%；原适用 10% 税率且出口退税率为 10% 的出口货物、跨境应税行为，出口退税率调整为 9%。

例 2-1：某商店销售空调器 1 000 万元（含税），该商店当月购进空调器的增值税专用发票注册税额为 100 万元，该商店应缴纳多少增值税？

解：不含税销售额 = 含税销售额/(1 + 增值税税率)

销项税额 = 不含税销售额 × 增值税税率

= [1 000 万元/(1 + 13%)] × 13% = 115 万元

进项税额 = 100 万元

应纳税额 = 115 万元 - 100 万元 = 15 万元

（2）消费税。消费税是指对一些特定消费品或消费行为的流转额或流转量作为课税对象的一种税，属于流转税范围。它是国际上普遍通行的一个税种。

根据规定，在境内生产、委托加工和进口应缴纳消费税的消费品（简称应税消费品）的单位和个人，为消费税的纳税义务人，应按规定缴纳消费税。这就说明消费税仅就生产环节、委托加工环节和进口环节征收，在其他环节，如流通环节，一般不征收。11 类消费品纳入了消费税征收范围。例如特殊消费品（烟、酒、鞭炮、烟花等），奢侈品，非生活必需品（化妆品、贵重首饰及珠宝、玉石等），高耗能消费品（小汽车、摩托车等），不可再生和不可替代的石油类消费品（柴油、汽油等），对财政收入意义较大的产品（汽车轮胎、护肤护发品等）。消费税有从价定率和从量定额两种征收方法，不同的税目，所适用的税率、税额是不同的，参见相应税法规定。

消费税的计算如下：

1）从价定率计税。这是指以应税商品的价值量为计税依据。其公式为

$$应纳税额 = 销售额 \times 税率 \tag{2-9}$$

2）从量定额计税。这是指以应税商品的数量为计税依据。其公式为

$$应纳税额 = 销售数量 \times 单位税额 \tag{2-10}$$

(3) 城市维护建设税和教育附加税。城市维护建设税和教育附加税都是附加税，是以纳税人实际缴纳的增值税、消费税为计税依据的税种。也就是说，缴纳增值税和消费税，同时就要附加缴这两种税。税额的计算公式为

$$应纳税额 = 实际缴纳的增值税、消费税 \times 适用税率 \tag{2-11}$$

城市维护建设税依据纳税人所在的地区在市区的，税率为7%，纳税人所在地在县城镇的，适用税率为5%；纳税人不在上述两种区域的，税率为1%。教育附加费的税率为3%。

(4) 所得税。企业所得税是对企业（纳税人）的净所得额征收的一种税。这里的企业是指所有进行独立核算的企业和其他经营组织，包括国有企业、集体企业、私营企业、联营企业和其他有经营收入的组织。

企业所得税的计税依据是企业应纳税所得额，即纳税人在纳税年度取得的总收入减去税法准予扣除项目后的余额。其计算公式为

$$应纳税所得额 = 收入总额 - 税收准予扣除项目金额 \tag{2-12}$$

其中，税收准予扣除项目金额包括国家规定的核算成本、费用、税金和损失等项目的金额和税收调整项目的金额。

计征企业所得税税额的关键是确定应纳税所得额。有了应纳税所得额就可以乘以适用税率计算出所得税税额，最后再考虑有无税收优惠和税率抵免，以确定实际缴纳所得税税额，即

$$所得税税额 = 应纳税所得额 \times 适用税率 - 税额减免 - 税额抵免 \tag{2-13}$$

现行国家税法规定，企业所得税标准税率为25%，而对小型微利企业所得税实行20%的优惠税率。

小型微利企业是指应纳税所得额在300万元以内的企业，具体分为以下两种情形：

1）小型微利企业年应纳税所得额不超过100万元的，其所得减按25%计入应纳税所得额，按20%的税率缴纳企业所得税，实际税负是5%。

2）小型微利企业年应纳税所得额100万~300万元的，其所得减按50%计入应纳税所得额，按20%的税率缴纳企业所得税，实际税负是10%。

4. 价格

价格是计算费用和效益的基础，投资项目的投入和产出价值是以发生实际交易价格计算的，这种交易价格就称为市场价格。如果项目投入产出的市场价格能够比较真实地反映经济价值，则市场价格可用于工程经济分析。如果产品和服务的市场价格没有反映它的实际价值，存在扭曲和失真时，就必须调整市场价格，以正确反映产品和服务的价值。这种用于经济分析的调整价格，常用于国民经济分析中，称为影子价格。

影子价格这个术语是20世纪30年代末40年代初，由荷兰数理经济学家、计量经济学创始人之一的詹思·丁伯根（Jan Tinbergen）和苏联数学家、经济学家、诺贝尔经济学奖获得者列·维·康托罗维奇分别提出来的。它在西方最初称为预测价格或计算价格，在苏联则称为最优计划价格。后来，世界贸易组织（WTO）首席经济学家罗伯特·库普曼（Robert Koopman）主张统一称为影子价格，这一提法为理论界所普遍接受。

所谓影子价格，是指当社会经济处于某种最优状态时，能够反映社会劳动的消耗、资源稀缺程度和最终产品需求状况的价格。可见，影子价格是一种理论上的虚拟价格，是为了实

现一定的社会经济发展目标而人为确定的、更为合理（相对于实际交换价格）的价格。此处所说的“合理”，从定价原则来看，应该能更好地反映产品的价值，反映市场供求状况，反映资源的稀缺程度；从价格产出的效果来看，应该能够使资源配置向优化的方向发展。

如果把产品分为中间产品和最终产品，对于具有多用途的中间产品来说，其经济价值应当用它的机会成本来表示，这时，影子价格就是机会成本。对于最终产品来说，其影子价格不能用机会成本来表示，因为它不具有可供选择的用途，影子价格就为其支付意愿。所谓支付意愿，是指消费者对购买某一产品所愿意支付的最高价格。

工程项目的国民经济评价中常用影子价格代替市场价格进行费用与效益的计算，从而消除了在市场不完善的条件下由于市场价格失真可能导致的评价结论失实。

2.2　基本经济要素的估算

从工程经济分析的过程可知工程经济学研究和分析的是拟建项目的经济效益，因此，项目可行备选方案的未来现金流量以及成本和经济效益的估算是至关重要的一步，也是工程项目可行性分析的基础。工程经济学中最困难、代价最高、耗时最多的部分就是估算成本、收入、使用年限、残值和其他与备选方案分析有关的数据。只有当估算的成本和效益能够准确地接近将要发生的结果时，基于此估算的结论才具有参考价值。其准确程度直接影响着工程项目的评价结果，帮助决策者是否做出正确的决策，决定着能否获得银行的贷款以及项目是否能被批准。因此，工程项目的成本和效益估算是评价和决策的重要环节。在本节中，将介绍工程经济分析要素的估算技术和方法，主要包括成本和投资效益的估算。

在本书的例子和章末“思考与练习”中，现金流都是规定或假设已知的，在现实中，成本和收入的现金流估计是进行工程经济分析或方案对比的基础，并且成本估计是经济分析中的主要评估对象。

在经济分析中，估算的主要困难在于大多数预期项目的相对唯一，也就是说，不可能事先通过充分相似的设计来满足同样的功能要求和经济约束。因此，一般不存在完全精确的历史数据直接用于估算成本和收益，只能采用与所研究的项目相似的项目的历史数据，但必须按照科学的方法进行调整。

在财务效益与费用估算中，通常可以首先估算营业收入或建设投资，然后依次是经营成本和流动资金。当需要继续进行融资分析时，可在初步融资方案的基础上再进行建设期借款利息估算，最后完成总成本费用的估算，也可以由类似项目的会记账簿分析出总成本费用，然后根据总成本费用与经营成本的关系计算出经营成本。

成本由直接成本和间接成本组成。通常直接成本估算会有一些具体的方法，而间接成本估算一般会利用标准利率和系数进行。在许多行业的产品总成本中，直接成本比间接成本的比重小，比如制造和设备装配等，间接成本的估算及其准确性显得尤为重要。

2.2.1　综合估算方法框架

项目的经济分析是对项目建设期的投资费用以及运营阶段收益和成本支出的估计。下面介绍成本和费用的估算方法框架。

综合估算方法框架包括以下三个基本部分：

$$C_{2020}=C_{2011}(I_{2020}/I_{2011})=2\times525\text{ 万元}\times(182.4/145.9)=1\ 312.68\text{ 万元}$$

2. 生产能力指数法

生产能力指数法也称为生产规模指数法。这种方法根据已建成的、性质类似的建设项目或生产装置的投资额和生产能力及拟建项目或生产装置的生产能力估算项目的投资额。其计算公式为

$$C_t=C_0\left(\frac{A_t}{A_0}\right)^n f \tag{2-15}$$

式中　C_t，C_0——拟建项目和已建项目的投资额；

A_t，A_0——拟建类似项目和已建项目的生产能力；

f——不同时期、不同地点的定额、单价、费用变更等的综合调整系数；

n——生产能力指数，且 $0\leqslant n\leqslant1$。

若已建类似项目或装置的规模和拟建项目或装置的规模相差不大，生产规模比值在0.7～2，则指数 n 的取值近似为1。

若已建类似项目或装置与拟建项目或装置的规模相差不大于50倍，且拟建项目的扩大仅靠增大设备规模来达到，则 n 取值为0.6～0.7；若是靠增加相同规格设备的数量达到，则 n 的取值为0.8～0.9。

采用这种方法，计算简单、速度快；但要求类似工程的资料完整可靠，条件基本相同，否则误差就会增大。

例2-3：已知生产流程相似的年生产能力为10万t的化工装置，两年前建成的固定资产投资为2 500万元。拟建装置年生产能力设计为15万t，一年以后建成。根据过去大量这种装置的数据得出投资生产能力指数 $n=0.72$，这几年设备与物资的价格指数上涨率平均为7%，试估算拟建装置的投资费用。

解：由于两个装置建成时间相隔3年，物价上涨的综合调整系数为 $(1+7\%)^3$，则

$$C_t=2\ 500\text{ 万元}\times\left(\frac{15\text{t}}{10\text{t}}\right)^{0.72}\times(1+7\%)^3=4\ 100\text{ 万元}$$

3. 比例系数法

在对投资的初步成本估计中，另一个广泛使用的模型叫作比例系数法，也叫成本系数法。对于不同类型的项目，有时通过设备造价再综合项目特点，通过相关系数也可以对项目投资进行估算。这种方法主要是通过把主要设备的成本乘以某特定系数而得出相应项目的总成本，因此这种方法在技术设备选型阶段预估项目总投资时往往很有效。成本系数法的计算公式为

$$C_{\mathrm{T}}=hC_{\mathrm{E}} \tag{2-16}$$

式中　C_{T}——项目总成本；

C_{E}——项目主要设备的总成本；

h——总成本系数或单独成本系数的总和。

这种方法的关键是系数的确定和选用，由于工程本身的类型十分复杂，因而工程系数的确定也比较复杂。例如，固定生产线工厂的投资系数为3.10，半柔性生产线工厂为3.63，柔性生产线工厂为4.74。这些系数表明，工程投资是主要设备初始成本的多少倍。

对于间接成本，常用成本系数法进行估算。有一些间接成本仅以设备成本为基数，有些可用全部的直接成本为基数进行计算。

若间接成本仅作用于设备成本，则总成本系数可以写成

$$h = 1 + \sum_{i=1}^{n} f_i \tag{2-17}$$

式中　f_i——每个成本部分的系数，$i=1, 3, \cdots, n$，包括间接成本系数。

若间接成本系数作用于总直接成本，则要加上直接成本系数，总成本系数可以写成

$$h = (1 + \sum_{j=1}^{n} f_j)(1 + f_m) \tag{2-18}$$

式中　f_m——间接成本系数；

f_j——直接成本部分的系数。

例 2-4：活性污泥废水处理厂预计包括运费的设备主要成本为 27 万元，对于管道系统安装，混凝土、钢材、绝缘体、辅助智能等的成本系数为 0.49，建筑系数为 0.53，且间接成本系数为 0.21。分别计算所有成本系数作用于设备成本和间接成本系数作用于总直接成本时的总成本。

解：(1) 仅作用于设备成本的工厂总成本：

总成本系数为

$$h = 1 + \sum_{i=1}^{n} f_i = 1 + 0.49 + 0.53 + 0.21 = 2.23$$

工厂总成本为

$$C_T = 2.23 \times 27\ 万元 = 60.21\ 万元$$

(2) 间接成本系数作用于总直接成本时的工厂总成本：

总成本系数为

$$h = (1 + \sum_{i=1}^{n} f_i)(1 + f_m) = (1 + 0.49 + 0.53) \times (1 + 0.21) = 2.444$$

工厂总成本为

$$C_T = 27\ 万元 \times 2.444 = 66\ 万元$$

这两个方法计算的工厂成本不一样，间接成本仅作用于设备成本的工厂成本更少，这说明在使用系数之前确定间接成本作用于哪些基数是很重要的。

美国各大型工业项目都有自己积累的经验比例系数，可作为计算投资的依据，见表 2-1。

表 2-1　美国工业项目各项费用系数参考表

费用名称		系数符号	各项费用与设备费的系数
建筑工程费	工程费	K_{11}	75～150
	人工费	K_{12}	60～125
安装工程费	工程费	K_{21}	10～15
	人工费	K_{22}	10～25
间接费用		K_3	25～45
各项其他费用		K_4	30～40
工程设计费		K_5	20～40
零星设备费		K_6	10～15
工程项目总费用		A	300～400

其计算公式为

$$
\begin{cases}
A = M + M_a + M_b + M_c \\
M = M_0(1 + K_6) \\
M_a = M(K_{11} + K_{12} + K_{21} + K_{22}) \\
M_b = M(K_3 + K_4) \\
M_c = MK_5
\end{cases}
\tag{2-19}
$$

式中 A——建设项目总费用；

M——设备总费用；

M_0——主要设备费；

M_a——建筑及安装工程费；

M_b——间接费用；

M_c——工程设计费。

4. 参数成本法——学习曲线

参数成本是采用历史数据和统计方法预测的将来的成本。统计方法用来建立成本估算关系，将某一项目的成本或价格与一个或几个影响它的变量建立数学关系。

参数模型应用于早期的设计阶段，以便了解产品成本是如何随着其物理属性（如重量、容积、功率等）发生变化的。这对于开发在经济和技术上可行的产品极为重要。

很多统计方法与数学方法可用于构建成本估算关系，例如一元线性回归分析和多元线性回归分析模型，是估算一个或多个自变量函数的因变量的标准方法，常常用来建立成本估算关系，前面的生产能力指数法就属于参数估计法的一种，下面介绍学习曲线。

学习曲线是表述随着产出的重复增加，劳动者在生产过程中不断学会技术，提高劳动生产率，使单位产品的劳动用工不断下降的一种规律。在估算成本费用时要充分考虑这种重复生产成本的下降趋势。例如，生产第 1 件产品时，单位产品用工为 10 000 工时，生产第 2 件产品时就可能为 8 000 工时，生产第 4 件只要 6 400 工时，第 8 件只要 5 120 工时，以此类推。一般来说，产出翻一番，用工下降相同的比率，这个比率一般叫用工下降参数。用公式表示为

$$
Y_x = K S^{\lg x/\lg 2} \tag{2-20}
$$

式中 Y_x——生产第 x 件产品的用工工时；

K——生产第 1 件产品的用工工时；

S——用工下降参数，$0 < S < 1$；

x——产出个数。

例 2-5：根据上面的例子，可以算出第 8 件产品的单位用工为

$$
Y_x = 10\,000 \text{ 工时} \times 0.8^{\lg 8/\lg 2} = 5\,120 \text{ 工时}
$$

学习曲线的参数 S 可通过统计同类产品的历史数据统计得出。S 越大，工时下降得越慢，反之则越快。

例 2-6：某飞机公司开发研制一种新型的支线飞机，其装配车间完成第一架飞机装配用了 1 200 工作日，根据以往经验，估计的学习曲线的用工下降参数 $S = 0.8$，求装配第 120 架时的用工。

解：$Y_{120}=1\ 200$ 工作日 $\times 0.8^{\lg 120/\lg 2}=256.8$ 工作日

2.2.5　建设投资的估算

建设投资是指从工程项目确定建设意向开始直至竣工，并投入使用为止，在整个建设过程中所需的总建设费用。这是保证工程建设正常进行的必要资金。它是由建设投资的工程费用（建筑工程费、设备购置费、安装工程费）、工程建设其他费用和预备费用（基本预备费和涨价预备费）组成。

建设投资估算就是在给定的建设规模、产品方案和工程技术方案的基础上，估算项目建设所需的费用。

建设投资的估算方法一般有分类详细估算法和比例系数法。根据项目前期研究各阶段对投资估算精度的要求、行业特点和相关规定，可选用相应的投资估算方法。投资估算的内容与深度应满足各项目前期研究各阶段的要求，并为融资决策奠定基础。

投资决策的不同阶段，如投资机会研究、项目建议书和可行性研究阶段，只能对这些投资费用进行估算。不同的研究阶段所具备的条件和掌握的资料不同，估算的方法和准确程度也不相同。

1. 建设投资的分类详细估算法

建设投资的分类详细估算法是按照综合估算框架，根据建设投资的组成（见图 2-1）自下而上、分类分层地分别进行估算的。

（1）建筑安装工程费用。建筑安装工程费用是指花费在建筑安装工程施工过程中的费用，它按工程内容分为建筑工程费和安装工程费。建筑工程费通常是指建筑物和构筑物的土建工程费用，包括房屋、桥梁、道路、堤坝、隧道工程的建造费用，建筑物内的给水排水、电气照明、采暖通风等工程费用，以及农田水利、场地平整、厂区整理和绿化等工程费用。安装工程费一般包括各种需要安装的机械设备和电气设备等工程的安装费用。我国现行建筑安装工程费的构成为直接费用、间接费用、利润和税金。

建筑安装工程费用常采用生产规模指数法或比例系数法进行估算，建筑工程费也常采用同类型企业建筑物的单方造价法进行估算。

（2）设备购置费。设备购置费包括一切需要安装与不需要安装的设备的购买原价和设备运杂费，应根据项目主要设备表及价格、费用资料编制，还包括按设备成本的一定比例计取的工器具及生产家具购置费。

1）设备成本是使该设备达到正常生产前的全部费用，如果是购买的设备，包括设备的购置费、运输费、安装成本、保险费用和使用该设备的初始费用等，这些费用参照市场价格进行估算。对于参照物与估算对象有时间差的情况，必须采用价格指数法进行调整；若参照物与估算对象的生产能力不同，则可采用生产能力指数法进行调整。

① 自制或定制的国产非标准设备的成本主要由以下各项组成：材料费、加工费、辅助材料费、专用工具费、废品损失费、外购配套件费及包装费、利润、税金、设计费等。综上所述，单台非标准设备原价可表达为

$$\begin{aligned}\text{单台非标准设备原价}=&\{[(\text{材料费}+\text{加工费}+\text{辅助材料费})\times(1+\text{专用工具费费率})\times\\&(1+\text{废品损失率})+\text{外购配套件费}]\times(1+\text{包装费费率})-\text{外购配套件费}\}\times\\&(1+\text{利润率})+\text{增值税销项税}+\text{非标准设备设计费}+\text{外购配套件费}\end{aligned}$$

一般先对流动资产和流动负债主要构成要素进行分项估算，进而估算流动资金。一般项目的流动资金宜采用分项详细估算法。

流动资产的构成要素一般包括存货、现金、应收账款和预付账款。流动负债的构成要素一般只考虑应付账款和预收账款。它们之间的关系是：

$$\text{流动资金}=\text{流动资产}-\text{流动负债}$$

$$\text{流动资产}=\text{应收账款}+\text{存货}+\text{现金}+\text{预付账款}$$

$$\text{流动负债}=\text{应付账款}+\text{预收账款}$$

$$\text{流动资金本年增加额}=\text{本年流动资金}-\text{上年流动资金}$$

流动资金估算的具体步骤是，首先计算各类流动资产和流动负债的年周转次数，然后再分项估算占用的资金额。

$$\text{年周转次数}=\frac{360\text{天}}{\text{最低周转天数}} \tag{2-23}$$

流动资产的最低需要量为

$$\text{流动资产的最低需要量}=\frac{\text{对应的年成本费用}}{\text{年周转次数}} \tag{2-24}$$

以现金为例，企业赖以周转的对应的年成本费用主要是工资及福利费和其他费用，流动资产中的现金估算为

$$\text{现金}=\frac{\text{年工资及福利费}+\text{年其他费用}}{\text{年周转次数}} \tag{2-25}$$

一般工业企业的流动资产可以按表 2-2 对应的年成本费用进行估算。

表 2-2　流动资产估算对应的年成本费用表

流动资产		对应的计算周转的年成本费用
应收账款		年销售收入
存货	外购原材料、燃料	年外购原材料、燃料
	在制品	年外购原材料、燃料及动力费＋年工资及福利费＋年维修费＋年其他制造费
	产成品	年经营成本
现金		年工资及福利费＋年其他费用

注意：对外购原材料、燃料应按种类分项确定最低周转天数进行估算。

流动负债是指将在一年（含一年）或者超过一年的一个营业周期内偿还的债务。在项目前期的可行性研究中，流动负债的估算可以只考虑应付账款和预收账款两项，由于企业的应付账款主要产生于购买原材料、燃料及动力时，其计算公式也按同样的办法估算，即

$$\text{应付账款}=\frac{\text{年外购原材料费}+\text{年外购燃料及动力费}}{\text{年周转次数}} \tag{2-26}$$

流动资金估算中各分项的最低周转天数，应根据同类企业的平均周转天数并结合项目特点而定。例如，外购原材料和外购燃料的年周转天数不同，应分项计算。同一项目中，一般应收账款的最低周转天数应大于应付账款的最低周转天数。

2.2.7　经营成本的估算

经营成本是项目经济评价中所使用的特定概念，工程项目的评价和优选必须以项目的寿命周期费用作为基础，而不仅仅是项目的初始投资。某些项目的初始投资较小，但经营期间的支出巨大；而有些项目初始投资较多，但经营成本较小。比如水电和火电项目，水电项目投资巨大，但经营期的成本比火电项目少很多。有些项目在经营期间的维护费用远远超出初始投资，因此，比较和优选项目时，必须考虑经营成本。作为项目运营期的主要现金流出构成和估算可采取直接法和间接法。

1. 直接法

直接法就是直接计算经营期间的实际支出。用下面的公式进行计算：

$$经营成本 = 原材料、燃料和动力费 + 劳动力成本 + 维护费 + 其他费用 \tag{2-27}$$

（1）原材料、燃料和动力费：包括生产经营过程中外购的原材料、辅助材料、备品配件、半成品、燃料、动力、包装物及其他材料。估算时，可按各年的生产负荷算出各项消耗的数量乘以单价得到，也可以按销售产品价值的比例估算。

（2）劳动力成本：就是职工薪酬，包括全体员工的工资、福利费、各种保险、住房公积金等，可按企业定员数乘以各类人员平均薪酬水平得到。

（3）维护费：一般可按固定资产原值的一定比例估算，比例系数可根据相似设备的维修数据进行推算。

（4）其他费用：是指从制造费用、管理费用和营业费用中扣除了折旧费、摊销费、修理费、工资及福利费以后的其余部分，包括办公费、差旅费、运输费、保险费、工会经费、职工教育经费、技术转让费、土地使用费、咨询费、业务招待费、坏账损失和在成本费用中列支的税金，以及租赁费、广告费、销售服务费用等。一般也是按比例系数法估算。

2. 间接法

根据经营成本与总成本费用的关系，采用式（2-2）进行经营成本的估算。

2.2.8　收入的估算

营业收入是企业生产经营阶段的主要收入来源，是指企业销售产品或者提供劳务等取得的收入，包括产品销售收入和其他销售收入。其计算公式为

$$营业收入 = 产品的销售数量 \times 销售单价 \tag{2-28}$$

对于项目的经济评估而言，收入评估首先应考虑项目上市后的市场份额和价格，其次，还要评估项目的寿命期，这样才能较为准确地估算项目的经济收益。

思考与练习

1. 投资分为哪几类？
2. 什么是固定资产、无形资产、递延资产、流动资产？
3. 总成本费用由哪几项构成？
4. 什么是固定成本和可变成本？简述单位固定成本和单位可变成本与产品数量的关系。
5. 什么是机会成本和沉没成本？

6. 简述销售收入、利润和税金之间的关系。

7. 某拟建项目设计生产能力为15万t产品，每吨产品消耗的原材料为1.2t，原材料价格为1 000元/t，每吨产品耗费的燃料及动力费为100元、包装费为200元、生产人员计件工资为500元，非生产人员工资及福利费为100万元/年，年修理费为200万元，销售费、管理费等其他费用为300万元/年，年折旧费、摊销费分别为1 000万元、100万元，年利息为400万元。预计其投资运营后产品年产量（销售量）为10万t，则该项目投入运营后，每年的总成本、经营成本、固定成本、可变成本分别为多少？产品单位平均成本是多少？

8. 某企业为一般纳税人，1月购入原材料1 200万元（含税），卖出产品后，获得2 000万元的销售收入，该企业1月应缴纳多少增值税？（适用税率13%）

9. 项目的建筑工程费为2 500万元，设备购置费为4 600万元，安装工程费为1 700万元，工程建设其他费用为建筑安装工程费用的20%，基本预备费为建筑安装工程费用与其他费用之和的5%，建设期的涨价预备费费率为3%。试估算该项目的建设投资。

10. 某年产10万t的化工产品项目的投资额为5 000万元，现拟建年生产能力提高2倍的类似项目。这种项目的生产能力指数为0.6，综合调整系数为1.2，试估算拟建项目的投资。

第3章

资金的时间价值与资金等值计算

学习指导

本章知识要点：

1. 资金时间价值以及利率、利息的概念
2. 单利和复利的计算
3. 名义利率和实际利率的概念以及换算
4. 现值、终值和年值的概念及资金等值计算
5. 现金流量图的绘制
6. 一次支付、等额分付系列、等差系列现金流的现值、终值和年值的计算
7. 资金等值计算的各类公式系数及其关系
8. 不同贷款方式的本息计算
9. 用 Excel 进行资金等值计算

本章难点：

1. 在进行现值、终值和年值换算时各时点的位置关系
2. 混合型现金流的等值计算

引例

在日常生活中，将一笔钱存入银行，经过一段时间，银行会额外支付一定数额的利息。向银行借贷一笔资金后，偿还时需支付银行额外的利息。众所周知，今天的100元钱比今后若干年后的100元更值钱，这是因为今天的100元能够赚得利息或利润的缘故。

从以上案例我们可以看出，资金具有时间价值，那么怎么计算资金的时间价值呢？不同时点上的资金能否进行直接累加计算呢？本章就不同时点上的资金的等值计算进行介绍。

3.1 现金流量及现金流量的表达

工程项目的现金流量分析是资本投资决策中最重要的环节之一。现金流量包括项目所需要的投资额、项目投入运营后的经营现金流量以及项目终结时的现金流量。

3.1.1 现金流量的概念

正确确定项目方案在寿命周期内各个时期（各个时间点）的现金流量，是项目方案评

价的基础。在工程经济分析中，要把评价的项目方案视为一个独立的经济系统，这个系统可以是一个企业，也可以是一个地区、一个部门或者一个国家。通常，流入系统的资金收入叫作现金流入（Cash In），流出系统的资金支出叫作现金流出（Cash Out），并把某一个时间点的现金流入与现金流出的差额叫作净现金流量（Net Cash Flow）。系统的现金流入、现金流出和净现金流量统称为现金流量。

由于系统的资金运动有现金流入与现金流出的差别，因此现金流量就有正负的区别。通常规定，现金流入为正值，现金流出为负值。如果净现金流量是正值，则为正净现金流量，是现金流入；如果净现金流量是负值，则为负净现金流量，是现金流出。也就是说，如果现金流入与现金流出的代数和为正值，则净现金流量就是正净现金流量，是净流入；如果现金流入与现金流出的代数和为负值，则净现金流量就是负净现金流量，是净支出；如果现金流入与现金流出的代数和为零，则净现金流量就是零，收支相抵。

3.1.2 项目系统现金流量的构成

在项目工程经济分析与财务评价中，构成系统现金流量的要素主要有现金流出量和现金流入量。

1. 现金流出量

（1）固定资产投资及其建设期借款利息。作为项目的固定资产投资，一般来讲在建设期已全部投入系统，而其建设期借款利息也转为本金投入系统。因此，在工程经济分析和财务评价中，要将固定资产投资及其建设期借款利息均作为系统的现金流出项计算。

（2）流动资金投资。在项目建成投产时要向系统投入流动资金，以保证生产经营活动的正常进行。因此，在工程经济分析和财务评价中，要将流动资金投资作为现金流出项计算。

（3）经营成本。经营成本是在项目建成投产后的整个运营期间内，为生产产品或提供劳务而发生的经常性成本费用支出。因此，在工程经济分析和财务评价中，要将经营成本作为现金流出项计算。

（4）税金。目前国家颁布实行的、与企业生产经营活动有密切关系的税种有 10 种以上。在工程经济分析中，对项目进行工程经济分析和财务评价时，将税金作为重要的现金流出项计算；但在进行国民经济评价时，因为企业缴纳的税金并未减少国民收入，也未发生社会资源的变动，只是相应资源的分配使用权从项目转移到政府手中，是整个国民经济系统的内部转移支付，不是经营费用，故在国民经济评价中既不是现金流出，也不是现金流入。

（5）新增固定资产投资与流动资金投资。在项目建成投产后的运营过程中，如果需要增加投资，那么新增加的固定资产投资和流动资金投资，在工程经济分析和财务评价中均作为现金流出项计算。

2. 现金流入量

（1）销售收入。销售收入是项目建成投产后出售商品和提供劳务的货币收入，是直接反映项目真实收益的重要经济参数。因此，在工程经济分析和财务评价中，要将销售收入作为重要的现金流入项计算。

（2）利润。利润是项目系统经济目标的集中表现，是项目的最终财务成果，也是反映项目经济效益的重要综合指标。企业利润总额包括销售利润、投资净收益以及营业外收支净额。利润总额若为正数，则表示盈利；若为负数，则表示亏损。因此，在工程经济分析和财务评价中，要将利润作为重要的现金流入项计算。

（3）补贴。项目的补贴是与企业缴纳税金方向相反的一种货币流动。如果是专为鼓励或扶持项目系统而发生的补贴，那么工程经济分析和财务评价时应将其作为现金流入项计算。如果补贴是体现在价格、税收、汇率等方面的优惠政策上，那么补贴效益已体现在项目收入的增加或支出的减少，因此，在进行工程经济分析和财务评价时就不必再单列为现金流入或现金流出项计算。对项目进行国民经济评价时，由于补贴既未增加社会资源，也未减少社会资源，国民收入也并未因补贴而发生变化，仅是货币在项目与政府之间的一种转移。因此，在国民经济评价中，补贴既不作为现金流入项计算，也不作为现金流出项计算。

（4）回收固定资产净残值。在项目经济寿命（使用年限）周期终了、固定资产报废时，残余价值扣除清理费用之后的余额即为固定资产的净残值。在工程经济分析和财务评价中，回收固定资产净残值要作为现金流入项计算。

（5）回收流动资金。回收流动资金是在项目经济寿命（使用年限）周期终了、停止生产经营活动时，要如数回收投产时或投产后投入的流动资金金额。在工程经济分析和财务评价中，回收流动资金要作为现金流入项计算。

3. 现金流量与财务收支的区别

（1）工程经济学研究的是拟建项目未来将发生的现金流量，是预测的系统现金流出量、流入量，因而精确性非常重要；会计学研究的是已发生的财务收支的实际数据，因而记录的完整性、真实性非常重要。

（2）工程经济学现金流量的计算是以特定的经济系统为研究对象的，凡是已流入或流出系统的资金，都视为现金流量而计入发生时点。如固定资产投资和无形资产，已在建设期发生的时点，作为一次性支出而计入了现金流，因此，就不能在生产经营期以产品成本费用中的折旧、摊销费的形式再计入现金流出，以免重复计算。但是在会计核算中，却以产品成本费用要素的形式逐期计提和摊销。

（3）在工程经济分析中由于考察范围和角度不同，现金流量包括的内容也不同。例如，企业上缴给国家的税金从企业角度看是现金流出量，但从国民经济角度看则既不是现金流出也不是现金流入，因为社会资源量未变化，国民收入也未变化，只是在国家范围内资金分配权与使用权的一种转移；而税金在会计学中视为企业财务支出。

（4）工程经济学中现金流量的概念不仅指现钞，还包括转账支票等结算凭证，而会计学会计科目中的现金仅指现钞。

3.1.3　现金流量的表达

现金流量一般可以用现金流量表与现金流量图两种方式来表达。

1. 现金流量表

现金流量表是反映项目计算期内各年的现金流入、现金流出和净现金流量的表格。现金流量表的纵列由现金流量项目、建设期、投产期、达产期、回收期构成，表的横行是项目寿命期内各现金流量项目的基本数据及计算结果。现金流量表可以横向看资金的流动变化，又可以纵向看各年现金流量的流入与流出情况，见表3-1。

表 3-1　某工程项目的现金流量表　　（单位：万元）

时期	建设期			投产期		达产期							回收期
年份	1	2	3	4	5	6	7	8	9	10	11	12	13
1. 现金流入				2600	2700	3 100	3 100	3 100	3 100	3 100	3 100	3 100	3 650
（1）销售收入				2600	2700	3 100	3 100	3 100	3 100	3 100	3 100	3 100	3 100
（2）固定资产残值回收													260
（3）流动资金回收													290
2. 现金流出	600	700	300	2 350	2 220	2 796	2 780	2 780	2 780	2 780	2 780	2 780	2 780
（1）总投资	600	700	300	250	20								
（2）经营成本				2 100	2 200	2 700	2700	2 700	2 700	2 700	2 700	2 700	2 700
（3）税金						96	80	80	80	80	80	80	80
3. 净现金流量	－600	－700	－300	250	480	304	320	320	320	320	320	320	870

2. 现金流量图

现金流量图是表示项目系统在整个寿命周期内各时间点的现金流入和现金流出状况的一种图示。它是用纵轴表示现金流量、用横轴表示时间坐标的现金流量与时间关系的直角坐标图，简称为现金流量图。现金流量图如图 3-1 所示。

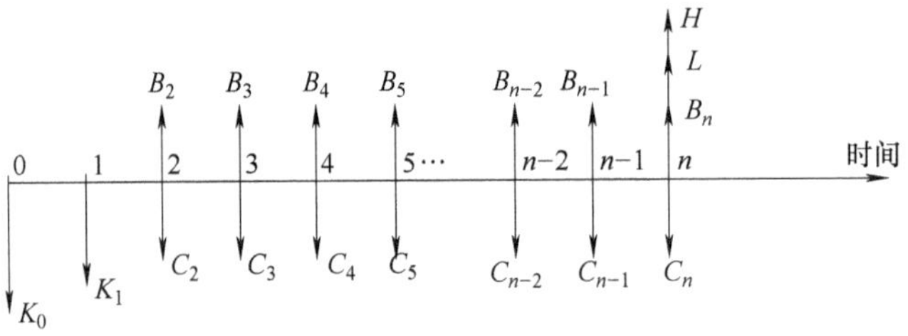

图 3-1　现金流量图

图中，K 为投资，包括固定资产投资与流动资金投资；C 为各时点的经营成本，可以是等额值也可以是非等额值；B 为各时点的销售收入或收益；L 为回收固定资产净残值；H 为回收流动资金。

现金流量图的优点是，项目系统的现金流入或现金流出的发生时间、数量等都绘制在坐标图上，看起来非常直观和清晰，便于检查核对，可以减少或避免差错。

绘制现金流量图的方法与规定如下：

（1）以横轴为时间坐标，时间间隔相等，时间单位可根据需要取年、季、月、周、日等。

（2）以纵轴为现金流量坐标，单位可取元、万元等。

（3）现金流入为正值，用向上的箭头线表示；现金流出为负值，用向下的箭头线表示。箭头线的长短只要能区别现金流量多少即可，一般按比例大致绘制。

（4）时间坐标的原点通常取在建设期开始的时点，也可取在投产期开始（即建设期末）的时点，而分析计算的起始时间一般都规定在时间坐标的原点。

（5）为了统一绘制方法和便于比较，通常规定投资发生在各时期的期初，而销售收入、经营成本、利润、税金等，则发生在各个时期的期末，回收固定资产净残值与回收流动资金则在项目经济寿命周期终了时发生。

例 3-1：某工程项目，其建设期为 2 年，生产期为 8 年。第 1 年和第 2 年的年初固定资产投资分别为 1 000 万元和 500 万元。第 3 年年初开始投产并达产运行。项目投产时需要流动资金为 400 万元，并一次全部投入。投产后每年获得销售收入为 1 200 万元，年经营成本及销售税金合计支出 800 万元。生产期的最后 1 年年末回收固定资产净残值 200 万元及全部流动资金。试绘制现金流量图。

解：绘制的现金流量图如图 3-2 所示。

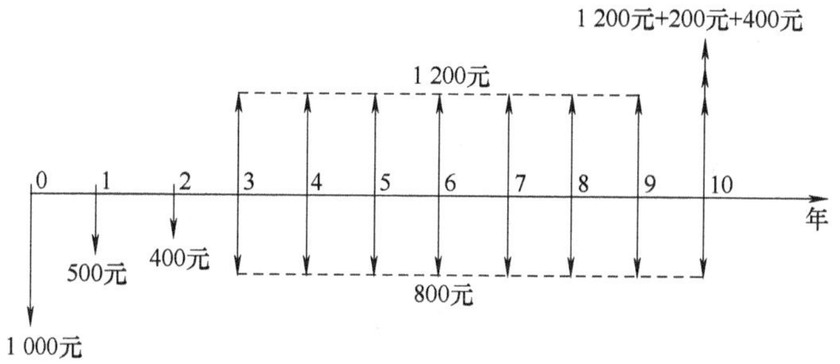

图 3-2　某工程项目的现金流量图

3.2　资金的时间价值

3.2.1　资金的时间价值的概念

所谓资金的时间价值，是指资金在生产和流通过程中，随着时间的推移能产生增值，所增值的部分就称为资金的时间价值。

资金的时间价值是商品经济中的普遍现象，它是社会劳动创造价值的能力的一种表现形式。它表明一定的资金，在不同时点具有不同的价值，也即不同时间发生的等额资金在价值上存在差别。因此，在工程经济分析时，不仅要着眼于方案资金量的大小（资金收入和支出的多少），也要考虑资金发生的时点。因为现在可以用来投资的一笔资金，即使不考虑通货膨胀的因素，也比将来同等数量的资金更有价值。这是由于如果将这笔资金存入银行会获得利息，投资到工程项目中可获得利润。

需要指出的是，资金的时间价值不是货币本身产生的，也不是时间产生的，而是在资金运动中产生的。在商品经济条件下，资金是不断运动着的。资金的运动伴随着生产与交换的进行，生产与交换会给投资者带来利润，表现为资金的增值。因此，只有当资金作为生产的基本要素，经过生产和流通的周转，才会产生增值。如果把资金积压起来，锁在保险箱里，不投入运动，那么时间再长，也不会产生增值。因为资金增值的实质是劳动者在生产过程中创造的新的价值。

资金时间价值的重要意义在于它明确了资金存在的时间价值，树立起使用资金是有偿的观念，有助于资源的合理分配。每个企业在投资时至少要取得社会平均利润率，否则不如投资其他项目。

在工程经济学中，由于工程项目的建设、方案的实施都需要一段时间，期间投入的成本资金或者获得的收益资金同样具有时间价值。因此，在对工程项目进行经济评价时，必须考虑资金的时间价值，这样才能真实客观地评价工程项目的经济效果。因此重视资金时间价值的研究，对工程经济分析有着重要的意义。

利润和利息是资金时间价值的基本形式，它们都是社会资金增值的一部分，是社会剩余劳动在不同部门的再分配。利润由生产和经营部门产生，利息是以信贷为媒介的资金使用权的报酬，它们都是资金在时间推移过程中的增值。

3.2.2 衡量资金时间价值的尺度

1. 利息和利润

通常把通过银行借贷资金所付出的（或得到的）比本金多的那部分资金称为利息。因此利息是指占用货币使用权所付出的代价（或放弃使用资金所得到的补偿）。而利润指的是把货币资金投入生产经营过程所获得的比原来投入资金多的那部分资金。利息和利润体现了资金的盈利能力，是衡量资金时间价值的绝对尺度。

2. 利息率和利润率

利息率或利润率是一定时期（通常为1年）的利息额或利润额与本金（或原投入资金）的比率，一般用百分数表示。

$$\begin{matrix}\text{利息率}\\ \text{(利润率)}\end{matrix} = \frac{\text{一定时期的利息额(或利润额)}}{\text{本金(或原投入资金)}} \times 100\%$$

例3-2：某人存入银行100元，1年所得利息为10元，则该存款的利息率为

$$\text{利息率} = \frac{10\text{元}}{100\text{元}} \times 100\% = 10\%$$

这时计算的利息率是年利息率。年利息率中的“年”是按此利息率计息一次的单位时间长度，也称为利息周期。用于表示利率的最通用利息周期是1年，但也可以用更短的周期来表示，比如按月或按季计算复利。

利息率或利润率反映了资金随时间变化的增值速度，是衡量资金时间价值的相对尺度。因此，在工程经济分析中，通常两者不加区分，并把利息率和利润率统称为利率。

3.2.3 利息计算的方法

利息计算的方法有单利法和复利法两种。

1. 单利法

单利法是仅以本金为基数计算利息的方法。单利率一经确定，应获得的利息就正比于债务的本金，用公式表示利息（I_n）为

$$I_n = Pin \tag{3-1}$$

式中 P——本金；

i——利率；

n——计息周期数。

本金 P 是一个固定值，因而年息也是个不变的值，则至 n 期期末借方应偿还的总金额为

$$\begin{aligned} F_n &= P + I_n \\ &= P + Pin \\ &= P(1 + in) \end{aligned} \tag{3-2}$$

式中　F_n——n 期末的本利和。

例 3-3：某人有现金 1 000 元，存 3 年定期，年利率为 10%。试计算第 3 年年末的本利和为多少？

解：3 年应付的利息为

$$I_3 = 1\ 000\text{ 元} \times 10\% \times 3 = 300\text{ 元}$$

3 年后可获得的本利和为

$$\begin{aligned} F_3 &= P + I_3 \\ &= 1\ 000\text{ 元} + 300\text{ 元} = 1\ 300\text{ 元} \end{aligned}$$

应注意，1 000 元本金 1 年获利为

$$I_1 = 1\ 000\text{ 元} \times 10\% \times 1 = 100\text{ 元}$$

在第 2 年，这新增的 100 元并不产生利息。

同理，1 000 元本金在 2 年中的获利为

$$I_2 = 1\ 000\text{ 元} \times 10\% \times 2 = 200\text{ 元}$$

在第 3 年，这新增的 200 元同样也不产生利息。

可见，单利法虽然考虑了资金的时间价值，但仅对本金而言，对先前周期中已产生的利息不再转化为本金累计计息。

2. 复利法

复利法是将当期本金与利息之和作为下一周期的本金来计算利息的方法，也就是利滚利的计算方法。

例 3-4：在上例中，如以复利计息，第 3 年年末的本利和是多少？

解：从表 3-2 和例 3-3 的计算结果可见，复利计息支付的利息比单利计息时多 1 331 元 − 1 300 元 = 31 元，这 31 元的差额是由于复利计息时把先前周期中的利息加到本金中计息所致，即所谓的"利滚利"。

表 3-2　例 3-4 的计息过程

年　　份	年初金额	利　　率	年末利息	年末本利和
1	1 000 元	10%	1 000 元 × 10% = 100 元	1 100 元
2	1 100 元	10%	1 100 元 × 10% = 110 元	1 210 元
3	1 210 元	10%	1 210 元 × 10% = 121 元	1 331 元

用前面定义过的符号，表3-2的计算可以表示为复利计息的推导过程，见表3-3。

表3-3 复利计息过程

计息周期	计息基数	各期利息 I_n	期末本利和＝计息基数＋各期利息
1	P	Pi	$F_1=P+Pi=P(1+i)$
2	$P(1+i)$	$P(1+i)i$	$F_2=P(1+i)+P(1+i)i=P(1+i)^2$
3	$P(1+i)^2$	$P(1+i)^2i$	$F_3=P(1+i)^2+P(1+i)^2i=P(1+i)^3$
⋮	⋮	⋮	⋮
n	$P(1+i)^{n-1}$	$P(1+i)^{n-1}i$	$F_n=P(1+i)^n$

以上过程推广到任意计息期 n 即可得复利计息的本利和公式为

$$F_n=P(1+i)^n \tag{3-3}$$

复利计息比较符合资金在社会再生产过程中运动的实际状况，在工程经济分析中，一般都采用复利计息。

复利计息有间断复利与连续复利之分。如果计息周期为一定的时间区间（如年、季、月、旬、周、日等），并按复利计息，称为间断复利；如果计息周期无限缩短，则称为连续复利。从理论上讲，资金在不停地运动，每时每刻都通过生产和流通在增值，因而应该采用连续复利计息，但在实际工作中为了简化计算，一般采用间断复利计息。

3.2.4 影响利率的主要因素

利率的高低主要由以下因素决定：

1. 社会平均利润率

利率随社会平均利润率的变化而变化。在通常情况下，平均利润率是利率的最高界，因为如果利率高于平均利润率，无利可图就不会有人去借款。

2. 借贷资本的供求情况

在平均利润率不变的情况下，借贷资本供过于求，利率便下降；反之，供不应求，利率便上升。

3. 借贷风险

借出资本要承担一定的风险，风险越大，利率也就越高。

4. 通货膨胀

通货膨胀对利息的波动有直接影响，资金贬值往往会使利息无形中成为负值。

5. 借出资本的期限长短

借款期限长、不可预见因素多、风险大，利率也就高；反之，利率就低。

3.2.5 利息和利率在工程经济活动中的作用

（1）利息和利率是以信用方式筹集资金的动力。以信用方式筹集资金的一个重要特点是自愿性，而自愿性的动力在于利息和利率。例如，一个投资者首先要考虑的是投资某一项目所得到的利息（或利润）是否比把这笔资金投入其他项目所得的利息（或利润）多。如果多，投资者就可能投资这个项目；反之，就可能不投资这个项目。

（2）利息促进企业加强经济核算、节约使用资金。企业借款需支付利息，增加了支出负担，这就促使企业必须精打细算，把借入的资金用到刀刃上，减少借入资金的占用以减少利息。

（3）利息和利率是国家管理经济的重要杠杆。国家在不同的时期制定不同的利率政策，通过调整利率的高低，来调整国民经济的资金使用情况。

3.3　名义利率与实际利率

在有些实际工程的贷款中，1 年内进行的复利计算有时不止一次，例如按月、按季或按半年等。当复利的计息周期不是 1 年的时候，需要在规定的利率后面补充利息的周期，这时就表达为“名义利率”。例如，按季复利计息，每季利率为 3%，其名义利率通常表达为“年利率 12%，按季复利计息”。

名义利率（r）是一种不包括任何复利考虑的利率，其定义为周期利率与每年计息周期数的乘积。

$$r = \text{每期利率} \times \text{期数} = im$$

若月利率为 1%，则年名义利率为 12%。可见，计算名义利率时忽略了前面各期利息再生的因素。应该注意的是，12% 的年名义利率的实际付息额比按 12% 年利率计算的数值要高。

设名义利率为 r，1 年中计息周期数为 m，则一个计息周期的利率应为 r/m，1 年后的本利和为

$$F = P\left(1 + \frac{r}{m}\right)^m \tag{3-4}$$

利息为

$$I = F - P = P\left(1 + \frac{r}{m}\right)^m - P$$

经过 n 年后的本利和为

$$F = P\left(1 + \frac{r}{m}\right)^{mn} \tag{3-5}$$

按利率定义的实际利率（i）为

$$i = \frac{I}{P} = \frac{P\left(1 + \frac{r}{m}\right)^m - P}{P} = \left(1 + \frac{r}{m}\right)^m - 1$$

所以，由名义利率求实际利率的公式为

$$i = \left(1 + \frac{r}{m}\right)^m - 1 \tag{3-6}$$

由式（3-6）可见，当 $m = 1$ 时，实际利率等于名义利率；当 $m > 1$ 时，实际利率大于名义利率；当 $m \to +\infty$ 时，即按连续复利计息时，i 与 r 的关系为

$$i = \lim_{m \to +\infty}\left[\left(1 + \frac{r}{m}\right)^m - 1\right] = \lim_{m \to +\infty}\left[\left(1 + \frac{r}{m}\right)^{\frac{m}{r}}\right]^r - 1 \tag{3-7}$$

$$i = e^r - 1$$

在上例中，若按连续复利计算，实际利率为

$$i = e^{0.12} - 1 = 1.1275 - 1 = 12.75\%$$

例 3-5：借款为 2 000 元，利率为 12%，按季复利计息，那么第 1 年年末的本利和为

$$F = 2\ 000 元 \times \left(1 + \frac{12\%}{4}\right)^4$$

$$= 2\ 000 元 \times 1.126 = 2\ 252 元$$

而若按 12% 的年复利率，则第 1 年年末的本利和为

$$F = 2\ 000 元 \times (1 + 12\%) = 2\ 000 元 \times 1.12 = 2\ 240 元$$

这比按季计息少 12 元，可见 1 年内复利计息次数不同，其年末的本利和结果也不同。

对同样的名义利率，1 年中复利次数增多，年末的本利和就会增大。

实际获利多少可用实际利率说明，为了防止借方因利息用不同语言说明可能造成的混乱，1973 年通过了国际《借贷真实性法》，规定：实际利率是 1 年利息额与本金之比。

例 3-6：1 000 元的借款，借款期限为 1 年，名义利率为 12%，按年复利计算时，期末本利和为

$$F = 1\ 000 元 \times (1 + 12\%) = 1\ 000 元 \times 1.12 = 1\ 120 元$$

则

$$实际利率 = \frac{F - P}{P} = \frac{1\ 120 元 - 1\ 000 元}{1\ 000 元} = \frac{120 元}{1\ 000 元} = 12\%$$

而同样的名义利率，按月复利计息时，期末本利和为

$$F = 1\ 000 元 \times \left(1 + \frac{12\%}{12}\right)^{12} = 1\ 000 元 \times 1.127 = 1\ 127 元$$

而

$$实际利率 = \frac{F - P}{P} = \frac{1\ 127 元 - 1\ 000 元}{1\ 000 元} = \frac{127 元}{1\ 000 元} = 12.7\%$$

这意味着，名义利率为 12%，按月计息与按年利率为 12.7% 计息，两者是等价的。而这 0.7% 的差额就是由于 1 年中计息次数增加导致利息有了时间价值而产生的。

因此，当利率的时间单位与计息周期一致时，实际利率与名义利率是一致的，且都等于周期利率；当利率的时间单位与实际计算周期不一致时，名义利率等于一个计息周期的利率与 1 年中的计算周期的乘积，而实际利率等于名义利率加上利息的时间价值产生的利率。

3.4 资金等值计算

由于存在着资金的时间价值，发生在不同时点上的资金不能直接比较或做简单的数学加减，即使金额相同，因其发生的时点不同，其价值就不同；反之，不同时点绝对值不等的资金在时间价值的作用下却可能具有相等的价值。在工程经济分析中，为了考察投资项目的经济效益，在对工程项目寿命期内不同时间发生的全部收益和全部费用进行分析和计算时，经常采用资金等值换算进行工程项目方案的经济效益比较和选优。

资金等值是指在考虑时间因素的基础上，把不同时刻发生的数额不等的现金流量换算到同一时点上，从而满足收支在时间上可比性的要求。即把任一时点的资金按一定的利率换算为另一特定时点的不同数额的资金，在这不同时点的不同数额的资金，在经济上的作用是相等的，有相等的经济价值，即资金是等值的。例如，现在的 100 元在利率为 10% 的条件下，与 1 年后的 110 元相比，虽然资金数额不相等，但其经济价值是相等的，即两者是等值的。

影响资金等值的因素主要有三个，即资金数额的大小、资金运动发生的时间长短、利率

的大小。虽然三个因素中任何一个因素变化都将导致等值的变化，但其中利率是关键因素，资金的等值换算是以同一利率作为比较计算的依据。

由于资金有时间价值，因此不同时点发生的现金流量就不能直接相加或相减，对不同方案的不同时点的现金流量就不能直接相比较。由此可见，资金等值概念及等值计算非常重要，是工程经济分析中非常重要的一种换算方法。

由于利息是资金时间价值的主要表现形式，在工程经济分析和评价中，资金等值计算公式通常采用复利计算公式，并用现金流量图作为重要的辅助计算工具。在实际工作中，流入和流出项目系统的现金流量的方式常常是多种多样的，有一次流入或流出，也有多次流入或流出，有定期等额流入或流出，也有不定期等额流入或流出，等等。为了适应这种实际需要，运用等值换算的复利公式也多种多样，根据资金支付方式的不同，分为一次支付和多次支付两种类型。对公式中常用的符号说明如下：

（1）P——现值（Present Value），是指资金在某一基准起始点的现金流量。需要说明的是，“现值”是一个相对的概念，一般而言是将将来某个时点发生的资金折现到计算期的起始点即零点的等值金额，凡是把第（$t+k$）个时点发生的现金流量，折现到第 t 个时点所得到的等值现金流量，就是第（$t+k$）个时点现金流量折现后的现值，称为“折现”或“贴现”，折现后的资金就是现值。

（2）F——将来值（Future Value），也称终值，是相对于现值的将来某个时间的金额。

（3）A——年值（Annual Value），也称均值或年均值，是指每年年均发生的等额现金金额序列。

（4）i——利率或折现率、报酬率或收益率（Interest Rate 或 Discount Rate），是反映资金时间价值的参数。需要指出的是，在工程经济学中，利率不专指银行贷款利率，主要是指工程项目的最低期望收益率。

（5）计息期 n——计算利息的周期数，一般以年为单位计算计息期数。

资金等值计算就是在计算期内现值（P）、终值（F）和年值（A）的互相换算。

3.4.1　一次支付类型

一次支付又称为整付，因此此类型又叫作整付类型。这种类型所分析的系统的现金流量，无论是流入还是流出，均在一个时点上一次发生，其典型现金流量图如图 3-3 所示。

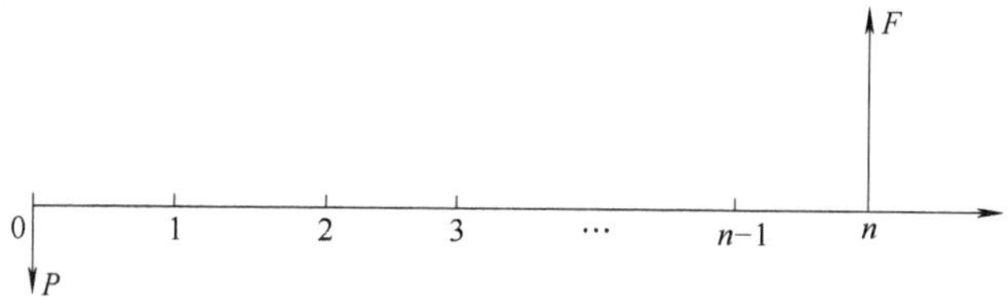

图 3-3　一次支付现金流量图

在一次支付情况下，i、n、P 和 F 四个参数一定出现，其中 i、n 一般为已知，P 和 F 中有一个为已知，另一个为未知。所以整付类型有两个等值计算公式。

1. 一次支付终值公式（$P \to F$）

这是在已知 i、n、P 的情况下求 F，计算公式为

$$F=P(1+i)^n \tag{3-8}$$

可见，式（3-8）与复利计算的本利和公式形式完全一样。在等值计算中此式表示在折现率为 i、周期数为 n 的条件下，终值 F 与现值 P 之间的等值关系。式中，$(1+i)^n$ 称为一次支付终值系数（或一次支付本利和因子），可用符号（$F/P,i,n$）来表示，其中斜线右边的是已知参数，斜线左边的是欲求的参数。在已知 i 和 n 时，可用普通复利系数表，直接查表求得。这样式（3-8）就可简化为系数公式

$$F=P(F/P,i,n) \tag{3-8 ′}$$

在已知 i、n 和 P 的条件下，欲求 F 只需用 P 乘以一次支付终值系数即可。

例 3-7：如果现在投资为 50 万元，若年利率为 6%，问 3 年后应收回本利和是多少？

解：现金流量图如图 3-4 所示。

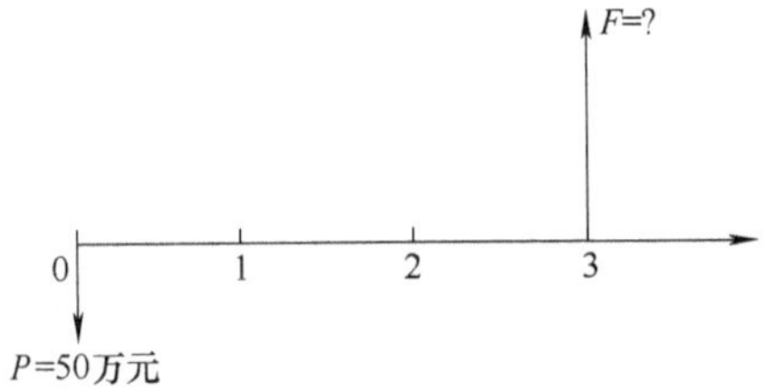

图 3-4　例 3-7 现金流量图

公式计算为

$$F=P(1+i)^n=50\text{ 万元}\times(1+6\%)^3=50\text{ 万元}\times1.191=59.55\text{ 万元}$$

或系数计算（查复利系数表）为

$$F=P(F/P,i,n)=50\text{ 万元}\times(F/P,6\%,3)=50\text{ 万元}\times1.191=59.55\text{ 万元}$$

2. 一次支付现值公式（$F\rightarrow P$）

这是已知 i、n 和 F 求现值 P 的公式，是一次支付终值公式的逆运算，可由式（3-8）直接导出，计算公式为

$$P=F\frac{1}{(1+i)^n} \tag{3-9}$$

式中，方括号中的系数 $\frac{1}{(1+i)^n}$ 称为一次支付现值系数，可用符号（$P/F,i,n$）表示。它和一次支付终值系数 $(1+i)^n$ 互为倒数，则式（3-9）可写成系数公式

$$P=F(P/F,i,n) \tag{3-9′}$$

例 3-8：如果银行利率为 10%，为了在 5 年后获得 80 000 元款项，现在应存入银行多少钱？

解：现金流量图如图 3-5 所示。

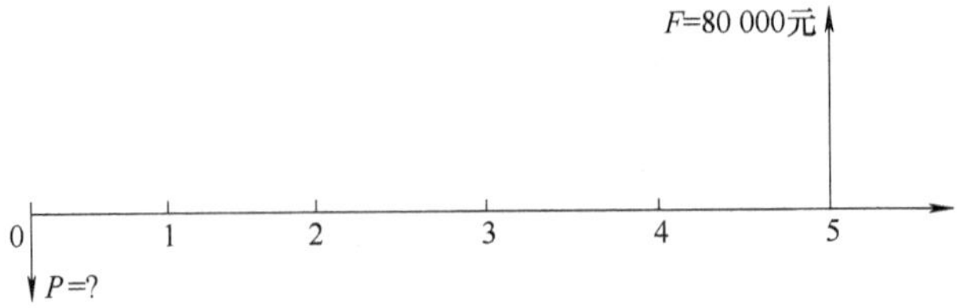

图 3-5　例 3-8 现金流量图

公式计算为

$$P = F\frac{1}{(1+i)^n} = 80\ 000\ 元 \times \frac{1}{(1+10\%)^5} = 49\ 672\ 元$$

或系数计算（查复利系数表）为

$$P = F(P/F,i,n) = 80\ 000\ 元 \times (P/F,10\%,5) = 80\ 000\ 元 \times 0.6209 = 49672\ 元$$

3.4.2　多次支付类型

多次支付是指所分析的系统中现金流入或现金流出在多个时点上发生，而不是集中在某个时点上。现金流数额的大小可以是相等的，也可以是不等的。把在 n 期内发生的一系列现金流出和流入称为系列现金流。对于多次支付类型的系列现金流的等值换算，可以采用逐个折现或逐个求终值的方法，也就是说，可以把系列现金流看作 n 个一次支付的组合，然后利用一次支付的公式求出系列现金流的等值现值或终值。

当多次支付的系列现金流量是连续的，且数额相等，则称之为等额系列现金流。在等额多次支付的情况下，i、n、A 三个参数一定出现，再加上 P 或 F 共四个参数。等额分付有四个等值计算公式。

1. 等额分付终值公式（$A \to F$）

如图 3-6 所示，从第 1 年年末至第 n 年年末有一等额的现金流系列，每年的流出金额均为 A，在考虑资金时间价值的条件下，如果 n 年内系统的总现金流出等于总现金流入，则第 n 年年末的现金流入 F 应与等额现金流出序列等值。F 相当于等额年值系列的终值。规定：

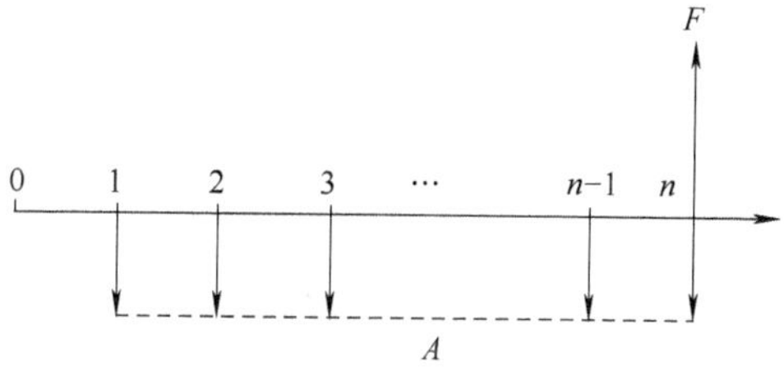

图 3-6　等额系列现金流量图

（1）每期连续支付金额相等即 A 值，且发生在每期的期末。

（2）期初（$n=0$）时，没有资金发生，每期间隔相等。

（3）终值 F 与最后一期等额支付发生在同一时刻。

若已知每年的等额年值（A）、利率（i）、计息期数（n），欲求终值（F），可把等额系列视为 n 个一次支付的组合，然后就可利用一次支付终值公式推导出等额分付终值公式。即

$$\begin{aligned} F &= A(1+i)^{n-1} + A(1+i)^{n-2} + \cdots + A(1+i)^1 + A(1+i)^0 \\ &= A[1 + (1+i) + (1+i)^2 + \cdots + (1+i)^{n-2} + (1+i)^{n-1}] \end{aligned}$$

上式方括号中是一个公比为（$1+i$）的等比级数，利用等比级数求和公式可得，计算公式为

$$F = A\frac{(1+i)^n - 1}{i} \tag{3-10}$$

式（3-10）即为等额分付终值公式。$\frac{(1+i)^n-1}{i}$称为等额分付终值系数（或年金终值因子），以符号（$F/A,i,n$）表示，则式（3-10）又可表示为系数公式，即

$$F = A(F/A,i,n) \tag{3-10 ′}$$

例 3-9：某校设立奖学金，每年年末存入银行 5 万元，如果存款利率为 8%，第 5 年年末可得款多少？

解：现金流量图如图 3-7 所示。

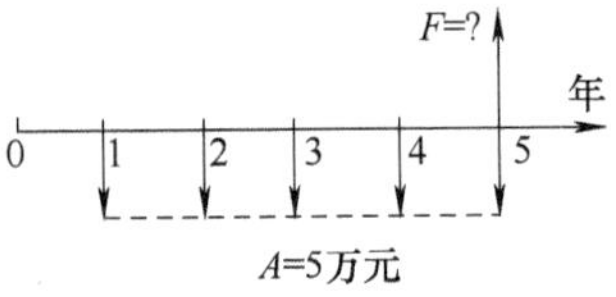

图 3-7　例 3-9 现金流量图

公式计算为

$$F = A\frac{(1+i)^n - 1}{i} = 5\text{ 万元} \times \frac{(1+8\%)^5 - 1}{8\%} = 5\text{ 万元} \times 5.867 = 29.335\text{ 万元}$$

或系数计算（查复利系数表）为

$$F = A(F/A,i,n) = 5\text{ 万元} \times (F/A,8\%,5) = 5\text{ 万元} \times 5.867 = 29.335\text{ 万元}$$

2. 等额分付偿债基金公式（$F \to A$）

等额分付偿债基金公式又称为等额分付资金积累公式，是为了在未来偿还一笔债务或积累一笔资金。若已知未来需提供的资金（F），在给定利率（i）和计息期数（n）的条件下，欲求与 F 等值的等额系列年值 A，可由式（3-10）直接推导出，计算公式为

$$A = F\frac{i}{(1+i)^n - 1} \tag{3-11}$$

式中，$\frac{i}{(1+i)^n - 1}$称为等额分付偿债基金系数（或偿债基金因子），记为（$A/F,i,n$），则式（3-11）又可表示为系数公式，即

$$A = F(A/F,i,n) \tag{3-11$'$}$$

例 3-10：某厂计划从现在起每年等额自筹资金，在 5 年后进行扩建，扩建项目预计需要资金为 150 万元，利率为 10%，那么，每年年末应等额筹集多少资金？

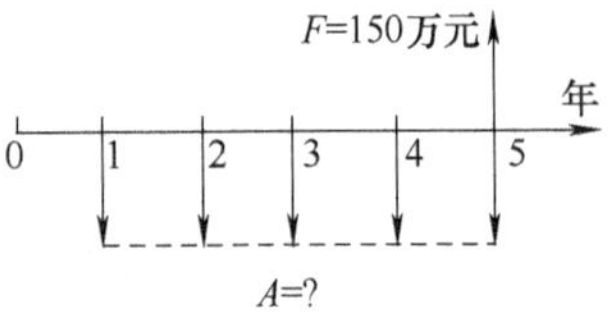

图 3-8　例 3-10 的现金流量图

解：现金流量图如图 3-8 所示。

公式计算为

$$A = F\frac{i}{(1+i)^n - 1} = 150\text{ 万元} \times \frac{10\%}{(1\times 10\%)^5 - 1} = 150\text{ 万元} \times 0.1638 = 24.57\text{ 万元}$$

或系数计算（查复利系数表）为

$$A = F(A/F,i,n) = 150\text{ 万元} \times (A/F,10\%,5) = 150\text{ 万元} \times 0.1638 = 24.57\text{ 万元}$$

3. 等额分付现值公式（$A \to P$）

等额分付现值公式推导时所依据的现金流量图如图 3-9 所示。

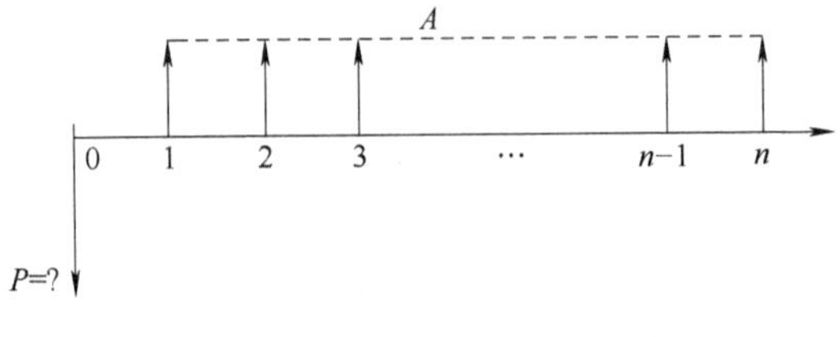

图 3-9　等额系列现金流量图

在考虑资金时间价值的条件下，如果 n 年内系统的总现金流出等于总现金流入，则第 1 年年初的现金流出 P 应当与第 1 年到第 n 年每年年末的等额现金流入系列等值，P 就相当于等额年值系列的现值。

若已知等额年值（A），并给定利率（i）和计算期数（n），欲求现值（P），可将式（3-10）等号两边同乘以$\frac{1}{(1+i)^n}$，可得到其计算公式为

$$P=A\frac{(1+i)^n-1}{i(1+i)^n} \tag{3-12}$$

式（3-12）即为等额分付现值公式。$\frac{(1+i)^n-1}{i(1+i)^n}$称为等额分付现值系数（或年金现值因子），记为（$P/A,i,n$），则式（3-12）又可表示为系数公式，即

$$P=A(P/A,i,n) \tag{3-12$'$}$$

例 3-11：某工厂 15 年中每年年末应为设备支付维修费 350 万元，年利率为 12%，现在应存入多少钱？

解：现金流量图如图 3-10 所示。

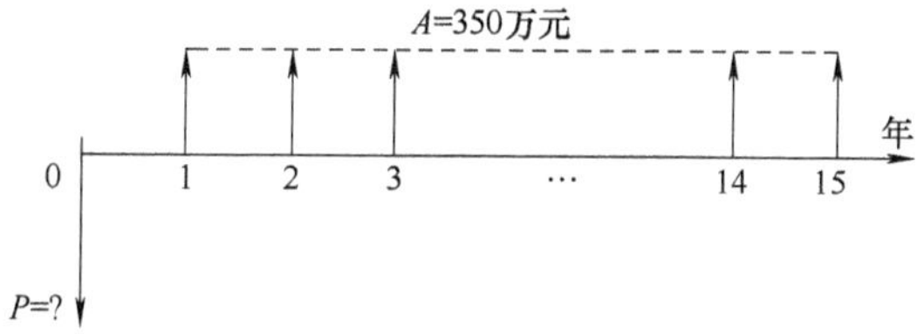

图 3-10　例 3-11 现金流量图

公式计算为

$$\begin{aligned}P&=A\frac{(1+i)^n-1}{i(1+i)^n}\\&=350\text{ 万元}\times\frac{(1+12\%)^{15}-1}{12\%\times(1+12\%)^{15}}\\&=350\text{ 万元}\times6.8109\approx2\,383.82\text{ 万元}\end{aligned}$$

或系数计算（查复利系数表）为

$$P=A(P/A,i,n)=350\text{ 万元}\times(P/A,12\%,15)=350\text{ 万元}\times6.8109=2\,383.82\text{ 万元}$$

4. 等额分付资本回收公式（$P\rightarrow A$）

所谓等额分付资本回收，是指若以年利率 i 投资 P，在 n 年内每年年末等额地提取 A，到第 n 年年末将期初投资连本带利全部回收，求 A 值为多少？也即将现值转换为与之等值的等额年金系列。其对应的现金流量图如图 3-11 所示。

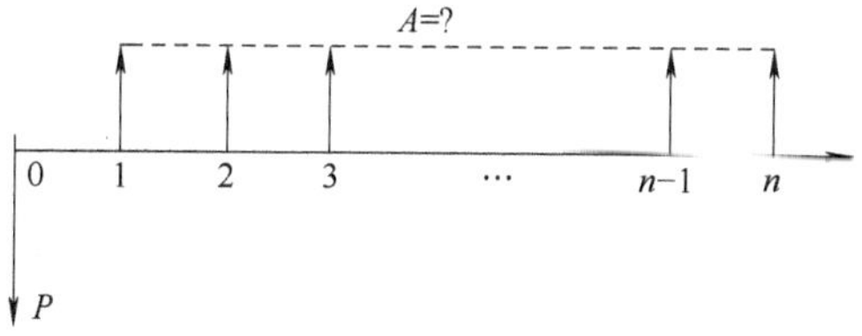

图 3-11　等额系列现金流量图

可见等额分付资本回收公式是等额分付现值公式的逆运算。由式（3-12）可直接导出，计算公式为

$$A = P\frac{i(1+i)^n}{(1+i)^n - 1} \tag{3-13}$$

式中，$\frac{i(1+i)^n}{(1+i)^n-1}$称为等额分付资本回收系数，也可记为（$A/P,i,n$），这是一个重要的系数，对工程项目进行经济分析时，它表示在考虑资金时间价值的情况下，对应于工程项目的单位投资，在项目寿命期内每年至少应该回收的金额。如果对应于单位投资的实际回收金额小于这个值，则在项目的寿命期内就不可能将全部投资收回。式（3-13）同样可以表示为系数公式，即

$$A = P(A/P,i,n) \tag{3-13'}$$

例 3-12：新建一工厂，期初投资为 1 000 万元，利率为 10%，打算投产后 5 年内等额收回全部投资，那么该厂每年要获利多少？

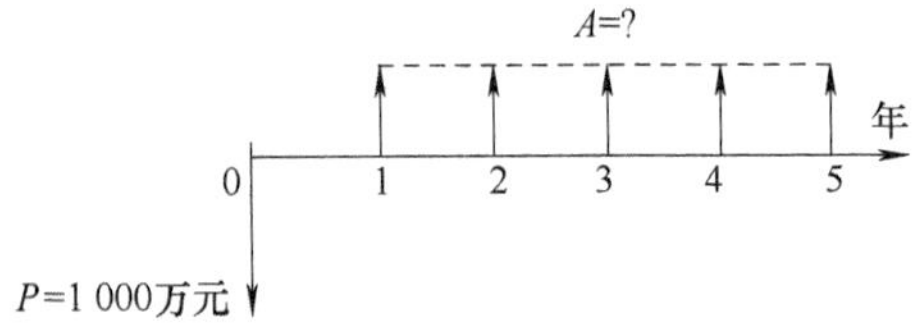

图 3-12　例 3-12 现金流量图

解：现金流量图如图 3-12 所示。

公式计算为

$$A = P\frac{i(1+i)^n}{(1+i)^n-1} = 1\ 000\text{ 万元} \times \frac{10\% \times (1+10\%)^5}{(1+10\%)^5 - 1} = 1\ 000\text{ 万元} \times 0.263\ 8 = 263.8\text{ 万元}$$

或系数计算（查复利系数表）为

$$\begin{aligned} A &= P(A/P,i,n) \\ &= 1\ 000\text{ 万元} \times (A/P,10\%,5) \\ &= 1\ 000\text{ 万元} \times 0.263\ 8 = 263.8\text{ 万元} \end{aligned}$$

3.4.3　资金等值计算的几种典型应用

如果实际计算利息的时间短于名义利率的时间单位，且在每个名义利率的时间单位内，发生了多次现金流入或流出，这种计算又有以下三种情况：

1. 计息期和支付期相同

例 3-13：老李向老张借款，从现在起 3 年内每半年从老张处借款 5 000 元。双方约定年利率为 8%，每半年计算一次利息。问老李 3 年后应归还老张多少钱？

解：根据已知条件得，每半年（计息期）的利率为 $i = 8\%/2 = 4\%$。

3 年内总的计息期数为 $m = 3 \times 2 = 6$。

假设借款均在每半年初期发生，则现金流量图如图 3-13 所示。

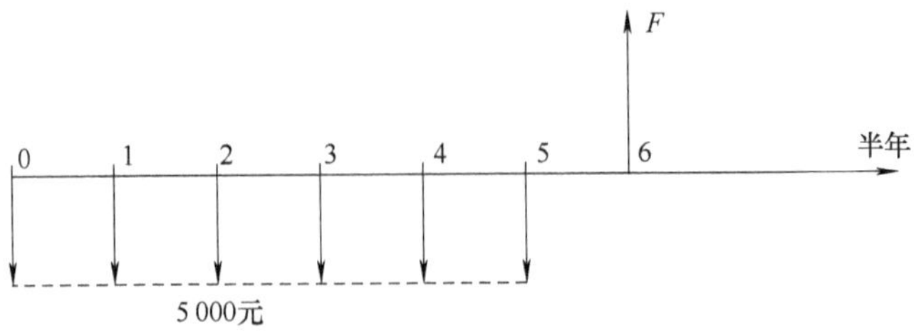

图 3-13　例 3-13 按半年计息的现金流量图

$$F = A(F/A,i,n) = 5\ 000\ 元 \times (F/A,4\%,6)(1+4\%) = 34\ 492\ 元$$

即老李 3 年后应归还老张 34 492 元钱。

2. 计息期短于支付期

如果每月计息，但 1 年或 1 季度才发生现金流量，这就是计息期短于支付期的情况。

例 3-14：年利率为 10%，每半年计息 1 次，从现在起连续 3 年的等额年末支付为 500 万元，与其等值的第 1 年年初的现值是多少？

方法一：计息期向支付期靠拢，求出支付期的实际年利率。

支付期为 1 年，则实际年利率为

$$i = \left(1 + \frac{r}{m}\right)^m - 1 = \left(1 + \frac{10\%}{2}\right)^2 - 1 = 10.25\%$$

则

$$P = A\frac{(1+i)^n - 1}{i(1+i)^n} = 1\ 237.97\ 万元$$

方法二：支付期向计息期靠拢，求出计息期末的等额支付。

半年利率为 10%/2 = 5%，按此利率将每年年末的支出计算成每半年的等额支出，再计算每半年等额支付的现值之和。

$$A = 500\ 万元 \times (A/F,5\%,2) = 500\ 万元 \times 0.487\ 8 = 243.9\ 万元$$

$$P = A(P/A,5\%,6) = 243.9\ 万元 \times 5.075\ 7 = 1\ 237.97\ 万元$$

方法三：可把等额支付的每一个支付看作一次支付，利用一次支付现值公式计算。

$$P = 500\ 万元 \times \left(1+\frac{10\%}{2}\right)^{-2} + 500\ 万元 \times \left(1+\frac{10\%}{2}\right)^{-4} + 500\ 万元 \times \left(1+\frac{10\%}{2}\right)^{-6} = 1\ 237.97\ 万元$$

3. 计息期长于支付期

当计息期长于支付期时，一般情况是将支付期内发生的现金流量进行合并，使其与计息期的时间长度相等。按照惯例，存款必须存满整个计息期时才计算利息，而借款或贷款没有满一个计息期也计算利息。这就是说，在计息期间存入的款项在该计息期不计算利息，要到下一个计息期才计算利息；在计息期间的借款或贷款，在该计息期计算利息。因此，在对现金流量进行合并时，计息期间的存款应放在期末，而在计息期间的取款、借款或贷款应放在期初。

例 3-15：某公司去年在银行的存款、取款现金流量如图 3-14 所示（箭头向上表示取款，箭头向下表示存款）。银行年存款利率为 2%，但每季度计息一次。试问：去年年底该公司能从银行取出多少钱？

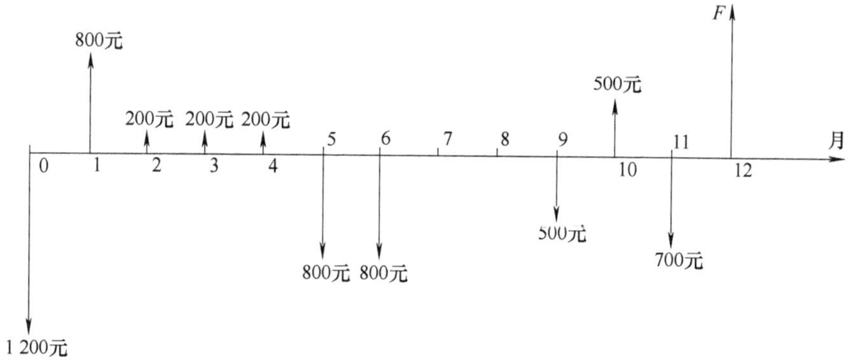

图 3-14　实际现金流量图

解：由于计息期是季度，因此将图 3-14 中的现金流量进行合并，合并到每个季度的期末。合并整理的现金流量图如图 3-15 所示。

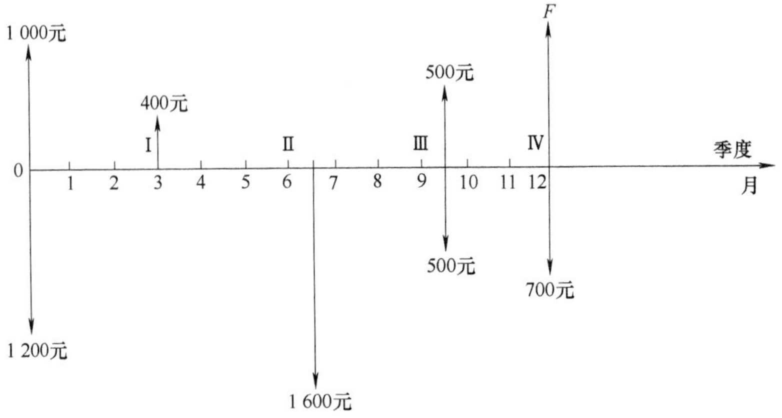

图 3-15　合并后的现金流量图

每季度的利率 $i=2\%/4=0.5\%$，那么未来值为

$$F=(1\ 200\text{ 元}-1\ 000\text{ 元})\times(1+0.5\%)^4-400\text{ 元}\times(1+0.5\%)^3+1\ 600\text{ 元}\times(1+0.5\%)^2+(500\text{ 元}-500\text{ 元})\times(1+0.5\%)+700\text{ 元}$$
$$=2\ 114\text{ 元}$$

3.4.4　等差系列等值计算

1. 常规等差系列等值计算公式

前面的公式是工程经济分析中等值计算的基本公式。在实际工作中，资金的每期支付（收益）常常是不等的，常见的有逐期等额递增（递减）现金流量序列，即各年现金流量呈等差序列变化的情况。例如，某设备的维护费用随着设备的性能劣化程度每年上升 600 元，这 600 元就是维护费用的等差额，那么这一系列的现金流量称为等差系列现金流。

不考虑第 1 年年末现金流量的等差序列叫作常规等差系列，其现金流量图如图 3-16 所示。

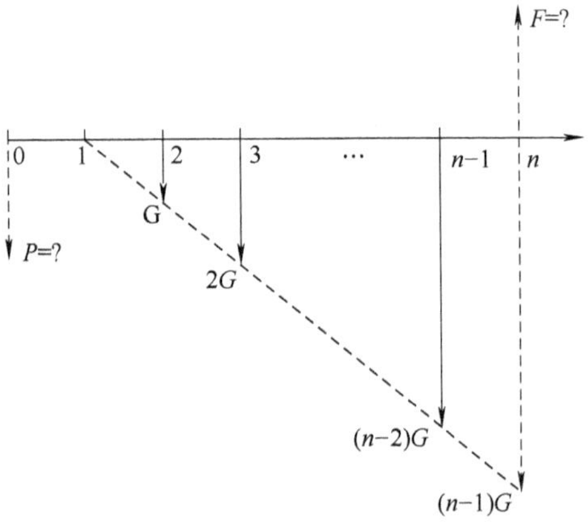

图 3-16　常规等差系列现金流量图

常规等差系列各年的现金流量的通用公式为

$$A_t=(t-1)G\quad(t=1,2,\cdots,n)\qquad(3\text{-}14)$$

式中　G——等差额；

t——时点。

（1）常规等差系列终值公式。把等差系列视为 $(n-1)$ 个一次支付的组合，然后利用一次支付终值公式可得等差系列现金流 n 年年末的终值为

$$F=\sum_{t=1}^{n}A_t(1+i)^{n-t}=\sum_{t=1}^{n}(t-1)G(1+i)^{n-t}\quad(t=1,2,\cdots,n)$$

上式两边同乘以 $(1+i)$ 得

$$F(1+i) = \sum_{t=1}^{n}(t-1)G(1+i)^{n-t+1}$$

两式相减得

$$Fi = \left[\sum_{t=1}^{n-1} G(1+i)^{n-t}\right] - (n-1)G$$

$$= G[(1+i)^{n-1} + (1+i)^{n-2} + \cdots + (1+i)^2 + (1+i)^1 + 1] - nG$$

上式右侧方括号内为一公比为 $(1+i)$ 的等比级数，利用等比级数求和公式可得计算公式为

$$F = \frac{G}{i}\left[\frac{(1+i)^n - 1}{i}\right] - \frac{nG}{i}$$

$$F = G\left[\frac{1}{i}\left(\frac{(1+i)^n - 1}{i} - n\right)\right] \qquad (3\text{-}15)$$

式中，$\frac{1}{i}\left(\frac{(1+i)^n - 1}{i} - n\right)$称为等差系列终值系数，可用符号 $(F/G,i,n)$ 表示，则式 (3-15) 又可写作系数公式，即

$$F = G(F/G,i,n) \qquad (3\text{-}15')$$

(2) 常规等差系列现值公式。把等差系列终值公式 (3-15) 两边同乘以一次支付现值系数$\frac{1}{(1+i)^n}$，则可得到等差系列现值公式，计算公式为

$$F\frac{1}{(1+i)^n} = \frac{G}{i}\left[\frac{(1+i)^n - 1}{i} - n\right]\frac{1}{(1+i)^n}$$

$$P = \frac{G}{i}\left[\frac{(1+i)^n - 1}{i(1+i)^n} - \frac{n}{(1+i)^n}\right] \qquad (3\text{-}16)$$

$$= G\left[\frac{(P/A,i,n) - n(P/F,i,n)}{i}\right]$$

式中，$\frac{(P/A,i,n) - n(P/F,i,n)}{i}$称为等差系列现值系数，可用符号 $(P/G,i,n)$ 表示。故式 (3-16) 又可写作系数公式，即

$$P = G(P/G,i,n)$$

(3) 常规等差系列年值公式。当需要把等差序列通过等值的概念转换成等额序列时，就要用等差系列年值公式。实际上，这是已知等差额 (G) 以及 i 和 n，求与等差系列等值的等额系列 A 的数值。可先求出已知的等差系列的现值 (P)，然后把 P 转换成与之等值的等额系列，即可求得等额年值 (A)，转换过程如图 3-17 中虚线所示。

公式推导时，只要用等差系列现值公式代入等额系列资本回收公式即可得出。

等额系列资本回收公式为

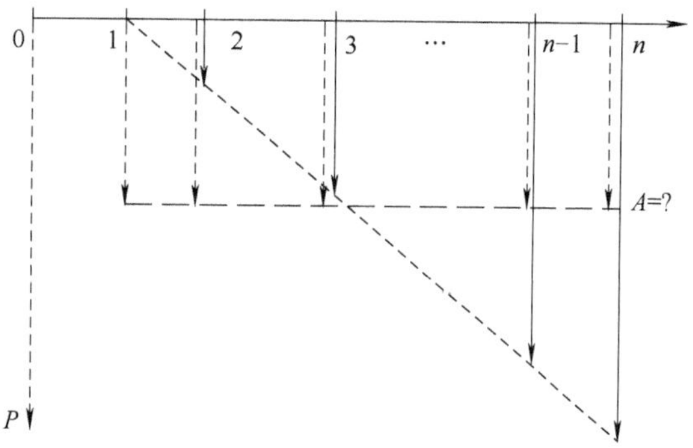

图 3-17　等差系列转换为等额系列现金流量图

$$A=P\frac{i(1+i)^n}{(1+i)^n-1}=P(A/P,i,n)$$

等差系列现值公式为

$$P=G\frac{1}{i}\left[\frac{(1+i)^n-1}{i(1+i)^n}-\frac{n}{(1+i)^n}\right]=G(P/G,i,n)$$

因此，等差系列年值公式，即计算公式为

$$A=G(P/G,i,n)(A/P,i,n)$$

即

$$\begin{aligned}A&=G\frac{1}{i}\left[\frac{(1+i)^n-1}{i(1+i)^n}-\frac{n}{(1+i)^n}\right]\left[\frac{i(1+i)^n}{(1+i)^n-1}\right]\\&=G\frac{1}{i}\left[1-\frac{in}{(1+i)^n-1}\right]\\&=G\left[\frac{1}{i}-\frac{n}{(1+i)^n-1}\right]\end{aligned}\tag{3-17}$$

式中，$\frac{1}{i}-\frac{n}{(1+i)^n-1}$称为等差系列年值系数（或算术梯度转换因子），可用符号（$A/G,i,n$）表示，则式（3-17）可以写作系数公式，即

$$A=G(A/G,i,n)\tag{3-17′}$$

2. 具有基础金额的等差系列现金流等值计算

在实际应用中，如果等差系列现金流的第 1 年年末的现金流不为 0，具有一定的基础金额，如图 3-18 所示，这时可以在常规等差系列现金流的基本公式基础上进行计算。

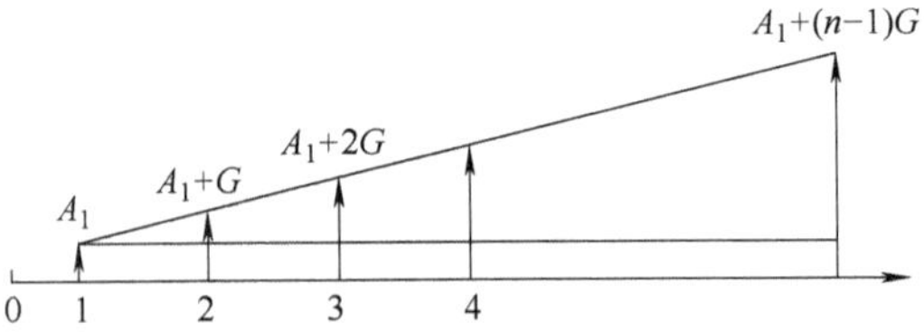

图 3-18　具有基础金额等差系列现金流量图

（1）等差序列终值公式 II：

$$\begin{aligned}F_A&=A_1(F/A,i,n)\\F_G&=G(1+i)^{n-2}+2G(1+i)^{n-3}+\cdots+(n-1)G\\&=G\frac{(1+i)^n-in-1}{i^2}=G(F/G,i,n)\\F&=F_A+F_G\end{aligned}\tag{3-18}$$

（2）等差系列现值公式 II：

$$\begin{aligned}P_A&=A_1(P/A,i,n)\\P_G&=G(P/G,i,n)\\P&=P_A+P_G\end{aligned}\tag{3-19}$$

（3）等差系列年值公式 II：

$$A_A=A_1$$

$$A_G = G(A/G,i,n) \tag{3-20}$$

$$A = A_A + A_G$$

例 3-16：假设某人第 1 年年末存入银行 100 元，以后 7 年每年递增存款 50 元，如果利率为 8%，则这笔存款折算成 8 年的等额支付系列，相当于每年年末存入多少元？

解：这一系列现金流量相当于年值为 100 元的等额系列和等差额为 50 元的标准等差系列之和。现金流量图如图 3-19 所示。

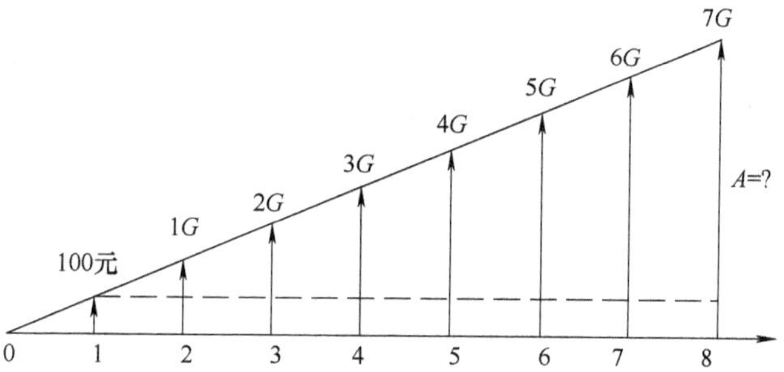

图 3-19　例 3-16 现金流量图

$$A = A_1 + G(A/G,8\%,8) = 100\text{ 元} + 50\text{ 元} \times 3.098\,5 \approx 254.93\text{ 元}$$

即相当于每年年末等额存入 254.93 元。

3.4.5　永续年金

永续年金是指无限期收付的等额序列现金流量，例如，政府或企业发行的永久债券，一般不规定还本日期，但按期支付等额利息；团体或个人设立的永久性按期支付奖励基金，在投资收益率保持不变的前提下，每期支付奖金。

要保持无限期的年金，可以保持本金不变，永续年金可以看作本金在每期产生的利息，而现值就是本金，因此

$$A = Pi$$

$$P = \frac{A}{i} \tag{3-21}$$

假设投资收益率保持不变，就可以用上面两个公式来计算年金（A）或者现值（P）。

例 3-17：付女士为母校捐赠了 2 000 万元，设立了永久性的奖学金奖励优秀学子，在投资收益率为 6% 的条件下，付女士所设立的奖学金每年拟颁发金额是多少？

解：$A = Pi$

$= 2\,000\text{ 万元} \times 6\% = 120\text{ 万元}$

3.4.6　普通复利系数表和线性插值法

1. 普通复利系数表

（1）编制原因。用普通复利公式计算复利时，每次都要计算所需的复利系数，计算较为烦琐，计算工作量大。为简化计算，减少计算工作量，编制了复利系数表。

（2）普通复利系数表的构成。表内按不同利率（i）、不同计息周期数（n），将各种复

利系数值列出来。只要已知 i 和 n，就可以查得所需要的系数值。同样，如果已知计息周期数（n）和复利系数值，也可查得利率（i）；或已知利率（i）和复利系数，也可查得计息周期数（n）。

2. 线性插值法

假定复利系数（f）与利率（i）或计息周期（n）之间是线性关系，根据已知的 f 和 i 或 n，求未知的 n 或 i。

复利系数表中的利率（i）和计息周期（n），都是离散型数据，不是连续的。但在实际工作中，常常需要计算任意的 i 和 n 的各种复利系数，即需要计算 i 和 n 为任意两个数值区间的某一个确定值的复利系数。这时就需要用线性插值法。

另外，在已知 f 和 n，反求 i，或已知 f 和 i，反求 n，也应使用线性插值法。

例 3-18：要使目前的 1 000 元与 10 年后的 2 000 元等值，年利率应为多少？

解：由 2 000 元 = 1 000 元 × $(F/P,i,10)$，得

$(F/P,i,10)=2$

$(F/P,7\%,10)=1.967$，$(F/P,8\%,10)=2.159$

由图 3-20 可得

$$i=7\%+(8\%-7\%)\times\frac{2-1.967}{2.159-1.967}$$

$$=7\%+0.17\%=7.17\%$$

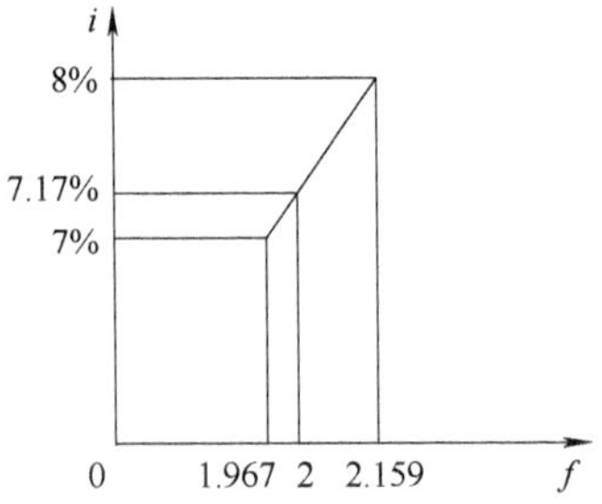

图 3-20　例 3-18 插值法示意图

例 3-19：某投资项目每年有 10 万元的投资收益，在投资收益率为 10% 的条件下，企业希望最后一次回收资金 100 万元，则该投资项目的投资年限不得少于多少年？

解：由 10 万元 × $(F/A,10\%,n)$ = 100 万元得

$$(F/A,10\%,n)=10$$

查复利系数表可知：

$(F/A,10\%,7)=9.487$，$(F/A,10\%,8)=11.436$

由图 3-21 可得

$$\frac{n-7}{8-7}=\frac{10-9.487}{11.436-9.487}$$

$$n=7.26$$

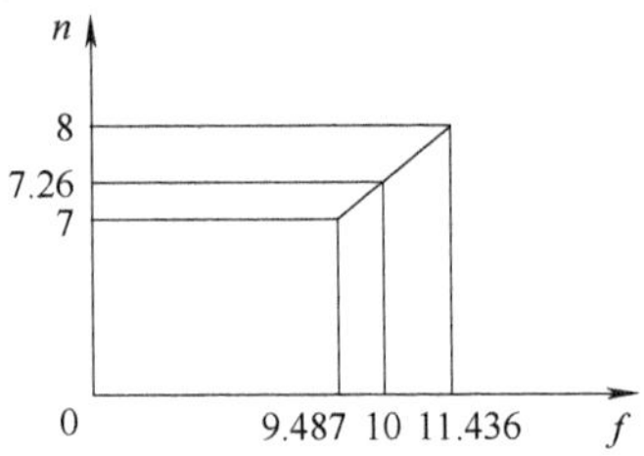

图 3-21　例 3-19 插值法示意图

例 3-20：假如老李现在一次性向老张借款 30 000 元，双方约定在今后的 3 年内每月等额偿还 1 000 元，按月计算利息，老李还款的月实际利率、年实际利率和年名义利率各是多少？

解：现金流量图如图 3-22 所示。

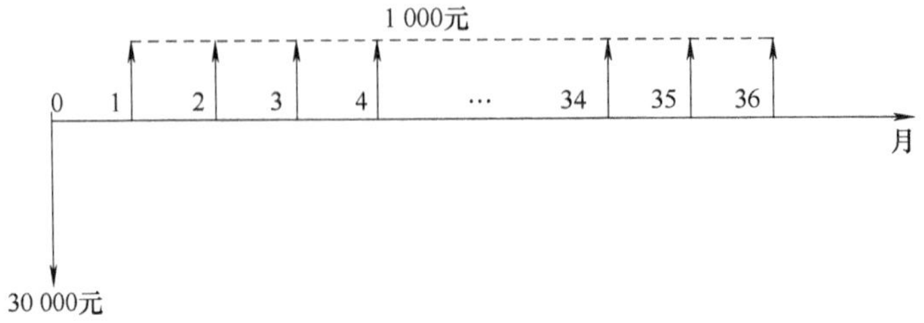

图 3-22　例 3-20 现金流量图

可以利用等额分付现值公式计算利率，即

$$30\ 000\text{元}=1\ 000\text{元}\times\frac{(1+i)^{36}-1}{i(1+i)^{36}}$$

这是一个高次方程，很难求出，因此可以利用插值法求解。

将上式变形得 $\frac{(1+i)^{36}-1}{i(1+i)^{36}}=30$，令 $\frac{(1+i)^{36}-1}{i(1+i)^{36}}=R$，则有：

当 $i_1=2\%$ 时，$R_1=25.488\ 8$；当 $i_2=1\%$ 时，$R_2=30.107\ 5$。

当 $R=30$ 时，对应的利率为

$$i=2\%-(2\%-1\%)\times\frac{30-25.488\ 8}{30.107\ 5-25.488\ 8}=1.023\ 3\%$$

此利率为月实际利率。

年名义利率为：$r=1.023\ 3\%\times12=12.28\%$

年实际利率为：$i=\left(1+\frac{12.28\%}{12}\right)^{12}-1=12.995\%$

3.4.7　混合型现金流量的等值计算

实际工程中，常常会遇到不一定完全符合前面讲述的各种现金流量的形式，可能是它们混合在一起的现金流量，称之为混合型现金流量。混合型现金流量的等值计算主要是将不同时点的发生金额换算到同一时点进行计算。下面通过案例来讲解混合型现金流量的等值计算方法。

例 3-21：求年利率为 8% 时，图 3-23 中现金流量 A 等于现金流量 B 的 K 值。

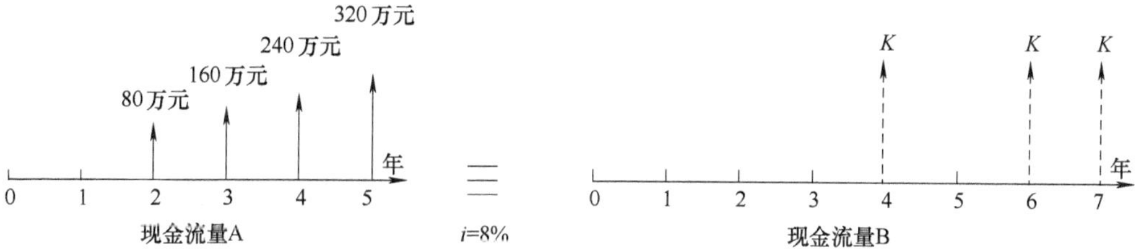

图 3-23　例 3-21 现金流量图

解：这道题给出两种解法。

（1）将 A 和 B 的现金流量都折算到项目初期，其中 B 现金流量可以视作发生了第 4 期到第 7 期年值，然后再排除第 5 期年值。

$$\begin{aligned}P_A&=80\text{ 万元}\times(P/G,8\%,5)\\&=80\text{ 万元}\times7.372\ 4\\&=589.79\text{ 万元}\end{aligned}$$

$$\begin{aligned}P_B&=K(P/A,8\%,4)(P/F,8\%,3)-K(P/F,8\%,5)\\&=2.629\ 1K-0.680\ 6K\\&=1.948\ 5K\end{aligned}$$

由于 $P_A=P_B$，所以 589.79 万元 $=1.948\ 5K$，解得

$$K=302.69\text{ 万元}$$

（2）将两现金流量都换算到其他时点，使换算过程中所需复利系数最少，这里换算到

第 7 年年末的时点。

$$
\begin{aligned}
P_A &= 80\text{ 万元}\times(P/G,8\%,5)(F/P,8\%,7)\\
&= 80\text{ 万元}\times 7.3724\times 1.714\\
&= 1\,010.90\text{ 万元}
\end{aligned}
$$

$$
\begin{aligned}
P_B &= K(F/A,8\%,4)-K(F/P,8\%,2)\\
&= 4.506K-1.166K\\
&= 3.34K
\end{aligned}
$$

由于 $P_A=P_B$，所以 1 010.90 万元 = 3.34K，解得

$$K=302.66\text{ 万元}$$

第（2）种方法所用复利系数是 4 个，比第（1）种方法少 1 个。

例 3-22：某工程项目的投资建设期为 2 年，生产期为 12 年，建设期每年分别在期初投入资金 1 000 万元，生产期每年的净现金收入预计为 600 万元，寿命期结束时有残值 200 万元。项目从生产运营开始，预计每 4 年追加投资 200 万元，参考资金收益率为 12%，绘制该项目的现金流量图并计算该项目的现值和年值。

解：（1）手工解题。现金流量图如图 3-24 所示。

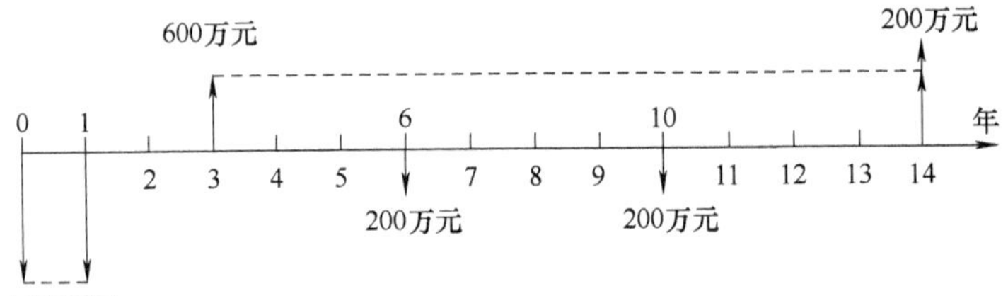

图 3-24　例 3-22 现金流量图

$$
\begin{aligned}
P &= 600\text{ 万元}\times(P/A,12\%,12)(P/F,12\%,2)+200\text{ 万元}\times(P/F,12\%,14)-1\,000\text{ 万元}-\\
&\quad 1\,000\text{ 万元}\times(P/F,12\%,1)-200\text{ 万元}\times(P/F,12\%,6)-200\text{ 万元}\times(P/F,12\%,10)\\
&= 600\text{ 万元}\times 6.1944\times 0.7972+200\text{ 万元}\times 0.2046-1\,000\text{ 万元}-\\
&\quad 1\,000\text{ 万元}\times 0.8929-200\text{ 万元}\times 0.5066-200\text{ 万元}\times 0.322\\
&= 945.2\text{ 万元}
\end{aligned}
$$

$$
\begin{aligned}
A &= P(A/P,12\%,14)=945.2\text{ 万元}\times 0.1509\\
&= 142.63\text{ 万元}
\end{aligned}
$$

（2）计算机解题补充。采用 Excel 解题，如图 3-25 所示，只需在工作表中将项目的现金流入和现金流出输入，然后计算出净现金流量，再将相关变量写入净现值函数式，便可进一步得到项目的净现值或年值。

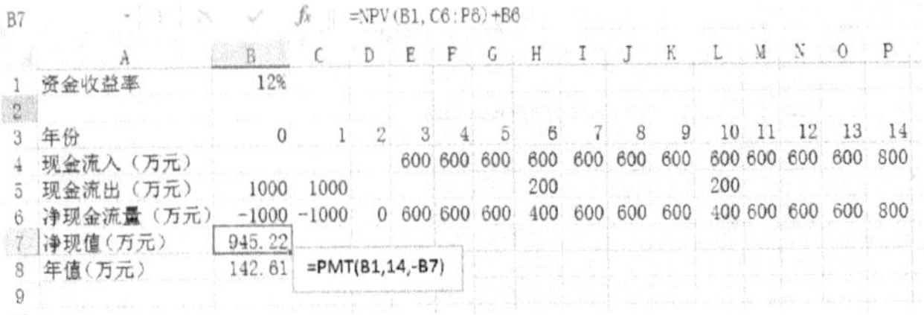

B7　fx　=NPV(B1, C6:P6)+B6

	A	B	C	D	E	F	G	H	I	J	K	L	M	N	O	P
1	资金收益率	12%														
2																
3	年份	0	1	2	3	4	5	6	7	8	9	10	11	12	13	14
4	现金流入（万元）				600	600	600	600	600	600	600	600	600	600	600	800
5	现金流出（万元）	1000	1000					200				200				
6	净现金流量（万元）	-1000	-1000	0	600	600	600	400	600	600	600	400	600	600	600	800
7	净现值（万元）	945.22														
8	年值（万元）	142.61	=PMT(B1,14,-B7)													
9																

图 3-25　Excel 计算净现值和年值举例

3.4.8　还本付息方式

项目的建设需要多种渠道和不同方式融入资金，其中银行等金融机构的项目借款融资是最重要的方式之一。贷款有多种偿还方式，还款方式不同贷款成本就不同。项目借款的偿还方式一般有等本利（本利等额）偿还方式、等本金（本金等额）偿还方式、期末还本各年付息的偿还方式以及本利期末一次偿还方式。

1. 等本利偿还方式

这是我国最常见的一种还本付息方式，就是在开始还款后把本利和逐年平均分摊偿还，期末正好还清全部借款的一种还款方式。在这种还款方式下，各年偿还资金相等，但开始几年内偿还的利息额较大本金较少，随着每年偿还的本金逐年增加，利息逐年减少。这种偿还方式比较适合投产后盈利能力逐渐增强的企业。

2. 等本金偿还方式

等本金偿还方式是在偿还期内偿还的本金每年相等，而每年的利息按每年年初尚未偿还的本金产生的年利息计算。随着本金逐年等额偿还，每年发生的利息在不断减少，从而各年偿还的本利和也在不断减少。因此，企业的偿债压力前期大、后期小。该偿还方式比较适合投产后盈利能力较强的企业。

3. 期末还本各年付息的偿还方式

这种偿还方式是每年年末支付相同的年利息，利息为 $I = Pi$，期末偿还本金。该偿还方式一般适用于投产初期资金需求量大，或盈利能力较差，但随着时间推移，项目的偿债能力逐渐增强的项目。

4. 本利期末一次偿还方式

这种偿还方式是在期末一次偿还所有的本金和利息，偿还本利总额为 $P(1+i)^n$。该偿还方式可以有效使用资金，但由于每年的利息没有偿还转为下一年本金，利滚利到期末一次偿付压力较大。

为了进一步掌握资金等值的计算和等值的概念，下面以贷款、还本付息的例子来进一步说明。

例 3-23：张同学向银行贷款 10 000 元，在 5 年内以年利率 5% 还清全部本金和利息，有以下四种还款方式：

方式一，5 年年末一次性还本付息。

方式二，在 5 年中仅在每年年末归还利息，最后在第 5 年年末归还本金和利息。

方式三，采用“等本金”的方式偿还银行贷款。

方式四，采用“等本利”的方式偿还银行贷款。

每种还款方式计算见表 3-4。

根据表 3-4 中的计算方式，可以计算任何一个时刻的等值资金，如计算四种还款方式第 3 年年末的资金等值。

方式一，第 3 年年末的资金等值为

$$F = \frac{12\ 762.82\ 元}{(1+5\%)^2} = 11\ 576.25\ 元$$

其他方式的第 3 年年末的等值资金请读者自己计算。

表 3-4　四种典型的等值计算　　（单位：元）

方式	年份（1）	年初所欠金额（2）	当年利息（3）	年终所欠金额（4）	偿还本金（5）	年终付款总额（6）	还款的现金流量图
方式一	1	10 000	500	10 500	0	0	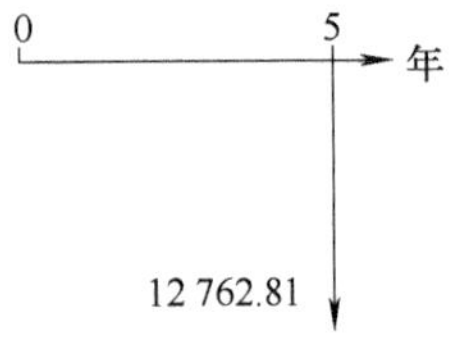
	2	10 500	525	11 025	0	0	
	3	11 025	551. 25	11 576. 25	0	0	
	4	11 576. 25	578. 81	12 155. 06	0	0	
	5	12 155. 06	607. 75	12 762. 81	10 000	12 762. 81	
	Σ		2 762. 81		10 000	12 762. 81	
方式二	1	10 000	500	10 500	0	500	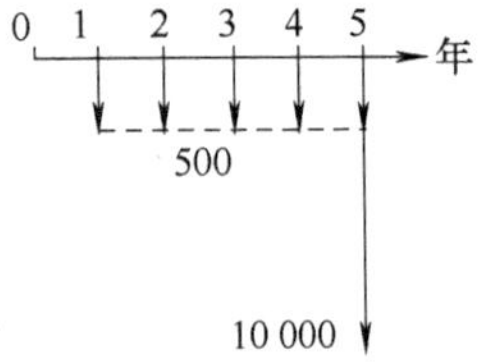
	2	10 000	500	10 500	0	500	
	3	10 000	500	10 500	0	500	
	4	10 000	500	10 500	0	500	
	5	10 000	500	10 500	10 000	10 500	
	Σ		2 500		10 000	12 500	
方式三	1	10 000	500	10 500	2 000	2 500	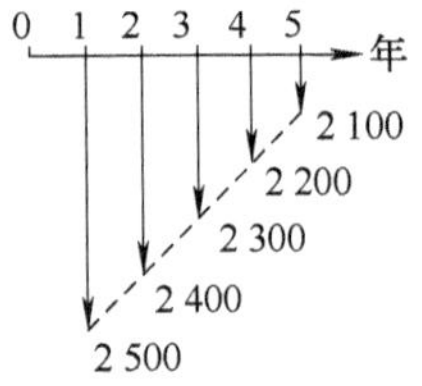
	2	8 000	400	8 400	2 000	2 400	
	3	6 000	300	6 300	2 000	2 300	
	4	4 000	200	4 200	2 000	2 200	
	5	2 000	100	2 100	2 000	2 100	
	Σ		1 500		10 000	11 500	
方式四	1	10 000	500	10 500	1 809. 74	2 309. 74	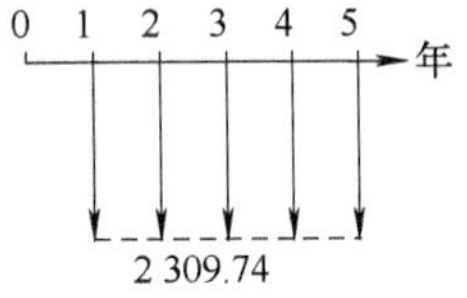
	2	8 190. 26	409. 51	8 599. 77	1 900. 23	2 309. 74	
	3	6 290. 03	314. 50	6 604. 53	1995. 24	2 309. 74	
	4	4 294. 79	214. 74	4 509. 53	2 095	2 309. 74	
	5	2 199. 79	109. 99	2 309. 78	2 199. 75	2 309. 74	
	Σ		1 548. 7		10 000	11 548. 7	

3.4.9　常用等值计算系数间的关系

1. 倒数关系

$$(P/F,i,n)=\frac{1}{(F/P,i,n)}$$

$$(P/A,i,n)=\frac{1}{(A/P,i,n)}$$

$$(F/A,i,n)=\frac{1}{(A/F,i,n)}$$

2. 乘积关系

$$(F/P,i,n)(P/A,i,n)=(F/A,i,n)$$
$$(A/F,i,n)(F/P,i,n)=(A/P,i,n)$$
$$(F/A,i,n)(A/P,i,n)=(F/P,i,n)$$

3. 特殊关系

$$(A/F,i,n)+i=(A/P,i,n)$$

3.4.10 运用 Excel 中的函数进行资金等值计算

用手工进行资金的等值计算，在工程上比较麻烦，计算烦琐，使用 Excel 内置的函数进行计算是一种好的途径。对应于资金等值计算的函数有终值函数、现值函数、年金函数、净现值函数、利率/收益率函数、内部收益率函数以及计息期/收益期函数。

终值函数：FV(rate,nper,pmt,pv,type)

现值函数：PV(rate,nper,pmt,fv,type)

年金函数：PMT(rate,nper,pv,fv,type)

净现值函数：NPV(rate,value1,value2)

利率/收益率函数：RATE(nper,pmt,pv,fv,type,guess)

内部收益率函数：IRR(values, guess)

计息期/收益期函数：NPER(rate, pmt,pv,fv,type)

其中，rate 为有效利率或收益率；nper 为计息期或收益期；pmt 为等额系列现金流量，如果忽略 pmt，则必须包括 pv 参数；pv 为现值，如果省略 pv，则假设其值为零，并且必须包括 pmt 参数；type 为数字 0 或 1，用以指定各期的付款时间是在期初还是期末，如果省略 type，则假设其值为零，即表示付款时间在期末；fv 为终值 F；values 为每期期末发生的定期序列净现金流量；Guess 为内部收益率的估计值。

采用 Excel 函数进行资金等值计算，通常有两种方式：一种是直接在编辑栏中写入函数式；另一种是利用主菜单上的“插入”命令。

例 3-24：年利率为 5%，现值为 2 000 元，计算 5 年后的终值。

第一种方式：直接在 Excel 某单元格中输入“=FV(5%,5,,2000)”，然后单击“√”或回车键即可在单元格得到结果：-2552.6。

需要注意的是：如果函数式中未输入的参数是内置参数，则逗号不能忽略。如本例中，虽然没有输入 pmt，但其后的逗号不能省略。

第二种方式：先选定单元格 B2，然后选择“插入”→“函数”，在“或选择类别(C)”中选择“财务”，然后在下方“选择函数”栏中选择“FV”，单击“确定”按钮，在弹出的“FV”对话框中，分别在“Rate”输入“5%”，在“Nper”输入“5”，在“Pv”栏输入“2000”，对话框下方就会显示结果。若单击“确定”按钮，则单元格 B2 中也会显示出相同的计算结果。

第一种方式更为便捷，第二种方式的优点是对话框中所对应采用的函数和每一个函数的参数都有解释。

思考与练习

1. 什么是资金的时间价值?

2. 简述名义利率与实际利率的相互关系。

3. 什么是资金等值? 影响资金等值的因素有哪些?

4. 某工程投资为100万元，第3年开始投产，需要流动资金为300万元，投产后，每年销售收入抵消经营成本后为300万元，第5年追加投资500万元，当年见效且每年销售收入抵消经营成本后为750万元，该项目的生产期为8年，残值为100万元，绘制该项目的现金流量图。

5. 某银行规定，信用卡透支消费逾期还款，按每日万分之五计收单利，按月计收复利，问信用卡透支逾期还款的实际年利率是多少?

6. 已知年利率为10%，下列现金流的5年年末终值为多少?

(1) 按年计息，每年年末支付一次，每次为100万元。

(2) 按年计息，每年年初支付一次，每次为100万元。

(3) 按半年计息，每年年末支付一次，每次为100万元。

7. 已知年利率为12%，下列现值的等额支付（A）为多少?

(1) 借款20 000元，得到借款后从第1年年末开始，每年年末等额还款，5年年末还清。

(2) 借款20 000元，得到借款后从第1年年末开始，每年年末等额还款，5年年末还清，按季计息。

8. 第1年年初借款20万元，第5年年末需还清，年利率10%，按年计息，分别计算下面三种还款方式下的各年还款额、各年还款额中的本金和利息、5年总还款额的现值和终值。

(1) 5年年末一次性还清本息。

(2) 每年年末等本利还款。

(3) 每年年末等本金还款。

9. 求解图3-26所示的现金流量的现值和年值，年利率假设为15%。

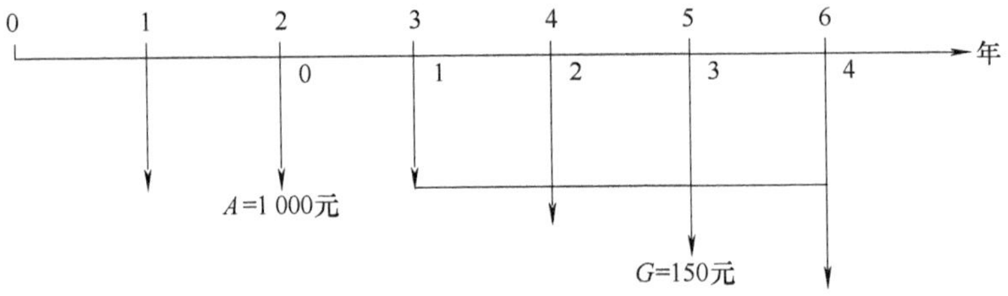

图3-26 第9题现金流量图

10. 某项目第1~4年平均投资为50万元，第4年建成投产，年净收益为40万元，第5~10年生产达产后年均净收益为70万元。第11~12年生产有所下降，年均净收益为50万元，在年利率为8%时，画出现金流量图，并求终值、现值以及等效于第4年年末的等值资金。(采用手工计算和Excel计算)

11. 银行的信用卡分期是将消费的金额按还款期限平均归还本金，并在消费金额的基础上按一定的年利率计算每一期手续费。某行的信用卡手续费的年利率是6%，如果还款期限是5年，试计算这种分期付款方式相当于等本利还款方式的年利率是多少?

第4章

工程经济分析的评价指标及评价方法

学习指导

本章知识要点：

1. 项目决策的比较原理
2. 基准收益率的概念、意义和影响因素
3. 时间型评价指标：静态、动态投资回收期和差额投资回收期的概念及计算
4. 价值型评价指标：净现值、终值和年值的概念与计算方法以及三者之间的关系
5. 净现值的经济含义、净现值函数及特征
6. 效率型评价指标：投资收益率、净现值率、效益成本比率/净效益投资率和内部收益率的概念及计算
7. 内部收益率及差额内部收益率的经济含义
8. 多方案之间的关系类型
9. 寿命周期相同的互斥多方案的评价指标和方法
10. 寿命周期不同的互斥多方案的评价指标和方法
11. 独立方案的评价指标和方法

本章难点：

1. 各种经济评价指标的经济含义以及它们之间的关系
2. 寿命周期不等的多方案比较

引例

勇程公司是一家投资公司，现有2 000万元投资预算。公司目前可供投资的项目有四个，具体信息如下：项目A，从第1年年初到第4年年初需要投资200万元，这些投资均可于次年年末回收130%；项目B，前2年分别投资200万元，第5年年末回收本利125%；项目C，第2年年初投资300万元，到第5年年末回收本利，年收益率14%；项目D，公司可以把余资拆借给金融机构，年初借出年末归还，年息8%。你能帮勇程公司分配这些投资金额，使第5年年末拥有的资金最多吗？

为了使投资活动取得好的预期收益，通常需要制订出项目的多个方案，企业追求的目标是项目整体最优化，因此，必须在项目群所组成的多方案中进行优选。在面临不同背景的项目时，选择什么样的评价指标以及怎样进行方案的优选是本章的核心内容。

工程项目方案的经济性，是工程经济分析的核心任务，是最终形成可行性结论的基础。因此，根据评价对象、场合、需求的不同，建立了一系列的评价指标。一般的工程项目的决策，可以分为两个大类，即单方案的经济评价和多方案的选优，其中多方案的选优是决策重点。多方案的项目通常又可以分成三种类型的投资方案，即独立方案、互斥方案和相关方案。在进行工程项目多方案的比较和选择时，应遵循方案之间的可比性原则，明确工程项目方案之间的相互关系，然后才能考虑用适宜的评价指标和方法进行方案的比较。备选方案之间的关系不同，决定了所采用的评价方法会有所不同。

4.1 项目决策的比较原理

实现同一个目标，可以有多个方案。但各个方案存在的社会、技术、经济和环境的差异，致使它们实施后的效果会有所不同。工程经济分析的实质，就是对可实现某一预定目标的多种方案进行分析、评价和比较，并从中选择一种最优方案。然而，进行比较的方案一方面必须能够可比，另一方面必须使用各种评价方法，否则就无法选择。这就是经济效益评价的原则。

在工程经济分析中，除了要对单个工程项目方案本身的所得与所费进行分析评价，以确定其经济效益的优劣以外，更重要的是要进行工程方案之间的比较分析，从而确定某一工程项目方案的技术、经济效益的优劣。研究工程项目方案的可比性，首先必须明确比较的对象指标应遵循的原则和条件，以及什么情况下各方案之间具有可比性，什么情况下各方案之间不具有可比性，如何将不可比因素转化为可比因素等，即找出不可比转化为可比的规律，从而保证工程经济分析和评价结论的正确性。

为了使被比较的工程项目方案具有可比性，就要使各工程项目方案中的各项技术经济指标具有可以对比的共同基础，即必须满足以下四个可比条件：①满足需要上的可比性；②满足耗费上的可比性；③满足价格上的可比性；④满足时间上的可比性。

4.1.1 满足需要上的可比性

不同工程项目方案进行比较时，首先必须以满足相同的需求（要）为前提条件。任何工程项目方案都是以满足一定的需要为目的，因此，不能满足相同需要的方案是不能进行比较的。例如，水力发电和火力发电能够满足相同的需要——发电，因此是可以比较的；而铜和铝是不同的金属材料，具有不同的金属特性，分别满足不同的材料需要，两者不可比，但当制成铜导线和铝导线时，都是满足输送电流这一相同的需要，这里两者便是可比的。

工程项目方案一般都是以其数量、品种和质量等指标来满足需要的，因此，在具体操作需求的可比性这一条件时，就要对各方案的数量、质量和品种等指标进行可比性修正计算。

1. 满足产品产量的可比性

当进行工程项目方案经济性的比较时，如果其生产规模不相同，不可以对其总的经济效益进行比较，可采用单位产品指标进行比较，就是把方案的总投资额、年总投资额和年总经营成本的绝对值转化为单位产量的相对值，即

$$单位产品投资额=\frac{总投资额(K)}{年产量(Q)} \tag{4-1}$$

$$单位产品年经营成本=\frac{年总经营成本(C)}{年总产量(Q)} \tag{4-2}$$

特别要注意，分析各工程项目方案满足产量（即生产规模）上的可比性时，所涉及的产量是最终向本项目外提供的实际产量，即净产量，而不是指技术方案的设备生产能力——额定产量，两者是有差别的。例如，甲、乙方案的年产量分别为 100t 和 50t，二者产量显著不同时，必须进行产量的可比性修正，将乙方案的产量修正为两年 100t 后，二者的投资额和年成本总额等指标就可以进行比较了。特别要注意的是动力方案的比较，其产量可比性应满足实际功能需要的净产量相同，而不是各技术方案的额定产量（额定工作量）相同，因为该类技术方案往往存在自消耗问题。例如，水电站与火电站相比，水电站的自用电量约占其发电量的 0.1% ~0.2%，而火电站的自用电量一般占到其发电量的 6% ~8%，甚至更高。因此，在进行产量可比性测算时，不能以额定产量，而应以向社会（不包括项目本身）最终提供的产量作为比较的基础。

例 4-1：表 4-1 中给出了两个产量相差较大的方案Ⅰ和方案Ⅱ，两方案的经营成本和投资也分别列出。要对两个方案进行比较，必须对两个方案进行可比性处理。

表 4-1　例 4-1 方案Ⅰ和方案Ⅱ

指　　标	方案Ⅰ	方案Ⅱ	修正方案Ⅰ	修正方案Ⅱ
年产量（万台）	6	10	6×5=30	10×3=30
总投资额（万元）	40	60	40×5=200	60×3=180
年经营成本（万元）	10	15	10×5=50	15×3=45

由于两方案的产量不成倍数关系，因此，修正计算时，假设两个方案都重复建设，将它们修正成产量相同的方案，产量的最小公倍数为 30 万台。方案Ⅰ扩大为原来的 5 倍，方案Ⅱ扩大为原来的 3 倍。其他指标以产量的扩大倍数为标准进行修正。修正结果见表 4-1 最后两列，用修正方案Ⅰ和修正方案Ⅱ就可以进行比较了，这就是等同化处理的一种方法。

2. 满足产品质量的可比性

实际工作中，不同的工程项目方案，即选择不同的工艺、设备等生产出来的产品质量通常是有差异的。在此情况下，因为质量（品种）不可比意味着产品的使用价值不等，如果无视这一点而勉强进行比较，势必得出错误的结论。

进行不同方案的质量可比性分析时，首先确定衡量产品质量的指标，可用产品的使用寿命、可靠性等指标表征产品的质量，用不同产品的质量指标之比形成的“比较效果系数”表征质量的差异程度，然后用“比较效果系数”对投资额和经营成本等进行修正。其公式为

$$k=\frac{E_{k1}}{E_{k2}} \tag{4-3}$$

式中　k——比较效果系数；

E_{k1}——方案Ⅰ的使用效果；

E_{k2}——方案Ⅱ的使用效果。

经调整后的方案Ⅰ的投资额和经营成本分别为

$$K'_{\mathrm{I}} = \frac{1}{k} K_{\mathrm{I}}$$

$$C'_{\mathrm{I}} = \frac{1}{k} C_{\mathrm{I}}$$

式中　K_{I}，K'_{I}——方案Ⅰ调整前、后的总投资额；

C_{I}，C'_{I}——方案Ⅰ调整前、后的年经营成本。

品种不同的工程项目方案比较时，其使用效果可用材料的节约额、工资的节约额等来表示，修正方法与上述相同。

例4-2：表4-2中给出了两个质量不同的方案Ⅰ和方案Ⅱ，要对两个方案进行比较，必须对两个方案进行修正计算。

表4-2　例4-2方案Ⅰ和方案Ⅱ

指　　标	方案Ⅰ	方案Ⅱ	修正方案Ⅰ
年产量（万台）	6	10	15（6×2.5）
总投资额（万元）	4 000	6 000	10 000（4 000×2.5）
年经营成本（万元）	100	150	250（100×2.5）
产品可靠性	运行20km不大修	运行50km不大修	运行50km不大修

现在用方案Ⅱ的可靠性参数除以方案Ⅰ的可靠性参数，求得使用比较效果系数 $k=50\mathrm{km}/20\mathrm{km}=2.5$，然后用比较效果系数 k 去修正方案Ⅰ，修正方案Ⅰ见表4-2最后一列。修正方案Ⅰ就可以与方案Ⅱ进行比较了。

3. 满足产品品种的可比性

产品品种是指企业在一定时期内生产的产品的名称、规格及其数量。它反映企业在一定时期里在品种方面满足社会需要的程度。在经济效益评价时，必须是品种相同的方案才能进行比较。当品种不同时可以采取以下修正方法：

（1）对于大量生产企业而言，产品品种少，一般只有少数几个品种，可以直接进行比较。

（2）对于成批生产企业而言，生产的产品品种多，但存在具有代表性的产品。因此，可以选择一种能代表企业专业方向、代表企业产品结构和工艺特点、产量较大的产品为代表产品，通过一定的方式把其他产品换算成这种产品的数量即可进行比较了。

（3）对于单件小批量生产企业而言，产品品种多，又不存在具有代表性的产品。这时选择一个"假定产品"，计算假定产品的产量，再将其他产品换算成假定产品的产量，就可以进行比较了。

4.1.2　满足耗费上的可比性

经济效果是产出与投入即所得与所费的比较。对工程项目方案的经济效果进行比较时，除了要满足使用价值的可比（即需求上的可比）之外，还应满足消耗费用上的可比，即满足对各种耗费的计算范围、计算基础的一致性，以及计算原则和计算方法的统一性，以保证对比的口径相同。

计算工程项目方案的耗费时，不仅要考虑项目本身的耗费，还要考虑其储运、销售、使用费等，即寿命周期费用的可比性。另外，要从整个社会生产和国民经济的角度，运用系统的观点和方法计算全部耗费，不仅包括技术方案本身直接的耗费，还应包括与该项目方案直接相关的部门发生的耗费。例如，建设某钢铁厂，除考虑钢铁厂投资外，还必须考虑其配套工程，像各种备品、备件制造厂工程，耐火材料厂工程，机修厂工程等的相关投资，以及外部配套工程（铁路工程、矿石转运工程、煤炭工程等）的相关费用。最后，在进行方案的经济性比较时，各种费用的计算要采用统一的规定和方法。

寿命周期费用是指工程项目或产品从设计、研制、生产、使用，直至寿命结束时的全部费用的总和，主要包括生产成本和使用成本。在进行项目的优选时，要比较寿命周期成本才能得到比较科学的结论。例如，火电和水电两种电站建设方案的比较，水电站建设周期长、成本高，但在运行过程中无须消耗燃料，运行和维修费用较低，即使用成本低；而火电站，基本建设投资较少，制造成本低，但在运行过程中消耗大量的燃料，运行和维护成本较高，即使用成本高。

4.1.3　满足价格上的可比性

在评价工程项目方案的经济效果时，必然要涉及产品的价格。如何合理地选用价格指标，这是工程经济分析中必须慎重考虑的重要问题。为了使不同的工程项目方案的分析比较科学合理，在计算方案的投入与产出时，应采用统一的折算价格，即对各种投入物和产出物在现行市场价格的基础上进行适当的调整。

不同时期的工程项目方案进行比较时，应采用价格指数进行折算，并应根据工程项目方案计算期的长短确定相应时期的价格指标，如对近期方案比较时应采用近期价格指标计算，而对远期方案比较时应采用远期的测算价格，否则将会得出错误的结论。总之，不同时期的方案相比较时，应采用统一的、某一时期的不变价格或价格指数法折算成统一的现行价格，从而保证对比方案的价格可比性。

为了避免价格背离对经济效益评价的影响，对于现行价格不能正确反映产品价值的情况，可采用影子价格代替现行价格。对于涉及产品进出口或利用外资、技术引进等项目的投入品与产出品的价格，可采用国际贸易价格进行分析和评价。

4.1.4　满足时间上的可比性

时间的可比性，对于不同技术方案的经济比较具有重要的意义。时间的可比性包括两个原则：首先，不同方案的比较应以相同计算期作为比较的基础。其次，项目方案在不同时间发生的费用支出和经济收益不能简单相加，要考虑资金的时间价值。

1. 相同计算期

当对比的方案的经济寿命周期不同时，可采用最小公倍数法折算成相同的计算寿命，并按这一相同时期计算费用和效益，不能对甲方案计算其 5 年期的经济效果，而对乙方案计算其 10 年期的经济效果，那样是无法比较的。如果相互比较的各个技术方案的经济寿命周期没有倍数关系，或由于项目的特点不适合进行重复建设，则应采取约定的计算期作为共同的基础，并进行相应的计算与比较。

2. 资金的时间价值

不同的项目方案，在投入的人力、物力、资源和发挥效益的时间上有所差异，在进行经济效益比较的时候，不能将各方案在此期间发生的费用或收益简单地相加。资金的时间价值要求在进行项目的经济性比较时，必须对不同时点上发生的费用和收益考虑时间因素的影响，并对其进行折算。当然，在方案的设计和筛选阶段，为简化计算，有时可以暂不考虑资金的时间价值。一般情况下，方案的选优必须考虑时间因素，这对合理利用有限的资金，最大限度地发挥资金的效用，树立投资者和决策者的资金时间价值观念，都具有重要的意义。

4.2 工程项目单方案的评价指标与方法

为了确保投资决策的准确性和科学性，正确地选用项目经济评价的指标和方法是十分必要的。工程项目经济评价的方法和指标是多种多样的，这些指标从不同的侧面反映投资项目的某一工程技术方案的经济性，评价者可以依据可获得资料以及项目本身的背景，选用指标和方法进行评价与优选。

4.2.1 工程项目单方案的评价指标的分类

工程项目经济评价指标和方法可以从不同的角度进行分类，常见的分类有以下几种：

1. 按评价指标的计算是否考虑资金时间价值分类

按工程项目的经济评价指标是否考虑资金的时间价值，可将项目经济评价方法分为动态评价指标和静态评价指标。静态评价方法是不考虑资金时间价值的方法，其特点是计算较简便、直观、易于掌握；但存在着项目经济效益反映不准确等问题，故在方案初选阶段应用较多。静态评价指标包括静态投资回收期、投资收益率等。动态评价指标是考虑资金时间价值的指标，如动态投资回收期、净现值、内部收益率等。动态评价指标克服了静态评价指标的缺点，但计算需要依据较多的数据和资料，过程也较复杂。

2. 按评价指标所反映的经济性质分类

工程项目的经济性质体现在所投入资金的回收速度、项目的盈利能力和资金的使用效率三个方面，同样可将工程项目的评价指标分为时间型评价指标、价值型评价指标和效率型评价指标。时间型评价指标是根据时间长短来衡量项目对其投资回收能力的指标，常用的时间型评价指标有静态投资回收期、动态投资回收期、增量静态投资回收期、增量动态投资回收期。价值型评价指标是反映项目投资的净收益绝对量大小的指标，常用的价值型评价指标有净现值、净年值、费用现值和费用年值等。效率型评价指标是反映项目单位投资获利能力或项目对贷款利率的最大承受能力的指标，常用的效率型评价指标有投资收益率、净现值率、效益成本比率和内部收益率等。

3. 按评价指标在评价过程中所起的作用分类

工程项目经济评价指标根据其在评价过程中所起的作用可分为单方案评价指标和多方案选优指标。单方案评价指标是仅适合进行单一方案的可行性评价，如静态投资回收期、动态投资回收期、内部收益率、投资收益率、净现值率、效益成本比率等。多方案选优指标是指适宜对两个或多个可行方案进行选优，如成本法的所有指标、增量法的所有指标等。有些指标既可以用于单方案的评价，也可以用于多方案的选优，如净现值、净年值等指标。

表4-3给出了工程项目评价常用指标，这些指标的意义、计算和应用将在后文分别讨论。

表 4-3　工程项目评价常用指标

评价指标		时间型评价指标	价值型评价指标	效率型评价指标
静态评价指标	单方案评价指标	静态投资回收期		投资收益率
	多方案评价指标	增量静态投资回收期	费用	增量投资收益率
动态评价指标	单方案评价指标	动态投资回收期	净现值、净年值	内部收益率、净现值率、效益成本比率
	多方案评价指标	增量动态投资回收期	净现值、净年值、费用现值、费用年值	增量内部收益率、增量效益成本比率

4.2.2　时间型评价指标

时间型评价指标主要是指投资回收期，一般也称作返本期或投资返本年限，是反映项目或方案投资回收速度的重要指标。它是以项目的净收益（包括利润和折旧）抵偿其全部投资所需要的时间，通常以年表示。投资回收期一般从投资开始年算起，如果从投产开始年算起，应加以说明。根据是否考虑资金的时间价值，投资回收期分为静态投资回收期和动态投资回收期。

1. 静态投资回收期（P_t）

（1）概念。静态投资回收期是指项目投产后，在不考虑资金时间价值的条件下，以每年取得的净收益（包括利润和折旧），将投资（固定资产投资、流动资金投资）回收所需的时间，一般以年为计量单位，从建设开始年算起，如果从投产年算起时，应予以注明。其表达式为

$$\sum_{t=1}^{P_t}(CI-CO)_t=0 \tag{4-4}$$

式中　CI——现金流入量；

CO——现金流出量。

（2）实际计算公式。静态投资回收期（P_t）可根据财务现金流量表（全部投资）中累计净现金流量计算求得，计算公式为

$$P_t=\text{累计净现金流量开始出现正值年份数}-1+\frac{\text{上年累计净现金流量的绝对值}}{\text{当年净现金流量}} \tag{4-5}$$

在没有现金流量表时可用下式计算：

$$P_t=\frac{\text{投资总额}}{\text{年净收益}}=\frac{K}{M} \tag{4-6}$$

（3）判别准则。采用静态投资回收期进行方案评价时，应把技术方案的投资回收期（P_t）与行业规定的基准投资回收期（P_c）相比较，便可决定方案的取舍。

判别准则：

如果 $P_t \leqslant P_c$，则认为该方案是可取的。

如果 $P_t > P_c$，则该方案不可取。

（4）基准投资回收期。由上可知，基准投资回收期是取舍方案的决策标准，基准投资回收期的确定是一项很复杂的工作。因为各个行业生产性质和经济特点不同，技术发展速度

不同，技术装备和投资结构不同，在国民经济中的作用和地位不同，所以基准投资回收期不能确定一个统一的标准。首先应根据各不同部门和行业的历年统计资料先概略计算平均投资回收期，然后再考虑投资结构、投资规模、投资能力、产品成本和价格以及技术进步等多种因素对投资回收期的影响，修正初步计算的各部门或行业的平均投资回收期，最后确定各部门或行业的基准投资回收期。确定的基准投资回收期一般应能体现各部门或行业的平均先进水平，还需根据影响因素的变化和实际情况的要求适时进行修正和调整。基准投资回收期一般受下列因素影响：

1）投资构成的比例。一般生产性投资比重扩大，非生产性投资比重减小，投资回收期可以缩短。

2）成本构成比例。一般成本降低，利润增加，则导致回收期的缩短。

3）技术进步的程度。新产品发展速度快，老产品更新频率高，企业改造、扩建、改建加速等，都会使回收期缩短。

另外，其他因素，如产品价格、建设规模、生产特点、销售条件等，也会直接或间接影响基准投资回收期。

一般地，基准投资回收期为：大、中型拖拉机行业 13 年，内燃机行业 8 年，光学仪器行业 9 年，印刷机械行业 9 年，重型机械行业 17 年，机床行业 12 年，铸造设备行业 15 年，电机行业 10 年，汽车行业 9 年。美国基准投资回收期平均在 3 ~5 年，日本则为 3 ~4 年。

用静态投资回收期的长短来评价技术方案，反映了初始投资得到补偿的速度，从缩短资金占用周期、发挥资金的最大效益、加速扩大再生产的角度来说是很必要的。

静态投资回收期评价法的优点是评价方案简便、直观。其缺点是：① 未考虑各方案经济寿命周期的差异；② 未考虑各方案经济寿命周期内费用、收益变化的情况；③ 未考虑各方案经济寿命周期期末的残值；④ 未考虑资金的时间价值。

例 4-3：拟建某机械厂，预计每年获得的净收益及投资回收情况见表 4-4，试用静态投资回收期法判断其在经济上是否合理。设基准投资回收期（P_c）=7 年。

表 4-4　有关资料　　（单位：万元）

时　期	建设期		生产期							
年份	1	2	3	4	5	6	7	8	9	10
投资	2 000	1 500								
年净收益			500	800	1 000	1 500	1 500	1 500	1 500	2 500
累计净收益	−2 000	−3 500	−3 000	−2 200	−1 200	300	1 800	3 300	4 800	7 300

解：根据表 4-4 资料计算得到：

$$P_t = 6\text{ 年} - 1\text{ 年} + \frac{1\ 200}{1\ 500}\text{年} = 5.8\text{ 年}$$

因为 $P_t < P_c$，所以方案在经济上合理，可以采纳。

2. 动态投资回收期（P_t'）

（1）概念。动态投资回收期是指在考虑资金时间价值的条件下，以项目净收益抵偿全部投资所需要的时间。该指标克服了静态投资回收期的缺陷，一般也从投资开始年算起。

（2）判别准则。将方案或项目计算得到的动态投资回收期（P_t'）与行业或投资者设定的基准投资回收期（P_c）进行比较，若 $P_t' \leq P_c$，则可以考虑接受该项目或方案；若 $P_t' > P_c$，则可以考虑拒绝该项目或方案。动态投资回收期用于判断单一方案的可行与否，反映项目的盈利能力。

（3）动态投资回收期的计算式

1）基于概念的计算式。根据动态投资回收期的定义，P_t'的计算式为

$$\sum_{t=0}^{P_t'}(\mathrm{CI}-\mathrm{CO})_t(1+i_c)^{-t}=0 \tag{4-7}$$

式中 i_c——基准收益率。

2）实际计算式。实际计算过程中，当累计净现金流量折现值等于零时，往往不是某一自然年份。这时，根据各年净现金流量可采用下列公式计算：

$$P_t'=\text{累计折现值出现正值年份数}-1+\frac{\text{上年累计折现值的绝对值}}{\text{当年净现金流量折现值}} \tag{4-8}$$

例 4-4：求例 4-3 的动态投资回收期。设基准收益率为 10%，基准投资回收期为 5 年，从动态投资回收期的角度考虑项目是否可行。

表 4-5 为例 4-4 计算表，其计算结果代入式（4-8）可得

$$P_t'=4\text{ 年}-1\text{ 年}+\frac{|-3\ 047|}{4\ 918}\text{年}=3.62\text{ 年}$$

由于 $P_t'=3.62<5$，所以该项目可以考虑接受。

与静态投资回收期 5.8 年相比较，项目的动态投资回收期要短一些。

表 4-5 例 4-4 动态投资回收期的计算表

年 份	0	1	2	3	4	5	6	7	8
净现金流量（万元）	-6 000	-3 000	3 600	3 600	7 200	7 200	7 200	7 200	7 200
10% 折现系数	1	0.909 1	0.826 5	0.751 3	0.683 0	0.620 9	0.564 5	0.513 2	0.466 5
净现金流量折现值（万元）	-6 000	-2 727	2 975	2 705	4 918	4 471	4 064	3 695	3 359
累计净现金流量折现值（万元）	-6 000	-8 727	-5 752	-3 047	1 870	6 341	10 405	14 100	17 459

（4）动态投资回收期的特点

1）动态投资回收期的计算考虑了资金的时间价值，结果较为合理。

2）动态投资回收期同样没有考虑投资回收期之后的现金流量情况，不能反映项目在整个寿命周期内的真实经济效果。

4.2.3 价值型评价指标

价值型评价指标是通过计算各个项目方案在整个寿命周期内的价值作为判断其经济可行性及选优的基础。

1. 净现值法

净现值（Net Present Value，NPV）法只能在已知方案的所有现金流入和流出的情况下应用，常用于改建、扩建项目的经济评价。

(1) 净现值的概念及计算公式。净现值是指技术方案在整个分析期内，不同时点上的净现金流量按基准收益率折算到基准年的现值之和。净现值是反映技术方案在整个分析期内获利能力的动态评价指标。如果计算出的净现值大于零，说明方案的投资能获得大于基准收益率的经济效果，则方案可取；如果计算出的净现值等于零，说明方案的投资刚好达到要求的基准收益率水平，则方案在经济上也是合理的，一般可以投资；如果计算出的净现值小于零，说明方案没有达到基准收益率水平，则方案在经济上是不合理的，一般不可取。在多方案比较时，以净现值最大的方案为优。

净现值的计算方法根据具体情况有以下两种：

1) 当项目在分析期内每年净现金流量均等时，项目的净现值为

$$NPV = -K_p + (B_t - C_t)\frac{(1+i_n)^n - 1}{i_n(1+i_n)^n} + L(1+i_n)^{-n} \tag{4-9}$$

式中 NPV——基准收益率为 i_n时的项目净现值；

K_p——投资的现值；

B_t——项目分析期内年等额收益；

C_t——项目分析期内年等额费用；

L——项目残值（包括固定资产余值和流动资金）；

i_n——基准收益率；

n——项目使用寿命。

例 4-5：某工程项目预计投资为 10 000 元，预测在使用期 5 年内，每年平均收入为5 000 元，每年平均支出为 2 200 元，残值为 2 000 元，基准收益率为 10%，用净现值法判断该方案是否可行。

解：根据题意画出方案的现金流量图，如图 4-1 所示。

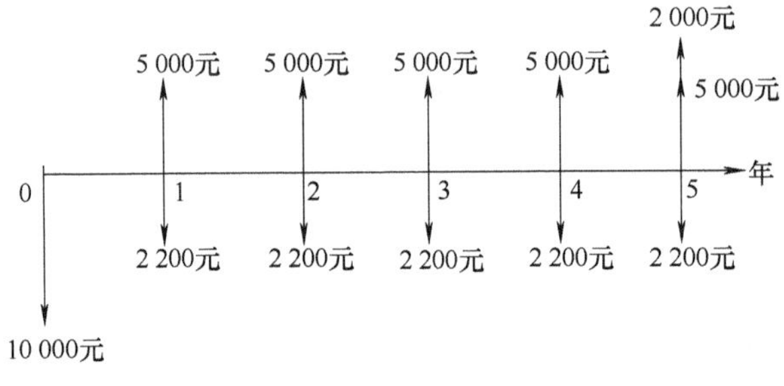

图 4-1 某工程项目现金流量图

根据式（4-9）得

$$NPV = -K_p + (B_t - C_t)\frac{(1+i_n)^n - 1}{i_n(1+i_n)^n} + L(1+i_n) - n$$

$$= -10\ 000\text{元} + (5\ 000\text{元} - 2\ 200\text{元}) \times \frac{(1+10\%)^5 - 1}{10\% \times (1+10\%)^5} + 2\ 000\text{元} \times (1+10\%)^{-5}$$

$$= -10\ 000\text{元} + 2\ 800\text{元} \times 3.790\ 8 + 2\ 000\text{元} \times 0.620\ 9$$

$$= 1\ 856.04\text{元}$$

由于 NPV >0，故方案可取。

2）当项目在分析期内每年净现金流量不等时，项目的净现值为

$$NPV = \sum_{t=0}^{n} F_t (1+i_n)^{-t} \tag{4-10}$$

式中 F_t——项目第 t 年的净现金流量；

t——现金流量发生的年份序号；

i_n——基准收益率；

n——项目使用寿命。

例4-6：有甲、乙两个投资方案，使用寿命均为5年，设基准收益率为15%，两个方案的有关资料见表4-6。试用净现值法比较两方案的经济效益。

表4-6 两方案的有关资料 （单位：万元）

方案	年末	投资	经营成本	总收入	净现金流量
甲	0	3 000			-3 000
	1		500	1 800	1 300
	2		500	2 000	1 500
	3	500	600	3 000	1 900
	4		600	3 000	2 400
	5		600	2 800	2 200
乙	0	3 500			-3 500
	1				
	2		800	1 800	1 000
	3		800	2 400	1 600
	4		850	2 200	1 350
	5		850	2 200	1 350

解：每年的净现金流量不等，根据式（4-10）得

$$\begin{aligned}NPV_{甲} &= -3\,000\text{万元} + 1\,300\text{万元} \times (1+15\%)^{-1} + 1\,500\text{万元} \times (1+15\%)^{-2} \\ &\quad + 1\,900\text{万元} \times (1+15\%)^{-3} + 2\,400\text{万元} \times (1+15\%)^{-4} + 2\,200\text{万元} \times (1+15\%)^{-5} \\ &= -3\,000\text{万元} + 1\,300\text{万元} \times 0.870 + 1\,500\text{万元} \times 0.756 + 1\,900\text{万元} \times 0.658 \\ &\quad + 2\,400\text{万元} \times 0.572 + 2\,200\text{万元} \times 0.497 \\ &= 2\,981.4\text{万元}\end{aligned}$$

$$\begin{aligned}NPV_{乙} &= -3\,500\text{万元} + 1\,000\text{万元} \times (1+15\%)^{-2} + 1\,600\text{万元} \times (1+15\%)^{-3} \\ &\quad + 1\,350\text{万元} \times (1+15\%)^{-4} + 1\,350\text{万元} \times (1+15\%)^{-5} \\ &= -3\,500\text{万元} + 1\,000\text{万元} \times 0.756 + 1\,600\text{万元} \times 0.658 + 1\,350\text{万元} \times 0.572 \\ &\quad + 1\,350\text{万元} \times 0.497 \\ &= -248.05\text{万元}\end{aligned}$$

由于 $NPV_{甲} > NPV_{乙}$，故甲方案的经济效益好。

(2) 净现值的经济含义。净现值的经济含义可以这样解释：假如有一个投资项目，初始投资为1万元，其寿命周期为1年。到期可收回12 000元。如果设定基准收益率为10%，根据净现值的计算公式，可以求出该项目的净现值为

$$NPV = 12\,000\text{元} \times 0.909 - 10\,000\text{元} = 909\text{元}$$

即投资额只要按照10%的利率筹集到资金，即使该项目再增加909元的投资，在考虑资金时间价值的前提下，项目在经济上也可以做到不盈不亏。从另一个角度看，如果投资者以10%的利率筹集到10 000元的资金，那么项目在1年后可获利润12 000元 - 10 000元 × (1 + 10%) = 1 000元。

因此，净现值表示了项目获得大于基准收益率的超额收益的现值。

1）NPV = 0，表示项目的获利能力刚好达到基准收益率的水平。

2）NPV > 0，表示项目的获利能力不仅能够达到基准收益率的水平，而且还能得到超额现值收益。

3）NPV < 0，表示项目的获利能力达不到基准收益率的水平，即投资收益较低，达不到投资者的期望目标，因此，项目方案不符合经济要求，不可取。

（3）基准收益率的确定。由式（4-10）可知，一个项目的净现值的大小不仅取决于内部的现金流量，而且与项目所处的行业标准（即基准收益率）成反比；基准收益率是计算净现值指标的折现率，此外，它也是内部收益率指标的判别基准。因此，行业基准收益率的确定对于一个项目经济效果的好坏及决策结果有着至关重要的影响。

基准收益率代表的是项目投资所期望的最低财务盈利水平，即项目的投资收益率的最低期望水平，因此，在国外它又被称为最低期望收益率或目标收益率（Minimum Attractive Rate of Return，MARR）。它实际上是投资决策者对项目资金时间价值所做的估量。它是一个非常重要的经济参数，过高和过低都会导致投资决策的失误。如果把基准收益率定得过高，则得到的净现值就会过低，就可能会使得许多经济效果不错的方案遭到拒绝；而如果定得过低，则得到的净现值就会过大，这样可能会使可接受的投资方案有许多，而它们的经济效果却一般。基准收益率的确定应综合考虑以下几个因素：

1）资金成本和机会成本。资金成本是指项目或方案为筹集和使用资金而付出的代价，包括资金筹集成本和资金使用成本。资金筹集成本又称融资费用，是指资金在筹措过程中支付的各项费用，包括手续费、发行费、印刷费、公证费和担保费等。资金使用成本又称为资金占用费用，包括股利和各种利息。资金筹集成本属于一次性费用，使用资金过程中不再发生，而资金使用成本却在资金使用过程中多次发生。

机会成本是投资者将有限的资金用于拟建项目而放弃的其他投资机会所能获得的最好收益。

一般而言，基准收益率不应低于单位资金成本和资金的机会成本。

2）投资风险。由于工程项目的收益在未来才可能取得，随着时间的推移，这种收益具有不确定性，相应会产生风险。为了补偿可能产生的风险损失，在确定基准收益率时要考虑一个适当的风险报酬。风险报酬率的大小取决于未来工程项目经营风险的大小。一般而言，风险大的项目，风险报酬率也应该大。

3）通货膨胀。通货膨胀是指由于货币的发行量超过商品流通所需的货币量而引起的货币贬值和物价上涨的现象。通常用通货膨胀率这一指标来表示通货膨胀的程度。当出现通货膨胀时，会造成工程项目在建设和经营过程中材料、设备、土地和人力资源费用等的上升，因此在确定基准收益率时，应考虑通货膨胀的影响。

综合以上分析，基准收益率的计算公式有以下两种情况：

① 采用时价计算项目收支的情况

$$i_c = (1 + r_1)(1 + r_2)(1 + r_3) - 1 \approx r_1 + r_2 + r_3 \tag{4-11}$$

式中　i_c——基准收益率；

r_1——年单位资金成本；

r_2——年风险报酬率；

r_3——年通货膨胀率。

② 采用不变价格计算项目现金流量的情况

$$i_c=(1+r_1)(1+r_2)-1\approx r_1+r_2 \tag{4-12}$$

式（4-11）和式（4-12）近似处理的前提是 r_1、r_2、r_3 均较小。

（4）净现值函数。所谓净现值函数，就是净现值与折现率之间的函数关系。对于一般的项目来讲，净现值与折现率之间存在着反比关系。

若以纵坐标表示净现值 NPV，横坐标表示折现率 i，则 NPV 与 i 之间的函数关系可绘出一条曲线，这条曲线就是净现值函数曲线。图 4-2 所示是一般项目的净现值函数曲线（即投资分期分批地在项目初期投入，收益在项目后期产生）。

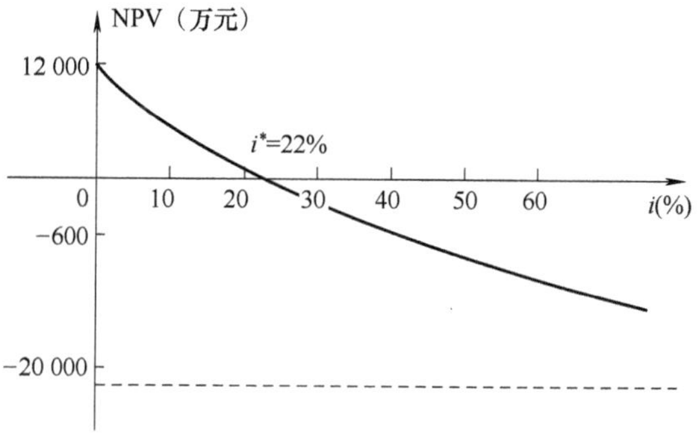

图 4-2　净现值函数曲线

（5）净现值的优缺点。净现值指标的优点在于，它不仅考虑了资金的时间价值，是一个动态评价指标，而且考虑了项目方案整个计算期内的现金流量情况，能够比较全面地反映方案的经济状况。此外，该指标经济意义明确，能够直接以货币额表示项目的净收益。

该指标的缺点在于，事先必须确定一个较合理的基准收益率，在实际的操作中，基准收益率的确定是非常困难的。另外，基准收益率只能表明项目方案的盈利能力超过、达到或未达到要求的收益水平，而实际的盈利能力到底比其基准收益率高多少或低多少，则反映不出来，不能真实地反映项目方案投资中单位资金的效率。

2. 净年值

（1）净年值的概念及计算公式。净年值（Net Annual Value，NAV）也称净年金，将项目方案的净现值换算为计算期内各年的等额年金，是考察项目投资盈利能力的指标。其计算公式为

$$\begin{aligned}\mathrm{NAV}&=\sum_{t=0}^{n}F_t(1+i_n)^{-t}(A/P,i,n)\\&=\sum_{t=0}^{n}(\mathrm{CI}-\mathrm{CO})_t(1+i_n)^{-t}(A/P,i,n)\\&=\mathrm{NPV}(A/P,i,n)\end{aligned} \tag{4-13}$$

（2）判别准则。从 NAV 的计算公式可以看出，NAV 实际上是 NPV 的等价指标，也即在对于单个投资项目而言，用净年值指标进行评价和用净现值指标进行评价，其结论是相同的。其评价准则是：

$NAV \geqslant 0$ 时，则项目方案可以考虑接受。

$NAV < 0$ 时，项目方案不可行。

（3）适用范围。净年值指标主要用于寿命周期不同的多方案比较中。

净年值的经济含义是项目在整个寿命周期内每年的等额超额收益。

例 4-7：某项目第 1 年年初固定资产投资为 150 万元，建设期为 2 年，第 2 年年底建成并投产运行，投产时需要流动资金 30 万元，年经营成本为 60 万元。若项目每年可获得的销售收入为 98 万元，项目服务年限为 10 年，到时回收残值 20 万元，年利率为 10%。试计算该项目的净年值。

解：根据题意画出现金流量图，如图 4-3 所示。

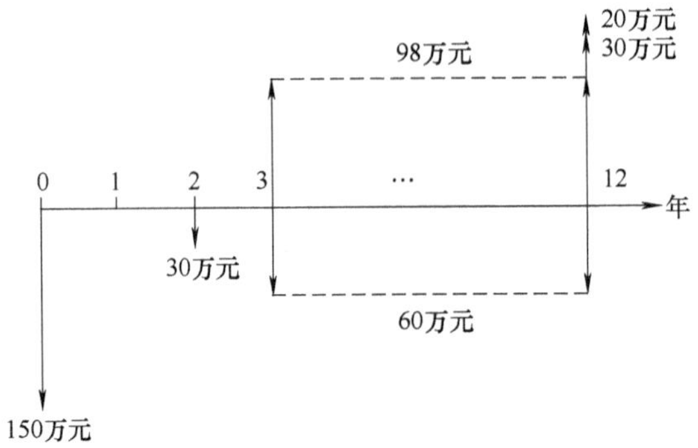

图 4-3　例 4-7 现金流量图

$$\begin{aligned} NAV &= -150\text{ 万元} \times (A/P,10\%,12) - 30\text{ 万元} \times (P/F,10\%,2)(A/P,10\%,12) \\ &\quad + (98\text{ 万元} - 60\text{ 万元})(P/A,10\%,10)(P/F,10\%,2)(A/P,10\%,12) \\ &\quad + (20\text{ 万元} + 30\text{ 万元})(P/F,10\%,12)(A/P,10\%,12) \\ &= -22.02\text{ 万元} - 3.64\text{ 万元} + 28.33\text{ 万元} + 2.34\text{ 万元} \\ &= 5.01\text{ 万元} \end{aligned}$$

或

$$\begin{aligned} NAV &= [-150\text{ 万元} - 30\text{ 万元} \times (P/F,10\%,2) + (98\text{ 万元} - 60\text{ 万元})(P/A,10\%,10)(P/F,10\%,2) \\ &\quad + (20\text{ 万元} + 30\text{ 万元})(P/F,10\%,12)](A/P,10\%,12) \\ &= 5.01\text{ 万元} \end{aligned}$$

由于计算出的 $NAV > 0$，表明该项目方案用其生产期所获得的全部收益的现值补偿了全部投资现值之后，每年还会有 5.01 万元的超额收益。因此，该项目的经济效益良好，方案可行。

4.2.4　效率型评价指标

效率型评价指标反映了工程项目投资效率的高低，且是以比率的形式体现的经济评价指标。

1. 投资收益率（E_s）

投资收益率又称为投资效果系数，是工程项目投产后每年取得的净收益与总投资额之比。即

$$E_s = \frac{M}{K} \times 100\% \tag{4-14}$$

式中　E_s——投资收益率；

M——达产后正常年份的年净收益或年平均净收益；

K——总投资额。

从投资收益率的计算公式可知，该指标是一个静态指标。投资收益率越大，说明投资效益越好。它的含义是单位投资所能获得的年净收益。例如 $E_s = 15\%$，说明 1 元投资每年可获净收益为 0.15 元。

用投资收益率来评价方案，将实际的方案投资收益率 E_s 同基准投资收益率 E_c 进行比较。判别准则是：若 $E_s \geqslant E_c$，则方案在经济上是可取的；否则，不可取。

基准投资收益率应该取多大才算是经济可行，应该确定标准，但如何确定这个标准是比较复杂的问题。根据统计资料，一般的基准投资收益率为：大、中型拖拉机行业 8%，内燃机行业 17%，光学仪器行业 14%，印刷机械行业 15%，重型机械行业 4%，工程机械行业 5%，机床行业 9%，铸造设备行业 7%，机床附件行业 11%，量具刃具行业 14%，电机行业 12%，汽车行业 16%。

例 4-8：拟建某厂所需总投资额为 2 000 万元，预计投产后每年销售收入为 1 000 万元，年经营成本和税金为 500 万元，试求该项目的投资收益率。

解：根据题意得

$$E_s = \frac{M}{K} \times 100\% = \frac{1\,000\text{ 万元} - 500\text{ 万元}}{2\,000\text{ 万元}} \times 100\% = 25\%$$

2. 净现值率（NPVR）

在运用净现值法对多个互斥方案进行评价时，如果各方案的使用寿命相同，则净现值最大的方案为最优方案；但净现值只能反映技术方案给国民经济带来的盈利总额，而没有说明这样的盈利是在何种费用水平上取得的，即没有反映资金的利用效率。换句话说，净现值只是一个绝对经济效益指标，它没有反映方案的相对经济效益。因此，净现值最大的方案不一定就是经济效益最好的方案。如果单纯以净现值最大作为方案选优的标准，可能会出现选择盈利多但投资也大的方案为优，从而忽视了盈利额较大而投资额较少，即相对经济效益好的方案。为此，在应用净现值法评价方案时，还应同时计算净现值率作为辅助评价的标准。

净现值率（NPVR）就是净现值与投资额现值的比值，它是测定单位投资净现值的尺度。其计算公式为

$$\begin{aligned} \text{NPVR} &= \frac{\text{净现值}}{\text{投资额现值}} = \frac{\text{NPV}}{K_p} \\ &= \frac{\text{NPV}}{\sum_{t=0}^{n} K_t(P/F, i, n)} \times 100\% \end{aligned} \tag{4-15}$$

判别准则：

若 NPVR > 0，则项目方案在经济上是可行的，可以考虑接受；反之则不可行。用净现

值率进行多方案比较时，净现值率大的方案为优。

用净现值率指标和净现值指标进行方案的可行性比较时所得的结论是一致的，但是，进行多方案比较或进行项目方案的排序时，这两个指标的评价结论会出现相互矛盾的情况。

净现值率是净现值标准的一个辅助指标，它说明该方案单位投资所获得的超额净效益。用净现值率进行方案比较时，以净现值率较大的方案为优。

例 4-9：某方案的投资额现值为 2 746 万元，其净现值为 1 044 万元（设 $i_n=10\%$），试计算该方案的净现值率。

解：根据题意得

$$\text{NPVR}=\frac{\text{NPV}}{K_p}=\frac{1\ 044\ 万元}{2\ 746\ 万元}\times 100\%=38\%$$

净现值率为 38%，说明该方案除确保为 10% 的基准收益率外，每元投资现值还可获得 0.38 元的现值额外收益。

3. 效益成本比率（B/C）与净效益投资率（N/K）

效益成本比率是广泛应用于公共项目的评价指标。这里所说的“效益”，是指由于某一项目（或行动）给企业或国民经济带来的效益或做出的贡献；所说的“成本”，并非一般意义上的会计核算成本，而是企业或国民经济花费在某一项目上的代价。某一项目的效益成本比率就是该项目的效益现值总额与其成本现值总额之比。即

$$B/C=\frac{\sum_{t=1}^{n}\frac{B_t}{(1+i)^t}}{\sum_{t=1}^{n}\frac{C_t}{(1+i)^t}} \tag{4-16}$$

式中　B_t——项目在第 t 年的效益；

C_t——项目在 t 年的成本；

i——规定的折现率。

需要说明的是，这里对“效益”和“成本”不仅可以从广义（即国民经济）和狭义（即微观项目）两种角度加以理解并分别测算，而且也常因对效益及成本的内涵的不同归纳得出两种结果：第一种方法是将项目投资和投产后的运营费用之和作为成本总额，将未扣除运营成本的效益作为效益总额；第二种方法是仅以投资作为“成本”总额，而效益总额中要扣除运营成本（即“净效益”），这种方法实为净效益与投资的对比，故又称为“净效益投资率”。其计算公式为

$$N/K=\sum_{t=1}^{n}\frac{N_t}{(1+i)^t}\Bigg/\sum_{t=1}^{n}\frac{K_t}{(1+i)^t} \tag{4-17}$$

式中　N_t——项目在第 t 年的净效益；

K_t——项目在初始各年的投资（也可包括生产经营期的投资）；

i——规定的基准年利率。

判别准则：一般而言，可以考虑接受 $N/K\geqslant 1$ 的方案，且该比率越大其投资效果越好。率先采用 B/C 指标评价项目的美国，政府部门规定统一采用第二种方法计算，即采用 N/K 指标。

例 4-10：某投资项目建设期为 3 年，每年投资为 1 000 万元，生产期为 20 年，其间的

收益平均每年为 800 万元，成本费用平均每年为 200 万元，年利率为 12%，求净效益投资率。

解：根据题意画出项目的现金流量图，如图 4-4 所示。

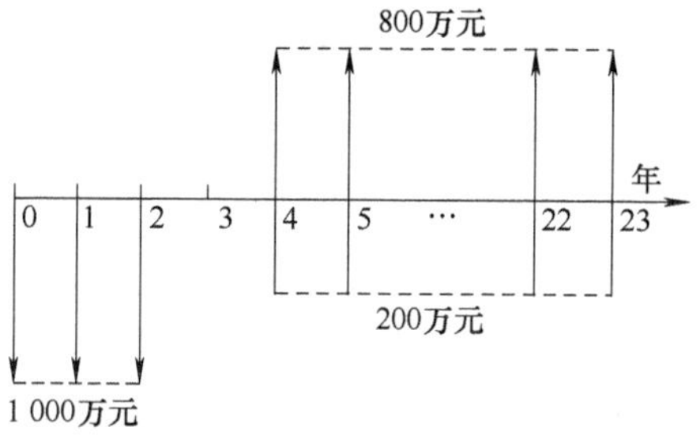

图 4-4　某投资项目现金流量图

净收益为

$$\sum_{t=4}^{23}\frac{N_t}{(1+i)^t}=600\text{ 万元}\times(P/A,12\%,20)(P/F,12\%,3)$$
$$=600\text{ 万元}\times 7.469\,5\times 0.7118$$
$$=3\,190.07\text{ 万元}$$

投资为

$$1\,000\text{ 万元}+1\,000\text{ 万元}\times(P/A,12\%,2)=1\,000\text{ 万元}+1\,000\text{ 万元}\times 1.690\,1=2\,690\text{ 万元}$$

故

$$N/K=\frac{3\,190.07\text{ 万元}}{2\,690\text{ 万元}}=1.186$$

显然，如果 $N/K=1$，则有 NPV $=0$。

$N/K=1.186$，就是说该项投资除收回投资之外，尚可获得其现值相当于投资现值总额 0.186 倍的净利。

4. 内部收益率（IRR）

（1）内部收益率的概念。内部收益率（Internal Return Rate，IRR）又称为内部报酬率，是指方案在整个计算期内的净现值等于零时的折现率。即

$$\text{NPV}=\sum_{t=0}^{n}F_t(1+i_0)^{-t}=0 \tag{4-18}$$

式中　i_0——方案的内部收益率（IRR）；

F_t——方案第 t 年的净现金流量；

t——现金流量发生的年份序号；

n——项目使用寿命。

内部收益率指标反映了项目占用资金的盈利率，是考察项目资金使用效率的重要指标，是对项目进行盈利能力分析时采用的主要方法。

（2）内部收益率的计算公式。对于任何一个投资项目，如果各年的净现金流量为 $F_t(t=0,1,2,\cdots,n)$，则求内部收益率的方程是一个高次方程，即

$$F_0+\frac{F_1}{1+i_0}+\cdots+\frac{F_n}{(1+i_0)^n}=0$$

令 $x=\frac{1}{1+i_0}$，则方程为

$$F_n x^n + F_{n-1}x^{n-1} + \cdots + F_1 x + F_0 = 0$$

从理论上讲，上述方程应有 n 个根，当然对这类问题只有正实根才有意义。

对典型的投资项目来说，其净现金流量的符号从负到正只变化一次，这样也就只存在唯一的内部收益率了。尽管如此，直接求解内部收益率 i_0 也是很复杂的，在实际工作中多采用插值试算法。

试算法的根据是：对某个技术方案来说，在整个寿命周期内其净现值的大小与所选定的基准收益率 i_n 有关，收益率越小，净现值越大；收益率越大，净现值越小；当收益率大到一定程度后，净现值就由正变为零，再变为负。方案的净现值与收益率有如图 4-5 所示的关系。试算时，先以某个 i 值（根据经验或静态收益率确定）代入公式，净现值为正时，增大 i 值，净现值为负时，则缩小 i 值。通过反复试算，求出使 NPV_1 略大于零时的 i_1，再求出使 NPV_2 略小于零时的 i_2，在 i_1 和 i_2 之间用线性插值法求得内部收益率 i_0。由图 4-5 可得

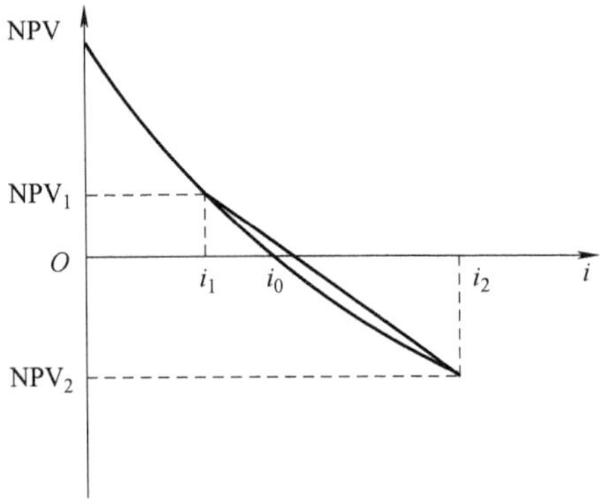

图 4-5　净现值与收益率的关系曲线

$$\frac{|NPV_1|}{|NPV_1|+|NPV_2|}=\frac{i_0-i_1}{i_2-i_1}$$

$$i_0 = i_1 + (i_2 - i_1)\frac{|NPV_1|}{|NPV_1|+|NPV_2|} \tag{4-19}$$

式中　i_0——内部收益率（IRR）；

i_1——试插的低收益率；

i_2——试插的高收益率；

NPV_1——采用低收益率 i_1 时的方案净现值；

NPV_2——采用高收益率 i_2 时的方案净现值。

应该指出：收益率引起的 NPV 变化呈曲线关系，而线性插值法是按直线关系对待的，为了减小误差，应使两个试插的 i 值在 2% ~5% 范围内。

（3）判别准则。将计算得到的 IRR 与项目的基准收益率 i_c 比较：

若 $IRR \geqslant i_c$，则表明项目的收益率已超过或达到设定的基准收益率水平，项目方案可以考虑接受。

若 $IRR < i_c$，则说明项目的收益率未达到设定的基准收益率水平，项目应予拒绝。

（4）内部收益率的经济含义。内部收益率的经济含义在于项目方案计算期内，按 $i=IRR$ 计算各年的净现金流量时，会始终存在着未能收回的投资，只有在项目方案寿命终了时，投资恰好被完全收回。

因此，内部收益率的经济含义是投资项目寿命期内还未收回的投资的年收益率。

例 4-11：某厂拟购置一台设备，初始投资为 11 000 元，当年投产，每年产生的收益为 3 000 元，使用寿命为 8 年，残值为 0，使用 5 年后，必须花 6 000 元维护后才能使用。设基

准收益率为 10%，试用内部收益率法确定此方案是否可行。

第一步，根据题意画出现金流量图，如图 4-6 所示。

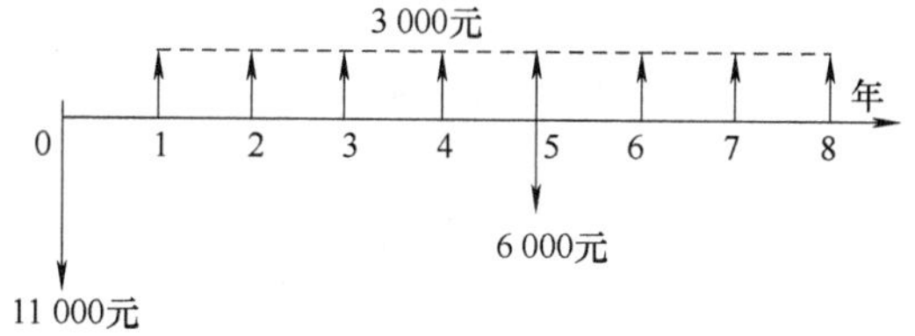

图 4-6　某设备方案现金流量图

第二步，计算项目的净现值。

$$NPV = -11\,000\text{元} + 3\,000\text{元} \times (P/A, i, 8) - 6\,000\text{元} \times (P/F, i, 5)$$

第三步，采用基准收益率作为第一个试算值。

当 $i_1 = 10\%$ 时，$NPV_1 = 1\,279$ 元。

因 $NPV_1 > 0$，说明 $i_1 = 10\%$ 过小，增大 i，取 $i_2 = 15\%$。

当 $i_2 = 15\%$ 时，$NPV_2 = -521$ 元。

第四步，用线性插值法，代入公式求内部收益率 i_0。

因为 $NPV_1 > 0$，$NPV_2 < 0$，两值符号相反，且两值均不等于 0（或接近于 0），而 $i_1 - i_2 = 15\% - 10\% = 5\%$ 又在 $2\% \sim 5\%$ 范围内，根据式（4-19）求 i_0。

$$i_0 = 10\% + (15\% - 10\%) \times \frac{|1\,279\text{元}|}{|1\,279\text{元}| + |-521\text{元}|} \approx 13.55\%$$

因为 $i_0 > 10\%$，故此方案可行。

求内部收益率 i_0 也可用图解法，以收益率 i 为横坐标，方案净现值 NPV 为纵坐标，方案净现值随收益率变化的曲线（这里用直线代替）与横坐标相交的交点，就是这个方案的内部收益率，如图 4-7 所示。

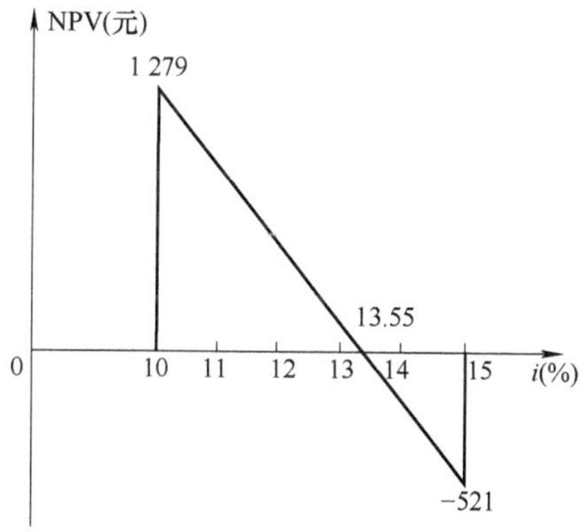

图 4-7　用图解法求 i

（5）内部收益率与净现值指标的比较。在进行多方案比较时，不能直接用各方案的内部收益率的大小来比较。因为按方案现金流量总额计算的内部收益率最大，但按基准收益率计算的现金流量总额的净现值不一定最大，也就是说，内部收益率并不反映方案的现金流量结构。例如，有两个互斥方案 1 与 2，由于投资规模不同，因此两者的现金流量结构不同，其净现值函数曲线呈现出不同的形状。一般情况下，当方案的前期净收益大，后期净收益小时，其净收益现值函数的变化率较小，曲线平缓，如图 4-8a 中的曲线 1。这类情况相当于投资规模较小而后期收益也较小的方案；反之，若方案的前期净收益较小，后期净收益较大，即投资规模较大后期收益也较大的方案，其净收益现值函数的变化率较大，曲线较陡，如图 4-8b 中的曲线 2。

一般，由于投资规模不同，互斥方案的净现值函数曲线之间可能存在着三种相互关系，如图 4-8 所示。在图 4-8a 中，曲线 1、2 的交点在基准收益率 i_n 的左侧，此时用净现值法和内部收益率法所得的结论是一致的，即方案1优于方案2。同样，在图4-8c中，两方案曲线的交点在横坐标下，此种情况用净现值法和内部收益率法所得的结论也是一致的，即方案2优于方案1。但图4-8b中的情况就不同了，曲线1、2的交点在i_n的右侧，又在横坐标的上方，方案1的内部收益率i_{01}大于方案2的内部收益率i_{02}，故方案1优于方案2，而从净现值的标准来看，$NPV_1 < NPV_2$，方案2又优于方案1，这样以两种不同的方法来评价方案，会得出相反的结论。由此可见，如果直接用各方案的内部收益率大小来选择方案，容易得出不合适的结论。所以，对多方案进行比较选优时，如果用收益率来选择方案，一定要用增量投资收益率。

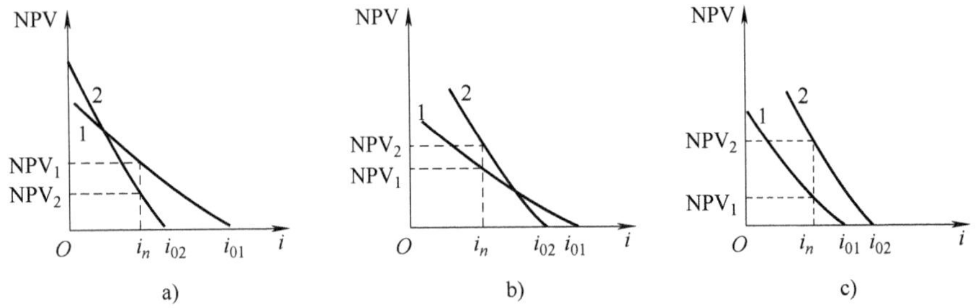

图4-8　互斥方案净现值函数的三种关系

（6）内部收益率的优点和缺点。内部收益率有以下优点：

1）内部收益率这一指标比较直观，概念清晰、明确，可以直接表明项目投资的盈利能力和资金的使用效率。

2）内部收益率由内生决定，即它是由项目现金流量本身的特征决定的，不是由外部决定的。比起净现值、净年值等指标需要事先设定基准收益率才能进行计算和比较来说，操作起来困难较小，容易决策。

内部收益率也存在以下缺点：

1）内部收益率手工计算烦琐，但用Excel计算则容易得多。

2）内部收益率适用于单一方案或独立方案的经济评价或可行性判断，不能直接用于多方案的比较和选优。

5. 外部收益率

外部收益率（ERR）是项目在寿命周期内，各年现金流出量的终值（按ERR折算）累计与各年现金流入量（按照基准折现率折算）的终值累计相等时的折现率。

（1）外部收益率的计算公式。外部收益率的计算公式为

$$NFV = -\sum_{t=0}^{n} CF'_t(1+ERR)^{n-t} + \sum_{t=0}^{n} CF''_t(1+i_c)^{n-t} = 0 \tag{4-20}$$

式中　NFV——净终值；

ERR——外部收益率；

CF'_t——第t年现金流出量；

CF''_t——第t年现金流入量；

i_c——基准折现率。

（2）外部收益率的经济含义。外部收益率实际是对内部收益率的一种修正，其经济含

义与内部收益率相似，都是反映项目在寿命周期内的盈利能力。两者的区别是，内部收益率是假设所回收的资金以 IRR 进行再投资，而外部收益率是假设所回收的资金是按基准折现率 i_c进行再投资。

（3）外部收益率的判别标准。应用 ERR 指标评价项目的经济效果时，判别标准如下：

若 ERR $\geqslant i_c$，则项目在经济上是可行的；若 ERR $< i_c$，则项目在经济上不可行。

与内部收益率相比，外部收益率的特点是不会出现多个解的情况，可以用代数方法直接求解。外部收益率目前使用不普遍，但对非常规项目评价有优越之处。

例 4-12：某方案的净现金流量见表 4-7，若 i_c为 10%，试用 ERR 判断该方案的可行性。

表 4-7　某方案的净现金流量表

年　　份	0	1	2	3
净现金流量（万元）	-1 200	700	640	560

解：据式（4-20）有

$$1\,200\text{万元} \times (1+\text{ERR})^3 = 560\text{万元} + 640\text{万元} \times (1+10\%) + 700\text{万元} \times (1+10\%)^2$$

$$(1+\text{ERR})^3 = 1.759$$

通过计算得 ERR = 20.7% > i_c，故方案可行。

4.3　多方案项目类型

对于单一方案而言，通过计算不同的经济评价指标，依据各个指标的评价标准，就可判断该方案的经济可行性，从而决定方案的取舍。但在工程项目的决策过程中，为保证项目最终效益的实现，都应从技术和经济相结合的角度进行多方案分析论证，根据经济评价的结果结合其他因素进行决策。可以认为，工程项目投资决策的过程就是多方案评价和择优的过程。因此，只有对多方案进行评价，才能决策出技术上先进、经济上合理、社会效益最大化的最优方案。多方案经济评价方法的选择与项目方案的类型（即项目方案之间的相互关系）有关。按照方案之间经济关系的类型，多方案项目可以划分成以下几种类型：

（1）互斥方案。互斥方案是指在一组方案中，选择其中一个方案，则排除了接受其他方案的可能性，也称为互斥多方案或互斥型方案。也就是说，在互斥方案中只能选择一个方案，其余方案必须放弃，方案之间的关系具有相互排斥的性质。互斥方案是工程实践中最常见到的，如一栋楼房层数的选择、一座水库坝高的选择、一座建筑物结构类型的选择、一个工程主体结构的施工工艺的确定等。这类决策问题常常面对的就是互斥方案的选择。

（2）独立方案。独立方案是指在一组备选方案中，任一方案的采用与否都不影响其他方案的取舍，即在独立方案中，各方案之间现金流量独立，互不干扰，方案之间不具有相关性，采纳一个方案并不要求放弃另外的方案。例如，一个区域为实现社会经济的发展，要建设交通运输项目、资源开发项目、环境保护项目、高新技术产业项目等，在项目功能不存在矛盾的前提下，这些项目可视为独立方案。上一节的单方案可以认为是独立方案的特例。

（3）混合方案。项目组中存在着两个层次，高层次由一组独立方案构成，每一个独立方案又包括若干个互斥方案，总体上称之为混合方案。例如，某集团公司有三个投资项目

A、B、C：A 是工业生产类项目，有 A_1、A_2、A_3三个生产方案；B 是一个房地产开发项目，有 B_1、B_2、B_3三种不同用途的开发方案；C 是一个高速公路项目，有 C_1、C_2两个建设方案。对该集团公司而言，A、B、C 三个投资项目是相互独立的，即在资金允许的情况下，三个项目可以同时投资，或者可以投资其中的一个或两个项目。但对于 A 项目，只能采取 A_1、A_2、A_3三个生产方案中的一个生产方案，它们是互斥的；对于 B 项目，只能开发 B_1、B_2、B_3三种用途的房地产开发项目中的一种方案，它们是互斥方案；对于 C 项目，只能开工建设一种方案的高速公路，C_1、C_2两个建设方案是互斥的。该集团公司这样的投资方案就是混合方案。

（4）相关方案。相关方案是指在一组投资方案中，方案之间不完全互斥，也不完全相互依存，但一个方案的取舍会导致其他方案现金流量的变化。

根据相互依存关系，相关方案分为对称型互补方案和不对称型互补方案。对称型互补方案中，方案间相互依存，互为对方存在的前提条件，如煤炭资源开发中矿井建设项目和铁路专用线项目，两者互为对方存在的前提条件，缺任何一个都不能实现预定目标；不对称型互补方案中，其中某一个方案的存在是另一个方案存在的前提条件，如办公楼建设方案和空调系统建设方案，没有空调系统，办公楼仍可以发挥一定的作用，但空调系统方案必须依托于办公楼的存在。

对不同的类型，多方案经济评价指标和方法是不同的，但比较的宗旨只有一个：最有效地分配有限的资金，以获得最好的经济效益。

4.4　互斥方案的评价指标与方法

互斥方案具有多选一的决策特点，因此互斥方案的经济评价在考察内容方面与独立方案有所不同，同时也决定了互斥方案在评价程序、评价指标方面有别于独立方案。

对于互斥方案的评价与选择包括两方面内容：一是要考察各个方案自身的经济效果，即进行绝对（经济）效果检验，检验方案自身是否可行；二是要考察哪个方案相对最优，即进行相对经济效果检验，并最后从中选择一个或几个最优方案。两种检验的目的和作用不同，通常缺一不可。只有在以下两种情况下，才可以只进行相对经济效果检验：一是在众多的互斥方案中必须选择其中之一时；二是各方案仅有或仅需计算费用现金流量时。

但是必须注意：参加比选的互斥方案应具有可比性，即要满足本章 4.1 节的可比性原则。这些可比性包括考察时间段及计算期的可比性、收益和费用的性质及计算范围的可比性，以及方案风险水平的可比性和评价所用的假设条件的合理性。

4.4.1　相同寿命周期互斥方案的评价指标与方法

对于多个互斥方案的评价与选择，通常采用的分析方法有：直接比较法、增量分析法和最小费用法。

1. 直接比较法

当互斥方案的计算期相同时，在已知各投资方案的现金流入量与现金流出量的前提下，直接用净现值或净年值进行方案的评价选优最为简便。

（1）评价步骤

1）绝对经济效果检验。计算各方案的 NPV 或 NAV，并加以检验，若某方案的 $NPV>0$

或者 NAV >0，则该方案通过了绝对经济效果检验，可以继续作为备选方案，进入下一步的选优；若某方案的 NPV <0 或者 NAV <0，则该方案没有资格进入下一步的选优。

2）相对经济效果检验。比较通过绝对经济效果检验的各方案的 NPV 或 NAV 的大小，NPV 或 NAV 最大的方案为最佳方案。

（2）评价准则：

$NPV_i \geqslant 0$ 且 $\max\{NPV_i\}$ 所对应的方案为最优方案。

$NAV_i \geqslant 0$ 且 $\max\{NAV_i\}$ 所对应的方案为最优方案。

2. 增量分析法

常用的增量分析法的评价指标有两个：静态增量投资回收期和增量投资内部收益率。

（1）静态增量投资回收期（P_a）法。静态增量投资回收期法又叫静态差额投资回收期法。当相互比较的方案都能满足相同需要，并满足可比要求时，则只需比较它们的投资额大小和经营成本多少，就可以进行优选。静态增量投资回收期是指在不计利息的条件下，用投资额大的方案比投资额小的方案所节约的经营成本，来回收其差额投资所需的期限。其计算公式为

$$P_a = \frac{\Delta K}{\Delta C} = \frac{K_2 - K_1}{C_1 - C_2} \tag{4-21}$$

式中　P_a——静态增量投资回收期；

C_1、C_2——两个比较方案的年总经营成本，且 $C_1 > C_2$；

K_1、K_2——两个比较方案的全部投资，且 $K_2 > K_1$。

在实际工作中，往往是投资大的方案经营成本较低，投资小的方案经营成本较高，此时，要计算 P_a。当 P_a 小于基准投资回收期 P_c 时，说明增量部分的投资经济效益是好的，因此高投资方案比较有利，否则低投资方案有利。判别准则如下：

当 $P_a < P_c$ 时，选投资大的方案。

当 $P_a > P_c$ 时，选投资小的方案。

当两个比较方案的年产量 Q 不同时，即 $Q_1 \neq Q_2$，若 $\frac{K_2}{Q_2} > \frac{K_1}{Q_1}$，$\frac{C_2}{Q_2} < \frac{C_1}{Q_1}$ 时，其 P_a 为

$$P_a = \frac{\frac{K_2}{Q_2} - \frac{K_1}{Q_1}}{\frac{C_1}{Q_1} - \frac{C_2}{Q_2}} \tag{4-22}$$

判别准则如下：

当 $P_a < P_c$ 时，方案 2 为优。

当 $P_a > P_c$ 时，方案 1 为优。

例 4-13：已知两个投资方案，方案甲投资为 1 600 万元，年经营成本为 400 万元，年产量为 1 000 件；方案乙投资为 1 200 万元，年经营成本为 360 万元，年产量为 800 件。基准投资回收期 P_c =6 年。试选出最优方案。

解：计算各方案单位产量的费用，分别为

$$\frac{K_2}{Q_2} = \frac{1\ 600\ \text{万元}}{1\ 000\ \text{件}} = 1.6\ \text{万元/件}$$

$$\frac{K_1}{Q_1}=\frac{1\ 200\ 万元}{800\ 件}=1.5\ 万元/件$$

$$\frac{C_2}{Q_2}=\frac{400\ 万元}{1\ 000\ 件}=0.4\ 万元/件$$

$$\frac{C_1}{Q_1}=\frac{360\ 万元}{800\ 件}=0.45\ 万元/件$$

因此 P_a 为

$$P_a=\frac{1.6-1.5}{0.45-0.4}年=2\ 年$$

由此可见，$P_a<P_c$，即 2 年 <6 年，故方案甲为优。

应该指出，采用单位产品费用计算的静态增量投资回收期法，对于产量不同的项目进行优选时，有一个假定条件，即投资与年经营成本分别与产量成正比，而这一条件在一般情况下是不成立的，故这种计算存在着一定的误差，但计算简便，可用于项目的初步筛选。

静态增量投资回收期适用于两个方案的比较。对多个方案进行比较优选时，应按各比较方案的投资额由小到大排列次序，把投资额小的放在前面，然后计算静态增量投资回收期，进行替代式的淘汰，最后留下的一个方案，便是最优方案。

注意：若不按投资额大小来排序，而任意做两两对比淘汰，可能会得出错误的结论。

例 4-14：已知 4 个相同产品产量的方案，其数据见表 4-8。若基准投资回收期为 8 年，试选出最优方案。

表 4-8　方案数据

方　案	Ⅰ	Ⅱ	Ⅲ	Ⅳ
投资（万元）	28	40	20	30
经营成本（万元）	11	7	15	12

解：首先按投资额大小由小到大排列次序：

$$Ⅲ \to Ⅰ \to Ⅳ \to Ⅱ$$

然后按顺序由小到大来比较静态增量投资回收期。

$$P_{aⅢ-Ⅰ}=\frac{28-20}{15-11}年=2\ 年$$

因为 $P_{aⅢ-Ⅰ}<P_c$，故选Ⅰ方案，淘汰Ⅲ方案。

$$P_{aⅠ-Ⅳ}=\frac{30-28}{12-11}年=2\ 年$$

因为 $P_{aⅠ-Ⅳ}<P_c$，故选Ⅳ方案，淘汰Ⅰ方案。

$$P_{aⅣ-Ⅱ}=\frac{40-30}{12-7}年=2\ 年$$

因为 $P_{aⅣ-Ⅱ}<P_c$，故选Ⅱ方案，淘汰Ⅳ方案。

注意：如果不按投资额由小到大排序、由小到大顺序比较淘汰并最后优选，而是选一个投资额小的方案为基础，其他方案都与它做比较，最后优选，则它们的结论是不一样的，可能是错误的。仍以此例，选投资额最小的Ⅲ方案为基础，其他方案都与它做比较，则各方案的差额投资回收期为

$$P_{a\text{Ⅲ}-\text{Ⅰ}}=\frac{28-20}{15-11}\text{年}=2\text{ 年}$$

$$P_{a\text{Ⅲ}-\text{Ⅳ}}=\frac{30-20}{15-12}\text{年}=3.3\text{ 年}$$

$$P_{a\text{Ⅲ}-\text{Ⅱ}}=\frac{40-20}{15-7}\text{年}=2.5\text{ 年}$$

显然，方案Ⅰ最优。

两种方法所得的结论不同，哪个是正确的呢？再将Ⅰ和Ⅱ两方案进行比较：

$$P_{a\text{Ⅰ}-\text{Ⅱ}}=\frac{40-28}{11-7}\text{年}=3\text{ 年}$$

因 $P_{a\text{Ⅰ}-\text{Ⅱ}}=3$ 年 $<P_c$，故方案Ⅱ优。

由此可见，在用静态增量投资回收期法进行多方案选优时，应将投资额由小到大排列。

同样静态增量投资回收期的倒数称为增量投资收益率 E_a。其计算公式为

$$E_a=\frac{C_1-C_2}{K_2-K_1}\times 100\% \tag{4-23}$$

最后应该指出：静态增量投资回收期法和增量投资收益率法，只能用以衡量方案的相对经济性，而不能反映两方案自身的经济效益。

（2）增量投资内部收益率（ΔIRR）法。增量投资内部收益率又称为差额投资内部收益率，是指两个方案的净现金流量的增量的净现值等于零时的内部收益率。它可用下列公式计算

$$\sum_{t=0}^{n}(F_{t2}-F_{t1})\frac{1}{(1+i')^t}=0 \tag{4-24}$$

式中　F_{t2}——投资额大的方案第 t 年的净现金流量；

F_{t1}——投资额小的方案第 t 年的净现金流量；

i'——增量投资内部收益率（ΔIRR）；

t——现金流量发生的年份序号；

n——计算期。

上式经过变换可得

$$\text{NPV}_2-\text{NPV}_1=0$$

即

$$\text{NPV}_2=\text{NPV}_1$$

由此可见，增量投资内部收益率 i' 就是两方案净现值相等时的内部收益率，是指投资较大的方案的每年经营成本节约额与其投资增加额之比，其倒数即投资较大方案用每年经营成本节约额来补偿其投资增量部分所需要的时间，就是增量投资回收期。用增量投资内部收益率 i' 对多方案评价和选优，就能解决采用 NPV 法和 IRR 法时出现的矛盾，即 $\text{NPV}_1<\text{NPV}_2$ 而 $\text{IRR}_1>\text{IRR}_2$ 的情况。

求出两互斥方案的增量投资内部收益率 i' 后，将其与基准收益率 i_c 比较，方案优劣的判断准则如下：

当 $i'<i_c$ 时，投资额小、收益小的方案优于投资额大、收益大的方案。

当 $i'>i_c$ 时，投资额大的方案优于投资额小的方案。

例 4-15：有两个互斥投资方案 A 和 B，其现金流量见表 4-9。设基准收益率 $i_c=10\%$，试用增量投资内部收益率比较两方案的经济效益。

表 4-9 方案现金流量比较 （单位：万元）

年末	方案 A	方案 B
0	-5 000	-3 000
1	1 500	1 000
2	1 500	1 000
3	2 000	1 200
4	2 000	1 200

解：先求 A、B 两方案的现金流量差额，见表 4-10。再计算差额部分的内部收益率，即增量投资内部收益率，可用前面介绍的公式来计算，也可列表进行计算，其计算过程见表 4-11。

表 4-10 现金流量差额 （单位：万元）

年末	0	1	2	3	4
方案 A	-5 000	1 500	1 500	2 000	2 000
方案 B	-3 000	1 000	1 000	1 200	1 200
(A)-(B)	-2 000	500	500	800	800

表 4-11 现金流量差额部分净现值计算

年末	现金流量（万元）	按收益率 $i_1=10\%$		按收益率 $i_2=11\%$	
		现值系数 $\frac{1}{(1+i_1)^t}$	现值（万元）	现值系数 $\frac{1}{(1+i_2)^t}$	现值（万元）
0	-2 000	1.000	-2 000	1.000	-2 000
1	500	0.909	455	0.900	450
2	500	0.826	413	0.812	406
3	800	0.751	601	0.731	585
4	800	0.683	546	0.659	527
净现值合计			15		-32

增量投资内部收益率为

$$i'=10\%+(11\%-10\%)\times\frac{15\text{ 万元}}{15\text{ 万元}+32\text{ 万元}}$$

$$=10.32\%$$

由方案优劣判断准则可知：$i'>i_c$，则投资大的方案 A 较优。

对于能满足相同需要的多个互斥方案，用增量投资内部收益率来评价方案时，其基本步骤为：

1）计算各方案的内部收益率（IRR_j，j 为方案代号，$j=1, 2, \cdots, m$），从 m 个方案中选出 $IRR_j>i_c$（基准收益率）的所有方案。

2）将所选出的方案按初始投资额从小到大的顺序排列，并由最小的开始依次成对比较。

3）通过比较来计算两方案的增量投资内部收益率（i'）。若 $i' > i_c$，则选投资额较大的方案；反之，取投资额较小的方案。将选出的方案与后一个方案再进行比较。

4）按上述原则依次往下比较，直至选出最优方案为止。

3. 最小费用法

在互斥方案经济评价的实践中，有时会遇到各个产出方案的效果相同或基本相同，同时又难以估算其产出，如一些公共基础类项目、公益类项目、环保类项目、教育类项目等。这些项目所产生的效益无法或很难用货币来直接计量，也就得不到其具体现金流量的情况，因而无法用净现值、增量内部收益率等指标进行经济评价，前面提到的增量分析法或直接比较法也就无法应用。为了便于计算，大都采用最小费用法。

因此，最小费用法的应用前提是：各方案产出效益相同或基本相同；或各方案满足相同需要，用于计算费用现值的项目效益难以用价值形态表示。此时，方案比较时可不考虑收益，而仅对各备选方案的费用进行比较，以备选方案中费用最小的作为最优方案。这种方法称为最小费用法。最小费用法包括计算费用法、费用现值法和费用年值法，其中计算费用法是静态评价指标。

（1）计算费用法。多方案比较时，虽然可以用差额投资回收期法对所列方案进行两两比较逐步淘汰，直至选出最优方案，但如有 n 个方案就要比较（$n-1$）次，计算烦琐，而且容易出现差错，所以在多方案比较中，如果各方案效益相同，或者具有相同的功能，常采用计算费用法。

大家知道，一个技术方案是否经济合理，既取决于一次性投资的大小，又取决于经营成本的高低；但这两者不能直接相加，采用“计算费用”这个概念，可将其合二为一。计算费用就是用一种合乎逻辑的方法，将一次性投资与经营成本统一成为一种性质相似的费用，称为“计算费用”或折算费用。

由差额投资回收期法可知，两个互斥方案比较时，若有

$$P_a = \frac{K_2 - K_1}{C_1 - C_2} < P_c$$

则方案 2 优于方案 1。

将上式移项并整理，得

$$K_2 + P_c C_2 < K_1 + P_c C_1$$

式中　$K_2 + P_c C_2$——方案 2 在基准投资回收期内的总计算费用；

$K_1 + P_c C_1$——方案 1 在基准投资回收期内的总计算费用。

对于多方案，令方案 j 的总计算费用 $Z_{j总}$ 为

$$Z_{j总} = K_j + P_c C_j \quad (j = 1, 2, \cdots, n)$$

将某一个方案的投资额 K_j 与按基准投资回收期 P_c 累计的经营成本 C_j 之和，称为总计算费用 $Z_{j总}$。

同理，由差额投资收益率法可知，两个互斥方案比较时，若有

$$E_a = \frac{C_1 - C_2}{K_2 - K_1} \geqslant E_c$$

则方案 2 优于方案 1。其中，E_a 为差额投资收益率，E_c 为基准投资收益率。

将上式移项并整理，得

$$C_1 + E_c K_1 \geqslant C_2 + E_c K_2$$

将某方案的经营成本与按基准投资收益率分摊投资之和，称为年计算费用。

由此可得两个计算费用的计算公式。

总计算费用计算公式：

$$Z_{总} = K + P_c C \tag{4-25}$$

年计算费用计算公式：

$$Z_{年} = C + E_c K \tag{4-26}$$

式中　$Z_{总}$——某方案的总计算费用；

$Z_{年}$——某方案的年计算费用；

K——总投资额；

C——年经营成本。

在用计算费用法进行多方案的经济评价和选优时，首先计算各方案的 $Z_{总}$ 或 $Z_{年}$，然后进行比较，其中 $Z_{总}$ 和 $Z_{年}$ 最小的方案为最优方案。

计算费用法的优点是：在经济分析对比范围内，变二元值为一元值，即把投资与经营成本两个经济因素统一起来，从而大大简化了多方案的比较。它既可衡量各方案的相对差异，又可衡量各方案的实际计算费用水平。

例 4-16：为保证某种产品的产量达到某一水平，有三个建厂方案：方案Ⅰ是改建现有工厂，其一次性投资 $K_1 = 2\ 545$ 万元，年经营成本 $C_1 = 760$ 万元；方案Ⅱ是建设新厂，一次性投资 $K_2 = 3\ 340$ 万元，年经营成本 $C_2 = 670$ 万元；方案Ⅲ是扩建现有工厂，一次性投资 $K_3 = 4\ 360$ 万元，年经营成本 $C_3 = 650$ 万元。设三个方案的寿命周期相同，如所在部门的基准投资收益率 $E_c = 10\%$，试用年计算费用法选择最优方案。

解：用公式 $Z_{年} = C + E_c K$ 计算得

$$Z_{年1} = C_1 + E_c K_1 = 760\text{ 万元} + 10\% \times 2\ 545\text{ 万元} = 1\ 014.5\text{ 万元}$$

$$Z_{年2} = C_2 + E_c K_2 = 670\text{ 万元} + 10\% \times 3\ 340\text{ 万元} = 1\ 004\text{ 万元}$$

$$Z_{年3} = C_3 + E_c K_3 = 650\text{ 万元} + 10\% \times 4\ 360\text{ 万元} = 1\ 086\text{ 万元}$$

取 $Z_{年}$ 最小的方案为优，故方案Ⅱ最优。

（2）费用现值比选法。计算费用法没有考虑资金的时间价值，是一个静态评价指标，适用于工程项目的初步评价和优选。考虑资金时间价值的最小费用法常用的指标是费用现值。费用现值是项目方案在寿命周期内不同时点的现金流出量按设定的折现率折现到期初的现值之和，一般用 PC 表示费用现值。其计算公式为

$$\mathrm{PC} = \sum_{t=0}^{n} \mathrm{CO}_t (1 + i_c)^{-t} \tag{4-27}$$

判别准则：在多方案比选中，费用现值最低的方案为最优方案。

费用现值比选法只能用于多方案比较选优，以费用现值最小的方案为最优方案。

例 4-17：按项目的两个采暖方案均能满足相同的采暖需要，在基准折现率为 10% 的情况下，试比较各方案的费用现值。有关数据见表 4-12。

表 4-12　两个采暖方案的有关数据　（单位：万元）

方　案	总 投 资	年运行费用
方案 1	300	90
方案 2	360	75

解：根据题意及式（4-27）计算各方案的费用现值：

PC_1 = 300 万元 + 90 万元 ×（P/A, 10%, 10）= 300 万元 + 90 万元 × 6.144 6 = 853.01 万元

PC_2 = 360 万元 + 75 万元 ×（P/A, 10%, 10）= 360 万元 + 75 万元 × 6.144 6 = 820.85 万元

根据费用现值最小的选优原则，方案 2 的费用现值最小，故方案 2 为最优方案。

4.4.2　不同寿命周期互斥方案的评价指标与方法

以上介绍的所有方案的评价，都是基于寿命周期相同的方案的评价。但是，在实际工程项目中，无论是哪种类型的方案的评价与选择，都会碰到各评价方案的寿命周期不同的情况。如果各评价方案的寿命周期不同，又怎样评价和选择呢？

对于寿命周期不同的方案，为了使各评价方案满足时间上的可比，必须进行方案的时间可比性的等同化处理，常用以下方法：

1. 净现值法（NPV）

对于寿命周期不同的互斥方案进行评价选优时，根据可比较原理，首先必须将各方案的分析期或称计算期进行可比性处理，使之满足时间上的可比，其次再用净现值法进行比较和选优。进行可比性处理，通常采用以下两种方法：

（1）寿命周期最小公倍数法。此法假定备选方案中的一个或若干个在其寿命周期结束后按原方案重复实施若干次，取各备选方案寿命周期的最小公倍数作为共同的分析期。例如，有 A、B 两个备选方案，其寿命周期分别为 5 年和 10 年，那么两方案寿命周期的最小公倍数就是 10 年，计算时方案 A 要在 10 年内重复实施 2 次。如果两个备选方案的寿命周期分别为 6 年和 9 年，则它们的最小公倍数是 18 年。在共同的计算期 18 年内，方案 A 需要重复实施 3 次，方案 B 需要重复实施 2 次。

例 4-18：有 C、D 两个互斥方案，方案 C 的初期投资为 15 000 元，寿命周期为 5 年，每年的净收益为 5 000 元；方案 D 的初期投资为 20 000 元，寿命周期为 3 年，每年的净收益为 10 000 元。若年折现率为 8%，问应选择哪个方案？

解：两个方案寿命周期的最小公倍数为 3 × 5 = 15。为了计算方便，画出两个方案在最小公倍数内重复实施的现金流量图，如图 4-9 和图 4-10 所示。

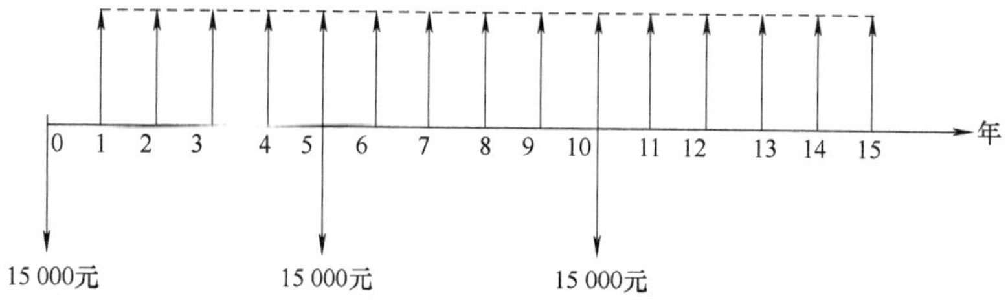

图 4-9　方案 C 重复实施的现金流量图

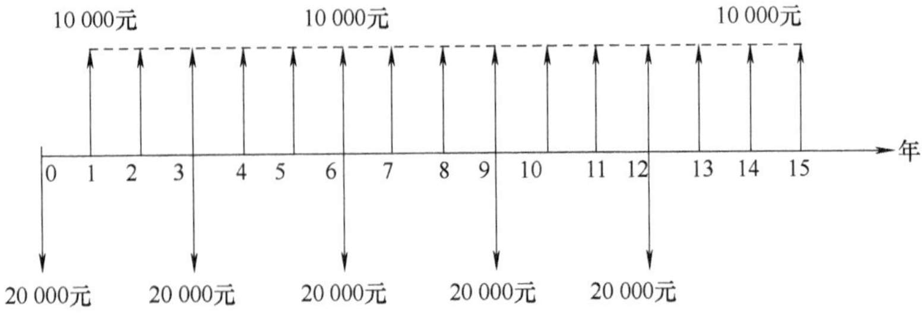

图 4-10　方案 D 重复实施的现金流量图

计算两个方案在公倍数内的净现值，分别为

$$NPV_C = 5\,000\text{ 元}\times(P/A,8\%,15) - 15\,000\text{ 元}\times(P/F,8\%,10) - 15\,000\text{ 元}\times(P/F,8\%,5) - 15\,000\text{ 元} = 10\,640.5\text{ 元}$$

$$NPV_D = 10\,000\text{ 元}\times(P/A,8\%,15) - 20\,000\text{ 元}\times(P/F,8\%,12) - 20\,000\text{ 元}\times(P/F,8\%,9) - 20\,000\text{ 元}\times(P/F,8\%,6) - 20\,000\text{ 元}\times(P/F,8\%,3) - 20\,000\text{ 元} = 19\,167\text{ 元}$$

由于 $NPV_D > NPV_C$，所以方案 D 优于方案 C，故选择方案 D。

（2）合理计算期。对寿命周期比较接近，但是最小公倍数比较大的互斥方案进行比较时，用最小公倍数法就很烦琐，计算工作量很大。除此之外，有些项目不适合进行多次重复建设，这时可采用合理计算期。

合理计算期是根据对未来市场状况和技术发展前景的预测直接选取一个合理的计算期，然后计算各方案在计算期内的净现值，用净现值来比较方案的优劣。同时假定寿命周期短于此计算期的方案重复实施，对于计算期短于寿命周期的方案，对其在计算期期末的资产余值进行估算，到计算期结束时回收资产余值。在备选方案的寿命周期比较接近的情况下，一般取最短的方案寿命周期作为计算期。

例 4-19：甲、乙两方案属于互斥方案，甲方案的初始投资为 100 万元，每年的净收益为 25 万元；乙方案的初始投资为 300 万元，每年的净收益为 70 万元；甲方案的项目寿命周期为 9 年，乙方案的项目寿命周期为 11 年，若基准收益率为 12%，试用现值法对方案进行优选。

解：采用较短方案寿命周期 9 年作为计算期，对于乙方案，假设评估其到第 9 年年末的资产余值估计 8 万元。则有

$$NPV_{甲} = -100\text{ 万元} + 25\text{ 万元}\times(P/A,12\%,9) = 33.208\text{ 万元}$$

$$NPV_{乙} = -300\text{ 万元} + 70\text{ 万元}\times(P/A,12\%,9) + 8\text{ 万元}\times(P/F,12\%,9) = 75.866\text{ 万元}$$

由于 $NPV_{乙} > NPV_{甲} > 0$，所以乙方案优于甲方案，故选择乙方案。

2. 年值法

对于寿命周期不同的方案的评价与选择，年值法是最为简便的方法。当参与比选的方案数比较多时，年值法的优点就更为突出。年值法使用的指标有净年值和费用年值（年值成本），相应地，年值法又可分为净年值法和费用年值法（年值成本法）。

年值法是用资金等值原理评价方案的另一种常用方法，是将项目方案寿命周期内的现金流量，按某一设定的利率折算为等额年值或年费用，以此作为评价和比较的依据。这种方法

的主要优点是当比较方案寿命周期不等时，无须进行计算期等同的处理，直接即可比较选优。净年值最大者为非负的方案为最优方案，因为年值法已经将方案的计算期等同化处理为一年了。

采用年值法进行寿命周期不等的互斥方案比选，实际上隐含的假设是：各备选方案在其寿命周期结束时，均可按原方案重复实施或按原方案经济效果水平相同的方案继续。也就是说，年值法假定各方案可以无限次重复实施。因此，凡是符合无限多次重复实施的互斥方案都可以采用年值法进行比选。

（1）净年值（NAV）法。若项目的投入和支出已知，在进行方案比较时，可计算各比较方案净收益的等额年值，然后进行比较，以净年值大的方案为优。净年值法的计算公式为

$$\begin{aligned}\text{NAV} &= \sum_{t=0}^{n} F_t\,(1+i_n)^{-t}(A/P,i,n)\\ &= \sum_{t=0}^{n}(\text{CI}-\text{CO})_t(1+i_n)^{-t}(A/P,i,n)\\ &= \text{NPV}(A/P,i,n)\end{aligned}$$

例 4-20：两个互斥方案 A 和 B 的投资和净现金流量见表 4-13，A 方案的寿命为 9 年，B 方案的寿命为 6 年。若基准折现率为 5%，试用净年值法比选方案。

表 4-13　方案 A、B 的投资和净现金流量　　（单位：万元）

方　案	0	1 ~ 3 年	4 ~ 6 年	7 ~ 9 年
A	-300	70	80	90
B	-100	30	40	

解：两个方案的净年值为

$$\begin{aligned}\text{NAV}_A &= [70\text{ 万元}\times(P/A,5\%,3)+80\text{ 万元}\times(P/A,5\%,3)(P/F,5\%,3)+90\text{ 万元}\times\\ &\quad (P/A,5\%,3)(P/F,5\%,6)-300\text{ 万元}](A/P,5\%,9)\\ &=36.82\text{ 万元}\end{aligned}$$

$$\begin{aligned}\text{NAV}_B &= [30\text{ 万元}\times(P/A,5\%,3)+40\text{ 万元}\times(P/A,5\%,3)(P/F,5\%,3)-100\text{ 万元}](A/P,5\%,6)\\ &=14.93\text{ 万元}\end{aligned}$$

由于方案 A 的净年值大于方案 B 的净年值，所以方案 A 优于方案 B，故选择方案 A。

净年值实际上是方案每年的净收益的“平均值”，只不过这个“平均值”不是简单的平均值，是按照一定的折现率计算出来的。因此，它可以对方案进行比较。

（2）费用年值（Annual Costs，AC）法。如果比选的项目的寿命周期不同，又满足成本法的前提，以最小年费用方案为最优，费用年值法常用于不同寿命周期的多方案比较中。其计算公式为

$$\text{AC} = \sum_{t=0}^{n}\text{CO}_t\,(1+i_n)^{-t}(A/P,i,n) = \text{PC}(A/P,i,n) \tag{4-28}$$

先计算 PC，见下面的例题。

例 4-21：可供选择的空气压缩机方案 Ⅰ 和 Ⅱ，均能满足相同的工作要求，其不同点见表 4-14。假定基准收益率为 15%，试用现值成本法比较两方案的经济效益。

表 4-14　空气压缩机有关资料

项　　目	方案Ⅰ	方案Ⅱ
投资（元）	3 000	4 000
寿命（年）	6	9
残值（元）	500	0
年操作费（元）	2 000	1 600

解：对经济寿命不同的技术方案，必须采用相同的计算期才具有时间上的可比性，为此取 6 年和 9 年的最小公倍数 18 年作为计算周期。先按资料绘制现金流量图，如图 4-11 所示。

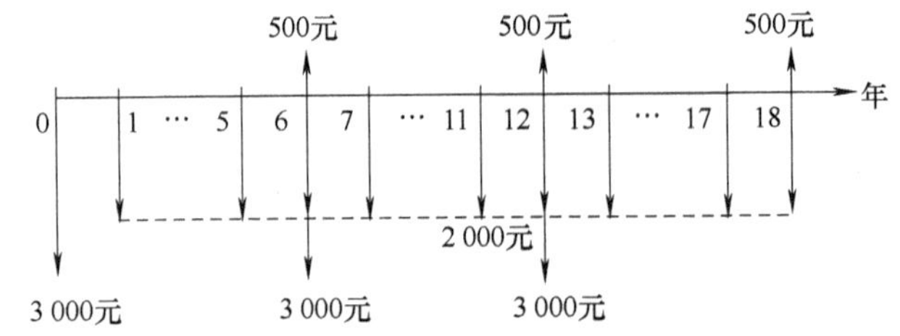

a) 方案Ⅰ

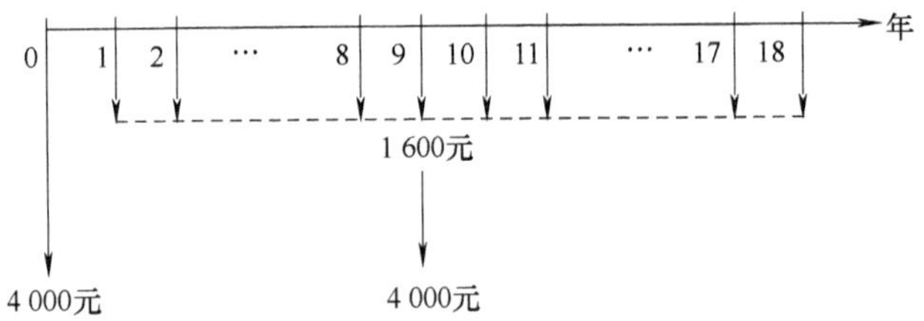

b) 方案Ⅱ

图 4-11　方案Ⅰ和Ⅱ的现金流量图

再按现金流量图计算现值成本：

方案Ⅰ的现值成本为

$$
\begin{aligned}
PC_{\text{I}} &= 3\ 000\text{元} + (3\ 000\text{元} - 500\text{元}) \times (1+15\%)^{-6} + (3\ 000\text{元} - 500\text{元}) \times (1+15\%)^{-12} \\
&\quad + 2\ 000\text{元} \times \frac{(1+15\%)^{18}-1}{15\% \times (1+15\%)^{18}} - 500\text{元} \times (1+0.15)^{-18} \\
&= 3\ 000\text{元} + 2\ 500\text{元} \times 0.432\ 3 + 2\ 500\text{元} \times 0.186\ 9 + 2\ 000\text{元} \times 6.128 - 500\text{元} \times 0.080\ 8 \\
&= 16\ 763.6\text{元}
\end{aligned}
$$

方案Ⅱ的现值成本为

$$
\begin{aligned}
PC_{\text{II}} &= 4\ 000\text{元} + 4\ 000\text{元} \times (1+15\%)^{-9} + 1\ 600\text{元} \times \frac{(1+15\%)^{18}-1}{15\% \times (1+15\%)^{18}} \\
&= 4\ 000\text{元} + 4\ 000\text{元} \times 0.284\ 3 + 1\ 600\text{元} \times 6.128 \\
&= 14\ 942\text{元}
\end{aligned}
$$

因为 $PC_{Ⅱ}<PC_{Ⅰ}$，所以方案Ⅱ在经济上比方案Ⅰ更合算。

例 4-22：对例4-21 的投资项目数据，用费用年值法比较两方案的经济效益。

解：方案Ⅰ的年值成本为

$$\begin{aligned}AC_{Ⅰ}&=3\ 000\ 元\times(A/P,15\%,6)+2\ 000\ 元-500\ 元\times(A/F,15\%,6)\\&=3\ 000\ 元\times0.264\ 2+2\ 000\ 元-500\ 元\times0.114\ 2\\&=2\ 735.5\ 元\end{aligned}$$

方案Ⅱ的年值成本为

$$\begin{aligned}AC_{Ⅱ}&=4\ 000\ 元\times(A/P,15\%,9)+1\ 600\ 元\\&=2\ 438.4\ 元\end{aligned}$$

因为 $AC_{Ⅱ}<AC_{Ⅰ}$，所以方案Ⅱ在经济上比方案Ⅰ更合算。

由上面两个例题的对比可知，对于寿命周期不同的多方案比选，用年值法在计算上要简单一些，无须进行重复建设。

4.5　独立方案的评价方法

独立方案经济评价的特点是：①不需要进行方案比较，因为所有的方案都是独立的；②各方案之间不具有排他性，采用甲方案并不要求放弃乙方案，在资金无限制的情况下，几个方案甚至全部方案可以同时存在；③所采纳的方案经济效果可以相加。

4.5.1　资金不受限制的情况

在资金不受限制的情况下，独立方案的采纳与否，只取决于方案自身的经济效果。这样只需检验它是否通过指标的评价标准，凡是通过了绝对经济效果的检验，即认为它们在经济效果上是可以接受的，否则予以拒绝。

4.5.2　资金受限制的情况

在资金受限制的情况下，即使有些项目通过了绝对经济效果的检验，由于资金限制也必须放弃。这时对于独立方案的评价和选择标准是：在保证预算资金总额的前提下，取得最好的经济效果。对于资金受限制的情况，独立方案的评价及选择一般有两种方法：净现值率排序法和互斥方案组合法。

1. 净现值率排序法

在确定多方案的优先顺序时，如果资金没有限额，只要按净现值指标的大小排列方案的优先顺序即可。当资金有限额时，要评价在限额内的方案并确定它们的优先顺序，这种情况采用净现值率法较好。但必须与净现值法联合使用，经过反复试算，再确定优先顺序，这样可以得出较理想的结论，现举例说明。

例 4-23：资金预算限额为 60 万元，有 A ~ H 八个产品投资方案，各方案的净现值和净现值率见表4-15。问在投资限额内应优先投资哪些产品方案？

表 4-15 方案资料数据

方 案	投资额（元）	净现值（元）	净现值率
A	200 000	120 000	0.60
B	120 000	54 000	0.45
C	40 000	5 000	0.13
D	90 000	22 500	0.25
E	130 000	28 600	0.22
F	360 000	64 800	0.18
G	30 000	4 200	0.14
H	150 000	57 000	0.38

解：先根据净现值的大小确定优先顺序，见表 4-16。

表 4-16 按净现值大小排列优先顺序 （单位：元）

顺 序	方 案	净 现 值	投 资 额
1	A	120 000	200 000
2	F	64 800	360 000
3	H	57 000	150 000
4	B	54 000	120 000
5	E	28 600	130 000
6	D	22 500	90 000
7	C	5 000	40 000
8	G	4 200	30 000

按 60 万元的资金限额，选择方案的优先顺序应为 A、F、C 三个方案。这三个方案的投资额总和为 60 万元，净现值总和为 189 800 元。

再根据净现值率的大小确定优先顺序，见表 4-17。

表 4-17 按净现值率的大小排列优先顺序

顺序	方案	净现值率	投资额（元）	顺序	方案	净现值率	投资额（元）
1	A	0.60	200 000	5	E	0.22	130 000
2	B	0.45	120 000	6	F	0.18	360 000
3	H	0.38	150 000	7	G	0.14	30 000
4	D	0.25	90 000	8	C	0.13	40 000

因投资限额为 60 万元，应选择 A、B、H、D、C 五个方案，这五个方案的投资额总和为 60 万元，其净现值总和为 258 500 元。

比较两种方案选择的净现值合计总数，可以看出 258 500 元 > 189 800 元。因此，按净现值率法选择方案较有利。如果将其中的 D、C 两方案用 E 方案来取代，投资额不变，而净现值可以最大。所以最后在资金预算限额 60 万元的前提下，选择 A、B、H、E 四个产品方案，其净现值为 259 600 元。

上例说明，分析评价多个投资方案资金有限额时，采用净现值率法决定优先顺序比采用净现值法优越；净现值率法对于资金有限的独立方案进行评价和选择时，基本思路是单位投资的净现值最大，为了选择净现值最大的方案组，使用净现值法来调整优先顺序也是必要的。然而由于投资项目的不可分性，净现值率排序法不能保证有限资金的充分利用，不能达到净现值最大的目标，所以需要根据净现值率法选择优先顺序，然后用净现值法来调整，经过反复试算，最后得出净现值最大的组合方案。

2. 互斥方案组合法

互斥方案组合法也称为枚列举法，就是在考虑资金约束的情况下，将所有满足资金约束的可行的组合方案列举出来，每一个组合代表一个相互排斥的方案。假设选定方案就用 1 表示，不选或拒绝就用 0 表示。然后再用前述的互斥方案的比选方法来选择方案组合。

设 m 为方案数，则全部所有可能的方案组合为 2^m-1。例如，$m=3$，则有 $2^3-1=7$ 个方案组合，$m=4$，则有 $2^4-1=15$ 个方案组合。

例 4-24：某企业有 4 个投资备选方案，各方案的投资额和每年的年净收益见表 4-18。各方案的寿命周期均为 10 年，预算投资总额为 46 万元。年折现率为 10%，试选择方案。

表 4-18　各方案的投资额和年净收益　（单位：万元）

方　案	A	B	C	D
投资额	20	15	12	13
年净收益	5	4.5	3.5	4

解：（1）先计算各方案的净现值 NPV。

$$NPV_A = 5\text{ 万元} \times (P/A,10\%,10) - 20\text{ 万元} = 10.723\text{ 万元}$$

$$NPV_B = 4.5\text{ 万元} \times (P/A,10\%,10) - 15\text{ 万元} = 12.651\text{ 万元}$$

$$NPV_C = 3.5\text{ 万元} \times (P/A,10\%,10) - 12\text{ 万元} = 9.506\text{ 万元}$$

$$NPV_D = 4\text{ 万元} \times (P/A,10\%,10) - 13\text{ 万元} = 11.578\text{ 万元}$$

（2）列出所有可能的方案组合。本例有 $2^4-1=15$ 个方案组合。验证方案组合的可行性，对可行（凡投资总额和小于 46 万元的组合方案就是可行的组合方案）的方案组合用"√"表示，对不可行的方案组合用"×"表示。同时计算各组合方案的投资和和净现值和。方案组合见表 4-19。

表 4-19　方案组合

编　号	(A,B,C,D)	投资和（万元）	∑NPV(万元)	是否可行
1	(1,0,0,0)	20	10.75	√
2	(0,1,0,0)	25	12.648	√
3	(0,0,1,0)	12	9.504	√
4	(0,0,0,1)	13	11.576	√
5	(1,1,0,0)	35	23.398	√
6	(1,0,1,0)	32	20.254	√
7	(1,0,0,1)	33	22.326	√
8	(0,1,1,0)	27	22.152	√

（续）

编　号	(A,B,C,D)	投资和（万元）	$\sum$NPV(万元)	是否可行
9	(0, 1, 0, 1)	28	24.224	√
10	(0, 0, 1, 1)	25	21.08	√
11	(1, 1, 1, 0)	47	32.902	×
12	(1, 1, 0, 1)	48	34.974	×
13	(0, 1, 1, 1)	40	33.728	√
14	(1, 0, 1, 1)	45	31.83	√
15	(1, 1, 1, 1)	60	44.484	×

（3）去掉投资额和超过限额的组合方案，选择余下组合方案中净现值最大的组合方案。从表 4-19 中可知，最优组合方案是第 13 个组合（0,1,1,1）和第 14 个组合（1,0,1,1）。再看它们的净现值率。

$$NPVR_{13}=\frac{33.728\text{ 万元}}{40\text{ 万元}}=0.8432,\quad NPVR_{14}=\frac{31.83\text{ 万元}}{45\text{ 万元}}=0.707$$

因此，无论是从绝对经济效果还是从相对经济效果来看，都应选择方案组合（0,1,1,1），即应选择方案 B、方案 C 和方案 D 三个方案来投资。

4.6　相关方案的经济评价

对相关方案的经济评价，应首先确定方案之间的相关性，对其现金流之间的相互影响做出准确的估计，然后根据方案之间的关系把方案组合成互斥的组合方案。例如实现跨江运输，可以考虑的方案有轮渡方案 L 或建桥方案 Q，则方案 L 和方案 Q 可以考虑的方案组合有方案 L、方案 Q 和 L、Q 组合方案。要注意的是，在 L、Q 组合方案中，某一方案的现金流入量将因另一方案的存在而受到影响，方案 L 和方案 Q 同时建设时，对其现金流入量应重新进行预测。组合后应按照互斥方案的经济评价方法对组合方案进行比选。

对于对称型互补方案，如方案 A 和方案 B 互为前提条件，此时应将两个方案作为一个综合项目（A + B）进行经济评价；对于不对称型互补方案进行经济评价和选择，如写字楼建设方案和安装空调方案，可以有不安装空调的写字楼和安装空调的写字楼两个互斥方案的比较问题。

例 4-25：为满足运输需要，可在两地间建一条公路或架一座桥梁，也可既建公路又架桥。若两个方案同时建设，由于运输量分流，两个项目的现金流量都将减少，有关数据见表 4-20。当 i_c 为 10% 时，请选择最佳方案。

解：求三个方案的净现值，净现值最大的为最优方案。

表 4-20　三个方案的现金流量　　（单位：万元）

方　案	初始投资	第 1 年年末投资	第 2～10 年净收益
A：建公路	200	100	120
B：建桥梁	100	50	60
C：建公路和桥梁	300	150	150

NPV_A = -200 万元 - 100 万元 × $(P/F,10\%,1)$ + 120 万元 × $(P/A,10\%,9)(P/F,10\%,1)$
= 337.35 万元

NPV_B = -100 万元 - 50 万元 × $(P/F,10\%,1)$ + 60 万元 × $(P/A,10\%,9)(P/F,10\%,1)$
= 168.75 万元

NPV_C = -300 万元 - 150 万元 × $(P/F,10\%,1)$ + 150 万元 × $(P/A,10\%,9)(P/F,10\%,1)$
= 348.96 万元

根据净现值判断准则，应选择既建公路又架桥的方案 C。

4.7　运用 Excel 计算评价指标

在 Excel 中有对工程经济评价指标计算非常有用的财务分析函数。这些函数可以帮助我们计算相关的工程经济评价指标，而不必构造长而复杂的公式。

1. 求净现值

在 Excel 中有净现值函数，可以直接用来求解基于一系列未来净现金流量和折现率的某一投资项目的净现值。

净现值函数的格式为 NPV(rate,value1,value2,…,value29)，其中，rate 代表利率或折现率；value1，value2，…，value29 代表不同年份的净现金流量。

应该注意的是，净现值函数假定前几期的现金流量为负，如果投资在第 0 年发生，那么就不应该把投资作为函数的 value 参数之一，而应该从该函数的计算结果中减去预先支付的投资额。

例 4-26：某工程项目的现金流量见表 4-21，已知 $i_c=12\%$，试求净现值指标。

表 4-21　某项目现金流量　（单位：万元）

年　份	0	1	2～8
销售收入			3 000
投资	4 000	4 000	
经营成本			200
净现金流量	-4 000	-4 000	2 800

解：(1) 手工计算。

NPV = -4 000 万元 - 4 000 万元 $(P/F,12\%,1)$ + 2 800 万元 × $(P/A,12\%,7)(P/F,12\%,1)$
= -4 000 万元 - 4 000 万元 × 0.892 9 + 2 800 万元 × 4.563 8 × 0.892 9
= 3 838.45 万元

(2) 用 Excel 求解净现值。

方法一：直接在 Excel 单元格中输入“= NPV (12%，-4000，2800，2800，2800，2800，2800，2800，2800) -4000”。

运算单元格后得到结果：3 837.96。

(注意：由于计算精度的问题，Excel 计算结果与手工计算结果略有差别)。

方法二：可以直接运用 Excel 的内置函数，如图 4-12 所示，得到的计算结果与方法一相同。

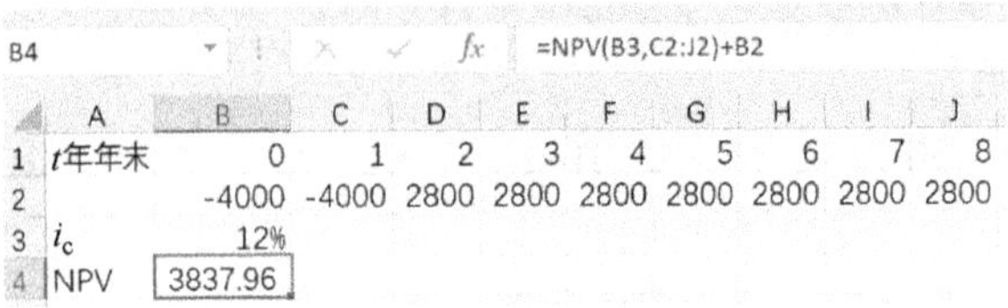

图 4-12　用 Excel 求解净现值

2. 求净年值

用 Excel 求解净年值 NPV，可以先计算得到净现值，再用 PMT 函数来计算。

例 4-27：某工程项目的净现金流量见表 4-22，求其净年值（$i_c=15\%$），并判断项目的可行性。

表 4-22　某工程项目的净现金流量

t 年年末	0	1	2	3	4	5 ~ 12
净现金流量（万元）	-40	-80	-80	34	44	64

解：方法一：直接在 Excel 某单元格中输入“=PMT(15%，12，-(NPV(15%，-80，-80，34，44，64,64,64,64,64,64,64,64)-40))”。

运算后得到计算结果：7.68。

方法二：利用 Excel 内置函数

1）利用 NPV 函数求净现值，如图 4-13 所示。

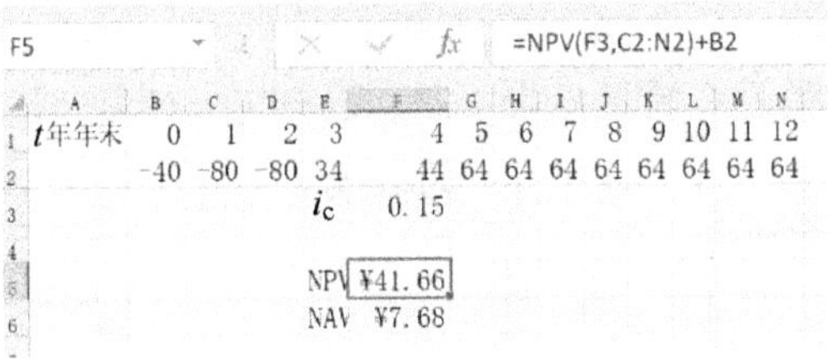

图 4-13　利用 NPV 函数求净现值

2）用 PMT 函数求净年值，如图 4-14 所示。

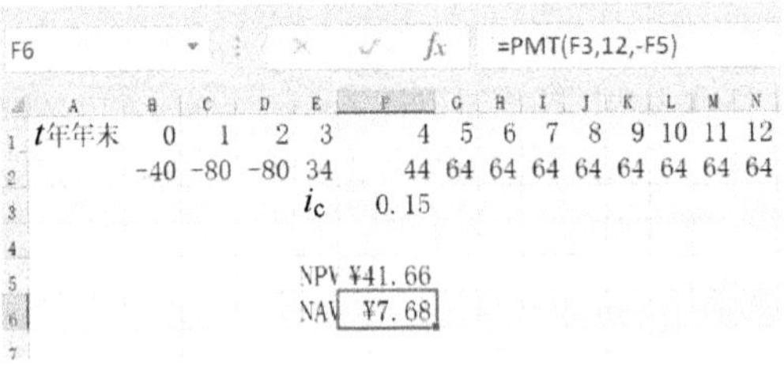

图 4-14　用 PMT 函数求净年值

3. 求内部收益率

Excel 具有求解内部收益率（IRR）的函数，直接用其求解 IRR 将会大大提高计算的精度和效率。

内部收益率函数的格式为 IRR（values，guess）。其中，values 参数是一个数组或含有数值的单元格的引用，应至少含有一个正数或一个负数；guess 参数是可选的，为制定的计算起始点。

例 4-28：某项目初始投资 100 万元，寿命周期为 5 年，各年净收益分别为 20 万元、30 万元、20 万元、40 万元、40 万元，求内部收益率。

解：

方法一：直接在 Excel 某单元格中输入“ = IRR({ -100,20,30,20,40,40})”

运算后得到计算结果：13.47%。

方法二：直接运用 Excel 的内置函数，如图 4-15 所示，得到的计算结果与方法一相同。

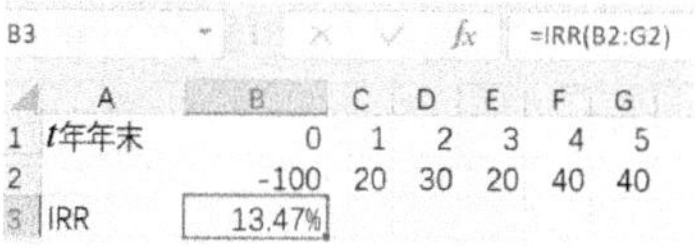
B3　=IRR(B2:G2)

	A	B	C	D	E	F	G
1	t年年末	0	1	2	3	4	5
2		-100	20	30	20	40	40
3	IRR	13.47%					

图 4-15　例 4-28

思考与练习

1. 什么是独立方案、互斥方案和相关方案？
2. 列举投资回收期、净现值指标和内部收益率的主要优缺点。
3. 为什么说净现值指标是目前最好的项目价值评价指标？
4. 简述项目价值各评价指标在不同情况下的选用。
5. 某建设项目方案表明，该项目在建设的第 1 年完工，投资为 10 000 万元，第 2 年投产并获净收益为 1 000 万元，第 3 年获净收益为 2 000 万元，第 4～10 年获净收益为 3 000 万元，试求该项目的静态投资回收期。
6. 已知四个同产品产量的方案，其数据见表 4-23。$P_c = 8$ 年，用差额投资回收期为这四个方案排序。

表 4-23　第 6 题数据　（单位：万元）

方　　案	1	2	3	4
投资	24	40	20	30
经营成本	14	7	15	12

7. 某项目建设期为两年，第 1、2 年分别投入 40 万元和 10 万元，第 3 年投产，投产当年收入为 25 万元，经营成本为 17 万元，第 4～20 年每年收入为 30 万元，经营成本为 17 万元，并在第 20 年年末将项目卖了 20 万元。折现率为 15%，试用净现值判断项目的经济性（用手工计算和 Excel 求解）。
8. 甲、乙两项目的有关费用支出见表 4-24，在收益率为 10% 时，试选择方案（用手工计算和 Excel 求解）。

表 4-24　有关费用支出

项　　目	项目初投资（万元）	年经营成本（万元）	寿命周期/年
甲	800	320	8
乙	900	300	10

9. 某方案需要投资 1 995 元，当年见效，年收益为 1 500 元，年成本支出为 500 元，第 4 年有 1 000 元追加投资，服务期为 5 年，在收益率为 10% 时，用净现值率法评价方案。

10. 某项目需要投资 2 万元，经济寿命为 5 年，残值为 0.4 万元，每年收益为 1 万元，每年支出成本费用为 0.44 万元，若基准收益率为 8%，用效益成本比率法确定方案是否可取。

11. 某项目投资为 700 万元，每年的净收益均为 200 万元，寿命周期为 5 年，基准收益率为 10%，试用内部收益率判断方案（用手工计算和 Excel 求解）。

12. 有两个投资方案 A 和 B，其投资分别为 1.8 万元和 1.6 万元，年净收益分别为 0.34 万元和 0.3 万元，项目寿命周期均为 20 年，基准收益率为 10%。用差额投资内部收益率比较方案。

13. 表 4-25 是三个项目的现金流量和寿命周期，资金成本为 8%，试进行项目的优选。

表 4-25　项目现金流量

方　　案	A	B	C
初始投资（万元）	6 000	7 000	9 000
年度收入（万元）	3 000	4 000	4 500
年度支出（万元）	1 000	1 000	1 500
残值（万元）	0	200	300
寿命周期/年	5	4	6

14. 某公司提出了 6 个可供考虑的投资方案，假设每个方案期末均无残值，寿命周期为 10 年。设公司的基准收益率为 10%，各方案的数据见表 4-26。

（1）假定公司有足够的资本，且方案是独立的，应选择哪些方案？

（2）假定公司只有 9 000 万元的投资资本，应如何选择？

表 4-26　方案的数据

方　　案	A	B	C	D	E	F
投资资本（万元）	7 000	4 000	1 000	3 000	2 000	9 000
年净现金流量（万元）	1 500	850	150	700	400	1 400

第5章

工程项目的不确定性分析

学习指导

本章知识要点：

1. 为什么要进行不确定性分析
2. 不确定性与风险的含义
3. 单方案的线性盈亏平衡分析方法
4. 多方案的临界盈亏平衡分析
5. 单因素敏感性分析方法
6. 概率树风险分析方法

本章难点：

1. 多方案的临界盈亏平衡分析
2. 概率分析方法

引例

某房地产开发商在某城市近邻获得一宗30亩的土地，按城市规划，该地区可建居民住宅，容积率为2.5。该房地产开发商现有资金4 000万元，拟进行该地块开发。通过估算，该商品房开发项目楼面造价为3 800元/m^2，其中土建费用为1 050元/m^2，土建工程采取招标方式委托建筑公司建设，建设期1年。商品房建成后预计2年内全部售出。销售费用支出预计：开工时50万元，完工开盘时100万元；开盘1年后每年50万元。基准折现率为10%。该项目在前期决策阶段所采用的数据均来自估算和预测，投资、销售量、销售价格等因素在将来的建设销售过程中存在很大的不确定性。如果销售价格降低10%，净现值将怎样变化？是否会影响投资的决策？

该项目在前期决策阶段所采用的数据，如投资、销售量、销售价格等因素均来自估算和预测，但估算的数据受人的认知不确定性和估算方法的不精确性等多种不确定性因素的影响，在将来实际的建设和销售过程中，这些指标存在很大的不确定性，以至于项目的经济评价指标也存在着不确定性。这种不确定性影响着最终方案的取舍，因此在对项目进行经济性评价指标计算的基础上，必须进行指标的不确定性分析，这样才能降低项目投资的风险，使投资决策更加科学、准确。

5.1 不确定性分析的概念

进行投资决策和方案评价的工程项目一般是拟建项目，项目的相关经济数据，比如投资、收益和成本大部分来自预测或估算，与未来项目建设、经营中的实际值很有可能不一致，必然存在某种程度的不确定性，如经济形势的影响、市场需求的变化、技术的进步、数据统计方法的局限性等，这些因素的不确定性，将会给方案经济效益的评价带来不确定性的变动，使经济效果的实际值偏离预期值，容易导致评价结果的失误，给投资者和经营者带来风险。通过分析这些影响因素对投资方案经济效果的影响程度，可以了解项目可能存在的风险和财务的可靠性，提高经济效益评价的可靠性和经济决策的科学性，从而减少由于不确定性带来的决策风险，常需要进一步对评价方案做不确定性分析。

从理论上讲，不确定性是指由于必要信息缺失，与决策相关的某一变量可能出现两个或两个以上的取值，但无法预估这些取值出现的可能性（概率）。

不确定性是由于没有全面考虑所有评价项目的影响因素而造成的实际价值与预期价值之间的差异。项目的不确定性分析就是把评价项目或方案的预测效果与将来实施后的实际效果的差异进行比较，分析和研究某些不确定因素对评价方案的评价指标的影响程度。

一般来说，项目评价的不确定性有两个来源，即项目本身的不确定性和项目所处环境的不确定性。找出哪些是造成不确定性的关键因素，估计项目可能的风险程度，以提高项目经济评价的可靠性，提高项目投资决策的科学性。

此外，为了尽量避免决策失误，还需要了解各种外部条件发生变化时对投资方案经济效果的影响程度，需要了解投资方案对各种外部条件变化的承受能力，以及对应于可能发生的外部条件的变化，投资方案经济效果的概率分布，需要掌握风险条件下正确的决策原则和方法。

产生不确定性的原因主要有主观和客观两个方面。

1. 不确定性产生的主观原因（认知的不确定性）

（1）信息的不完全性与不充分性。

（2）人的有限理性等。

2. 不确定性产生的客观原因（影响因素的不确定性）

（1）市场供求变化的影响。

（2）技术变化的影响。

（3）经济环境变化的影响。

（4）社会、政策、法律、文化等方面的影响。

（5）自然条件和资源方面的影响等。

不确定性分析方法包括盈亏平衡分析法、敏感性分析法、风险分析法（主要指概率风险分析法）。其中，盈亏平衡分析方法适用于企业财务评价，运用产量－成本－利润的关系和盈亏平衡点，来分析项目财务上的经营安全性；敏感性分析适用于国民经济评价和企业财务评价，通过分析，找出影响经济效益的最敏感因素和数据，以便加以控制；概率分析适用于国民经济评价和企业财务评价，通过分析获得经济效益实现的可能性，如实现 NPV 的概率有多大、项目 IRR 的概率分布如何等。

5.2　盈亏平衡分析

盈亏平衡分析是通过测算项目方案在投产后的盈亏平衡点（Break Even Point，BEP）来分析项目方案对风险的承受能力的一种方法。盈亏平衡点一般是根据正常生产年份的产品产量或销售量、固定成本、可变成本、产品价格、销售税金等数据计算确定的。在盈亏平衡点上销售收入等于成本费用，它标志着企业既不盈利也不亏损的生产经营水平，以此可以确定项目保本的最低生产水平或销售水平。找到这个“界限”就可预知产品的销售量达到多少有利润，预测市场是否能达到这个销售水平，进而确定这种产品有无开发价值，避免决策的盲目性。

根据生产成本、销售收入与产量（销售量）之间是否呈线性关系，盈亏平衡分析可分为线性盈亏平衡分析和非线性盈亏平衡分析。根据项目-方案的关系，盈亏平衡分析又可分为独立方案的盈亏平衡分析和多方案的临界盈亏平衡分析。

5.2.1　独立方案的盈亏平衡分析

独立方案的盈亏平衡分析目的是通过分析产品产量、成本与方案盈利能力之间的关系，找出投资方案盈利与亏损在产量、产品价格、单位产品成本等方面的界限，以判断在各种不确定因素作用下方案的风险情况。

1. 线性盈亏平衡分析

（1）盈亏平衡分析的基本原理。线性盈亏平衡分析主要是分析销售收入、生产成本与产品产量的关系。进行线性盈亏平衡分析，一般做如下假设：①产量等于销售量，销售单价不变，销售收入与产量呈线性关系；②假设产品的总成本分为固定成本和可变成本，其中固定成本不随产量变动而变化，可变成本总额随产量变动呈比例变化，单位可变成本为一常数；③假定项目只生产一种产品，或如果生产多种产品，可以换算成单一产品计算。

假设正常年份的年产量（或销售量）为 Q，年固定成本为 B，单位产品可变成本为 V，单位产品价格为 P，则年销售收入为

$$S = PQ$$

年生产成本为

$$C = B + VQ$$

令 $S = C$，可得到用产量表示的盈亏平衡点计算公式，其公式为

$$Q^* = \frac{B}{P - V} \tag{5-1}$$

如果用横坐标表示产量，纵坐标表示收入或成本，由盈亏平衡点计算公式的产量、成本、盈利三者的函数关系，当它们的关系均为线性时，可以得到图 5-1 所示的盈亏平衡图。

由盈亏平衡图可知：在平衡点右边，即产量大于盈亏平衡点产量，销售收入大于总成本，表示项目有盈利；在平衡点左边，销售收入小于总成本，表示项目亏损。盈亏平衡点越低，表明项目盈利的机会越多，适应市场变化的能力越强，抗风险的能力也越强。

（2）盈亏平衡点的确定。盈亏平衡点的确定有图解法和计算法两种。

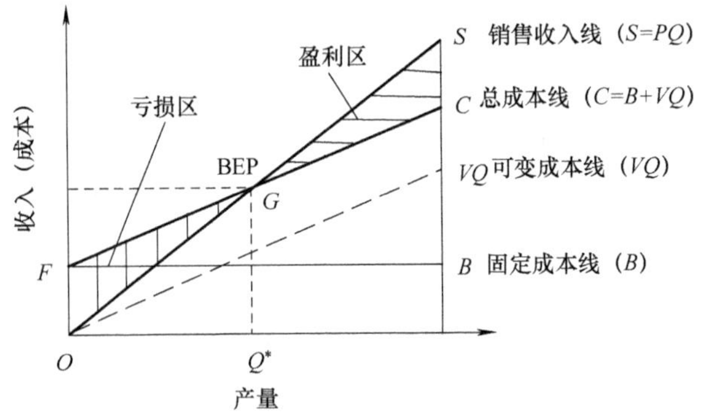

图 5-1　盈亏平衡图

1）图解法。如图5-1所示，根据产品产量（销售量）、产品价格以及固定成本和可变成本等资料，以产品产量（或销售量）为横坐标，以收入或成本为纵坐标，分别做出总成本与产量、销售收入与产量的关系线，两线相交于点 G，G 点即为所求的盈亏平衡点。在绘制盈亏平衡图时，如果考虑销售税金及附加，通常将其视为项目必要的固定支出，此时，将使盈亏平衡点向上移动。

图解法的步骤大致如下：

① 画平面直角坐标系。以产量（销售量）为横坐标，收入或成本为纵坐标。

② 根据资料，确定所分析的某一产量 Q 的固定成本、总成本和销售收入。

③ 绘制在该产量 Q 下的固定成本、总成本和销售收入点 B、C、S。

④ 连接固定总成本费用线 FB、总成本费用线 FC 和销售收入线 OS。

⑤ 总成本线 FC 与销售收入线 OS 的交点 G 即为所求的盈亏平衡点，点 G 所对应的产量即为盈亏平衡时的产量，也称为临界产量。

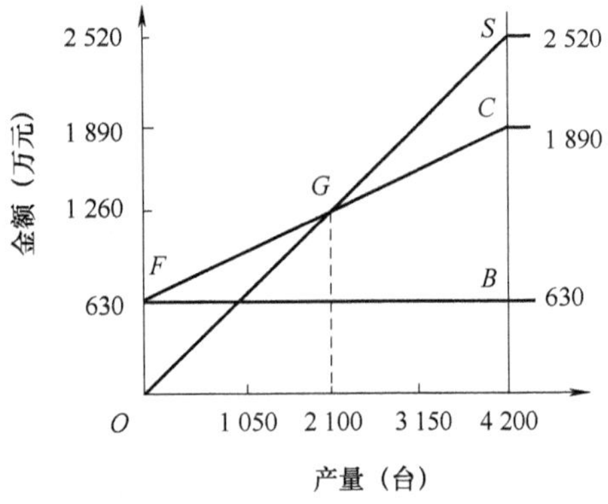

图 5-2　图解盈亏平衡点

例 5-1：新建某厂，设计能力为年产量4 200台，预计售价为6 000元/台，总固定成本为630万元，单位产品可变成本为3 000元（未考虑销售税金及附加），试求盈亏平衡点的产量。

解：① 画直角坐标图，如图5-2所示。

② 确定点 B、C、S、F。

已知：$B=630$ 万元，$F=B$，则

$$C=B+VQ=630\text{ 万元}+0.3\text{ 万元/台}\times 4\,200\text{ 台}=1\,890\text{ 万元}$$

$$S=PQ=0.6\text{ 万元/台}\times 4\,200\text{ 台}=2\,520\text{ 万元}$$

③ 连接 FB、FC、OS 三条线。

④ 找出 FC 与 OS 的交点 G，点 G 对应的产量为2 100台，即为所求盈亏平衡点的产量。

2）计算法。如果盈亏平衡模型中，方案的总成本、销售收入与产量（销售量）呈线性关系，用产量表示的盈亏平衡点计算公式即为式（5-1）。

若用生产能力利用率表示平衡点，其计算公式为

$$E^* = \frac{Q^*}{Q_i} = \frac{B}{(P-V)Q_i} \times 100\% \tag{5-2}$$

式中　Q_i——设计年生产能力。

若用销售价格表示平衡点，其计算公式为

$$P^* = \frac{B}{Q_i} + V \tag{5-3}$$

若按设计的生产能力进行生产，且销售价格 P 已定时，用单位产品可变成本表示盈亏平衡点，其计算公式为

$$V^* = P - \frac{B}{Q_i} \tag{5-4}$$

例 5-2：某石化项目，设计年产量为 30 万 t 聚乙烯，产品销售价格为 4 500 元/t，预计正常生产年份总成本为 10.45 亿元，其中固定成本为 1.9 亿元，单位可变成本为 2 850 元。分别用实际生产产量、生产能力利用率、销售价格、销售收入和可变成本来计算项目的盈亏平衡点。

解：用产量表示的盈亏平衡点为

$$Q^* = \frac{B}{P-V} = \frac{19\ 000\ \text{万元}}{0.45\ \text{万元/t} - 0.285\ \text{万元/t}} = 11.52\ \text{万 t}$$

用生产能力利用率表示的盈亏平衡点为

$$E^* = \frac{Q^*}{Q_i} \times 100\% = \frac{11.52\ \text{万 t}}{30\ \text{万 t}} \times 100\% = 38.4\%$$

用销售价格表示的盈亏平衡点为

$$P^* = \frac{B}{Q_i} + V = \frac{19\ 000\ \text{万元}}{30\ \text{万 t}} + 0.285\ \text{万元/t} = 0.348\ 3\ \text{万元/t}$$

用销售收入表示的盈亏平衡点为

$$S^* = PQ^* = 0.45\ \text{元/t} \times 11.52\ \text{万 t} = 5.184\ \text{亿元}$$

用可变成本来表示的盈亏平衡点为

$$V^* = P - \frac{B}{Q_i} = 4\ 500\ \text{元/t} - \frac{1.9 \times 10^8\ \text{元}}{11.52 \times 10^4 \text{t}} = 2\ 851\ \text{元/t}$$

2. 非线性盈亏平衡分析

在实际的生产和销售中，产量扩大到一定水平，生产成本并非与产量呈线性关系，而且，由于市场对产品的容量有限，随着产量的增长，产品的售价也会有某种程度的下降，价格与产量呈非线性函数关系，因此，销售收入与产量也呈非线性关系，非线性盈亏平衡图如图 5-3 所示。

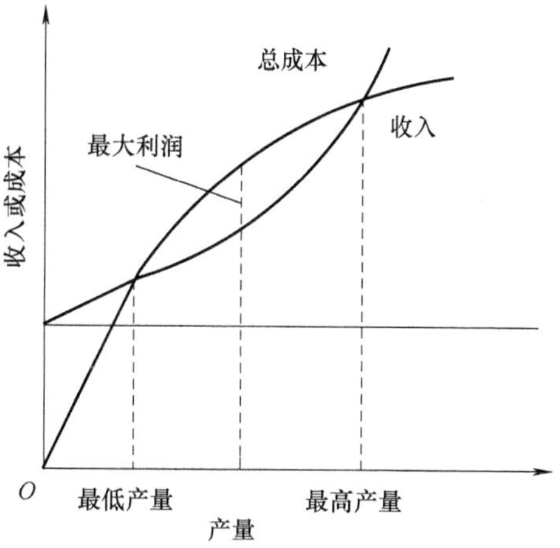

图 5-3　非产量线性盈亏平衡图

3. 影响经营风险的因素

由销售量、产品价格及单位可变成本等不确定因素发生变动而引起项目盈利额的波动，称为项目的经营风险。由销售量和成本变动引起的经营风险大小与项目固定成本占总成本的比重有关。

设固定成本占总成本的比重为 α，年总成本为 C，年销售量为 S，产品价格为 P，则

$$B=\alpha C$$

$$V=\frac{C(1-\alpha)}{S}$$

那么盈亏平衡产量可以表示为

$$Q^{*}=\frac{\alpha C}{P-\frac{C(1-\alpha)}{S}}=\frac{SC}{\frac{1}{\alpha}(PS-C)+C} \tag{5-1'}$$

盈亏平衡单位可变成本为

$$V^{*}=P-\frac{C\alpha}{S} \tag{5-4'}$$

由式（5-1′）和式（5-4′）可以看出，固定成本占总成本的比例越大，盈亏平衡产量越高，盈亏平衡单位产品可变成本越低。高的盈亏平衡产量和低的盈亏平衡单位产品可变成本会导致项目在面临不确定因素的变动时发生亏损的可能性增大。也就是说，固定成本的存在扩大了项目的经营风险，固定成本占总成本的比例越大，这种扩大作用就越强，这种现象叫运营杠杆（Operating Leverage）效应。固定成本占总成本的比例取决于产品生产的技术要求及工艺设备的选择。一般来说，资金密集型的项目，高精尖专用设备投资较大，固定成本占总成本的比例较高，因而经营风险也越大。

5.2.2 多方案的临界盈亏平衡分析

用盈亏平衡模型对两个或多个方案进行分析和评价，是分析受同一经济参量（服役时间、产量）影响的对比方案在这经济参量取某一数值时，对比方案的总效益或总费用相等，由此确定各对比方案在不同范围的相对优劣。

设两个互斥方案的经济效果都受某不确定因素 x 的影响，可以把 x 看作一个变量，把两个方案的经济效果指标都表示为 x 的函数，即

$$E_1=f_1(x),E_2=f_2(x)$$

式中 E_1、E_2——方案 1 与方案 2 的经济效果指标。

当两个方案的经济效果相同时，有：$f_1(x)=f_2(x)$。

解出使这个方程式成立的 x 值，即为方案 1 与方案 2 的盈亏平衡点，也就是决定这两个方案孰优孰劣的临界点。结合对不确定因素 x 未来取值范围的预测，就可以做出相应决策。

从以上原理看出，多方案的盈亏平衡分析，将不在同一时点上发生的资金简单地进行加和，是一种没有考虑资金时间价值的静态分析方法。

例 5-3：某排水系统所用水泵，每年运行时间取决于使用地区的年降雨量。现有两个驱动方案：电动机驱动和柴油机驱动，资料数据见表 5-1。若两方案寿命周期皆为 4 年，4 年后皆无残值，年利率为 10%，试比较两方案的经济性。

表 5-1 资料数据

驱动方案	投资	运行费用	维护修理费用	看管工人工资
A（电动机驱动）	1 400 元	0.84（元/h）（电费）	120 元/年	设备自动化，无须工人照管
B（柴油机驱动）	500 元	0.80（元/h）（油费）	0.15 元/h	0.42 元/h

解：(1) 方案 A 总费用计算。

设方案 A 的年度总费用为 C_A，其中包括：

$$年等额投资 = 1\,400\,元 \times \frac{10\% \times (1+10\%)^4}{(1+10\%)^4-1}$$

$$= 1\,400\,元 \times 0.3\,155 = 441.7\,元$$

$$年度维护修理费 = 120\,元$$

$$年度电费 = 0.84\,元/h \times t\,(t——每年运行小时数)$$

则
$$C_A = 441.7\,元 + 120\,元 + 0.84\,元/h = 561.7\,元 + 0.84\,元/h \times t$$

(2) 方案 B 总费用计算。

设方案 B 的年度总费用为 C_B，其中包括：

$$年等额投资 = 500\,元 \times \frac{10\% \times (1+10\%)^4}{(1+10\%)^4-1} = 500\,元 \times 0.3\,155 = 157.75\,元$$

$$年度可变成本 = (0.8\,元/h + 0.15\,元/h + 0.42\,元/h) \times t = 1.37\,元/h \times t$$

则
$$C_B = 157.75\,元 + 1.37\,元/h \times t$$

令 $C_A = C_B$，可求出两个方案的盈亏平衡点（时间）为

$$561.7\,元 + 0.84\,元/h \times t = 157.75\,元 + 1.37\,元/h \times t$$

$$t = 762h$$

用图解法绘制出两个方案的时间-费用图，如图 5-4 所示。

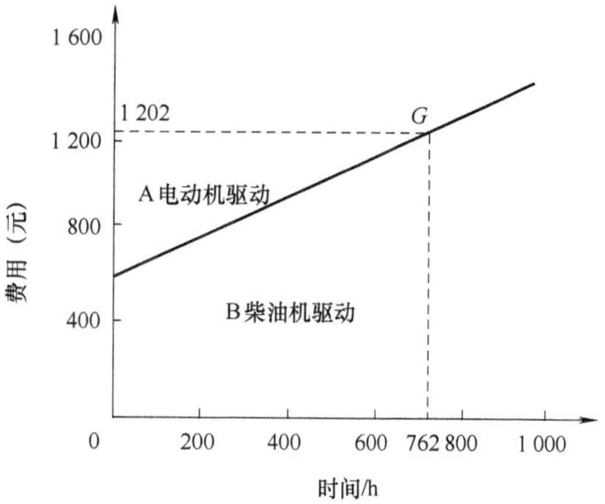

图 5-4　某排水系统驱动方案的盈亏平衡分析

由此不难看出，当运行时间等于 762h 时，两个方案的年费用相等。当降雨量较大，致使排水系统运营时间多于 762h 的地区，选择电动机驱动方案有利；而对因降雨量较小致使排水系统年运行时间低于 762h 的地区，宜采用柴油机驱动方案。

下面介绍一下盈亏平衡点应用于工艺方案的经济分析。

工艺方案的经济分析是通过对主要零件的工艺成本计算、对比来评定其经济性的。工艺成本是指同本工艺方案有关的费用，可分为固定费用与可变费用两部分。固定费用包括调整工人工资、专用机床折旧费和修理费、专用工夹具折旧费和维修费等。可变费用包括材料费、机床电费、生产工人工资、通用机床折旧费和修理费、通用工夹具折旧费和修理费等。

工艺过程（或工序）的全年工艺成本可用下式计算

$$C_m = QV + B$$

式中　C_m——工艺过程方案的年度工艺成本；

Q——工艺方案的年产量；

V——工艺成本中单位产品可变费用；

B——工艺成本中年度固定费用。

通过对比两个工艺方案的工艺成本来评定方案的经济性。设两方案的工艺成本分别为

$$C_{m1} = QV_1 + B_1$$

$$C_{m2} = QV_2 + B_2$$

令 $C_{m1} = C_{m2}$ 得临界产量 Q_0 为

$$Q_0 = \frac{B_2 - B_1}{V_1 - V_2}$$

当对比不同工艺方案时，若对比方案的工艺成本相等，此时的产量称为对比两工艺方案的临界产量。如果工艺方案有追加投资，由于盈亏平衡分析是一种静态分析方法，仍然可以将追加投资与工艺成本合二为一。

例 5-4：某机械厂生产某种产品，原有工艺方案 A：已知其固定费用 $B_1 = 9\ 000$ 元/年，可变费用 $V_1 = 500$ 元/件，年产量为 5 000 件。欲投资 $K = 10$ 万元改造该产品生产设备，改用工艺方案 B 进行生产，预计可变费用减少为 $V_2 = 50$ 元/件，固定费用 $B_2 = 10\ 000$ 元/年。若要求 3 年收回全部投资 10 万元，试问采用生产方案 B 是否可行？

解：计算 3 年两种工艺方案的成本，设年生产量为 x。

$$C_{m1} = QV_1 + B_1 = 3 \times (500x + 9\ 000)$$

$$C_{m2} = QV_2 + B_2 + K = 3 \times (50x + 10\ 000) + 100\ 000$$

令 $C_{m1} = C_{m2}$ 得

$$x = 76.3$$

该项目的盈亏平衡点即年临界产量为 76.3 件，因年产量为 5 000 件，故追加投资的工艺方案 B 经济效果更好。

当有数个互斥项目且有多个不确定因素时，其分析和判断方法将变得复杂，此时，可用“盈亏平衡线”来解决。这种方法不是判别投资个案的盈亏，而是考察各方案的优劣程度，因此，这种方法也叫作“优劣平衡线分析”。

5.2.3　盈亏平衡分析法的特点

盈亏平衡分析法是对拟建项目进行不确定性分析的方法之一，当项目的一些主要参数，如产量、售价、成本等已经初步确定，而另一些经济数据，如总投资、收益率等还不完备或不易确定时，用盈亏平衡分析方法对高度敏感的产量、售价、成本等因素进行粗略的分析，将有助于最后确定项目的各项经济指标。

盈亏平衡分析法除用于确定项目的合理生产规模外，还可用于设备不同（生产能力不同）、工艺流程不同的互斥方案的选择。设备生产能力的变化会引起总固定成本的变化，而采用技术先进的工艺流程会使生产效率提高，原材料和劳动力成本都会减少，从而会引起单位产品可变成本的变化。所以通过对这些方案进行盈亏平衡分析，可为方案的决策提供参考信息。盈亏平衡分析方法还可以用于具有多个不确定因素的多个互斥项目的比较和分析，也可在很多实务问题上发挥重大作用。

经典的线性盈亏平衡分析法的缺点也是毋庸置疑的。首先，它假设产量等于销售量，即产品能全部销售完，无积压，销售价格不变，销售收入与产量呈线性关系，这些假设是比较理想化而不一定符合实际的。其次，盈亏平衡分析法只讨论了销售收入、成本、产量等因素对项目盈亏的影响，其他相关因素考虑很少。再者，盈亏平衡分析法是一种静态分析方法，

没有考虑寿命周期内投资和成本不同时点的资金的时间价值，对项目的盈利分析比较粗浅。但由于它计算简单、能直接对项目关键的盈利性做出不确定性的分析，至今仍被作为项目不确定性分析的方法之一，因而被广泛使用。

5.3　敏感性分析

敏感性分析是一种常用的评价经济效益的不确定性方法，用来研究和预测不确定因素对技术方案经济效益的影响情况及影响程度。

敏感性分析是指通过计算项目所涉及的各种不确定因素发生变化对基本方案评价指标的影响，找出敏感因素，预测项目可能承受的风险，也为进一步的风险分析奠定基础。不确定因素是指那些可能会对项目评价指标产生极大影响的因素，如产品价格、销售量、成本、投资、建设工期等，方案评价指标在工程经济分析中主要是内部收益率、净现值、投资收益率、投资回收期、年值等。

通过敏感性分析，就要在诸多的不确定因素中找出对经济效益指标反应敏感的因素，并确定其影响程度，计算出这些因素在一定范围内变化时有关效益指标变动的幅度，从而建立主要变量因素与经济效益指标之间的对应定量关系（变化率），从而可绘制敏感性分析图。敏感因素是指影响因素中发生较小变化就会使评价指标发生较大变化甚至逆转，使项目由合格变为不合格的因素。同时，还可求出各因素变化的允许幅度（极限值），计算出临界点，考察其是否在可接受的范围之内。敏感性分析侧重于对最敏感的关键因素（即不利因素）及其敏感程度进行分析，通常分析单个因素变化，必要时也可以分析两个或多个不确定因素的变化。

进行敏感性分析，可以一次只变动一个因素，使其他因素保持不变，来研究项目经济效益指标的变化，这时称为单因素敏感性分析。除了采用单因素变化的敏感性分析以外，还可以采用多因素变化的分析等。

5.3.1　单因素敏感性分析

1. 单因素敏感性分析的概念

项目对某种因素的敏感程度，可以表示为该因素按一定比例变化时引起项目指标的变动。为了找出关键的敏感因素，一般进行单因素敏感分析的较多。

图 5-5 是一个敏感性分析，表示某技术方案的某些不确定因素对投资收益率的影响。

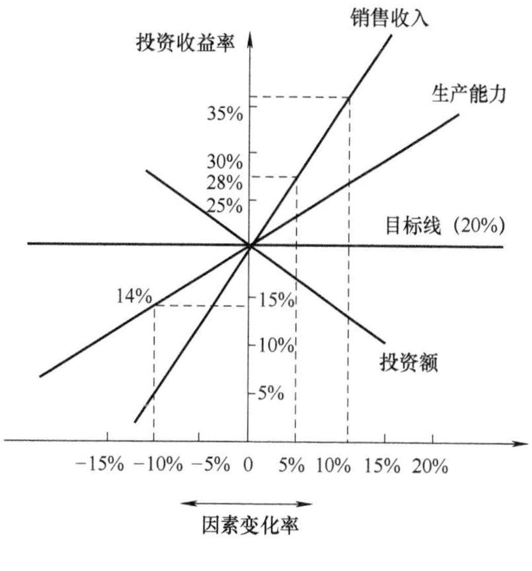

图 5-5　敏感性分析图示

从图 5-5 中可以看到，如果销售收入能增加 5%，则将影响投资收益率从目标值 20% 增加到 28%；如果生产能力下降 10%，则影响投资收益率从目标值 20% 下降到 14%。事实上，任何一个不确定因素的变动，都必然影响经济效益的评价目标值，只是影响的程度不同而已。由图可知，销售收入的变化对投资收益率的影响较大，而投资额的变动对投资收益率的影响较小。也就是说，投资收益率对销售收入的变化反应敏感，对投资额的变化反应不敏感。通常，将那些使经济效益评价值产生强敏感性的不确定因素称为敏感因素；反之，则称为非敏感因素。敏感性分析的核心问题，就是从许多不确定因素中找出敏感因素，因为敏感因素的不确定性给项目带来的风险更大。然后针对敏感因素，采取相应的对策措施，力求使风险减至最低限度，提高分析的可靠性。

通过敏感性分析可以研究影响因素的变动将引起经济效益评价值的变动范围，找出影响技术方案经济效益的敏感因素，并进一步分析与之有关的预测或估算数据可能产生不确定性的根源。通过多方案敏感性对比，选取敏感性小的方案亦即风险小的替代方案。通过可能出现的最有利与最不利的经济效益分析，来寻找替代方案或对原方案采取某些控制措施。敏感性分析虽然可以用来研究不确定因素对技术方案的影响，但应注意，单因素敏感性分析是假定其他因素保持不变，而只变动某一个因素，研究其影响经济效益的程度。实际上，不管哪种类型的项目，各个不确定因素变化对项目经济效益的影响是交叉、综合地发生的，而且各个因素变化的幅度大小及其发生的概率是随机的。可能会出现这样一种情况：找出了某一个敏感因素，在未来可能发生的某一幅度的变动概率却很小，以致可以完全不必考虑它的影响；而另一个不敏感因素，可能发生的某一幅度的变动概率却很大，以致必须考虑其变化对项目经济效益的影响。这是敏感性分析本身的缺点。这种方法的优点是分析方法简单，易掌握，对提高评价项目的可靠性有现实意义。

2. 单因素敏感性分析的步骤

敏感性分析的基本步骤可归纳如下：

（1）确定敏感性分析的指标。影响投资方案经济效果的不确定因素很多，理论上讲，一系列经济效益评价指标都可以作为敏感性分析的指标，但事实上，没有必要对所有的不确定因素都进行敏感性分析。对于一般的工业投资项目来说，可以从下列因素中选定：①投资额；②项目建设期、投产期、达产期；③产品产量及销售量；④产品价格；⑤经营成本，特别是其中的可变成本；⑥项目寿命周期；⑦折现率等。各个指标都有其特定的含义，分析反映的问题也有所不同，因此要根据经济评价的深度和具体情况来选择敏感性分析的指标，并根据实际情况设定这些因素可能的变动范围。例如投资回收期是一个综合指标，在项目有贷款的情况下，能反映建设期和贷款偿还期的借贷和利息情况，所以，以投资回收期指标进行敏感性分析，能够了解贷款和资金对投资收益率的影响。

（2）选取不确定因素。影响项目经济评价的不确定因素很多，通常有产品销量、产量、价格、经营成本、项目建设期和生产期等。在实际的敏感性分析中，没有必要也不可能对全部的不确定因素都进行分析，而应根据方案的具体情况选几个变化可能性较大，且对经济效益影响较大的因素即可。一般只选那些在费用效益构成中所占比重比较大，对项目经济指标影响较大的最敏感的几个因素进行分析，如产品售价的变动、产量规模的变动、投资额的变化、建设期缩短、达产期延长等。

（3）计算不确定因素变动对分析指标的影响程度。在固定其他因素的条件下，变动其中某一个不确定因素，逐个计算不确定因素的影响程度（或范围），并找出它们一一对应的关系。值得注意的是，固定其他因素，变动其中某一个不确定因素，逐个计算，这里面隐含着两个假设：一是当计算分析某一个不确定因素变化对评价指标的影响时，假定其他因素都不变化；二是假定每个不确定因素变动的概率是相等的。

（4）找出敏感因素。在逐个计算的基础上，采用表或图的形式表示出不确定因素变动与评价指标随之变动的对应数量关系，通过对表中因素变动率或图中曲线斜率的分析，找出敏感因素。

（5）分析并确定项目风险的大小。对敏感因素排序，分析各因素发生不利变化的可能性和变动幅度，即设各因素均向不利的方向变动到最可能不利的数值，据此计算方案的经济效果，看其是否达到使方案无法接受的程度。在条件允许的情况下，可对敏感因素做概率分析。

例 5-5：有一投资方案，其设计能力为年产某产品 1 500 台，预计单位产品售价为 1 800 元，单位经营成本为 700 元，估算投资额为 800 万元，方案寿命为 8 年，试对此方案的投资回收期做敏感性分析。

解：（1）由题可知敏感性分析指标为投资回收期。

$$P_t = \frac{8\ 000\ 000\text{元}}{1\ 500\text{台} \times (1\ 800\text{元/台} - 700\text{元/台})} \approx 4.8\text{年}$$

（2）选产品产量、售价和投资为不确定因素。

（3）计算不确定因素变动对投资回收期的影响程度，分别按 ±10%、±20% 的变动量考虑，其投资回收期 P_t 的敏感性状况见表 5-2。用图解法表示如图 5-6 所示。

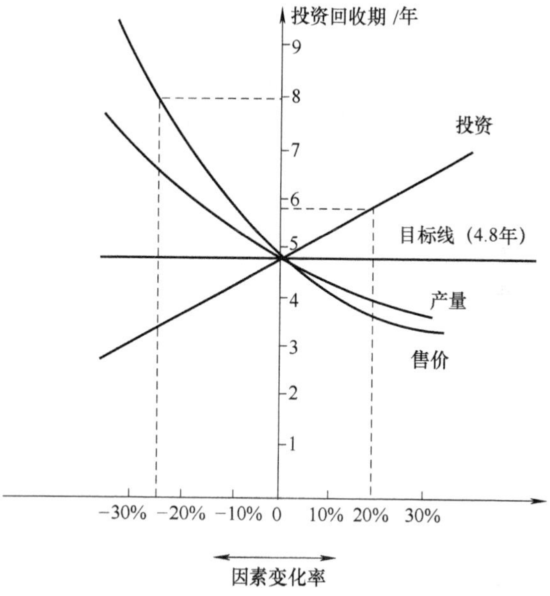

图 5-6 某投资方案敏感性分析图

表 5-2 不确定因素对投资回收期的影响 （单位：年）

序 号	变动因素	变动量				
		+20%	+10%	0	−10%	−20%
1	产量	4	4.40	4.8	5.39	6.06
2	售价	3.65	4.17	4.8	5.80	7.21
3	投资	5.82	5.33	4.8	4.40	3.88

（4）找出敏感因素。由图 5-6 不难看出，方案的投资回收期对产品售价最敏感，在其他因素不变的情况下，只要售价降低幅度超过 24%（即售价降至 1 368 元/台）以下，投资回收期超过方案的寿命，表明售价低于此价格时，将无利可图。因此，售价是个敏感因素，也是一个风险因素，必须做进一步研究，以便采取有效措施。

敏感性分析有助于找出影响工程项目经济效益的敏感因素及其影响程度，对提高项目的经济效益评价有现实意义。但敏感性分析对不确定因素造成的风险难以做出定量分析，而对风险的定量分析则有赖于不确定因素的概率分析。

（5）风险分析。如果项目各影响因素的变动范围最有可能在 ±10% 范围变化，项目的基准投资回收期为6年，如果是单因素变动情况，从产量来看，最不利的情况是降低10%，这时，投资回收期为5.39年，产品售价降低10%，投资回收期为5.8年，投资增加10%，投资回收期为5.33年，皆小于基准投资回收期，因此项目具有较强的抗风险能力。

5.3.2 多因素敏感性分析

单因素敏感性分析方法适合于分析项目方案的最敏感因素，但实际上，许多因素的变动具有相关性，一个因素的变动往往伴随着其他因素的变动。因此单因素敏感性分析有其局限性。无论是哪种类型的技术项目方案，各种不确定因素对项目方案经济效益的影响，都是相互交叉综合发生的，而且各个因素的变化率及其发生的概率是随机的。因此，研究分析经济评价指标受多个因素同时变化的综合影响，研究多因素的敏感性分析，更具有实用价值。多因素敏感性分析要考虑可能发生的各种因素不同变动幅度的多种组合，计算起来要比单因素敏感性分析复杂得多。如果需要分析的不确定因素不超过三个，而且经济效果指标的计算比较简单，就可以用解析法与作图法相结合的方法进行分析。

单因素敏感性分析可得到一条敏感曲线，而分析两个因素同时变化的敏感性时，得到的是一个敏感曲面。

例5-6：某项目基本方案的参数估算值见表5-3，基准收益率 $i_c=9\%$。试进行双因素敏感性分析。

表5-3 某项目基本方案的参数估算值

因　素	初期投资（I）	年销售收入（B）	年经营成本（C）	期末残值（L）	寿　命
估算值	1 500万元	600万元	250万元	200万元	6年

解：设 x 表示投资变化的百分比，y 表示年销售收入（或价格）变化的百分比，则当折现率为 i 时，净现值为

$$\begin{aligned}\mathrm{NPV}(i) &= -I(1+x)+[B(1+y)-C](P/A,i,6)+L(P/F,i,6)\\ &= -I+(B-C)(P/A,i,6)+L(P/F,i,6)-Ix+B(P/A,i,6)y\end{aligned}$$

即

$$\begin{aligned}\mathrm{NPV}(i) = &-1\,500\text{万元}+350\text{万元}\times(P/A,i,6)+200\text{万元}\times(P/F,i,6)-\\ &1\,500\text{万元}\times x+600\text{万元}\times(P/A,i,6)y\end{aligned}$$

显然 $\mathrm{NPV}(i)>0$，则 $\mathrm{IRR}>i$。取 $i=i_c=9\%$（基准收益率），则

$$\mathrm{NPV}(i_c)=189.33\text{万元}-1\,500\text{万元}\times x+2\,691.54\text{万元}\times y$$

此式为一平面方程，令 $\mathrm{NPV}(i_c)=0$，可得该平面在 Oxy 坐标面的交线：

$$y=0.557x-0.070\,3$$

如图5-7所示，虚线框内部为不确定因素的变化范围，直线 $y=0.557x-0.070\,3$ 将 Oxy 平面分为两个区域，平面上任意一点（x,y）代表投资和收入的一种变化组合，当这点在交线的左上方时，净现值 $\mathrm{NPV}(i_c)>0$，即 $\mathrm{IRR}>i_c$，项目可行；在直线右下方，则净现值 $\mathrm{NPV}(i_c)<0$，因而 $\mathrm{IRR}<i_c$，项目不可行。不可行区域面积占整个虚线方框的面积之比为风险概率。如果此概率小于决策者的风险尺度，则项目的抗风险能力强。

总之，通过敏感性分析，可以找出影响项目经济效益的关键因素，使项目评价人员将注意力集中于这些关键因素，必要时可对某些最敏感的关键因素重新预测和估算，并在此基础

上重新进行经济评价，以减少投资的风险。

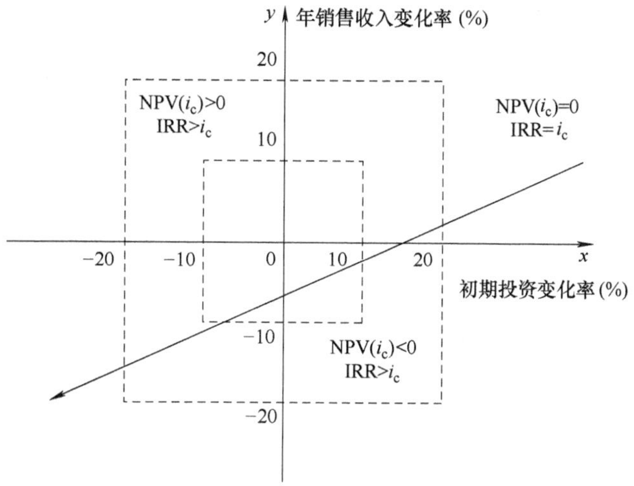

图 5-7　双因素敏感性分析

5.3.3　敏感性分析的局限性

敏感性分析在一定程度上就各种不确定因素的变动对项目经济指标的影响做了定量描述，这有助于决策者了解项目的风险情况，有助于确定在决策过程中及项目实施中需要重点研究与控制的因素。但是，敏感性分析没有考虑各种不确定因素在未来发生一定幅度变动的概率。这可能会影响分析结论的实用性与准确性。在实际中，各种不确定因素在未来发生变动的概率往往有所差别。常常会出现这样的情况，通过敏感性分析找出的某个敏感因素未来发生不利变动的概率很小，实际引起的风险并不大；若另一个不太敏感的因素未来发生不利变动的概率却很大，实际上所引起的风险反而比那个敏感因素更大。这类问题是敏感性分析所无法解决的，为弥补这一不足，可借助于概率分析。

尽管敏感性分析在现实中很受欢迎（首要的原因是其所涉及的计算都十分简单），但是其中仍然存在许多问题，包括以下几个方面：

（1）它对各种变量的变动分开进行考虑，往往忽略变量之间存在的联系。例如，广告不仅会使产量发生变化，同时也会给价格带来影响，因为价格和产量通常是相关联的。更复杂的方法则试图模拟出多个变量在不同的经济状态或“情景”下同时发生变化所产生的影响。

（2）它认为某些影响因素变动会在项目的持续期内不断发生相同的变化。例如，每一年的经营计划中都提到销售量的变化率为 10%，实际上，关键要素的变量往往是随机波动的，因而无法对其进行预测。

（3）没有提供任何决策原则——没有指出可以接受的最高的敏感性水平。这要取决于管理层的判断以及对待风险的态度。

（4）没有指出所分析的变量发生变异的可能性。要素发生变异是具有潜在破坏性的，但是若其发生的概率很小，可以不对其进行考虑。

5.4 风险分析

风险是指与决策相关的某一变量（决策指标）可能出现不确定性的变化，而这些变化可以预估。风险实际上是可测定的不确定性，不确定性与风险在实际应用时是相对的，界限比较模糊。

风险分析的目的是帮助人们识别和预测风险，从而做出风险最小的决策，同时注意控制项目执行过程中的风险，因此风险分析指的是人们利用系统的、规范的方法对风险进行识别、估计和评价的全过程，它包括风险识别、风险估计、风险评价和风险决策四个步骤。

（1）风险识别。在整个项目决策和管理期间，利用定性的方法，定期对项目进行全面考察，找出各种潜在风险或不确定因素，对其进行比较和分类，判断其发生的可能性、特点及可能带来的机会或造成的危害。

（2）风险估计。利用定性和定量的方法，估计项目风险因素发生的可能性及对项目的影响程度。一般先采用定性方法对风险因素的影响程度做出描述，然后对其中可以量化的因素做定量分析。

（3）风险评价。根据风险量化结果的项目价值评价指标，如净现值或内部收益率，分析评价各种风险因素对项目决策目标的影响程度，确定项目的整体风险水平。

（4）风险决策。针对风险评价分析中找出的关键性风险因素，制定相应的应对措施。

求解风险问题，常用的是概率分析方法。

5.4.1 概率分析概述

概率是指事件的发生所产生某种后果的可能性的大小。概率分析是指通过研究各种不确定因素发生不同幅度变动的概率分布及其对方案经济效果的影响，对方案的净现金流量及经济效果指标做出某种概率描述，从而对方案的风险情况做出比较准确的判断。它是一种定量分析方法。同时，又因为事件的发生具有随机性，故概率分析也称为简单风险分析。进行概率分析的目的是提高项目经济效益预测值的精确性，从而对项目的风险情况做出比较准确的判断。

1. 随机变量

严格说来，无论哪一种经济效果评价指标，都可以看作一个随机变量，影响项目方案经济效果的大多数因素（如投资额、成本、销售量、产品价格、项目寿命期等）也是随机变量，我们可以预测其未来可能的取值范围，估计各种取值或值域发生的概率，但不能肯定地预知它们确切的取值。投资方案的现金流量序列是由这些因素的取值所决定的，因此实际上方案的现金流量序列也是随机变量，称为随机现金流量。

要完整地描述一个随机变量，需要确定其概率分布的类型和主要参数。常见的概率分布类型有均匀分布、二项分布、泊松分布、指数分布和正态分布等。在经济分析和决策中普遍使用的是均匀分布和正态分布。一般说来，工业投资项目的随机现金流在多数情况下近似地服从正态分布。

2. 概率分析的步骤

这里的概率分析可称为简单概率分析，它是基于设定的各种情况（状态）发生的可能性（概率），计算项目净现值的期望值、标准差以及净现值大于或等于零的累计概率。累计概率值越大（越接近于1），说明方案承担的风险越小；反之，则风险越大。

简单概率分析的一般步骤与方法是：

（1）列出各种可能要发生变动的不确定因素，如销售价格、销售量、投资额、经营成本等。

（2）设想各不确定因素可能发生的情况，即其数值发生变化的几种情况。

（3）根据历史资料或经验分别确定每种情况出现的可能性，即概率。每种不确定因素可能发生的各种情况的概率之和必须等于1。值得注意的是，若是确定主观概率则应十分慎重，否则会对分析结果产生影响。

（4）计算净现值的期望值。常用的方法是分别求出各可能发生事件的净现值、加权净现值，然后求出净现值的期望值。

（5）计算净现值的标准差。

（6）求出净现值大于或等于零的累计概率，并判断项目承担风险的大小。

5.4.2　概率分析方法

概率分析在项目风险分析中的主要方法有期望值分析法、决策树分析法等。

1. 期望值分析法

描述随机变量的主要参数有期望值和方差。随机变量的期望值就是它的所有可能取值的加权平均数，权重为各种可能取值出现的概率。随机变量的期望值反映了随机变量所有可能取值的平均结果。随机变量的方差反映的是随机变量所有可能数值的离散程度。

假定某方案的寿命周期为 n 年，净现金序列为 $Y_0, Y_1, Y_2, \cdots, Y_n$。为了便于分析，设 n 为常数，则各年的净现金流序列 $Y_t(t=0,1,2,\cdots,n)$ 是随机变量。从理论上讲，某一特定年份的净现金流量 Y_t 可能出现的数值有无限多个，将其简化为 m 个离散数值 $y_t^{(1)}, y_t^{(2)}, \cdots, y_t^{(m)}$。这些离散数值出现的概率各不相同，记为 $p_j(j=1,2,\cdots,m)$，且 $\sum_{j=1}^{m} p_j = 1$，则第 t 年净现金流 Y_t 的期望值的计算公式为

$$E(Y_t) = \sum_{j=1}^{m} y_t^{(j)} p_j \tag{5-5}$$

式中　$E(Y_t)$——第 t 年随机变量 Y_t 的期望值；

$y_t^{(j)}$——第 t 年随机变量 Y_t 的各种可能取值；

p_j——与 $y_t^{(j)}$ 对应的出现概率。

第 t 年净现金流 Y_t 的方差的计算公式为

$$D(Y_t) = \sum_{j=1}^{m} \left[y_t^{(j)} - E(Y_t) \right]^2 p_j \tag{5-6}$$

式中　$D(Y_t)$——第 t 年随机变量的方差；

其他符号同式（5-5）。

第 t 年净现金流 Y_t 的标准差的计算公式为

$$\sigma(Y_t) = \sqrt{D(Y_t)} \tag{5-7}$$

例 5-7：某投资方案第 1 年和第 2 年的净现金流量可能出现三种情况，对应出现 $y_t^{(j)}$ 的

概率见表 5-4。试求各年净现金流量的期望值、方差和标准差。

表 5-4　项目第 1 年和第 2 年的净现金流量的概率分布

年　份	1			2		
可能发生的情况	Ⅰ	Ⅱ	Ⅲ	Ⅰ	Ⅱ	Ⅲ
净现金流量（万元）	800	1 000	1 100	900	1 000	1 200
概率	0.3	0.5	0.2	0.2	0.6	0.2

解：利用式（5-5）、式（5-6）、式（5-7），有

$$E(Y_1)=\sum_{j=1}^{m} y_t^{(j)} p_j = 800\text{ 万元}\times 0.3 + 1\ 000\text{ 万元}\times 0.5 + 1\ 100\text{ 万元}\times 0.2 = 960\text{ 万元}$$

$$\begin{aligned} D(Y_1) &= \sum_{j=1}^{3}[y_t^{(j)}-E(Y_1)]^2 p_j \\ &= (800\text{ 万元}-960\text{ 万元})^2\times 0.3+(1\ 000\text{ 万元}-960\text{ 万元})^2\times 0.5+ \\ &\quad (1\ 100\text{ 万元}-960\text{ 万元})^2\times 0.2 \\ &= 12\ 400\text{ 万元}^2 \end{aligned}$$

$$\sigma(Y_1)=\sqrt{D(Y_1)}\approx 111.36\text{ 万元}$$

同理可算出

$$E(Y_2)=1\ 020\text{ 万元}$$

$$D(Y_2)=9\ 600\text{ 万元}^2$$

$$\sigma(Y_2)=97.98\text{ 万元}$$

由于投资方案的效果评价指标如净现值、内部收益率、投资回收期等都是根据项目现金流量计算的，而各年的现金流量是随机变量，因此通过各年净现金流量计算的经济评价指标必须也是随机变量，其概率描述可以利用式（5-5）、式（5-6）、式（5-7）推出。例如，方案净现值的计算公式为

$$\text{NPV}=\sum_{t=1}^{n} Y_t\ (1+i_c)^{-t}$$

根据各年随机现金流的期望值 $E(Y_t)\ (t=0,1,2,\cdots,n)$，可以求出方案净现值的期望值，即

$$E(\text{NPV})=\sum_{t=1}^{n} E(Y_t)\ (1+i_c)^{-t} \tag{5-8}$$

在不考虑随机现金流之间的相关关系时，方案净现值的方差为

$$D(\text{NPV})=\sum_{t=1}^{n} D(Y_t)\ (1+i_c)^{-t} \tag{5-9}$$

如果考虑随机现金流之间的相关关系，方案净现值的方差值往往要比不考虑相关关系的大，具体计算方法可参考有关概率统计方面的书籍。

分别估算各年随机现金流的期望值与方差往往相当麻烦，如果能通过统计分析或主观判断给出方案寿命周期内可能发生的各种状态所对应的净现金流序列及其发生概率，就可以用比较简便的方法求出方案净现值的期望值和方差。假定某方案寿命周期内可能发生 k 种状

态，各种状态的净现金流序列$\{y_t | t=0,1,2,\cdots,n\}^{(j)}(j=1,2,\cdots,k)$对应于各种状态发生的概率为$p_j(j=1,2,\cdots,n)$，且$\sum_{j=1}^{n} p_j = 1$，则在第$j$种状态下，方案的净现值为

$$NPV^{(j)} = \sum_{t=0}^{n} y_t^{(j)}(1+i_c)^{-t} \tag{5-10}$$

式中　$y_t^{(j)}$——在第j种状态下，第t年的净现金流量。

方案净现值的期望值为

$$E(NPV) = \sum_{j=1}^{k} NPV^{(j)} p_j \tag{5-11}$$

净现值方差的计算公式为

$$D(NPV) = \sum_{j=1}^{k} [NPV^{(j)} - E(NPV)]^2 p_j \tag{5-12}$$

方案净现值的标准差为

$$\sigma(NPV) = \sqrt{D(NPV)} \tag{5-13}$$

通过以上介绍可以知道，有了概率分布就掌握了离散型随机变量取任一数值的概率，但在很多时候，我们不仅想要知道随机变量取任一数值的概率，还想知道随机变量取某些数值的概率。例如想要知道随机净现值大于或等于零的概率P，就需要引入分布函数的概念。

分布函数又称为累计分布函数。设X为一随机变量，x为任意实数，称函数

$$F(x) = P\{X < x\} \quad (-\infty < x < +\infty)$$

为随机变量X的分布函数。

对于离散型随机变量，只要把它的概率分布逐个累加，就可以得出其分布函数。

当离散型随机变量出现的概率以条件概率的关系表示时，可以用树形图表示这种关系，把这种树叫**概率树**。通过构成概率树来求取净现值的期望值以及期望值大于或等于零的概率，评价项目风险，判断其可行性。

例 5-8：某项目初始投资为 25 万元，每年获得 10 万元和 12 万元的概率分别是 0.4 和 0.6，经营 2 年、3 年和 4 年的概率分别是 0.2、0.5、0.3，设基准折现率i_c为 10%，试求净现值的期望值、标准差以及净现值大于或等于零的概率。

解：(1) 根据题意，概率树如图 5-8 所示。

(2) 计算净现值的期望值见表 5-5。

净现值期望值的计算步骤为：

1) 分别计算各可能发生事件发生的可能性，即发生的概率，见表 5-5 中第一列。

2) 分别计算各可能发生事件的净现值。将计算结果按顺序列入表 5-5 的第二列。

3) 将各事件发生的可能性与净现值分别相乘，按顺序得到加权净现值，见表 5-5 第三列。然后将各加权净现值相加，可求得净现值的期望值。本例题的净现值的期望值为 3.465 万元。

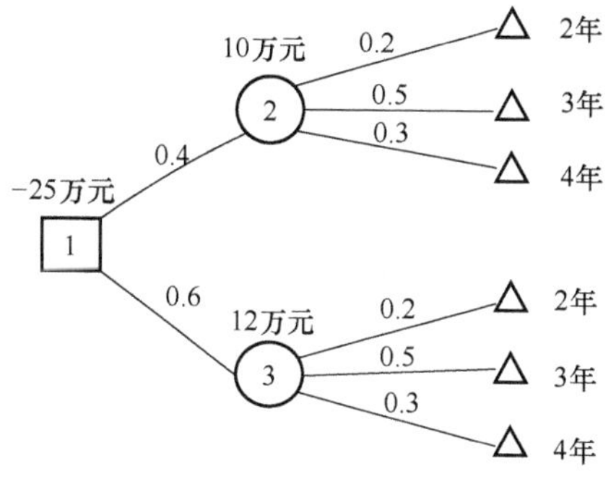

图 5-8　概率树

表 5-5　净现值的期望值计算表

概　　率	净现值（万元）	加权净现值（万元）
0.2×0.4=0.08	-7.645	-0.612
0.5×0.4=0.20	-0.131	-0.026
0.3×0.4=0.12	6.699	0.804
0.2×0.6=0.12	-4.174	-0.501
0.5×0.6=0.30	4.843	1.453
0.3×0.6=0.18	13.04	2.347
	净现值的期望值　3.465 万元	

（3）根据式（5-12）计算标准差。

$$D(\mathrm{NPV}) = \sum_{j=1}^{k}\left[\mathrm{NPV}^{(j)} - E(\mathrm{NPV})\right]^2 p_j$$

$$= (-7.645\text{ 万元} - 3.465\text{ 万元})^2 \times 0.08 + (-0.131\text{ 万元} - 3.465\text{ 万元})^2 \times 0.20 + (6.699\text{ 万元} - 3.465\text{ 万元})^2 \times 0.12 + (-4.174\text{ 万元} - 3.465\text{ 万元})^2 \times 0.12 + (4.843\text{ 万元} - 3.465\text{ 万元})^2 \times 0.30 + (13.04\text{ 万元} - 3.465\text{ 万元})^2 \times 0.18$$

$$= 37.79\text{ 万元}^2$$

$$\sigma(\mathrm{NPV}) = \sqrt{D(\mathrm{NPV})} = \sqrt{37.79\text{万元}^2} = 6.147\text{ 万元}$$

（4）净现值大于或等于零的概率为 $1-(0.08+0.2+0.12)=0.60=60\%$。

概率统计的知识告诉我们，对于随机净现值服从正态分布的投资方案，只要计算出了净现值的期望值和标准差，就可以根据正态分布的特点对方案的风险情况做出大致判断。在正态分布条件下，随机变量的实际取值在（$\mu\pm\sigma$）（μ 为期望值，σ 为标准差）范围内的概率为 68.3%，在（$\mu\pm2\sigma$）范围内的概率为 95.5%，在（$\mu\pm3\sigma$）范围内的概率为 99.7%。对于例 5-8 来说，这意味着方案的实际净现值在（3.465±6.147）万元范围内的可能性有 68.3%，在（3.465±12.294）万元范围内的可能性有 95.5%，在（3.465±18.441）万元范围内的可能性有 99.7%，也就是说，几乎不可能出现偏离期望值 21.906 万元以上的情况。

关于期望值与标准差之间的权衡问题，一般分以下几种情况：

（1）期望值相同的情况分析。如果两个方案的期望值相等，则标准差大的方案，风险也大。

（2）期望值不相同的情况分析。

1）方案甲期望值 $E(X)$ 大，标准差小，则方案甲有利。

2）方案甲期望值 $E(X)$ 小，标准差大，则方案乙有利。

3）方案甲期望值 $E(X)$ 大，标准差大，或方案乙期望值 $E(X)$ 小，标准差小，则方案取舍比较困难。怕担风险的决策者常常选择方案乙。

2. 决策树分析法

决策树（Decision Tree）是在已知各种情况发生概率的基础上，将某个决策问题未来发展情况的可能性和可能结果用树状图来表达，以便在可能的方案中进行决策，它是直观运用概率分析的一种图解法的决策分析方法。由于这种决策分支画成图形很像一棵树的枝干，故称决策树。

将决策内容根据可能发生的情况和概率绘制成决策树，用“□”代表决策点，从决策点画出的每一条线代表一种方案，称为方案枝。用“○”代表状态节点（也称概率分枝点）。从状态节点画出的每一条直线代表一种自然状态，称为概率分枝。“△”为可能结果点，代表各种自然状态下的可能结果。

例 5-9：某公司拟建设一个预制构件 J，一个方案是建大厂生产，需要 359 万元，另一个方案是建小厂生产，需要 160 万元，使用期均为 10 年，折现率为 10%。方案在不同自然状态下的损益值及自然状态概率见表 5-6，试利用决策树法决策。

表 5-6　损益值及自然状态概率

自然状态	概　　率	每年损益值（万元）	
		建　大　厂	建　小　厂
市场需求大	0.7	100	40
市场需求小	0.3	-20	10

决策树如图 5-9 所示，各点期望值计算如下：

建大厂的损益期望 = [0.7 × 100 万元 + 0.3 × (-20 万元)] × $(P/A, 10\%, 10)$ - 359 万元 = 34.254 4 万元

建小厂的损益期望 = (0.7 × 40 万元 + 0.3 × 10 万元) × $(P/A, 10\%, 10)$ - 160 万元 = 30.48 万元

二者比较，建大厂较优。

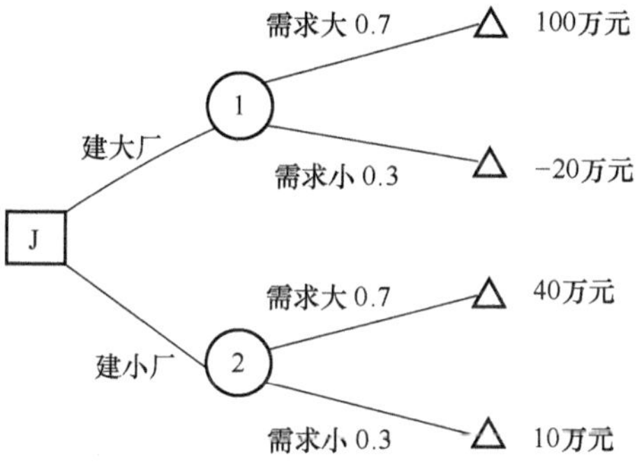

图 5-9　决策树

例 5-10：某厂欲确定下一计划期内的生产批量，产品可采用大、中、小批量生产，根据以前经验并通过市场调查和预测，已知产品销路好、一般、差三种情况的概率分别为 0.3、0.5 和 0.2，可能获得的效益价值经计算见表 5-7，通过决策树分析并确定合理批量，使企业获得最大收益。

表 5-7　产品批量决策表　（单位：万元）

	产 品 销 路		
销路可能性	θ_1（好）	θ_2（一般）	θ_3（差）
不同销路概率	$P(\theta_1)=0.3$	$P(\theta_2)=0.5$	$P(\theta_3)=0.2$
A_1（大批量生产）	20	12	8
A_2（中批量生产）	16	16	10
A_3（小批量生产）	12	12	12

解：（1）画决策树，如图 5-10 所示。

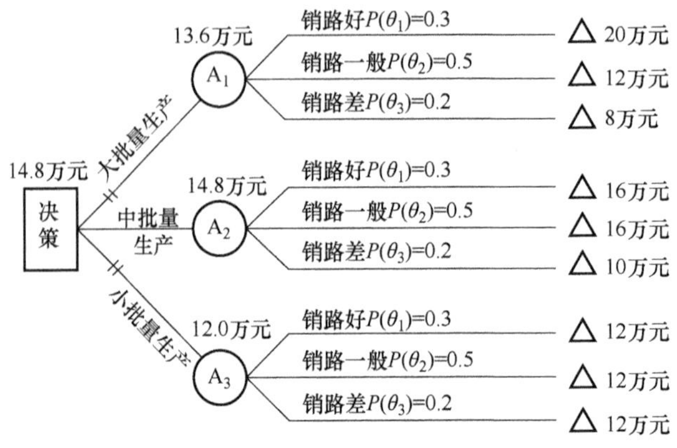

图 5-10　决策树

（2）计算不同方案的期望损益值：A_1 为 13.6 万元；A_2 为 14.8 万元；A_3 为 12.0 万元。

（3）选择期望值大的方案：中批量生产方式。

5.5　运用 Excel 进行项目的不确定性分析

5.5.1　盈亏平衡分析

1. 单项目的盈亏平衡分析

例 5-11：某厂开发一种新产品，预计售价为 180 元/台。已知生产该产品的单位可变成本为 55 元，年固定成本为 65 000 元，根据表 5-8 中产量计算该产品的销售收入、总成本、利润及产品的保本产量，进行盈亏平衡分析。

表 5-8　某厂产品年产量

年产量（台）	450	460	470	480	490	500	510	520	530	540	550	560	570	580

（1）列写计算公式：

$$S = PQ$$

$$C = B + VQ$$

$$Q^* = \frac{B}{P - V}$$

（2）利用 Excel 求解。利用 Excel 求解步骤如下：

步骤 1：启动 Excel，首先将其保存为“单一产品产量线性盈亏分析”，根据题目，输入售价、产量、成本等原始数据，如图 5-11 所示。

步骤 2：在单元格 F3 中输入公式“ = D3/（C3 – E3）”，如图 5-12 所示。

步骤 3：按〈Enter〉键确定，得到计算结果。按照以上操作，在对应单元格中计算出销售收入、总成本和利润，完成后如图 5-13 所示。

步骤 4：在此步骤中，对整张表进行操作，完成在各种产量下的成本和收入的计算。

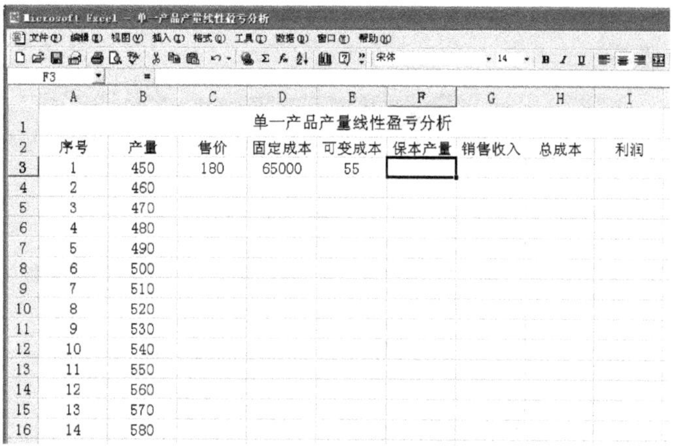

	A	B	C	D	E	F	G	H	I
1	单一产品产量线性盈亏分析								
2	序号	产量	售价	固定成本	可变成本	保本产量	销售收入	总成本	利润
3	1	450	180	65000	55				
4	2	460							
5	3	470							
6	4	480							
7	5	490							
8	6	500							
9	7	510							
10	8	520							
11	9	530							
12	10	540							
13	11	550							
14	12	560							
15	13	570							
16	14	580							

图 5-11　输入原始数据

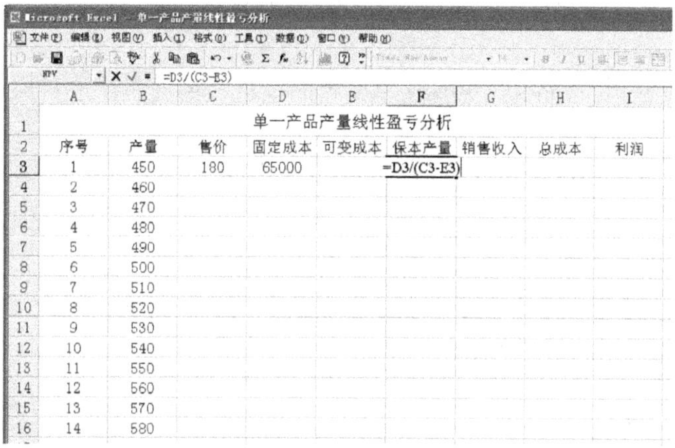

=D3/(C3-E3)

	A	B	C	D	E	F	G	H	I
1	单一产品产量线性盈亏分析								
2	序号	产量	售价	固定成本	可变成本	保本产量	销售收入	总成本	利润
3	1	450	180	65000		=D3/(C3-E3)			
4	2	460							
5	3	470							
6	4	480							
7	5	490							
8	6	500							
9	7	510							
10	8	520							
11	9	530							
12	10	540							
13	11	550							
14	12	560							
15	13	570							
16	14	580							

图 5-12　输入公式

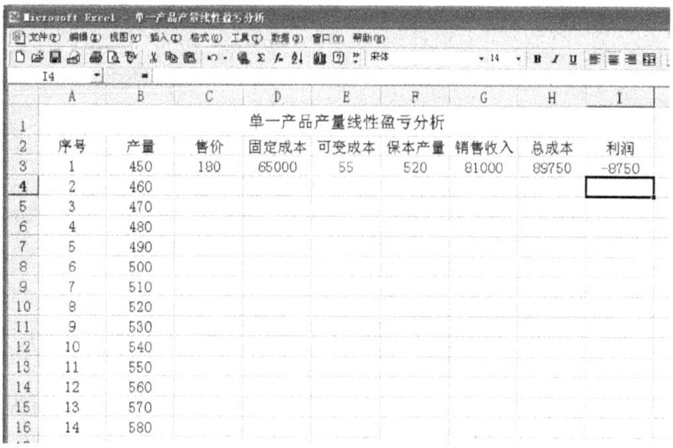

	A	B	C	D	E	F	G	H	I
1	单一产品产量线性盈亏分析								
2	序号	产量	售价	固定成本	可变成本	保本产量	销售收入	总成本	利润
3	1	450	180	65000	55	520	81000	89750	-8750
4	2	460							
5	3	470							
6	4	480							
7	5	490							
8	6	500							
9	7	510							
10	8	520							
11	9	530							
12	10	540							
13	11	550							
14	12	560							
15	13	570							
16	14	580							

图 5-13　计算销售收入、总成本和利润

对固定成本、可变成本、保本产量等单元格进行相同的操作。在单元格 G4 键入“=B4 * C4”，在单元格 H4 键入“=D4 + B4 * E4”，在单元格 I4 键入“=G4 - H4”。

然后利用 Excel 的复制操作得到在不同的产量下的保本产量、销售收入、总成本以及利润。

结果如图 5-14 所示。

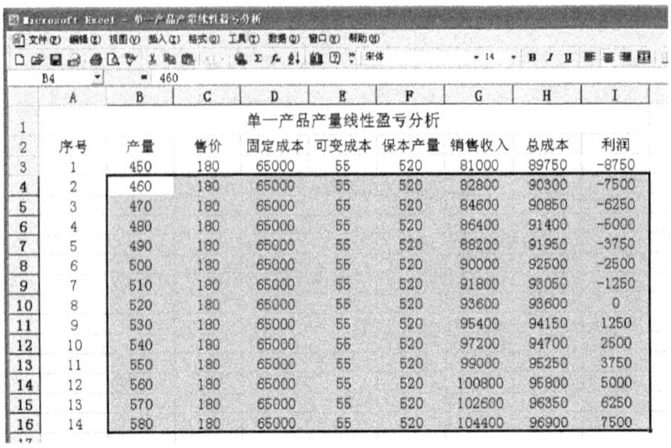

	序号	产量	售价	固定成本	可变成本	保本产量	销售收入	总成本	利润
1	单一产品产量线性盈亏分析								
3	1	450	180	65000	55	520	81000	89750	-8750
4	2	460	180	65000	55	520	82800	90300	-7500
5	3	470	180	65000	55	520	84600	90850	-6250
6	4	480	180	65000	55	520	86400	91400	-5000
7	5	490	180	65000	55	520	88200	91950	-3750
8	6	500	180	65000	55	520	90000	92500	-2500
9	7	510	180	65000	55	520	91800	93050	-1250
10	8	520	180	65000	55	520	93600	93600	0
11	9	530	180	65000	55	520	95400	94150	1250
12	10	540	180	65000	55	520	97200	94700	2500
13	11	550	180	65000	55	520	99000	95250	3750
14	12	560	180	65000	55	520	100800	95800	5000
15	13	570	180	65000	55	520	102600	96350	6250
16	14	580	180	65000	55	520	104400	96900	7500

图 5-14　模拟运算表对选定区域运算的结果

步骤 5：在这一步骤中建立产品的盈亏平衡图。首先选择整个数据区域 B3 到 I16，单击工具栏的按钮，进入图表向导，如图 5-15 所示。

选择“XY 散点图”中的“无数据点平滑线散点图”，单击“下一步”。进入如图 5-16 所示的对话框。在“系列”选项卡中单击“添加”，在“XY 散点图”中建立新的直线。

提示：

图表向导中添加的每一个系列对应 XY 散点图中的一条直线，单击“名称”“X 值”“Y 值”的按钮，可以相应地选择直线的名称和 X、Y 坐标的值。

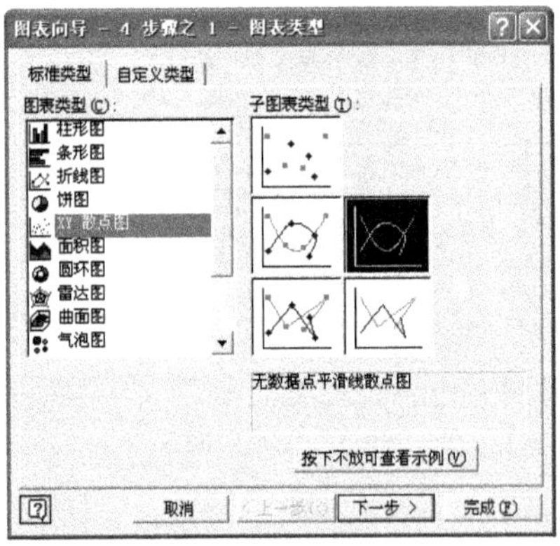

图 5-15　图表向导

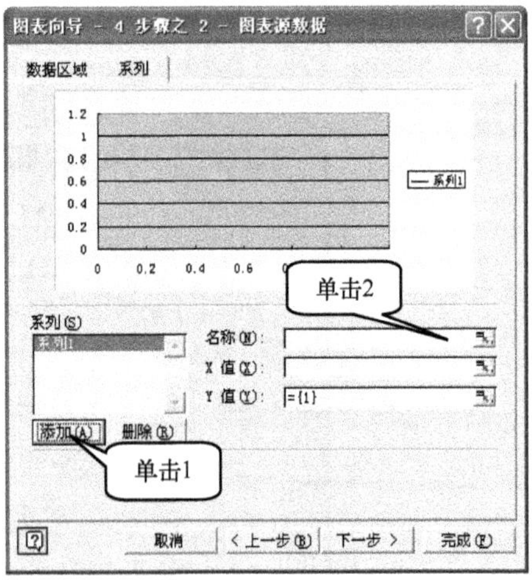

图 5-16　添加新的系列

首先建立销售收入与产品产量的关系直线。单击图 5-16 中“名称”的按钮，在图 5-17 中选择“销售收入”单元格，单击按钮返回图表向导。

选择 B3 到 B16 作为 X 轴坐标值，然后选择 G3 到 G16、H3 到 H16 为 Y 轴坐标值，建立总成本和销售收入两条直线，完成后如图 5-18 所示，单击“下一步”。

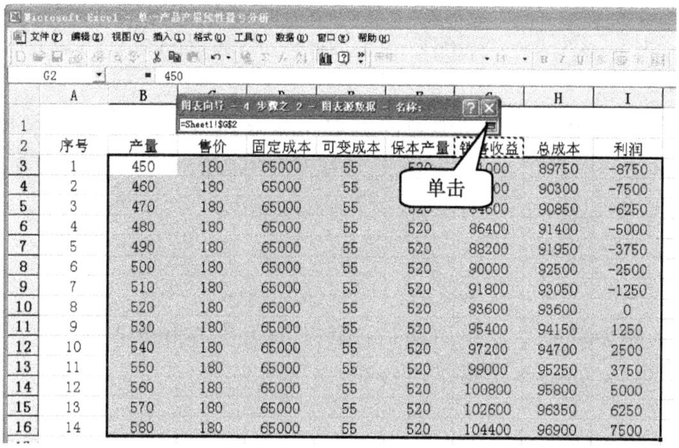

序号	产量	售价	固定成本	可变成本	保本产量	销售收益	总成本	利润
1	450	180	65000	55	[illegible]	[illegible]	89750	-8750
2	460	180	65000	55	[illegible]	[illegible]	90300	-7500
3	470	180	65000	55	[illegible]	[illegible]	90850	-6250
4	480	180	65000	55	520	86400	91400	-5000
5	490	180	65000	55	520	88200	91950	-3750
6	500	180	65000	55	520	90000	92500	-2500
7	510	180	65000	55	520	91800	93050	-1250
8	520	180	65000	55	520	93600	93600	0
9	530	180	65000	55	520	95400	94150	1250
10	540	180	65000	55	520	97200	94700	2500
11	550	180	65000	55	520	99000	95250	3750
12	560	180	65000	55	520	100800	95800	5000
13	570	180	65000	55	520	102600	96350	6250
14	580	180	65000	55	520	104400	96900	7500

图 5-17　选择直线名称

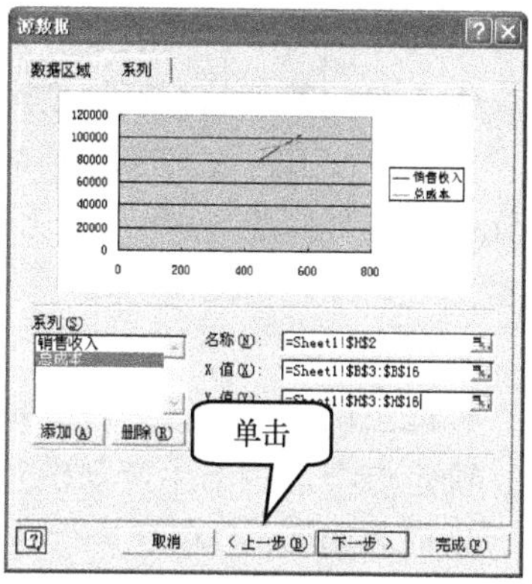

图 5-18　建立两条直线

按图 5-19 所示，为图表添加标题、坐标轴说明。

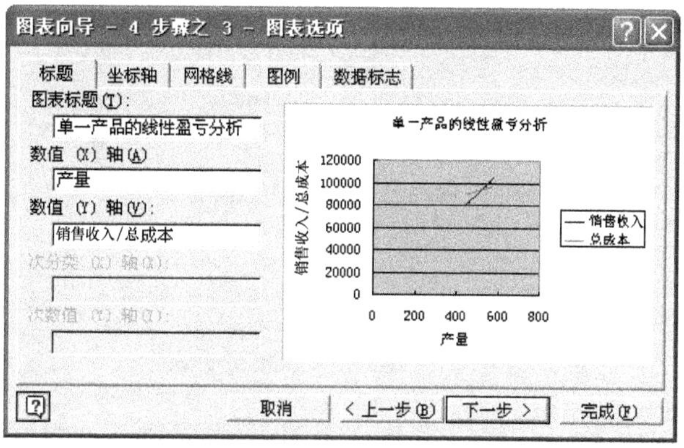

图 5-19　图表添加标题和坐标轴说明

使用默认设置，完成图表向导，生成盈亏平衡图。调整 X、Y 轴刻度后如图 5-20 所示。

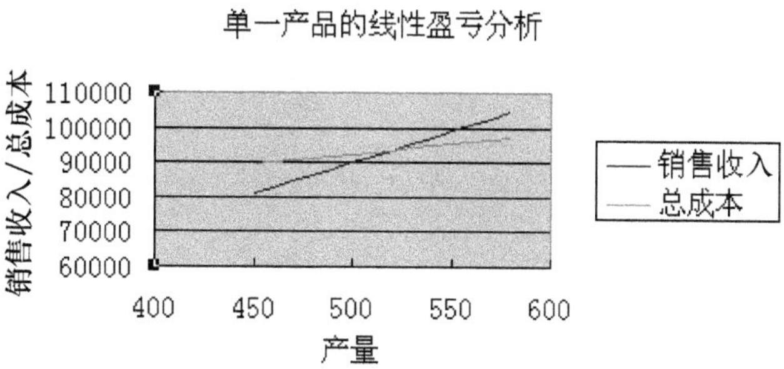

图 5-20　盈亏平衡图

结合计算结果和图表分析，年产量低于 520 台时销售收入低于总成本，产品方案处于亏损状态，只有当年产量超过保本产量 520 台，产品方案才能盈利。

2. 多方案的盈亏优劣分析

在技术方案的分析、比较、优选中，若影响方案的取舍的是同一不确定因素，可以采用盈亏平衡分析法来辅助决策。

例 5-12：某产品有三种生产方案，采用方案 A，年固定成本 800 万元，单位可变成本 10 元；采用方案 B，年固定成本 400 万元，单位可变成本 20 元；采用方案 C，年固定成本 200 万元，单位可变成本 30 元。比较在生产规模为 10 万 ~ 50 万件/年区间时，三种生产方案的优劣。

分析：

在此案例中，方案的经济指标体现为总成本，可以通过比较不同方案在相同产量下的成本，确定方案适用的生产规模及方案在不同生产规模下的优劣。

下面利用 Excel 求解。

步骤 1：新建一个 Excel 文档，将其保存为“盈亏优劣分析”，输入三种方案的数据，如图 5-21 所示。

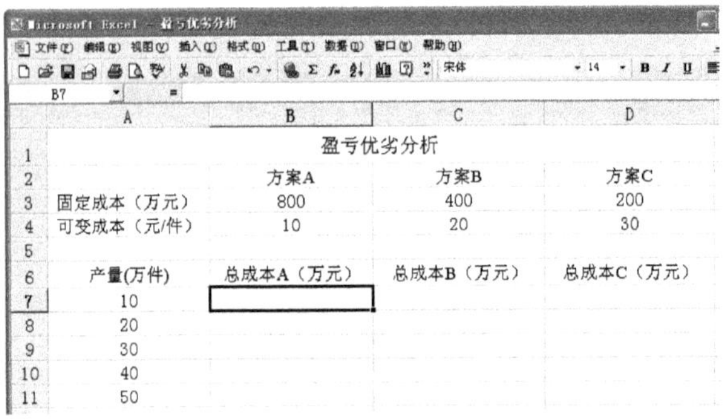

图 5-21　建立盈亏优劣分析表

步骤 2：利用固定成本、可变成本和产量计算总成本。选择单元格 B7，输入公式“ = B3 + B4 * A7”，如图 5-22 所示。

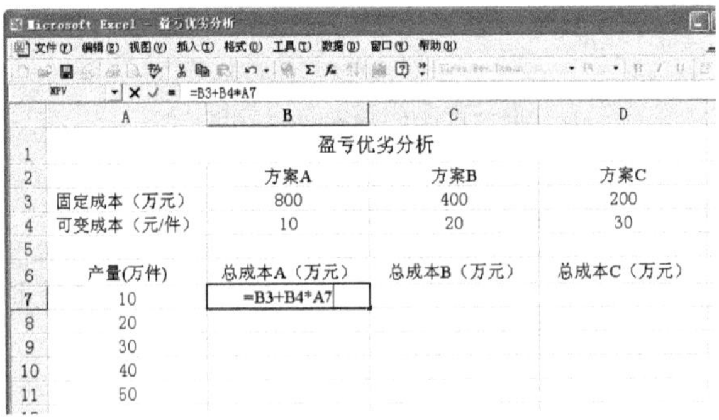

图 5-22　使用公式计算总成本

步骤 3：按〈Enter〉键确定。在 C7 单元格输入公式“ = C3 + C4 * A7”，在 D7 单元格输入公式“ = D3 + D4 * A7”。在完成方案 B 和方案 C 总成本的计算后，选择 A7 到 D11 的单元格区域，如图 5-23 所示。

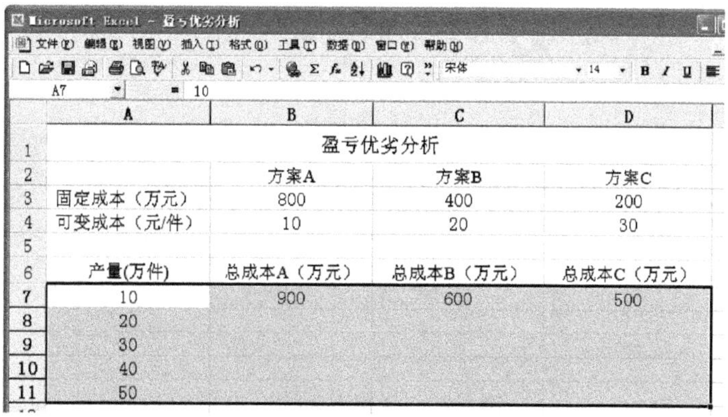

	A	B	C	D
1		盈亏优劣分析		
2		方案A	方案B	方案C
3	固定成本（万元）	800	400	200
4	可变成本（元/件）	10	20	30
5				
6	产量(万件)	总成本A（万元）	总成本B（万元）	总成本C（万元）
7	10	900	600	500
8	20			
9	30			
10	40			
11	50			

图 5-23　选择 A7 到 D11 的单元格区域

步骤 4：使用模拟运算表对 A7 到 D11 的单元格区域进行运算。运算结果如图 5-24 所示。

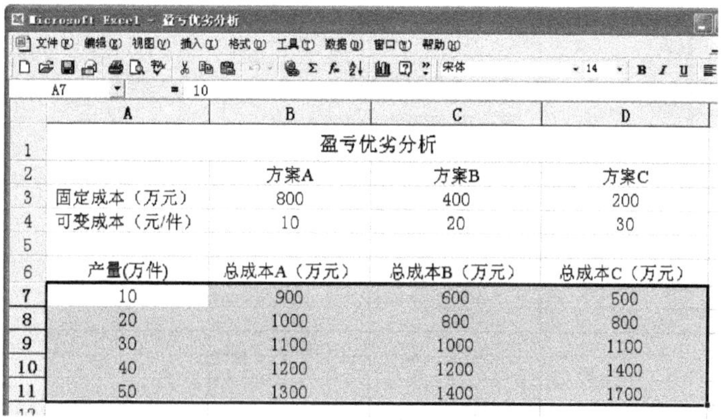

	A	B	C	D
1		盈亏优劣分析		
2		方案A	方案B	方案C
3	固定成本（万元）	800	400	200
4	可变成本（元/件）	10	20	30
5				
6	产量(万件)	总成本A（万元）	总成本B（万元）	总成本C（万元）
7	10	900	600	500
8	20	1000	800	800
9	30	1100	1000	1100
10	40	1200	1200	1400
11	50	1300	1400	1700

图 5-24　模拟预算表结果

步骤 5：单击图表向导按钮，使用图表向导创建三种方案的总成本与产量的 XY 散点图。如图 5-25 所示，设置散点图标题为“盈亏优劣分析”，X 轴标题为“产量（万件)”，Y 轴标题为“总成本（万元)”。创建图表的最终格式如图 5-26 所示。

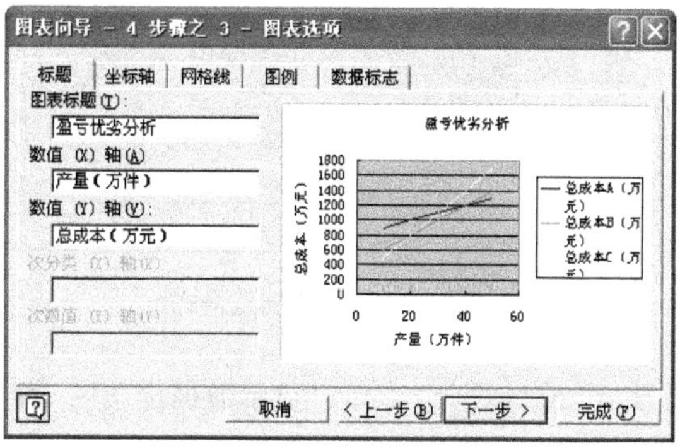

图 5-25　设置图表标题

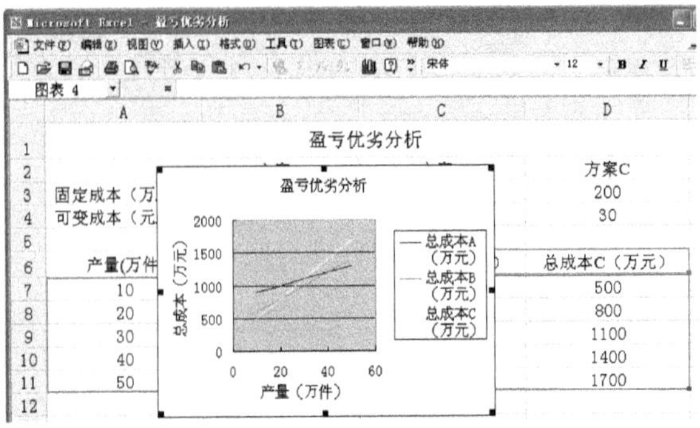

图 5-26　创建图表的格式

步骤 6：双击两条直线的交点，交点出现如图 5-27 所示的十字图标。

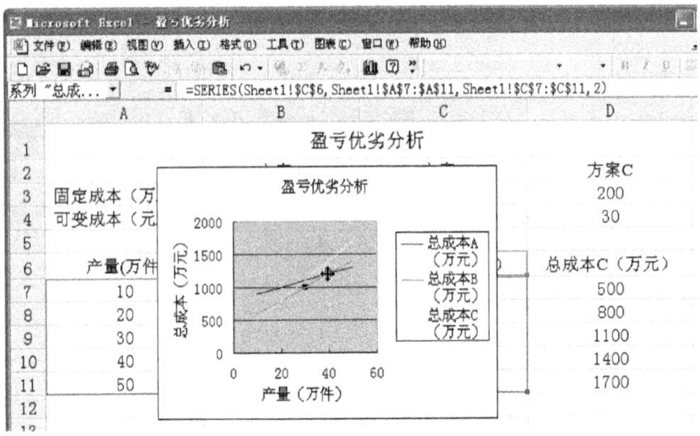

图 5-27　双击后出现十字图标

步骤 7：单击鼠标右键，弹出如图 5-28 所示的快捷菜单，选择“数据点格式”。

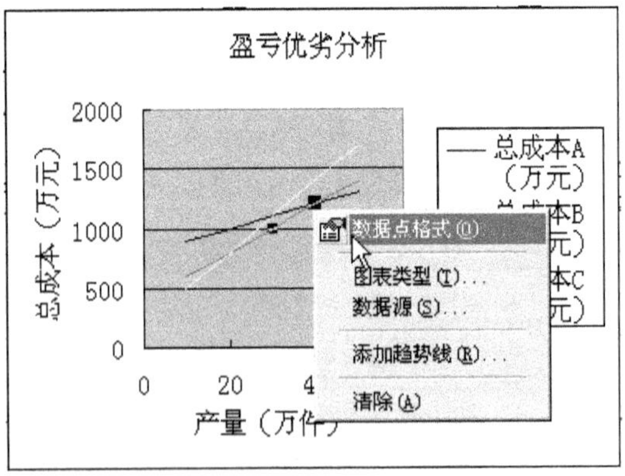

图 5-28　选择“数据点格式”

步骤 8：在“数据点格式”对话框中选择“显示数据标志”，按照图 5-29 设置后，单击“确定”后退出。

步骤 9：按照相同的操作设置其余的两个交点，完成后如图 5-30 所示。

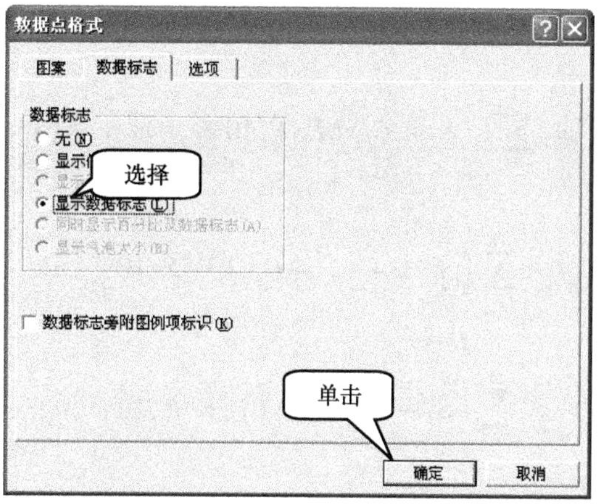

图 5-29　设置数据点格式

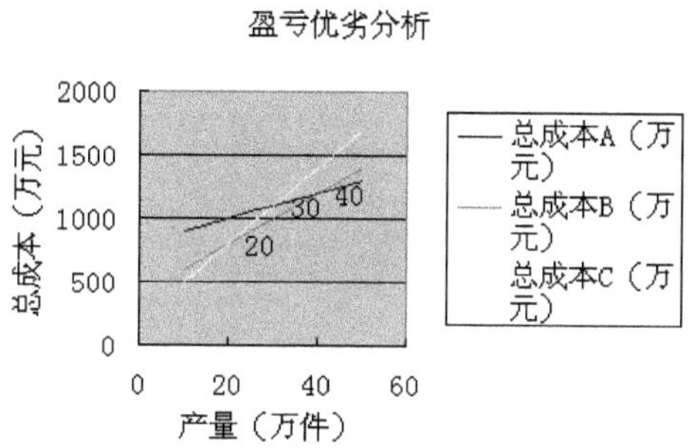

图 5-30　完成设置后的盈亏优劣分析图

分析图 5-30 可知，当年产量小于 20 万件时，方案 C 总成本最小；年产量在 20 万～40 万件时，应选择方案 B；年产量在大于 40 万件时，方案 A 最优。

5.5.2　敏感性分析

例 5-13：某项目的资金流量表见表 5-9，所采用的数据是根据未来最可能的情况进行预测估计的。因对未来经济环境中某些不确定因素把握不大，此处设投资、产品价格和经营成本在 ±20% 内波动，基准收益率为 10%，试对这三个因素进行敏感性分析。

表 5-9　资金流量表　　（单位：万元）

年份	0	1	2	3	4	5	6	7	8	9	10	11
投资	4 000											
销售收入		50	300	900	1 500	2 100	2 200	2 500	2 900	2 500	2 300	2 000
经营成本		750	680	610	600	600	600	550	480	450	400	400

分析：

设投资为 K，年销售收入为 S，年成本为 C，投资变化百分比为 x，产品价格变化百分比为 y，经营成本变化百分比为 z。采用净现值作为分析指标，分别列出三种不同因素变化的净现值计算。

投资变化时

$$NPV = \sum_{i=1}^{11}[(S_i - C_i)(P/F,10\%,n)] - K(1+x)$$

产品售价变化时

$$NPV = \sum_{i=1}^{11}[S_i(1+y) - C_i](P/F,10\%,n) - K$$

经营成本变化时

$$NPV = \sum_{i=1}^{11}[S_i - C_i(1+z)](P/F,10\%,n) - K$$

下面利用 Excel 求解。

步骤 1：新建一个 Excel 文档，将其保存为“单一参数敏感性分析”，输入资金流量表数据（表 5-9 中的数据），如图 5-31 所示。

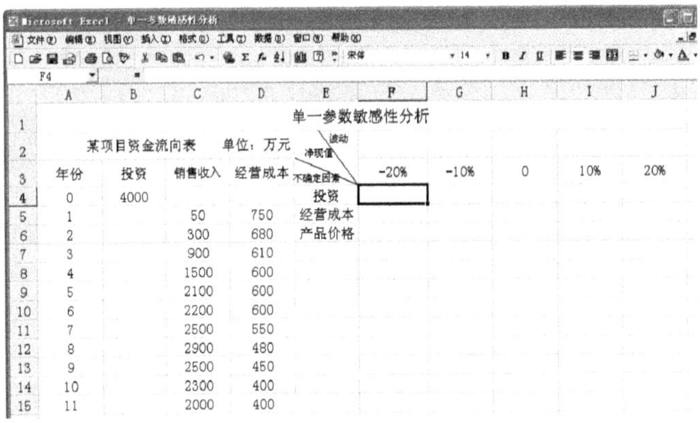

图 5-31　建立单一参数敏感性分析表

步骤 2：为了使计算结果的小数统一，我们要首先设置结果单元格的格式。选择 F4 到 J6 的单元格区域，单击鼠标右键，弹出如图 5-32 所示的快捷菜单，选择“设置单元格格式”。

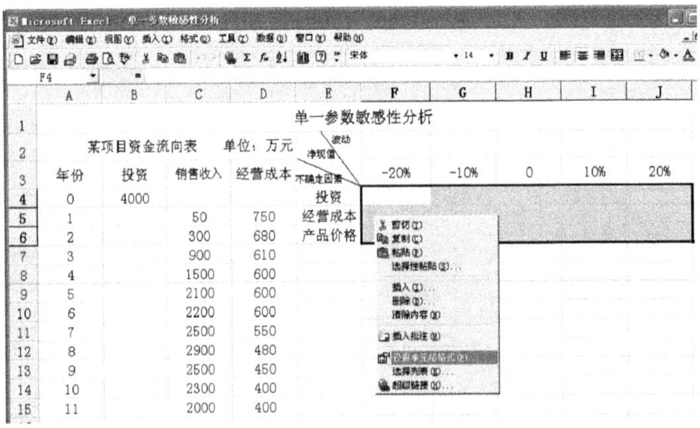

图 5-32　在选定的区域中单击鼠标右键后弹出快捷菜单

参照图 5-33 中的选项，设置单元格格式，完成后单击“确定”退出。

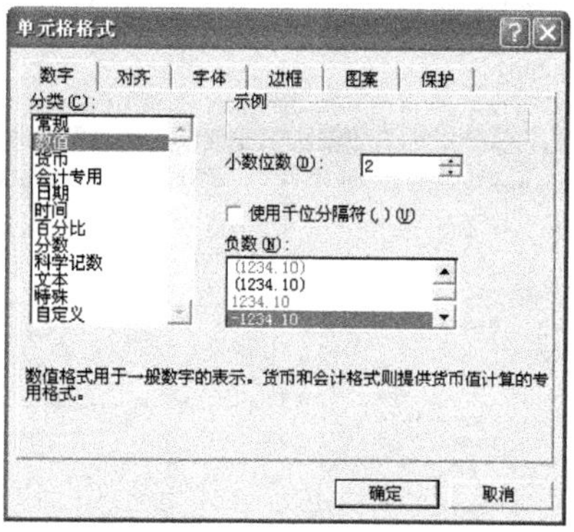

图 5-33　设置单元格格式

步骤 3：套用分析时列出的公式，计算净现值。如图 5-34 所示选择 F4 单元格，输入公式“=NPV(0.1,C5:C15-D5:D15)-B4*(1+F3)”。

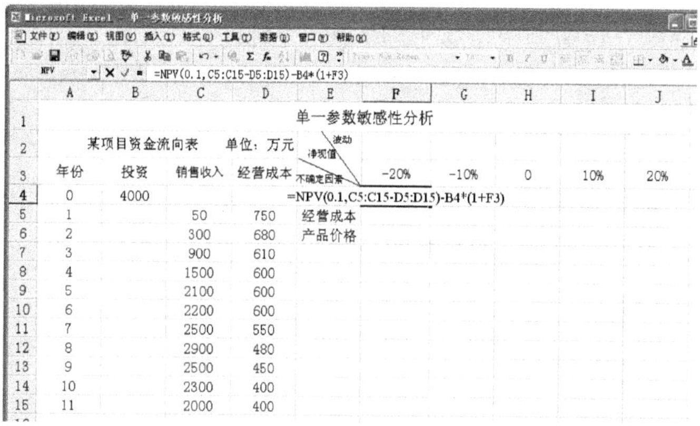

图 5-34　输入公式

步骤 4：完成输入后按 <Ctrl + Shift + Enter> 组合键，用输入的公式计算投资减少 20% 后的净现值，如图 5-35 所示。

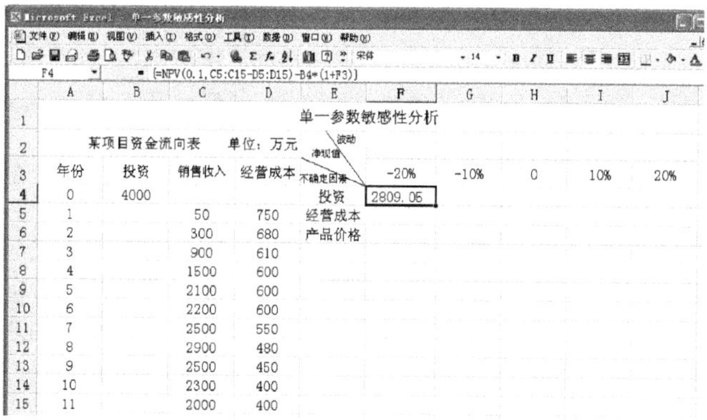

图 5-35　计算投资减少 20% 后的净现值

步骤5：输入产品价格变化时的公式“=NPV(0.1,C5:C15*(1+F3)-D5:D15)-B4”和经营成本变化时的公式“=NPV(0.1,C5:C15-D5:D15*(1+F3))-B4”运算。完成后选择单元格区域，如图5-36所示。

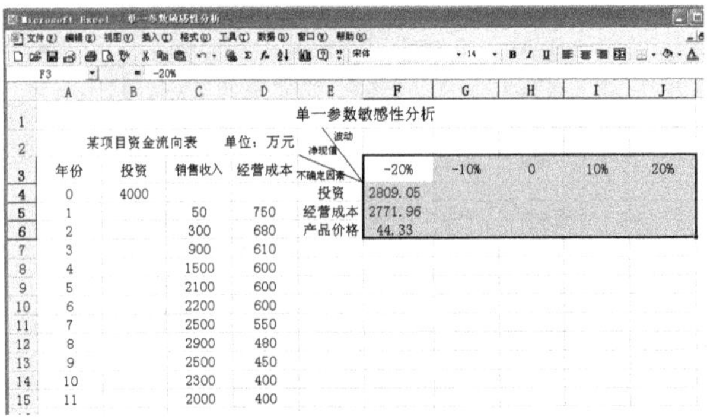

图5-36 选定要运算的单元格区域

步骤6：使用“模拟运算表”计算三个不确定因素在±20%范围内变化时的净现值。在本例中，表中的变量是以行的形式存在的，因此引用的单元格要选择为行单元格。如图5-37所示，选择F3单元格后，单击“确定”退出。

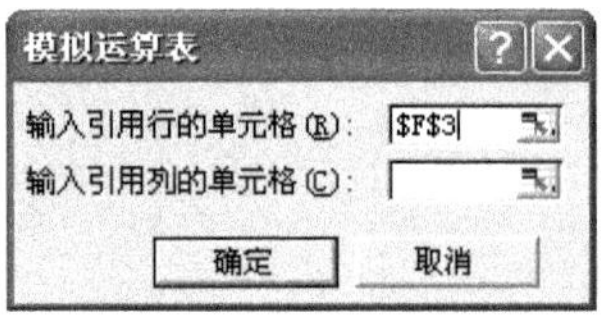

图5-37 引用单元格

步骤7：使用“图表向导”建立单一参数敏感性分析图。选择“柱形图”中的“簇状柱形图”，如图5-38所示。

如图5-39所示，建立投资、经营成本、产品价格三条簇状柱形图。单击“分类(X)轴标志”中的按钮。

图5-38 选择“簇状柱形图”

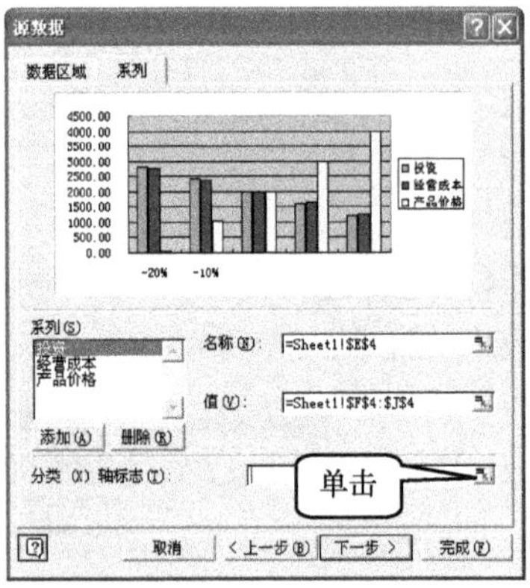

图5-39 建立三条簇状柱形图

在图5-40所示的表中拖动鼠标选择波动值作为X轴的坐标，按〈Enter〉键确定。

设定标题为“单一参数敏感性分析”，分类(X)轴为“波动”，分类(Y)轴为“净现值”。使用“图表向导”中的默认设置将图表插入工作表。插入后图表如图5-41所示。

还可以应用其他图表显示方式，单击图表区，在弹出的菜单中选择“图表类型”。

选择“XY散点图”中的“无数据点平滑线散点图”，单击“确定”退出。更改后的图表如图5-42所示。

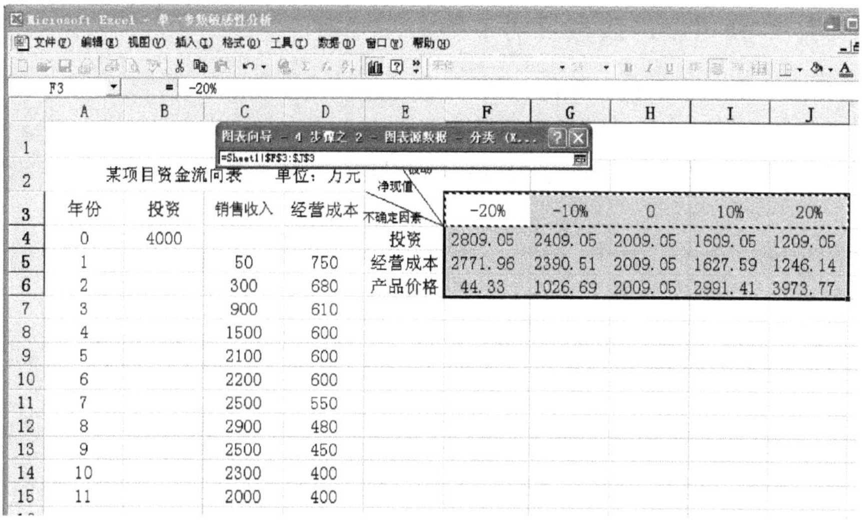

图 5-40　选择 X 轴坐标

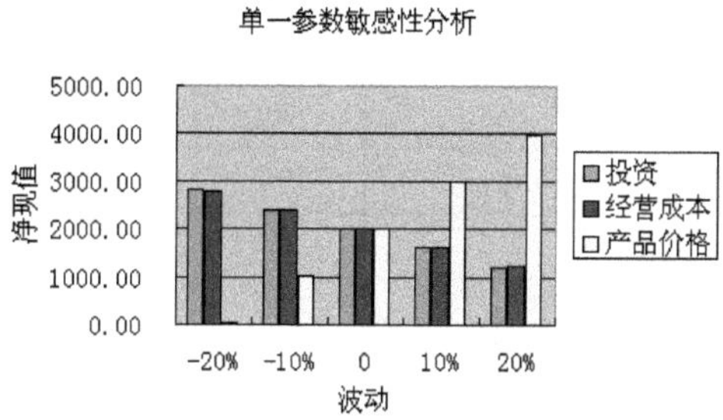

图 5-41　最终的簇状柱状图

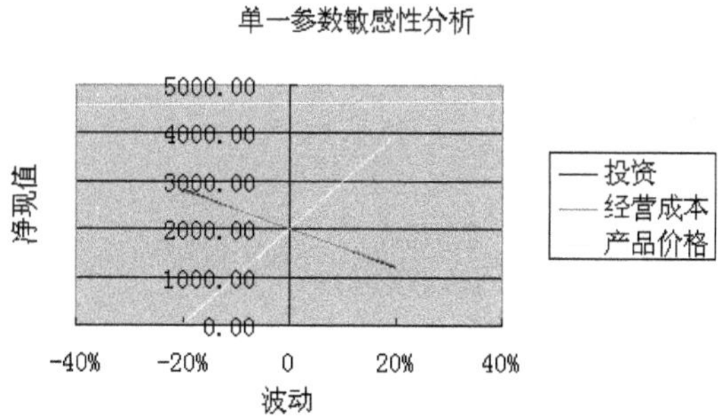

图 5-42　切换到散点图的显示结果

根据图表结果分析，随着不确定因素的波动，投资和经营成本变化带来净现值的变化比较平缓，二者基本重合，对净现值的影响比较相近；随着投资和经营成本的增加，项目的净现值减小，在超出预计数值 20% 后，项目的净现值仍大于零，项目仍可以保持盈利。产品价格变化带来的净现值波动最为剧烈，此为项目中的敏感因素。在销售价格低于预期 20% 后，项目已不适合投资。

5.5.3 案例：C 公司新产品项目的不确定性分析

1. C 公司新产品项目的盈亏平衡分析

C 公司准备投资新建一条产品线，新产品初始投资为 600 万元，产品价格为 150 元/件，项目寿命期为 5 年，残值为 20 万元，其他财务数据见表 5-10，计算项目的盈亏平衡产量。

表 5-10 C 公司的财务数据

序号	成本费用	年份				
		1	2	3	4	5
1	产品销售量（万件）	4	4.2	4.3	3.8	3.2
2	单位外购原材料成本（元/件）（年增长 2%）	80	81.6	83.2	84.9	86.6
3	年外购原材料成本（1×2）（万元）	320	342.72	357.76	322.62	277.12
4	单位外购燃料动力成本（元/件）（年增长 2%）	2.5	2.55	2.60	2.65	2.71
5	年外购燃料动力成本（万元）（1×4）	10	10.71	11.18	10.07	8.672
6	项目新增工资及福利（万元）	18	18.36	18.727	19.101	19.484
7	修理费（万元）	30	30.6	31.212	31.836	32.473
8	年经营费用（3+5+6+7）（万元）	378	402.39	418.88	383.63	337.75
9	折旧费（万元）	116	116	116	116	116
10	总成本费用（8+9）（万元）	494	518.39	534.88	499.63	453.75
11	可变成本（3+5）（万元）	330	353.43	368.94	332.69	285.792
12	固定成本（6+7+9）（万元）	164	164.96	165.939	166.937	167.957

C 公司第 3 年的产量最高，第 5 年的产量最低，按这两个时段的财务数据计算该项目的盈亏平衡产量和盈亏平衡生产能力利用率如下：

$$Q_3^* = \frac{165.939\text{ 万元}}{150\text{ 元/件} - \dfrac{368.94\text{ 万元}}{4.3\text{ 万件}}} = 25\ 847\text{ 件}$$

$$E_3^* = \frac{25\ 847\text{ 件}}{43\ 000\text{ 件}} = 60.11\%$$

$$Q_5^* = \frac{167.957\text{ 万元}}{150\text{ 元/件} - \dfrac{285.792\text{ 万元}}{3.2\text{ 万件}}} = 27\ 675\text{ 件}$$

$$E_3^* = \frac{27\ 675\text{ 件}}{32\ 000\text{ 件}} = 86.48\%$$

上述计算结果表明，在寿命周期，抵御市场风险的能力还是很好的。

2. C 公司新产品项目的敏感性分析

C 公司的这个新项目上市初期，面临着市场需求的不确定性，销售价格和经营成本也存在着不确定性，投资期限短而且金额不算很大，因而投资的不确定性较小，所以选择营业收入和经营成本为不确定因素，表 5-11 是 C 公司新产品项目的敏感性分析表。

表 5-11　C 公司新产品项目的敏感性分析表

序　　号	不确定因素	变　化　率	净现值（万元）
1	营业收入	-10%	-48.5
		-5%	63.37
		0	173.25
		5%	287.13
		10%	396.0
2	经营成本	-10%	321.47
		-5%	248.36
		0	173.25
		5%	102.14
		10%	29

结果表明，C 公司新项目对营业收入的下降最为敏感，下降 10% 时，净现值已经为负值。

思考与练习

1. 为什么要进行项目投资的不确定性分析？
2. 什么是不确定性和风险？
3. 什么是盈亏平衡分析和敏感性分析？
4. 敏感性分析和概率分析的不足之处是什么？
5. 简述概率分析的主要步骤。
6. 某项目总产量为 6 000t，产品售价为 1 335 元/t，其固定成本为 1 430 640 元，单位可变成本为 930.65 元。试求盈亏平衡点产量和盈亏平衡点时的生产能力利用率（分别用作图法和计算法求解）。
7. 生产某种产品有三种工艺方案，采用方案 A，年固定成本为 800 万元，单位可变成本为 10 元；采用方案 B，年固定成本为 500 万元，单位可变成本为 20 元；采用方案 C，年固定成本为 300 万元，单位可变成本为 30 元。用盈亏平衡法分析各种方案适用的生产规模。
8. 某项目设计年生产能力为 10 万 t，计划投资 1 800 万元，建设期为 1 年，产品价格为 63 元/t，年经营成本为 250 万元，项目寿命周期为 10 年，残值为 60 万元，收益率为 10%。试就投资、产品价格、经营成本等影响因素对投资方案进行敏感性分析。
9. 已知某方案的净现值出现的概率呈正态分布，净现值的期望值为 30 万元，标准差为 12 万元，试确定：

（1）净现值大于或等于 0 的概率。

（2）净现值超过 50 万元的概率。

10. 某工业项目初始投资总额、投产后每年的净收益是不确定的，项目寿命周期为 6 年，各不确定因素和发生的概率见表 5-12，各个不确定因素相互独立，最低期望收益率为 12%，画出概率树并计算净现值的期望值和净现值大于零的概率。

表 5-12　各不确定因素和发生的概率

状　态	发生概率	初始投资（万元）	发生概率	年净收益（万元）
乐观状态	0.6	900	0.6	500
			0.4	300
悲观状态	0.4	1 200	0.7	300
			0.3	200

11. 某公司拟投资的新品项目有 A 和 B 两个方案，两者的寿命均为 5 年，所需投资分别为 650 万元和 400 万元。专家对这两种方案的市场前景和 1 ~ 5 年相应的净现金流量做了如表 5-13 所示的估计，折现率为 10%。

表 5-13　相关数据

市场前景	概　率	A 方案	B 方案
好	0.7	240 万元	160 万元
坏	0.3	120 万元	80 万元

（1）根据以上信息，绘制该项目的决策树。

（2）计算两方案净现金流量的期望值，并优选出其中的方案。

第6章

投资项目的资金筹措及财务分析

学习指导

本章知识要点：

1. 筹资渠道和筹资方式
2. 资金成本计算和筹资方案优化决策
3. 项目财务分析的内容
4. 项目盈利能力分析及相应的指标计算
5. 项目偿债能力分析及相应的指标计算

本章难点：

1. 项目盈利能力分析及相应的指标计算
2. 项目偿债能力分析及相应的指标计算

引例

一家生产易拉罐饮料的企业，决定扩大生产，自建新的生产线。生产项目包括土建、产品制造设备和其他配套设备，水电气等基础设施。企业计划年产罐体6亿只，每条生产线可年产2亿~3亿只易拉罐。项目究竟需要多少资金，如何筹措到这些资金，企业能够在什么时候偿还这些借款是摆在决策者面前的问题，也是投资者或借款方考虑是否投资和出借的关键因素之一。

项目在可行性研究阶段，在确定可能的投资方案时，能否筹集到项目所需要的投资以及有哪些可能的筹资渠道，在项目的运营期间，是否有能力偿还各种负债以及怎样偿还都是要考虑的问题。

项目决策可分为投资决策和融资决策两个层次。投资决策重在考察项目净现金流的价值是否大于其投资成本，融资决策重在考察资金筹措方案能否满足要求。一般来说，投资决策之后才进行融资决策。项目融资方案的决策直接关系到项目的生存和财务的可持续性发展。

财务分析是为工程项目的投资决策和融资决策提供依据。项目的盈利能力和清偿能力主要取决于项目的收益和费用的大小及其在时间上的分布，同时也取决于项目的融资方案，这就需要通过编制报表以及计算相应的评价指标来判断和选择方案。本章的财务分析主要对项目的盈利性和清偿能力进行分析。

6.1 资金筹措

资金筹措即融资，是以一定的渠道为某些特定活动筹集所需资金的各种活动的总称。在工程项目的经济分析中，融资是指为项目投资而进行的资金筹措行为或资金来源方式。

建设项目的资金来源包括自有资金、赠款和借入资金。其中，自有资金是指投资者支付的投资额，包括资本金和资本溢价。

项目资本金主要强调的是项目的实际注资金额，而不是企业的注册资金。注册资金是指企业实体在工商行政管理部门登记的注册资金，通常是营业执照登记的资金，即会计上的“实收资本”或“股本”，是企业投资考核比例投入的资金。在我国，注册资金又称为企业资本金。因此，项目资本金有别于注册资金。

项目资本金可以用货币出资，也可以用实物、工业产权、非专利技术、土地使用权作价出资。对作为资本金的实物、工业产权、非专利技术、土地使用权，必须经过有资格的资产评估机构依照法律、法规评估作价，不得高估或低估。以工业产权、非专利技术作价出资的比例不得超过投资项目资本金总额的20%，国家对采用高新技术成果有特别规定的除外。

6.1.1 项目资金的筹资渠道

项目筹资需要通过一定的渠道，筹资渠道还与获取资金的方式有关。筹资渠道是指筹措资金来源的方向与管道，投资者以货币方式缴纳的资本金，其融资渠道主要有以下几个方面：国家出资、法人出资和个人出资。根据国家法律、法规规定，建设项目可通过争取国家预算内投资、银行信贷、非银行金融机构、自筹投资等多种渠道来筹集资本金。

1. 国家预算内投资

国家预算内投资简称“国家投资”，是指以国家预算资金为来源并列入国家计划的固定资产投资；目前包括国家预算、地方财政、主管部门利用国家专业投资或委托银行贷给建设单位的基本建设拨款，及中央基本建设基金拨给企业单位的更新改造拨款，以及中央财政安排的专项拨款中用于基本建设的资金。国家预算内投资的资金一般来源于国家税收，也有一部分来自国债收入。

2. 银行信贷

银行对项目的各种贷款，是各类企业重要的资金来源。银行一般分为商业性银行和政策性银行。前者为各类企业提供商业性贷款，后者主要为特定企业提供政策性贷款。

3. 非银行金融机构

非银行金融机构主要有信托投资公司、保险公司、租赁公司、证券公司、企业集团的财务公司等。这种筹资渠道的财力比银行要小，但对很多项目筹资而言，更为快捷。

4. 自筹投资

自筹投资是指项目收到的用于进行固定资产投资的上级主管部门、地方和单位、城乡个人的自筹资金。目前，自筹投资占全社会固定资产投资总额的一半以上，已成为筹集建设项目资金的主要渠道。建设项目自筹资金来源必须正当，应上缴财政的各项资金和国家有指定用途的专款，以及银行贷款、信托投资、流动资金不可用于自筹投资；自筹资金必须纳入国家计划，并控制在国家确定的投资总规模以内；自筹投资要符合一定时期国家确定的投资使用方向，投资结构去向合理，以提高自筹投资的经济效益。

6.1.2　项目筹资方式

筹资方式是从资金渠道获取资金的形式，可以划分为两大类：负债融资和权益融资。

1. 负债融资

负债融资是项目法人筹措并使用、按期偿还本息的融资形式。债务资金体现了项目法人与债权人的债权债务关系，属于项目的债务，是债权人的权利。债权人有权依约按期索取本息，但不参与企业的经营管理，对企业的经营状况不承担责任。项目法人对借入资金在约定的期限内享有使用权，承担按期付息还本的义务。负债融资主要包括商业银行贷款、政策性银行贷款、非银行金融机构（信托投资公司和财务公司）、外国政府贷款、国际金融机构贷款、出口信用贷款以及发行的各种债券。

2. 权益融资

权益融资是通过扩大企业的所有权，如吸引新的投资者、发行新股、追加投资等获取资金的活动。权益融资不是贷款，无须偿还，实际上，权益投资者成了企业的部分所有者，通过股利获得他们的投资回报。权益融资筹措的资金具有永久性特点，无到期日，不须归还。没有固定的按期还本付息压力，股利的支付与否和支付多少，视项目的实际经营效果而定，因此项目法人的财务负担相对较轻，融资风险较小。

权益融资根据融资主体的特点可采用新设法人融资和既有法人融资。新设法人融资项目由项目发起人组建新的具有独立法人资格的项目，并承担融资责任和风险。既有法人融资项目是由现有企业单独发起，不再组建新的企业法人，现有企业组织融资活动并承担融资责任和投资风险。新设法人融资方式可通过股东直接投资、发行股票、政府财政性资金等渠道和方式筹措。既有法人融资除上述渠道外，还有既有法人的内部自有资金（企业经营产生的现金、企业资产变现等）。

6.1.3　资本结构决策

1. 资金成本

资金成本是指企业为筹集和使用资金而付出的代价，也叫融资成本。融资成本包含资金筹集成本和资金使用成本两部分。

（1）资金筹集成本。资金筹集成本是指在资金筹集过程中所支付的各项费用，如发行股票或债券支付的印刷费、发行手续费、律师费、资信评估费、公证费、担保费、广告费等资金筹集成本，一般属于一次性费用，筹资次数越多，资金筹集成本也就越大。

（2）资金使用成本。资金使用成本又称为资金占用费，是指占用资金而支付的费用，主要包括支付给股东的各种股息和红利、向债权人支付的贷款利息以及支付给其他债权人的各种利息费用等。

资金使用成本一般与所筹集的资金多少以及使用时间的长短有关，具有经常性、定期性的特征，是资金成本的主要内容。

资金筹集成本与资金使用成本是有区别的，前者是在筹借资金时一次支付的，在使用资金过程中不再发生，因此可作为筹资费用的一项扣除，而后者是在资金使用过程中多次、定期发生的。

2. 资金成本的计算

资金成本是选择资金来源、拟定筹资方案的主要依据，也是评价投资项目可行性的主要经济指标。资金成本可以用绝对数表示，也可以用相对数表示。为便于分析比较，资金成本用相对数表示，称之为资金成本率。其计算公式为

$$K=\frac{D}{P-F} \tag{6-1}$$

或

$$K=\frac{D}{P(1-f)} \tag{6-1'}$$

式中 K——资金成本率；

P——筹集资金总额；

D——资金使用成本；

F——资金筹集成本；

f——筹资费费用率（即筹资费占筹集资金总额的比率）。

（1）权益融资成本

1）优先股成本。公司发行优先股股票筹资，需支付的筹资费有注册费、代销费等，其股息也要定期支付，但它是公司用税后利润来支付的，不会减少公司应上缴的所得税。

优先股资金成本率的计算公式为

$$K_P=\frac{D_P}{P_0(1-f)} \tag{6-2}$$

或

$$K_P=\frac{P_0 i}{P_0(1-f)}=\frac{i}{1-f} \tag{6-2'}$$

式中 K_P——优先股资金成本率；

P_0——优先股票面值；

D_P——优先股每年股息；

i——股息率。

例 6-1：某公司发行优先股股票，票面额按正常市价计算为 200 万元，筹资费费用率为 4%，股息年利率为 14%，求其资金成本率。

解：$K_P=\frac{i}{1-f}=\frac{14\%}{1-4\%}=14.58\%$

2）普通股成本。确定普通股资金成本的方法有股利增长模型法和资本资金定价模型法。

① 股利增长模型法。普通股的股利往往不是固定的，因此，其资金成本率的计算通常用股利增长模型法计算，一般假定收益以固定的年增长率递增，则普通股资金成本率的计算公式为

$$K_s=\frac{D_0}{P_0(1-f)}+g=\frac{i_0}{1-f}+g \tag{6-3}$$

式中 K_s——普通股资金成本率；

P_0——普通股票面值；

D_0——普通股预计年股利额；

i_0——普通股预计年股利率；

g——普通股股利年增长率。

例 6-2：某公司发行普通股正常市价为 56 元，估计年增长率为 12%，第一年预计发放股利 2 元，筹资费费用率为股票市价的 10%，求其资金成本率。

解：新发行普通股的资金成本率为

$$K_s = \frac{2\text{元/股}}{56\text{元/股} \times (1-10\%)} + 12\% = 15.97\%$$

② 资本资金定价模型法。这是一种根据投资者对股票的期望收益来确定资金成本的方法。在这种前提下，普通股成本率的计算公式为

$$K_s = R_F + \beta(R_m - R_F) \tag{6-4}$$

式中 R_F——无风险报酬率；

β——股票的系数；

R_m——平均风险股票报酬率。

例 6-3：某股票市场无风险报酬率为 10%，平均风险股票报酬率为 14%，某公司普通股 β 为 1.2。求其资金成本率。

解：普通股的资金成本率为

$$K_s = 10\% + 1.2 \times (14\% - 10\%) = 14.8\%$$

（2）银行借款成本。企业所支付的借款利息和费用一般可作为企业的费用开支，相应减少部分利润，会使企业少缴一部分所得税，因而使企业的实际支出相应减少。

对每年年末支付利息、贷款期末一次全都还本的借款，其借款成本率为

$$K_g = \frac{I(1-T)}{G-F} \tag{6-5}$$

式中 K_g——借款成本率；

G——贷款总额；

I——贷款年利息；

F——贷款费用；

T——税率。

3. 加权平均资金成本

企业不可能只使用某种单一的筹资方式，往往需要通过多种方式筹集所需资金。为进行筹资决策，就要计算确定企业长期资金的总成本——加权平均资金成本。加权平均资金成本一般是以各种资本占全部资本的比重为权重，对个别资金成本进行加权平均确定的。加权平均资金成本率的计算公式为

$$K = \sum_{i=1}^{n} \omega_i K_i \tag{6-6}$$

式中 K——加权平均资金成本率；

ω_i——第 i 种资金来源占全部资产的比重；

K_i——第 i 种资金来源的资金成本率。

例 6-4：某企业账面反映的长期资金共 500 万元，其中长期借款 100 万元，应付长期债券 50 万元，普通股 250 万元，保留盈余 100 万元；其资金成本率分别为 6.7%、9.17%、11.26%、11%。求其加权平均资金成本率。

解：企业的加权平均资金成本率为

$$K=\frac{100\text{ 万元}}{500\text{ 万元}}\times 6.7\%+\frac{50\text{ 万元}}{500\text{ 万元}}\times 9.17\%+\frac{250\text{ 万元}}{500\text{ 万元}}\times 11.26\%+\frac{100\text{ 万元}}{500\text{ 万元}}\times 11\%=10.09\%$$

上述计算中的个别资本占全部成本的比重，是按账面价值确定的，其资料容易取得，但当资本的账面价值与市场价值差别较大时，如股票、债券的市场价格发生较大变动，计算结果会与实际有较大的差距，从而贻误筹资决策。为了克服这一缺陷，个别资本占全部资本比重的确定还可以按市场价值或目标价值确定。

6.1.4 筹资方案的优化决策

所谓筹资方案的优化，就是通过合理地选择资金来源及数量而达到增加收益和弱化风险的目的。其实质是选择最佳资本结构，在这种资本结构下财务杠杆的有利效应和不利效应在一定条件下取得合理平衡。

从财务管理的角度来看，筹资方案的优化就是寻找加权平均资金成本最低的筹资决策。一般来说，适当增加某种资金成本较低的资金来源比重，经加权平均后，加权平均资金成本会降低。但是，即使不考虑资金筹措的种种条件限制，当该种来源资金的比重增加到一定程度时，可能会使全部资金的加权平均资本成本上升。例如，通常长期债券的资金成本最低，而普通股资本成本最高。如果企业提高长期债券筹资的比重，在这种提高对其他方面的影响不大时，会使加权平均资金成本下降；但是，如果肆意提高长期债券筹资的比重，超过了一定的限度，会使企业负债过高，使债券和普通股的风险增加，从而不仅不会使两种来源的资金成本下降，反而会使企业的加权平均资金成本提高。由此可见，全部资金的加权平均资金成本是由所选择的各种资金来源及数量相互影响、相互作用综合形成的。从这种意义上说，拟建项目筹集资金的来源与形式应是多种多样的，还应存在一个合理的资金结构。

选择加权平均资金成本最低的筹资方案的一般程序如下：

(1) 开拓资金来源，寻找尽可能多的筹资方式。

(2) 计算各种筹资来源的资金成本。

(3) 拟定多种可行的筹资方案，并分别计算每个筹资方案中各种资金来源的比重。

(4) 计算各筹资方案的加权平均资金成本。

(5) 分析比较、选择加权平均资金成本最低的筹资方案。

例 6-5：某拟建项目有三个可行的筹资方案供选择，有关数据见表 6-1，试确定最优的筹资方案。

表 6-1 方案筹资成本

资金来源	A 方案		B 方案		C 方案	
	筹资额（万元）	资金成本率（%）	筹资额（万元）	资金成本率（%）	筹资额（万元）	资金成本率（%）
普通股	500	12	400	12	350	13
优先股	300	10	200	10	150	10.5
长期借款	100	8	300	8	300	8.5
长期债券	100	6	100	7	200	7.5
合计	1 000		1 000		1 000	

解：（1）计算每个方案中各种来源资金的比重。

A 方案中，普通股占比为 500 万元/1 000 万元 ×100% =50%；优先股占比为 300 万元/1 000 万元 ×10% =30%；长期借款占比为 100 万元/1 000 万元 ×100% =10%；长期债券占比为 100 万元/1 000 万元 ×100% =10%。

以同样的方法可以计算出：B 方案中各种来源资金的比重分别为 40%、20%、30%、10%；C 方案中各种来源资金的比重分别为 35%、15%、30%、20%。

（2）计算各方案的加权平均资金成本率。

A 方案加权平均资金成本率为 50% ×12% +30% ×10% +10% ×8% +10% ×6% =10.4%。

B 方案加权平均资金成本率为 40% ×12% +20% ×10% +30% ×8% +10% ×7% =9.9%。

C 方案加权平均资金成本率为 35% ×13% +15% ×10.5% +30% ×8.5% +20% ×7.5% =10.2%。

（3）从上述计算结果可以看出，B 方案加权平均资金成本率最低（9.9%），因此，B 方案最优。

6.2　投资项目的财务分析

财务分析是在财务效益与费用的估算以及编制财务辅助报表的基础上，编制财务报表，计算财务分析指标，考察和分析项目的盈利能力、偿债能力和财务生存能力，判断项目的财务可行性，为投资决策、融资决策以及银行审贷提供依据。盈利性分析是项目财务分析的内容之一。

根据不同决策的需要，财务分析可分为融资前分析和融资后分析。融资前分析是指在进行融资方案前进行的财务分析，即不考虑债务融资条件下进行的财务分析。在融资前分析结论满足要求的情况下，初步设定融资方案，然后再进行融资后分析。融资后分析是指以设定的融资方案为基础进行的财务分析。

在项目的初期研究阶段，也可只进行融资前分析。融资前分析只进行盈利能力分析，并以项目投资折现现金流量分析为主，计算项目投资内部收益率和净现值指标，也计算投资回收期指标（静态）。融资后分析主要是针对项目资本金折现现金流量和投资各方折现现金流量进行分析，既包括盈利能力分析，又包括偿债能力分析和财务生存能力分析等内容。

项目财务分析的内容和步骤如图 6-1 所示。

6.2.1　项目盈利能力分析

盈利能力分析是从企业和项目投资者的角度出发，计算项目直接发生的效益和费用，编制有关报表，计算评价指标，考察项目的盈利能力。盈利能力分析的主要指标包括项目投资财务内部收益率和财务净现值、权益投资内部收益率、投资回收期、总投资收益率、项目资本金净利润率等，可根据项目的特点及财务分析的目的、要求等选用这些指标。

1. 项目投资盈利能力分析的目的

（1）分析投资项目对投资者的吸引力。

（2）分析和比较投资和融资方案的优劣。

（3）分析在各利益主体间的投资回报。

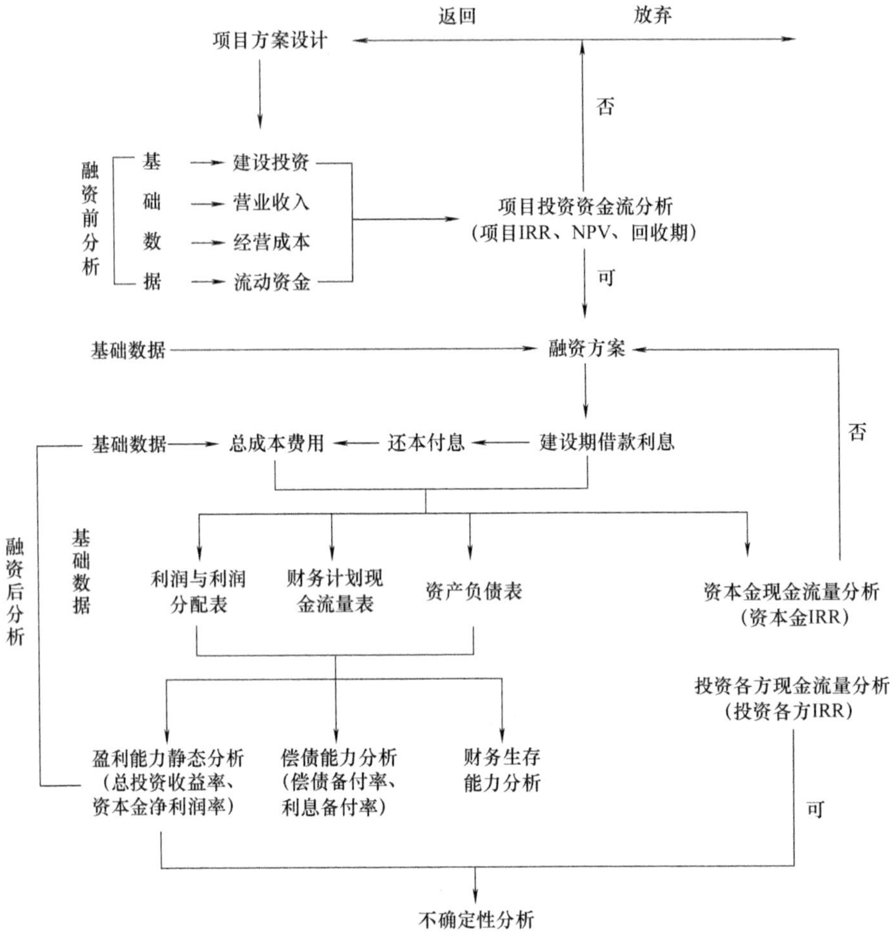

图 6-1　项目财务分析的内容和步骤

（4）分析影响盈利水平的因素。

2. 融资前分析

项目投资盈利能力分析不考虑资金来源，从项目投资总获利能力的角度，通过编制项目投资现金流量表，考察项目方案设计的合理性。

融资前的项目投资现金流量表是全部投资和全部投资收益现金流量的汇总，其中项目投资不考虑资金来源。总成本费用中的利息支出为零，该表中的“调整所得税”应根据息税前利润（EBIT）乘以所得税税率计算，所得税税额要大一些，以便与加权平均资金成本（WACC）进行比较分析。融资后的项目投资现金流量表把用于投资的债权人的贷款也看成现金流出，把利息和借款的偿还看作投资的回收，所得税根据抵扣利息后的利润总额计算。

一般来说，表 6-2 中的计算期指的是该年年末，当年的现金流入减去当年的现金流出就得到当年的净现金流量。显然，计算期开始的几年，净现金流量是负的，它们代表投资资金的支出；计算期后期若干年的净现金流量一般是正的，它们表示投资的收益，主要是指税后利润、折旧费、摊销费和利息支出等。在计算期的最后一年（即第 n 年）还有资产回收的现金流入。融资前盈利性分析可作为投资决策的依据和融资方案研究的基础。

表 6-2　项目投资现金流量表　（单位：万元）

序号	项　目	合计	计 算 期				
			1	2	3	…	n
1	现金流入						
1.1	营业收入						
1.2	补贴收入						
1.3	回收固定资产余值						
1.4	回收流动资金						
2	现金流出						
2.1	建设投资						
2.2	流动资金						
2.3	经营成本						
2.4	支付的与经营活动相关的税金						
2.5	维持运营投资						
3	所得税前净现金流量（1－2）						
4	累计所得税前净现金流量						
5	调整所得税						
6	所得税后净现金流量（3－5）						
7	累计所得税后净现金流量						

计算指标：
项目投资财务内部收益率（所得税前、后）
项目投资财务净现值（所得税前、后）
项目投资回收期（所得税前、后）

融资前全部投资盈利性判据：

IRR≥WACC。

$$WACC=\lambda(1-\tau)r_d+(1-\lambda)i_e \tag{6-7}$$

式中　λ——债务融资占全部资金来源的比例；

τ——有效所得税税率；

r_d——债务融资要求的利率；

i_e——权益融资资本（股东要求的回报率）。

内部收益率的计算不考虑资金筹措的影响，而在判别的基准选择 WACC 时，考虑了债务融资成本的税收抵扣，这样就简化了项目早期的方案筛选工作。

例 6-6：某项目全部投资资金的 30% 是银行贷款，年利率为 6%，其余由企业盈余的权益资金和募股筹集。根据该行业的净资产收益率，股东要求的回报率不低于 7%，目前该企业所得税税率为 25%，该项目的盈利性要求是多少？

解：$WACC=30\%\times(1-25\%)\times6\%+70\%\times7\%=6.25\%$

项目融资前全部投资净现金流的内部收益率应不低于6.25%。

3. 融资后分析

权益性投资盈利分析是融资后分析，目的是考察项目权益资金的获利能力，分析判断项目方案在融资条件下的可行性。进行权益性投资盈利分析应从权益投资者整体的角度，分析其现金流量。通过编制项目权益性投资现金流量表计算内部收益率、净现值等指标，分析投资者对获得收益的水平。在市场经济条件下，在判断项目整体获利能力的基础上，权益性投资盈利能力指标是比较和取舍融资方案的重要依据。权益性投资盈利分析根据需要可再细分成各投资方的盈利水平的分析。

（1）权益性投资现金流量表。权益性投资现金流量表（资本金现金流量表）与项目投资现金流量表（表6-2）不同的是，增加了债务融资活动的现金流量，即增加了借款的本金偿还和利息的支付。需要说明的是，其中的利息支付是指运营活动以外的支付，运营期的现金流量中的净利润的核算已包括了利息等财务费用，因此，在债务融资活动现金流量中不能再重复计算。

表6-3中各年现金流量的代数和就是权益性投资净现金流量（表中最后一行）。计算期初是负值，尽管有债务贷款的收入，因为债权人考虑风险以及资本金管理制度，初始投资不可能全部由负债资金来支付，这个负值也是权益资本需要投入项目的数值。同理，该行数据的正值表示权益性投资的回报。权益性投资净现金流量也可能在运营期出现负值，很可能是在投产阶段，当利润加折旧不足以归还借款本金时就要由权益性投资来补足。

表6-3 项目权益性投资现金流量表

序号	项　目	合计	计　算　期				
			1	2	3	…	n
1	运营活动现金流量						
1.1	净利润						
1.2	折旧						
2	投资活动现金流量						
2.1	建设投资						
2.2	资产回收						
2.3	流动资金投入						
2.4	流动资金回收						
3	债务融资活动现金流量						
3.1	贷款收入						
3.2	利息支付						
3.3	本金偿还						
4	权益性投资净现金流量						

计算指标：
资本金财务内部收益率

（2）项目投资各方现金流量表。投资各方现金流量表中现金流入是指投资者因该项目的实施将实际获得的各种收入，现金流出是指投资者因该项目实际投入的各种支出。该表详情见表 6-4。表中科目应根据项目具体情况进行调整。

（3）权益性投资盈利能力分析的指标及判据。在研究权益性投资的盈利能力时，可以按表 6-3 和表 6-4 所列的净现金流量计算项目资本金财务内部收益率和投资各方内部收益率。

计算权益性投资盈利时的基准收益率应体现项目发起人（代表项目所有权益投资者）对投资获利的 MARR。即当 IRR > MARR 时，说明在该融资方案下，项目资金获利水平超过或达到了要求，该融资方案是可以接受的。

表 6-4　项目投资各方现金流量表

序号	项　目	合计	计　算　期				
			1	2	3	…	n
1	现金流入						
1.1	实分利润						
1.2	资产处置收益分配						
1.3	租赁费收入						
1.4	技术转让或使用收入						
1.5	其他现金流入						
2	现金流出						
2.1	实缴资本						
2.2	租赁资产流出						
2.3	其他现金流出						
3	净现金流量（1－2）						

计算指标：
投资各方财务内部收益率

（4）债务融资杠杆。一般地，只有全部投资的内部收益率（融资前）高于借款利率时，增加借款比例，可以提高权益性资金投资的内部收益率。因此，尽可能地减少权益性资金的出资额，使权益性资金投资的盈利能力提高，这种做法叫债务融资杠杆原理。即使在全部投资的内部收益率与借款利率相同的情况下，增加借款比例对直接投资者也是有利的。这是因为建设期借款利息可以形成资产的原值，提高了折旧额，可以减少与经营活动相关的税金；在生产经营期，借款利息可以计入当期损益（财务费用），这可以减少所得税的支出，使权益性资金的盈利水平提高。

项目盈利能力分析实例

某工业项目计算期为 10 年，建设期为 2 年，第 3 年投产并达产。

建设投资共 6 000 万元，主要是固定资产投资，第 1 年和第 2 年分别为 3 500 万元和 2 500 万元。固定资产折旧年限为 10 年，残值率为 5%，期末余值等于账面价值。流动资金投资约需 2 000 万元。营业收入、与经营活动相关的税金和经营成本的预测值见表 6-5，其他支出忽略不计。

表 6-5　项目预测值

内　　容	第 3 ~ 10 年预测值（万元）
营业收入	6 000
与经营活动相关的税金	360
经营成本	3 800

1. 全部投资盈利能力分析

在计算折旧、利润和所得税时，均不考虑资金来源，即不考虑借款和利息。

（1）固定资产折旧计算：

$$年折旧额 = \frac{6\ 000 万元 \times (1 - 5\%)}{10} = 570 万元$$

10 年年末的固定资产余值（假定固定资产余值与账面余值相等）为 6 000 万元 − 570 万元 × 8 = 1 440 万元。

（2）利润和所得税计算。融资前的利息支出为零，利润与所得税的计算见表 6-6，据以编制全部投资现金流量表。

表 6-6　利润与所得税的计算（融资前）　　（单位：万元）

序　　号	项　　目	第 3 ~ 10 年
1	营业收入	6 000
2	与经营活动相关的税金	360
3	总成本费用	4 370
3.1	经营成本	3 800
3.2	折旧费	570
3.3	利息支出	0
4	利润总额（1 − 2 − 3）	1 270
5	所得税（4 × 25%）	317.5
6	税后利润	952.5

（3）全部投资现金流量表及盈利性判据。全部投资现金流量表见表 6-7。

表 6-7　全部投资现金流量表　　（单位：万元）

序号	项　　目	计　算　期				
		1	2	3	4 ~ 9	10
1	运营活动现金流量					
	净利润			952.5	952.5	952.5

（续）

序号	项　目	计 算 期				
		1	2	3	4～9	10
	折旧			570	570	570
2	投资活动现金流量					
	建设投资及回收	－3 500	－2 500			1 440
	流动资金投入及回收			－2 000		2 000
3	全部投资净现金流量	－3 500	－2 500	－477.5	1 522.5	4 962.5

根据表 6-7 最后一行数字，利用 Excel 计算出全部投资税后内部收益率 IRR＝11.5%，投资回收期 P_t＝7.25 年。

将该项目的投资内部收益率与可能的资金成本比较，以确定该项目是否有必要进一步研究。如果能取得资金的成本低于 11.5%，则可以考虑继续进行可行性研究。即使获得的资金全部由银行借贷，即使资金成本高于 11.5% 低于 15%，项目也还是具有偿付能力的。因为考虑借贷资金在税前支付利息，由此可以节约 25% 的税金，使真正的借贷利率降低，因此，IRR＝11.5%＞(1－25%)×15%＝11.25%。如果股权投资要求的投资回报率为 12%，而又从银行借到一半的初始投资，贷款利率为 8%，加权平均资金成本是 WACC＝50%×12%＋50%×(1－25%)×8%＝9%，那么这个项目的内部收益率还是大于资金成本，仍然可以考虑投资，并进一步研究融资后的盈利能力。

2. 融资后的盈利能力分析

对项目进行融资的初步分析后，如果给定的融资方案如下：

一是建设投资 6 000 万元，从银行贷款 3 000 万元，分别于第 1 年年初和第 2 年年初到账1 000 万元、2 000 万元。银行贷款利率为 8%，建设期只计息不付息还款，将利息按复利计算到第 3 年年初，作为全部借款本金，投产后，第 3 年年末开始以等本金还款方式偿还银行贷款。

二是流动资金投资 2 000 万元，全部向银行借款，始终保持借款状态，年利率还是 8%，每年付息，最后偿还本金。

融资后的盈利能力分析按以下步骤进行：

(1) 固定资产投资借款建设期利息计算见表 6-8。

表 6-8　建设期利息计算表　（单位：万元）

项　目	建 设 期		
	1	2	3
年初欠款	1 000	3 080	3 326.4
当年借款	1 000	2 000	0
当年利息	80	246.4	266.1
年末欠款累计	1 080	3 326.4	3 592.5

可见，建设期利息为 592.5 万元。

(2) 固定资产折旧计算。融资后的年折旧费计算，建设期借款利息计入固定资产原值内，年折旧额为

$$年折旧额=\frac{(6\,000\ 万元+592.5\ 万元)\times(1-5\%)}{10}\approx 626.3\ 万元$$

第 10 年年末回收固定资产余值为 6 000 万元 +592.5 万元 −626.3 万元 ×8 =1 582 万元。

(3) 建设投资还款计划与利息计算。第 3 年年末开始支付每年的利息再还本金的 12.5%，8 年内还清，利息可计入当年损益（见表 6-9）。

表 6-9　固定资产投资还贷计划与利息计算　　（单位：万元）

项　目	计　算　期							
	3	4	5	6	7	8	9	10
期初本息余额	3 626	3 173	2 720	2 267	1 814	1 361	908	455
本期付息	290	254	218	181	145	109	73	36
本期还本金	453	453	453	453	453	453	453	455
期末本息余额	3 173	2 720	2 267	1 814	1 361	908	455	0

(4) 利润与所得税计算。融资后的利润与所得税的计算见表 6-10。

表 6-10　利润与所得税计算　　（单位：万元）

序号	项　目	计　算　期							
		3	4	5	6	7	8	9	10
1	营业收入	6 000	6 000	6 000	6 000	6 000	6 000	6 000	6 000
2	与经营活动相关的税金	360	360	360	360	360	360	360	360
3	总成本费用	4 876	4 840	4 804	4 767	4 731	4 695	4 659	4 622
3.1	经营成本	3 800	3 800	3 800	3 800	3 800	3 800	3 800	3 800
3.2	折旧费	626	626	626	626	626	626	626	626
3.3	利息支出	450	414	378	341	305	269	233	196
3.3.1	建设投资利息	290	254	218	181	145	109	73	36
3.3.2	流动资金利息	160	160	160	160	160	160	160	160
4	利润总额（1 −2 −3）	764	800	836	873	909	945	981	1 018
5	所得税（4 ×25%）	191	200	209	218.25	227.25	236.25	245.25	254.5
6	税后利润（净利润）	573	600	627	654.8	681.8	708.8	735.8	763.5

（5）权益性投资现金流量表。权益性投资现金流量表见表6-11。

表6-11 权益性投资现金流量表 （单位：万元）

序号	项　目	计　算　期									
		1	2	3	4	5	6	7	8	9	10
1	运营活动现金流量										
1.1	净利润			573	600	627	655	682	709	736	764
1.2	折旧			626	626	626	626	626	626	626	626
2	投资活动现金流量										
2.1	建设投资及回收	-3 500	-2 500								1 582
2.2	流动资产投入			-2 000							2 000
3	债务融资现金流量										
3.1	建设投资借款	1 000	2 000								
3.2	流动资金借款			2 000							
3.3	建设投资本金偿还			-453	-453	-453	-453	-453	-453	-453	-455
3.4	流动资金借款偿还										-2 000
4	权益性投资净现金流量	-2 500	-500	746	773	800	828	855	882	909	2 517

6.2.2 项目偿债能力分析

即使投资盈利水平很高，但如果项目的资金筹措不足、资金到位不及时、应收账款收不上来，以及汇率和利率变化都会对项目的财务生存能力产生影响，导致资金链断裂，使项目无法持续。因此，工程项目投资财务分析的一项重要工作就是要在投资决策的前期认真分析项目在进行过程中的各个阶段的资金是否充裕、是否有足够的能力偿还债务、项目在财务安排上负债比例是否合适等。这类分析称为偿债能力分析。

一般来说，项目在筹建的后期到生产经营达到正常的这段时间资金平衡最为困难，此时项目占用的资金量大，利息支付也多，借款也开始要求偿还；而投产试生产阶段成本费用高，产量低，资金流入偏少。因此，有必要对资产负债表进行分析，分析项目的总体负债水平、清偿长期债务及短期债务的能力，为信贷决策提供评估依据。

偿债能力分析要考察企业（项目）的资产负债变化情况，保证企业（项目）有较好的偿债能力和资金流动性，这些分析可以通过资产负债表的预测来实现，并编制借款还本付息计划表，在此基础上计算偿债能力指标。

1. 资产负债表

资产负债表见表6-12。

表6-12 资产负债表

序号	项　目	合计	计　算　期				
			1	2	3	…	n
1	资产						
1.1	流动资产总额						

（续）

序号	项　　目	合计	计　算　期				
			1	2	3	…	n
1.1.1	货币资金						
1.1.2	应收账款						
1.1.3	预付账款						
1.1.4	存货						
1.1.5	其他						
1.2	在建工程						
1.3	固定资产净值						
1.4	无形及其他资产净值						
2	负债及所有者权益（2.4+2.5）						
2.1	流动负债总额						
2.1.1	短期借款						
2.1.2	应付账款						
2.1.3	预收账款						
2.1.4	其他						
2.2	建设投资借款						
2.3	流动资金借款						
2.4	负债小计（2.1+2.2+2.3）						
2.5	所有者权益						
2.5.1	权益资金投资						
2.5.2	资本公积						
2.5.3	累计盈余公积						
2.5.4	累计未分配利润						

资产负债表记录的基本恒等关系是存量，即某一时刻的累计值。

$$资产=负债+所有者权益$$

流动资产总额包括了生产经营中所必需的最低要求的流动资产，即应收账款、存货和现金，也包括累计盈余资金，后者在形式上也是一种现金，但它是多于周转的必要部分。在建工程记录的是包括施工前期准备、施工中和虽已完工但尚未交付使用的建筑工程和安装工程所花的投资费用。它与建设期的固定投资利息支出是一致的。固定资产、无形资产及其他资产的净值是资产原值减去累计的折旧和摊销费所得。流动负债总额包括各种应付账款、预收账款和短期借款。权益资金投资和资本公积金等于权益资金的累计出资值，累计盈余公积及累计未分配利润可以从利润分配表中的有关数字累计中得到。

2. 借款还本付息计划表

借款还本付息计划表反映项目计算期内各种借款本金偿还和利息支付情况，见表 6-13。

表 6-13　借款还本付息计划表

序号	项　目	合计	计算期				
			1	2	3	…	n
1	借款						
1.1	期初借款余额						
1.2	当期还本付息						
	其中：还本						
	付息						
1.3	期末借款余额						
2	债券						
2.1	期初债务余额						
2.2	当期还本付息						
	其中：还本						
	付息						
2.3	期末债务余额						
3	借款和债券合计						
3.1	期初余额						
3.2	当期还本付息						
	其中：还本						
	付息						
3.3	期末余额						
计算指标：偿债备付率、利息备付率							

3. 偿债能力分析指标

偿债能力指标包括利息备付率、偿债备付率、资产负债率、流动比率和速动比率。

（1）根据资产负债表计算的指标

1）资产负债率（Debt to Asset Ratio）。资产负债率是负债与资产之比，它是反映企业各个时刻所面临的财务风险程度及偿债能力的指标。其计算公式为：

$$资产负债率=\frac{负债合计}{资产合计} \tag{6-8}$$

合适的资产负债率没有绝对标准，一般认为 0.5 ~0.8 是合适的。

负债率低，表明企业和债权人的风险小，也表明企业经营安全、稳健，具有较强的筹资能力。从盈利性的角度出发，权益的所有者希望保持较高的资产负债率，以此赋予权益资金较高的杠杆——用较少的权益资金来控制整个项目。但如果资产负债率太高，项目风险额就大，银行和债权人一般不愿意贷款给权益资金出资额低于总投资50%的项目。

2）流动比率（Current Ratio）。流动比率是反映企业各个时刻偿付流动负债能力的指标。其计算公式为

$$\text{流动比率}=\frac{\text{流动资产总额}}{\text{流动负债总额}} \tag{6-9}$$

由于流动资产总额中包括存货，这些存货在通常情况下也不易变现，因此该指标不能确切地反映瞬时的偿债能力。

一般地，流动比率应不小于1.2。

3）速动比率（Quick Ratio）。速动比率是反映企业在各个时刻可以立即变现的货币资金偿付流动负债能力的指标。

$$\text{速动比率}=\frac{\text{流动资产总额}-\text{存货}}{\text{流动负债总额}} \tag{6-10}$$

一般来说，速动比率应不小于1.0。

当流动比率和速动比率过小时，应设法减少流动负债，通过减少利润分配、减少库存等办法增加盈余资金。

（2）根据利润表结合借款还本付息计划表计算的指标

1）利息备付率（Interest Coverage Ratio，ICR）。利息备付率是指项目盈余期内各年可用于支付利息的息税前利润与当期应付利息的比值。即

$$\text{利息备付率}=\frac{\text{息税前利润}}{\text{应付利息}} \tag{6-11}$$

利息备付率是表示项目利润偿付利息的保证倍率。对于正常运营的企业，利息备付率应当大于2；否则，表示付息能力保障程度不足。利息备付率可以按年计算，也可以按整个借款期计算。

2）偿债备付率（Debt Service Coverage Ratio，DSCR）。偿债备付率是指项目在运营期内各年可用于还本付息资金与当期应还本付息金额的比值。即

$$\text{偿债备付率}=\frac{\text{可用于还本付息资金}}{\text{当期应还本付息金额}} \tag{6-12}$$

偿债备付率表示可用于还本付息的资金偿还借款本身的保证倍率。偿债备付率在一般情况下应大于1。当偿债备付率小于1时，表示当年资金来源不足以偿付当期债务，需要通过短期借款偿付已到期债务。偿债备付率可以按年计算，也可以按整个借款期计算。

项目偿还能力分析实例

延续上面盈利能力分析实例，进行偿债能力分析。假定利润的分配按以下原则进行：按当年的税后利润提取10%的盈余公积金（利润需补足企业前年度亏损后的余额按比例提取），余下部分作为应付利润分配股利（见表6-14），如果折旧不足以归还借款本金，则先归还借款。

表 6-14　利润分配表　　(单位：万元)

项　　目	计　算　期							
	3	4	5	6	7	8	9	10
税后利润	573	600	627	654. 8	681. 8	708. 8	735. 8	763. 5
盈余公积金	57. 3	60	62. 7	65. 5	68. 2	70. 9	73. 6	76. 4
累计盈余公积金	57. 3	117. 3	180	245. 5	313. 7	384. 6	458. 2	534. 6
股利分配	515. 7	540	564. 3	589. 3	613. 6	637. 9	662. 2	687. 1
未分配利润	0	0	0	0	0	0	0	0
累积未分配利润	0	0	0	0	0	0	0	0

财务计划现金流量表（见表 6-15）可以在权益性投资现金流量表（见表 6-11）最后一行的基础上计算。

表 6-15　财务计划现金流量表　　(单位：万元)

项　　目	计　算　期									
	1	2	3	4	5	6	7	8	9	10
权益性投资净现金流量	-2 500	-500	746	773	800	828	855	882	909	2 517
+权益性投资	2 500	500								
-股利分配			516	540	564	589	614	638	662	687
盈余资金	0	0								
累计盈余资金	0	0	230	233	236	239	241	244	247	1 830

表 6-16 给出了利息备付率和偿债备付率，从偿债能力指标看，该项目具有偿债能力。

表 6-16　偿债能力指标计算

序号	项　　目	计　算　期							
		3	4	5	6	7	8	9	10
1	利润总额（万元）	764	800	836	873	909	945	981	1 018
2	应付利息（万元）	450	414	378	341	305	269	233	196
3	折旧（万元）	626	626	626	626	626	626	626	626
4	所得税（万元）	191	200	209	218. 25	227. 25	236. 25	245. 25	254. 5
5	应还借款本金（万元）	453	453	453	453	453	453	453	455
6	息税前利润（万元）（1+2）	1 214	1 214	1 214	1 214	1 214	1 214	1 214	1 214
7	还本付息资金（万元）（1+2+3-4）	1 649	1 640	1 631	1 621. 8	1 612. 8	1 603. 8	1 594. 8	1 585. 5
8	利息备付率（6/2）	2. 70	2. 93	3. 21	3. 56	3. 98	4. 51	5. 21	6. 19
9	偿债备付率（7/5）	3. 64	3. 62	3. 60	3. 58	3. 56	3. 54	3. 52	3. 48

思考与练习

1. 某企业长期债务达6 000万元，其中：2 000万元是银行贷款，贷款利率为7.8%；债券融资是1 000万元，利率为7%；普通股3 000万元，资本成本为10%。求该企业的加权平均资金成本率。

2. 拟投资某项目，全部投资资金的50%由银行贷款，年利率为6 %，其余由企业盈余的权益金和募股筹集。股东要求的回报率不低于10%。目前该企业处于盈利状态，企业所得税税率为25%。求该项目全部投资的加权平均资金成本率。

3. 某企业取得5年期长期借款3 000万元，年利率8%，每年付息一次，到期一次还本，筹资费费用率为0.5%，企业所得税税率为25%。求该项长期借款的资金成本。

4. 某拟建工程项目，计算期15年，建设投资3亿元，分3年建成，每年投资1/3。流动资金投入于第3年年末，共2 000万元。建设投资60%由银行贷款，年利率为8%，建设期借款在建设期不还本付息，资本化至第4年年初，等额分8年还清（等本金还款），开始流动资金的60%为短期滚动借款，每年支付利息，计算期末全额回收。全部建设投资及建设期借款利息形成固定资产原值，综合折旧率为10%，残（余）值率为10%。产品在第4年即达产，年销售收入20 250万元（不含增值税），与经营活动相关的税金1 070万元，年经营成本8 450万元，企业所得税税率为25%。

（1）试完成盈利能力分析，计算按此融资方案的权益性投资的内部收益率。

（2）试完成偿债能力分析，即编制财务计划现金流量表和偿债能力指标计算；假设税后利润留10%的盈余公积，余下的分配给股东（当累计折旧不足归还建设投资借款本金时，先还本金再分配利润）。

第7章

投资项目的国民经济评价

学习指导

本章知识要点：

1. 国民经济评价的含义及适用范围
2. 国民经济评价与财务评价的关系
3. 国民经济评价效益与费用的识别原则
4. 直接效益与费用和间接效益与费用的内容
5. 转移支付的内容
6. 国民经济评价参数
7. 影子价格的计算
8. 费用效益分析指标和判别准则

本章难点：

1. 外部效果即间接效益与费用的识别与量化
2. 费用效益分析指标的计算

引例

开车从上海去宁波，是选择杭州湾跨海大桥还是传统的沪杭甬高速？杭州湾跨海大桥使宁波至上海间的陆路距离缩短了120余千米。从时间上来算，选择走杭州湾跨海大桥将大大缩短驾驶时间——节约时间1h左右，而且节省了油费。也就是说，杭州湾跨海大桥不仅节约了商业运输费用和时间，还极大地缩短了旅客的时间和路程。

杭州湾跨海大桥的建成通车，不仅有利于更好地实现节能降耗，还可以减排大量废气，促进资源节约型和环境友好型社会建设。随着大桥的兴建，沿杭州湾南端有几十万亩围垦用地价格翻了一番还多，仅此一项的效益就相当于两座大桥的价值。

一个公共项目的建设，投资巨大，而它的效益是多方面的，有些方面甚至不能直接用货币来量化。那怎么衡量这个项目是否值得投资，以及对国民经济的贡献和负面影响是什么呢？这就需要进行项目的国民经济评价。

7.1 国民经济评价概述

7.1.1 国民经济评价的含义

按照《建设项目经济评价方法与参数》（第3版），国民经济评价是在合理配置社会资源的前提下，从国民经济整体利益的角度出发，计算项目对国民经济的贡献，分析项目的经济效率、效果和对社会的影响，评价项目在宏观经济上的合理性。国民经济评价和财务评价共同构成了完整的工程项目的经济评价体系。工程项目的国民经济评价采用基本的经济评价理论，采用费用效益分析方法寻求以最小的费用获取最大的效益。

项目的国民经济评价起源于西方对公共项目的经济评价，由于公共项目以宏观经济效益和社会效益为主，单纯采用财务评价无法反映项目的实际效益，因此对项目进行国民经济的评价得以开始运用，并取得良好的效果。随着第二次世界大战后各国政府公共管理事务经验的积累，国民经济评价得到进一步的推广。当前我国所采用的国民经济评价方法，是在参考联合国工业发展组织所提出的《项目评价手册》的基础上，结合我国的实际情况，在具体手段上进行简化处理的评价方法。

项目的国民经济评价，是把项目放到整个国民经济的角度来分析和比较国民经济为项目所要付出的全部成本和国民经济从项目中可以获得的全部效益，并据此评价项目的经济合理性，从而选择对国民经济最有利的方案。国民经济评价是对项目所进行的宏观效益分析，其主要目的是实现国家资源的优化配置和有效利用，以保证国民经济能够可持续地稳定发展。

对项目的国民经济分析是以国家利益或社会利益为出发点，采用费用-效益分析方法，运用影子价格、影子汇率、影子工资和社会折现率等经济参数，计算分析项目需要国家付出的代价和对国家的贡献，站在国民经济的角度考虑投资行为的经济合理性和宏观可行性。国民经济评价包括国民经济盈利能力分析以及对难以量化的外部效果和无形效果的定量分析。

7.1.2 国民经济评价与财务评价的关系

财务评价注重的是项目的盈利能力和财务生存能力，而国民经济评价注重的是国家资源的合理配置以及项目对整个国民经济的影响，国民经济评价和财务评价是建设项目经济评价的两个层次，它们既有联系又有区别。国民经济评价既可以单独进行，也可以在财务评价的基础上进行调整。

1. 财务评价和国民经济评价的共同点

（1）评价目的相同。国民经济评价和财务评价的目的都是以最小的投入获得最大的产出。

（2）评价基础相同。国民经济评价和财务评价都是在完成产品需求预测、工程技术方案、资金筹措等可行性研究的基础上进行的。

2. 财务评价和国民经济评价的区别

（1）评价角度不同。项目的财务评价是从企业财务的角度考察收支和盈利状况及偿还借款能力，以确定投资项目的财务可行性。项目的国民经济评价是从国民经济（国家的）的角度考察项目需要国家付出的代价和对国家的贡献，以确定投资项目的经济合理性。

（2）费用、效益的划分不同。财务评价是根据项目直接发生的实际收支确定项目的效益和费用，凡是项目的货币支出都记为费用，税金、利息等也均记为费用，凡是项目的收入都作为项目的效益。项目的国民经济评价着眼于项目所耗费的全社会有用资金来考察项目的费用，而根据项目对社会提供的有用产品（包括服务）来考察项目效益。税金、国内借款利息和财政补贴等一般并不导致资源的实际增加和耗用，多是国民经济内部的“转移支付”，因此，不列为项目的费用和效益。另外，公共项目的国民经济评价还需考虑间接费用和间接效益。而在财务评价中不计入费用或效益的环境污染、减低劳动强度等，在国民经济评价中则需计入费用或效益。

（3）采用的价格不同。财务评价要确定投资项目在财务上的现实可行性，因而对投入物和产出物均采用财务价格，即现行市场价格（预测值）。项目的国民经济评价则采用根据机会成本和供求关系确定的影子价格，影子价格能更确切地反映资源的真实经济价值。

（4）采用的主要参数不同。财务评价采用的汇率一般选用的是官方汇率与行业基准收益率。国民经济评价则采用国家统一测定和颁布的影子汇率和社会折现率。

3. 国民经济评价结论与财务评价结论的关系

由于财务评价和国民经济评价有所区别，虽然在很多情况下两者的结论是一致的，但也有不少时候两种评价结论是不同的。可能出现的四种情况及相应的决策如下：

（1）财务评价和国民经济评价均可行的项目，应予以通过。

（2）财务评价和国民经济评价均不可行的项目，应予以否定。

（3）财务评价不可行、国民经济评价可行的项目应予以通过，但国家和主管部门应采取相应的优惠政策，如减免税、财政补贴等，使项目在财务上具有生存能力。

（4）财务评价可行、国民经济评价不可行的项目，应予以否定；或者重新考虑方案，进行“再设计”。

7.1.3 国民经济评价的范围

1. 国民经济评价的对象

国民经济评价主要采用的是费用-效益分析方法，该方法最初是作为评价公共项目的一种方法发展起来的，起源于法国人杜波伊特（Dupuit）于1844年撰写的一篇论文《论公共工程效益的衡量》。后来这种方法也应用于评价工程项目方案。但并不是所有工程项目都需要进行国民经济评估，需要进行国民经济评价的项目主要包括以下三类：

（1）基础设施项目和公益性项目。财务评价是通过市场价格分析项目的收支情况，考虑项目的盈利能力和偿债能力。在市场经济条件下，财务评价可以反映项目带来的直接效果，但由于项目还存在外部经济性，财务评价无法将项目产生的所有效果全部反映出来，特别是水利水电、市政工程、铁路、公路等基础设施项目以及教科文卫等公益性项目，其外部效果十分显著，必须采用国民经济评价将外部效果内部化。

（2）市场价格不能真实反映价值的项目。由于某些项目所在行业的市场发展不完善甚至不存在，如带垄断性质的行业，其资源或服务的市场价格失真。此外，如果国内统一市场尚未形成，或者国内市场未能与国际市场接轨，失真的市场价格会导致项目的收支状况变得过于乐观或过于悲观。因此，有必要通过国民经济评价对其进行修正。

（3）资源开发项目。自然资源、生态环境的保护和经济的可持续发展，意味着为了整体利益和长远利益，有时必须牺牲眼前利益和局部利益。对于涉及自然资源开发、生态环境保护的项目，必须通过国民经济评价来选择社会对资源使用的时机，如国家控制的战略性资源开发项目、动用社会资源和自然资源较大的中外合资项目等。

由以上看出，进行国民经济评价的项目产出物可能不具有市场价格，无法对其进行市场定价，或者市场价格虽然存在，但无法确切地反映投入物和产出物的边际社会效益和成本，因而在竞争性市场上提供这些服务得到的收益将无法充分地反映这些供给所产生的社会净效益，具有这些特性的项目大多数是公共项目。公共项目的决策往往涉及很多非经济因素。由于公共项目不完全受制于市场竞争的制约，其资金又来源于广大的公众和纳税人，因此更有必要做公正透明的经济分析。

2. 公共项目的分类

国民经济评价大多数是对公共项目的评价。公共项目是指由各级政府或者其他公共部门筹划、独资或参与出资及运行的项目。公共项目的主要目的是在不盈利的基础上用公共设施给公众提供服务。例如，有关健康、安全、福利和能源的大部分项目需要通过工程经济来分析可选方案。这类项目大致上可划分为纯公共项目、准公共项目、战略性或政策性项目。

（1）纯公共项目：提供公用物品（Public Goods）的项目，项目产出具有非排他性和非竞争性。这类项目一般来说需要资源的投入，没有直接的现金流入，却具有为公众提供服务的效益。例如国防建设、义务教育、公共卫生、环境生态保护和治理以及国家的立法、执法和行政所必需的各类建设项目。这些项目提供的服务是由社会成员共同享用的，即无法排除不付费的人享用，一个人的享用也不会影响其他任何人的享用。

（2）准公共项目：提供准公用物品的项目，项目产出具有一定的竞争性和排他性。这些产出或提供的服务涉及人们的基本需要，或者是因为存在外部效果，收费往往不足以反映项目的效益，需要政府对投入做补充。例如农业、通信、基本医疗服务和交通运输等基础设施项目。其中一类叫公用事业项目，如供电、给水排水、供气和城市交通等，虽然具有收费和通过市场运作的可能，但因为这些产品和服务具有较强的公益性，且具有自然垄断性，有必要由政府或公共部门专营或授权经营。

（3）战略性或政策性项目：对国家有战略意义的特大型的，或有较大风险但有重大前景的，或者是资源性的项目；或者出于领土完整和安全以及减少地区间经济发展差异而考虑的项目。这些项目由政府发起和建设，而不论这些项目是否有经营性或盈利性。

7.1.4 国民经济评价的内容与程序

1. 国民经济评价的内容

具体而言，国民经济评价的内容主要包括以下三个方面：

（1）国民经济费用与效益的识别与处理。如前所述，国民经济评价中的费用与效益和财务评价中的相比，其划分范围是不同的。国民经济评价以工程项目耗费国家资源的多少和项目给国民经济带来的收益来界定项目的费用与效益，只要是项目在客观上引起的费用与效益，包括间接产生的费用与效益，无论最终是由谁来支付和获取，都要视为该项目的费用与效益，而不仅仅考察项目账面上直接显现的收支。因此，在国民经济评价中，需要对这些直接或间接的费用与效益一一加以识别、归类和定量处理（或定性处理）。

（2）影子价格的确定和基础数据的调整。在绝大多数发展中国家，现行价格体系一般存在着较严重的扭曲和失真现象，使用现行市场价格是无法进行国民经济评价的。只有采用通过对现行市场价格进行调整计算而获得的，能够反映资源真实经济价值和市场供求关系的影子价格，才能保证国民经济评价的科学性，这是因为与项目有关的各项基础数据必须以影子价格为基础进行调整，这样才能正确地计算出项目的各项国民经济费用与效益。

（3）国民经济效果分析。根据所确定的各项国民经济费用与效益，结合社会折现率等相关经济参数，计算工程项目的国民经济评价指标，编制国民经济评价报表，最终对工程项目是否具有经济合理性得出结论。

2. 国民经济评价的程序

国民经济评价可以在财务评价的基础上进行，也可以直接进行。

（1）直接进行国民经济评价的程序

1）识别和计算项目的直接效益、间接效益、直接费用、间接费用，以影子价格计算项目的效益和费用。

2）编制国民经济评价基本报表。

3）依据基本报表进行国民经济评价指标计算。

4）依据国民经济评价的基准参数和计算指标进行国民经济评价。

（2）在财务评价的基础上进行国民经济评价的程序

1）经济价值调整。剔除在财务评价中已计算为效益和费用的转移支付，增加财务评价中未反映的外部效果，用影子价格计算项目的效益和费用。

2）编制国民经济评价基本报表。

3）依据基本报表进行国民经济评价指标计算。

4）依据国民经济的基本参数和计算指标进行国民经济评价。

以上两种方法的区别在于效益和费用的计算程序不同。

7.2　费用-效益分析方法

费用-效益分析方法是发达国家广泛采用的对公共项目进行经济评价的方法，也是联合国向发展中国家推荐的评价方法。所谓费用-效益分析，是指从国家和社会的宏观利益出发，通过对项目的经济费用和经济效益进行系统、全面的识别和分析，求得项目的经济净收益，并以此来评价项目的国民经济可行性。

费用-效益分析的核心是通过比较各种备选方案的全部预期效益和全部预计费用的现值来评价这些备选方案，并以此作为决策的参考依据。项目的效益是对国民经济的正贡献，而费用则是对国民经济的反贡献或者说是项目的损失。项目的效益和费用是两个相对的概念，都是针对特定的目标而言的。

7.2.1　识别费用与效益的原则

在项目的财务评价中，由于项目可视为一个相对独立的封闭系统，货币在这一系统的流入和流出容易识别，且大都可以从相应的会计核算科目中找到答案。因此在财务评价中，费用和效益识别的重要性未能充分表现出来。在项目的国民经济评价中，费用和效益的划分与财务评价相比已有了质的变化，通常识别起来是比较困难的。正确识别费用与效益，是保证国民经济评价的前提。在识别费用和效益时，应该坚持以下原则：

1. 基本原则

国民经济分析的目标是实现社会资源的最优配置，从而使国民收入最大化。凡是增加国民收入的，就是国民经济效益；凡是减少国民收入的，就是国民经济费用。

2. 边界原则

项目的国民经济分析则是从国民经济的整体利益出发，其系统分析的边界是整个国家。国民经济分析不仅要识别项目自身的内部效果，而且需要识别项目对国民经济其他部门和单位产生的外部效果。

3. 资源变动原则

经济资源的稀缺性意味着一个项目的资源投入会减少这些资源在国民经济其他方面的可用量，从而减少其他方面的国民收入。从这种意义上说，该项目对资源的使用产生了国民经济费用。凡是减少社会资源的项目投入都产生国民经济费用，凡是增加社会资源的项目产出都产生国民经济收益。

7.2.2 直接效益与直接费用

项目的国民经济效益是指项目对国民经济所做的贡献，分为直接效益和间接效益；项目的国民经济费用是指国民经济为项目付出的代价，分为直接费用和间接费用。

1. 直接效益

直接效益是指由项目产出物直接产生，并在项目范围内由影子价格计算的经济效益。一般包括以下内容：

（1）增加项目产出物（或服务）的数量以增加国内市场的供应量，其效益就是所满足的国内需求。

（2）项目产出物（或服务）替代相同或类似企业的产出物（或服务），使被替代企业减产从而减少国家有用资源的耗用（或损失），其效益就是被替代企业释放出来的资源。

（3）项目产出物（或服务）增加了出口量，其效益就是增加外汇收入。

（4）项目产出物（或服务）减少了进口量，即代替了进口货物，其效益为所节约的外汇支出。

2. 直接费用

直接费用是指国家为项目的建设和生产经营而投入的各种资源，并在项目范围内以影子价格计算的经济费用。直接费用的内容包括以下几个方面：

（1）国内其他部门为本部门项目提供投入物，而扩大了该部门的生产规模，其费用为该部门增加生产所耗用的资源。

（2）项目投入物本来用于其他项目，由于改用于拟建项目而减少了对其他项目（或最终消费）投入物的供应，其费用为其他项目（或最终消费）因此而放弃的消费。

（3）项目的投入物来自国外，即增加进口，其费用为增加的外汇支出。

（4）项目的投入物本来首先用于出口，为满足项目需求而减少了出口，其费用为减少出口所减少的外汇收入。

在国民经济评价中，工程项目的直接效益和费用的识别与度量通常在财务评价的基础上进行，一般来说，需要对财务费用和效益进行调整。如果某些投入物和产出物的市场价格与影子价格存在偏差，则必须对其按影子价格重新进行估计；在财务评价中被排除的某些费用和效益可能需要补充进来，而另一些在财务评价中已经考虑的费用和效益则可能根据其对经济的整体影响重新进行归类或调整。

7.2.3 间接效益与间接费用（外部效果）

间接效益与间接费用是指项目对国民经济做出的贡献或国民经济为项目付出的代价，而在直接效益与直接费用中未得到反映的那部分效益和费用。通常，把与项目相关的间接效益（外部效益）和间接费用（外部费用）统称为外部效果。例如，农民栽种果树的直接效益是收获果子，如果有蜜蜂以采集果花酿蜜，客观上使养蜂者获益，这部分效益即为果农的间接效益。工业项目产生的污水、废物和废气的排放对环境造成的污染，都可以看作间接费用。外部效果的计算应考虑的内容如下：

1. 环境及生态影响效果

环境及生态影响效果主要是指工业项目排放“三废”造成的环境污染和生态平衡被破坏，是一种间接费用。从项目本身讲，环境的污染和生态平衡被破坏所造成的损失并不计入成本；而从全社会的角度讲，这种破坏是全社会福利的损失，是实施该项目的成本。因此，进行国民经济评价时，必须把这些在进行项目财务评价时不会考虑的成本计算在内。

2. 技术扩散效果

技术扩散效果通常包括技术培训和技术推广等，这是一种比较明显的技术外部效果，是一种间接效益。投资兴建一个技术先进的项目，会培养和造就大量的工程技术人员和管理人员。而人员的流动和技术外流，最终会给整个社会经济的发展带来好处。由于这种效果通常是隐蔽、滞后的，因而难以识别和计量，实际中大多只做定性的描述。

3. 产业关联效果

产业关联效果包括对上游企业和下游企业的关联效果。对上游企业的关联效果是指一个项目的建设会刺激为该项目提供原材料或半成品的经济部门的发展，对下游企业的关联效果主要是指生产初级产品的项目对以其产出物为原料的经济部门产生的效果。但不应对产业关联效果估计过大，因为大多数情况下，项目对上下游企业的效果可以在项目投入物和产出物的影子价格中体现。只有在某些特殊情况下，间接影响难于在影子价格中反映时，才需要作为项目的外部效果计算。例如，某地区的电动机工厂的生产的能力过剩，设备闲置。现在考虑拟建一个空调厂项目，对电动机的需求增加，使原来电动机工厂的生产能力得以充分利用，由此产生的效益似乎可以看作空调厂项目的外部效益。反过来，如果空调厂原来就存在，但因电动机供应不足，使空调厂生产能力闲置，那么，新建一个电动机厂的项目就有下游的相邻外部效果。对这类外部效果不应估计过大，只有在同时具备下面这些情况时才予以考虑：

（1）这些相邻的关联部门的生产能力或资源原来是处于闲置状态的。

（2）当这些闲置的生产能力或资源被利用后，不会影响该部门或其他相邻部门的产出。例如，如果当闲置的设备开动后会挤占原来就紧张的电力供应，有可能使其他行业减产，则这种用闲置设备的外部效果就不存在或者要打折扣。

同时具备以上条件的情况并不是很多的，由此，对这种关联产业的外部效果不应过分强调。

4. 价格影响

若项目的产出物大量出口，导致国内同类产品的出口价格下跌，则由此造成的外汇收入的减少，应计为该项目的间接费用；若项目的产出物只是增加了国内市场的供应量，导致产品的市场价格下跌，可使产品的消费者获得降价的好处，但这种好处只是将原生产商减少的收益转移给了产品的消费者而已，对于整个国民经济而言，效益并未改变，则消费者得到的收益并不能计为该项目的间接收益。

例如，新建一个大型纺织厂，使投入的化纤原料价格上升，由此产生的上游化纤原料、石油化工行业的收益也不能计为纺织厂项目的外部效果。

对显著的外部效果能定量的，要做定量分析，计入项目的效益和费用；不能定量的，应做定性描述。计算中，为防止间接效益的扩大化，项目外部效果一般只计算一次相关效果，不应连续扩展。

7.2.4 转移支出

从国民经济角度看，项目的某些财务收益和支出，并不真正反映经济整体有用资源的投入和产出的变化，没有造成资源的实际增加或减少，只是表现为资源的使用权从社会的一个实体转到另一个实体手中，是国民经济内部的“转移支出”，不能计为项目的国民经济效益或费用。主要包括下面这些支出：

1. 税收

税收是政府调节分配和供求的手段。对于企业财务评价，纳税确实是工程项目的一项费用支出；但是对于国民经济评价，它仅仅表示项目对国民经济的贡献有一部分转到政府手中，由政府再分配。项目对国民经济的贡献大小并不随税金的多少而变化，因而它属于国民经济内部的转移支付。

2. 补贴

政府对项目的补贴，仅仅表示国民经济为项目所付出的代价中，有一部分来自政府财务支出；但是，整个国民经济为项目所付代价并不以这些代价来自何处为计算依据，更不会由于有无补偿或补贴多少而改变。因此，补贴也不是国民经济评价中的费用或效益。

3. 国内贷款利息

国内贷款利息在企业财务评价中的资本金财务现金流量中是一项费用。对于国民经济评价，它表示项目对国民经济的贡献有一部分转移到了政府或国内贷款机构。项目对国民经济所做贡献的多少，与所支付的国内贷款利息多少无关。因此，它也不是国民经济评价中的费用或效益。

4. 国外贷款与还本付息

在国民经济评价中，根据分析角度的不同，国外贷款和还本付息有两种不同的处理原则：

（1）在全部投资效益费用流量表中的处理。在全部投资效益费用流量表中，把国外贷款看作国内投资，以项目的全部投资作为计算基础，对拟建项目使用的全部资源的使用效果进行评价。由于随着国外贷款的发放，国外相应实际资源的支配权力也同时转移到了国内，这些国外贷款资源与国内资源一样，也存在着合理配置的问题。因此，在全部投资效益费用流量表中，国外贷款还本付息与国内贷款还本付息一样，既不作为效益，也不作为费用。

（2）在国内投资效益费用流量表中的处理。为了考察国内投资对国民经济的实际贡献，应以国内投资作为计算的基础。因此，在国内投资效益费用流量表中，把国外贷款还本付息视为费用。如果以项目的财务评价为基础进行国民经济评价，则应从财务效益和费用中剔除其中的转移支付部分。

5. 折旧

折旧在会计的处理上是生产费用，是从收益中提取的部分资金，与实际资源的耗用无关。因为在经济分析时已将固定资产投资所耗费的资源视为项目的投资费用，而折旧无非是投资形成的固定资产在再生产过程中价值转移的一种方式而已，因此不能将折旧作为国民经济评价中的费用或效益，否则就是重复计算。

如果以项目的财务评价为基础进行费用-效益分析，则应从财务效益和费用剔除其中的转移支付部分。

7.2.5　费用与效益的估算

进行费用-效益分析应采用反映资源真实经济价值的计算价格，来估算项目的费用和效益，用以纠正投入物与产出物因市场失灵和政策干预失当所造成的财务现金流量计算的偏差。

项目投资所引发的费用或经济效益的计算应在利益相关者分析的基础上，研究在特定的社会经济背景条件下相关利益主体获得的收益及付出的代价，计算项目相关的费用和效益。计算时，应遵循支付意愿、受偿意愿、机会成本和实价计算的原则。

1. 具有市场价格的投入物或产出物

对于具有市场价格的投入物或产出物，其费用或效益的计算应该遵循下列原则：

（1）该货物或服务处于竞争性市场环境中，市场价格能够反映支付意愿或机会成本，应采用市场价格作为计算项目投入物或产出物经济价值的依据。

（2）如果项目的投入物或产出物的规模很大，项目的实施将足以影响其市场价格，导致“有项目”和“无项目”两种情况下市场价格不一致，则理论上应考虑拟建项目对该物品均衡市场价格的影响。在项目评价实践中，可以取两者的平均值作为测算该投入物或产出物经济价值的依据。

（3）对于外贸货物，其投入物或产出物价格应基于国际市场价格进行推算，其价格取值应反映国际市场竞争的实际情况。

2. 不具有市场价格或市场价格难以真实反映其经济价值的产出物

对于不具有市场价格或市场价格难以真实反映其经济价值的产出物，应采用下列方法对项目的产品或服务的经济价值进行测算：

（1）按照消费者支付意愿的原则，通过其他相关市场价格信号，按照“显示性偏好”的方法，寻找揭示这些影响的隐含价值，对其效果进行间接估算。

（2）采用意愿调查评估的方法，按照“表达偏好”的原则进行间接估算。

“显示性偏好”是指在有些非市场物品或服务，尽管不存在市场的交换，但这些无形效果被包含于某些在市场交换过程中可以观察到的价格中。显示性偏好方法就是把这一类无形效果的价值剥离出来的技术。例如，在一个住宅小区中，区位、面积、质量、容积率和交通配套等条件都一样的房屋，安静地段的房屋房价高，噪声高地段的房屋房价低。人们愿意付出更多的钱来买这种噪声低安静的房屋。如果能搜集到这类房价差别的样本，用统计的方法建立噪声指标与价格差的函数，就可以求出降低一个噪声单位的边际支付意愿。

“表达偏好”是通过调查询问，对样本消费者的陈述进行分析加工，获取人们对某种需求的支付意愿。

7.3 国民经济评价参数

国民经济评价参数是指在项目的费用效益评价中为计算费用和效益，衡量技术经济指标而采用的一些参数，主要包括影子价格、影子汇率、影子工资和社会折现率等。其中，社会折现率和影子汇率换算系数等在各类建设项目的国民经济中必须采用，影子工资换算系数和土地影子价格等在各类建设项目的国民经济评价中可以参考使用。

国民经济评价参数是国民经济评价的基础，正确理解和使用这些参数，对于正确计算费用、效益和评价指标以及方案的优化选择是必不可少的。国民经济评价参数是由国家有关部门统一组织测算的，并实行阶段性的调整。1987 年，国家计委发布了《建设项目经济评价方法与参数》（第 1 版），对建设项目的科学决策起到了巨大的推动作用。举世瞩目的三峡工程就是按照这个文件做了详细的财务评价与国民经济评价。1993 年，由建设部和国家计委联合批准发布了《建设项目经济评价方法与参数》（第 2 版），推动了我国投资决策的科学化进程。2006 年 7 月，国家发改委和建设部联合发布了《建设项目经济评价方法与参数》（第 3 版），目前我国现行的国民经济评价参数就是出自于此。

7.3.1 社会折现率（影子利率）

社会折现率是社会对资金时间价值的估算，是从整个国民经济的角度所要求的资金投资收益率标准，代表占用社会资金所应获得的最低收益率。资金的机会成本又称为资金的影子价格，单位资金的影子价格就叫影子利率。因此，国民经济评价中所用的社会折现率就是资金的影子利率。在投资项目的国民经济评价中，社会折现率主要用来作为计算净现值时的折现率，或者用作评价项目国民经济内部收益率高低的基准（即用作基准内部收益率）。

1. 社会折现率的作用

作为项目费用效益不同时间性价值之间的折现率，社会折现率反映了对于社会费用效益价值的时间偏好。这种偏好在一定程度上受到社会经济增长的影响，但并非完全由经济增长所决定。

作为项目费用效益要求的最低经济收益率，社会折现率代表社会投资所要求的最低收益水平，理论上认为应该由社会投资机会成本决定，也就是由社会投资的边际收益率决定。

由社会资本投资的机会成本所决定的社会折现率，并不一定会等于由社会时间偏好所决定的社会折现率。一般认为，社会时间偏好率应低于社会投资机会成本。

2. 社会折现率对项目的影响

社会折现率的高低直接影响项目的经济可行性判断，社会折现率的高低会影响方案比选的结果。

3. 社会折现率的确定和取值

有两种思路：一种是基于资本的社会机会成本的方法；另一种是基于社会时间偏好的

方法。

按照资本机会成本原则确定的社会折现率总是高于按照社会时间偏好率原则确定的数值。《建设项目评价方法与参数》（第3版）推荐的社会折现率为8%。对于一些特殊项目，如水利工程、环境改良工程、某些稀缺资源的开发利用项目，采取较低的社会折现率。交通运输项目的社会折现率要比水利工程项目高；对于远期收益大的项目，允许对远期收益计算采取较低的折现率；对于永久性工程或者受益期超长的项目，宜采用低于8%的社会折现率；对于超长期项目，社会折现率可用按时间分段递减的取值方法，社会折现率的取值不可低于6%。

7.3.2　影子价格

影子价格是指社会经济处于某种最优状态时，能够反映投入物和产出物真实经济价值，反映市场供求状况，反映资源稀缺程度，使资源得到合理配置的价格。影子价格是一种虚拟价格，是为了实现一定的社会经济发展目标而人为确定、更为合理的价格。进行国民经济评价时，项目的主要投入物和产出物价格，原则上都应采用影子价格。为了简化计算，在不影响评价结论的前提下，可只对其价格在效益或费用中所占比例较大或国内价格明显不合格的产出物或投入物使用影子价格。

1. 具有市场价格货物的影子价格

随着我国市场经济的发展和贸易范围的扩大，大部分货物由市场定价，受供求影响，其价格可以近似反映其真实价值，进行国民经济评价时，可将这些货物的市场价格加减国内运杂费等作为影子价格。只是在确定其影子价格前，应先将货物区分为外贸货物和非外贸货物。

（1）外贸货物的影子价格。所谓外贸货物，是指其使用或产生将对国家进出口产生直接或间接影响的货物，主要包括产出物直接出口、间接出口或替代进口的货物以及投入物中直接进口、间接进口或减少出口（原可用于出口）的货物。

外贸货物影子价格的确定，以口岸价为基础，乘以影子汇率，加或减相关费用。其计算公式为

$$\text{进口投入物的影子价格(到厂价格)} = \text{到岸价(CIF)} \times \text{影子汇率} + \text{国内运杂费} + \text{贸易费} \tag{7-1}$$

$$\text{出口产出物的影子价格(出厂价格)} = \text{离岸价(FOB)} \times \text{影子汇率} + \text{国内运杂费} - \text{贸易费} \tag{7-2}$$

离岸价（FOB）是指出口货物运抵我国出口岸交货的价格；到岸价（CIF）是指进口货物运抵我国进口岸交货的价格，包括货物进口的货价、运抵我国口岸之前所发生的运输、保险费用。

贸易费是指外贸部门为进出口货物所耗用，用影子价格计算的流通费用，包括货物的储存、包装、运输、装卸、保险等环节的费用支出及资金占用的机会成本，但不包括长途运输费。计算贸易费要用到贸易费费率。

贸易费费率是贸易费与货物影子价格的比率，是工程项目国民经济评价中的重要参数，由国家有关部门测定和发布。目前，我国贸易费费率一般取6%。对于少数价格高、体积和重量较小的货物，可适当降低贸易费费率。

实际运用时，可用下列公式计算：

$$进口货物贸易费 = 到岸价(CIF) \times 影子汇率 \times 贸易费费率 \tag{7-3}$$

$$出口货物贸易费 = \frac{(离岸价 \times 影子汇率 - 国内长途运输费) \times 贸易费费率}{1 + 贸易费费率} \tag{7-4}$$

对于不经过流通部门而生产厂家直供的货物，则不计算贸易费。

（2）非外贸货物的影子价格。非外贸货物是指其生产或使用不影响国家进出口的货物。其中包括“天然”不能进行贸易的货物和服务，如建筑物、国内运输等；还包括由于地理位置所限，运输费用过高或受国内外贸易政策的限制而不能进行外贸的货物。非外贸货物的影子价格以市场价格加减国内运杂费作为影子价格。其计算公式为

$$投入物的影子价格(到厂价格) = 市场价格 + 国内运杂费 \tag{7-5}$$

$$产出物的影子价格(出厂价格) = 市场价格 - 国内运杂费 \tag{7-6}$$

2. 由国家调控价格的货物的影子价格

目前，在我国价格管理体制条件下，有些货物（或服务）不完全由市场机制形成价格，还受国家宏观调控的制约，主要包括指导价、最高限价、最低限价等。调控价格不能完全反映货物的真实价值。在进行国民经济评价时，其影子价格应采用特殊方法确定。确定影子价格的原则是投入物按机会成本分解定价，产出物按消费者支付意愿定价。

（1）电价。电力作为项目投入物时的影子价格，一般按完全成本分解定价，电力过剩时按可变成本分解定价；作为项目产出物的影子价格，可按电力对当地经济的边际贡献定价。

（2）铁路定价。铁路作为项目投入物的影子价格，一般按完全成本分解定价，对运力有富余的路段，按可变成本分解定价；铁路项目的国民经济效益按“有无法”计算运输费用节约等效益。

（3）水价。水作为项目投入物的影子价格，按后备水源的边际成本分解定价或按恢复水功能的成本计算；作为项目产出物的影子价格，按消费者支付意愿（一般消费者承受能力加政府补贴）计算。

3. 特殊投入物的影子价格

项目的特殊投入物是指项目在建设、生产运营过程中使用的劳动力、土地和自然资源等物品。项目在使用这些特殊投入物所产生的国民经济费用，应分别采用下列方法确定其影子价格：

（1）劳动力的影子价格。劳动力作为一种资源被项目使用时，国民经济评价采用“影子工资”计算其费用。影子工资是国民经济为项目使用劳动力所付出的真实代价，由劳动力机会成本和劳动力就业或转移而引起的新增资源耗费两部分构成。

1）劳动力机会成本是指项目的劳动力如果不用于拟建项目而用于其他生产经营活动所能创造的最大效益。它与劳动力的技术熟练程度、过剩或稀缺程度有关，技术熟练程度和稀缺程度越高，其机会成本越高；反之越低。

2）劳动力就业或转移而引起的新增资源耗费是指因项目使用劳动力而引起的培训费用、劳动力搬迁费用、城市管理费用、城市交通等基础设施投资费用等。

在国民经济评价中，影子工资作为经济费用计入经营费用。其计算公式为

$$影子工资 = (财务工资 + 职工福利基金) \times 影子工资换算系数 \tag{7-7}$$

影子工资换算系数是影子工资与财务评价中劳动力的工资和福利费的比值。影子工资换算系数是工程项目国民经济评价的通用参数，由国家相关部门根据我国劳动力的状况、结构及就业水平等测定和发布。

（2）土地影子价格。土地是一种不可再生资源，土地影子价格反映土地用于拟建项目而使社会为此放弃的国民经济效益，以及国民经济为此增加的资源消耗。

1）土地影子价格的构成

① 土地的机会成本。按照土地因项目占用而放弃的“最好可替代用途”的净收益测算，原则上根据具体项目情况，由项目评价人员自行测算。在难以测算的情况下，可参考有关土地分类、土地净收益和经济区域划分的规定执行。

② 因土地占用而新增加的社会资源消耗，如拆迁费、劳动力安置费、养老保险费等。

2）土地影子价格的确定方法

① 农用土地的影子价格是指项目占用农用土地使国家为此损失的收益。它由土地的机会成本和占用土地而引起的新增资源消耗两部分构成。土地机会成本按项目占用土地而使国家为此损失的该土地最佳替代用途的净效益计算。土地影子价格中新增资源消耗，一般包括拆迁费用和劳动力安置费。

土地影子价格可以直接从机会成本和新增资源消耗两方面求得，也可在财务评价土地费用的基础上调整计算得出。项目实际征地费用包括三部分：一是机会成本性质的费用，如土地补偿费、青苗补偿费等，应按机会成本的计算方法调整计算；二是新增资源消耗，如拆迁费、剩余劳动力安置费、养老保险费等，应按影子价格调整计算；三是转移支付，如粮食开发基金、耕地占用税等，应予以剔除。

② 城镇土地影子价格计算。通常按市场价格计算，主要包括土地出让金、征地费、拆迁安置补偿费等。

（3）自然资源影子价格。各种有限的自然资源也是特殊的投入物。一个项目使用了矿产资源、水资源、森林资源等，是对国家资源的占用和消耗。矿产等不可再生自然资源的影子价格按资源的机会成本计算，可再生自然资源的影子价格按资源再生费用计算。

7.3.3　影子汇率

影子汇率是指正确反映外汇增加或减少对国民经济贡献或损失的汇率，即外汇影子价格，体现了从国家的角度对外汇价格的估算。凡是投资项目投入物和产出物涉及进出口的，都应采用影子汇率进行外汇与人民币之间的换算。同时，影子汇率又是经济换汇或节汇成本的判断依据。

影子汇率以美元与人民币的比价表示，对于美元以外的其他国家的货币，应先根据项目评价确定的某个时间国家公布的国际金融市场美元与该种货币的兑换率，折现为美元，再用影子汇率换算成人民币。

目前，影子汇率通过影子汇率换算系数计算。其计算公式为

$$\text{影子汇率} = \text{外汇牌价(即官方汇率)} \times \text{影子汇率换算系数} \tag{7-8}$$

影子汇率换算系数是影子汇率与国家外汇牌价之比，其取值的高低会影响项目评价中进出口的选择，影响采用进出口设备还是国产设备的选择，影响商品进出口型项目的选择。因此，影子汇率换算系数由国家统一测定和定期发布。根据目前我国外汇收支状况、主要进出

口商品的国内价格与国外价格的比较、出口换汇成本及进出口关税等因素综合分析。

7.4 费用-效益分析指标

费用-效益分析和财务分析类似，也是通过评价指标的计算，编制相关报表来反映项目的国民经济效果。

项目国民经济的效果主要反映在国民经济盈利能力上，其基本评价指标为经济内部收益率、经济净现值和经济效益费用比。

1. 经济内部收益率

经济内部收益率（EIRR）是反映项目对国民经济净贡献的相对指标，是项目在计算期内经济效益流量的现值累计等于零时的折现率。其表达式为

$$\sum_{t=1}^{n}(B-C)_t(1+\mathrm{EIRR})^{-t}=0 \tag{7-9}$$

式中　B——项目的效益流入量；

C——项目的费用流入量；

$(B-C)_t$——第 t 年的净现金流量；

n——项目的计算期。

判别准则如下：

EIRR≥社会折现率，表明项目对国民经济的净贡献达到或超过了要求的水平，此项目是可以接受的；反之则拒绝。

2. 经济净现值

经济净现值（ENPV）是反映项目对国民经济净贡献的绝对指标，是指项目按照社会折现率将计算期内各年的经济净效益流量折现到建设期初的现值之和。其表达式为

$$\mathrm{ENPV}=\sum_{t=1}^{n}(B-C)_t(1+i_s)^{-t} \tag{7-10}$$

式中　ENPV——经济净现值；

i_s——社会折现率。

在评价项目的国民经济贡献能力时，若经济净现值等于零，则表示国家为拟建项目付出代价后，可以得到符合社会折现率的社会盈余；若经济净现值大于零，则表示国家除获得符合社会折现率的社会盈余外，还可以获得以现值计算的超额社会盈余。在上面两种情况下，项目可以接受，反之，则应拒绝。

3. 经济效益费用比

经济效益费用比（RBC）是经济净现值的一个辅助指标，是指项目在计算期内效益流量的现值与费用流量的现值之比。其表达式为

$$R_{BC}=\frac{\sum_{t=1}^{n}B_t(1+i_s)^{-t}}{\sum_{t=1}^{n}C_t(1+i_s)^{-t}} \tag{7-11}$$

式中　R_{BC}——经济效益费用比；

B_t——第 t 期的经济效益；

C_t——第 t 期的经济费用。

评价准则如下：

若 $R_{BC}>1$，则表明项目资源配置的经济效率达到了可以接受的水平，此时项目是可以接受的；反之则应拒绝。

例 7-1：国内某公司目前年销售收入为人民币 3 200 万元，年经营成本为人民币 2 400 万元。现计划从国外引进一套设备进行改扩建。该设备的离岸价格为 163 万美元，海上运输及保险费用为 17 万美元，运到中国口岸后需要缴纳费用：关税为人民币 41.5 万元；国内运输费用为人民币 12.7 万元；外贸手续费费率为 3.5%；增值税及其他附加税为人民币 87.5 万元。通过扩大生产规模，该企业年销售收入可增加到人民币 4 500 万元，年经营成本提高到人民币 3 200 万元。当年即投产运营。

该企业生产的产品为市场类竞争产品，产出物的影子价格与市场销售价格一致，在经营成本计算中，包含国家环保部门规定的每年收取人民币 200 万元的排污费。该企业污染较为严重，经济及环境保护专家通过分析认为，该企业排放的污染物对国民经济的环境损害应为销售收入的 10% 才合理。经营成本其余部分及国内运输费用和贸易费用的费用-效益分析的计算结果与财务分析相同。

市场研究表明，该产品还可以在市场上销售 5 年，5 年后停止生产。第 5 年年末进口设备残值为人民币 50 万元，并可以以此价格在国内市场售出。如果决定现在实施此项目，原有生产线一部分设备可以以人民币 100 万元的价格在市场售出。设备的影子价格与市场出售价格相同。本企业的财务基准收益率为 10%，社会折现率为 8%，美元兑人民币官方汇率为 1∶6.7，影子汇率换算系数为 1.08。问：

（1）用财务净现值法，从财务分析的角度分析此项目是否可行。

（2）用经济净现值法，从费用效益的角度分析此项目是否可行？

解：（1）该进口设备的购置费 =（163 万美元 + 17 万美元）×6.7 元/美元 ×（1 + 3.5%）+ 41.5 万元 + 87.5 万元 + 12.7 万元

= 1 389.91 万元

该扩建项目期初投资额 = 1 389.91 万元 − 100 万元 = 1 289.91 万元

扩建项目运营期间年增加的净现金流量 =（4 500 万元 − 3 200 万元）−（3 200 万元 − 2 400万元）= 500 万元

扩建项目运营期满时的净现金流量 = 50 万元

则该项目 FNPV = −1 289.91 万元 + 500 万元 ×$(P/A,10\%,5)$ + 50 万元 ×$(P/F,10\%,5)$

= −1 289.91 万元 + 500 万元 ×3.790 8 + 50 万元 ×0.620 9

= 636.535 万元

所以，从财务分析的角度，该项目可行。

（2）由题意得

该进口设备的影子价格 =（163 万美元 + 17 万美元）×6.7 元/美元 ×1.08 +（163 万美元 + 17 万美元）×6.7 元/美元 ×3.5% + 12.7 万元

= 1 357.39 万元

扩建前经营成本调整额 = 2 400 万元 − 200 万元 + 3 200 万元 ×10% = 2 520 万元

扩建后经营成本调整额 = 3 200 万元 − 200 万元 + 4 500 万元 × 10% = 3 450 万元

扩建项目运营期间年增加的国民经济净现金流量 = (4 500 万元 − 3 200 万元) − (3 450 万元 − 2 520 万元) = 370 万元

则该项目 ENPV = −(1 357.39 万元 − 100 万元) + 370 万元 × $(P/A,8\%,5)$ + 50 万元 × $(P/F,8\%,5)$

= −1 257.39 万元 + 370 万元 × 3.992 7 + 50 万元 × 0.680 6 = 253.939 万元

所以，该项目从费用效益的角度分析也是可行的。

思考与练习

1. 什么是投资项目的国民经济评价？评价的范围是什么？
2. 投资项目国民经济评价与财务评价有什么异同？
3. 在国民经济评价中，识别费用和效益的原则是什么？
4. 什么是直接效益、直接费用和间接效益、间接费用？
5. 什么是转移支付？常见的转移支付有哪些？
6. 国民经济评价参数有哪些？
7. 什么是影子价格？外贸货物和非外贸货物的影子价格如何确定？
8. 什么是影子汇率、影子工资、社会折现率？它们的取值是如何确定的？
9. 国民经济评价的指标主要有哪些？它们的判别准则是什么？
10. 某投资项目，正式投产运营时要购置两台机器设备：一台可在国内购得，其国内市场价格为 350 万元/台，影子价格与国内市场价格的换算系数为 1.3；另一台设备必须进口，其到岸价格为 50 万美元/台，影子汇率换算系数为 1.08，外汇牌价为 6.97 元/美元，进口设备的国内运杂费和贸易费为 10 万元和 5 万元。试求该种产品进行生产时，两台设备的影子价格和所需设备的总成本。
11. 项目甲的投入物乙要靠进口。已知：甲距离港口 200 km，乙进口到岸价为 300 美元/t，影子汇率为 1 美元 = 6.97 元人民币，贸易费按采购价格的 6% 计算，国内运费为 1 元/(t · km)。求项目甲投入物的影子价格。
12. 某出口产品每吨的离岸价（FOB）为 850 美元，该产品到口岸的运费每吨为 200 元人民币，离岸前的其他物流费用按 6% 估算。试以该产品的出厂价确定产出效益。汇率为 1 美元 = 7 元人民币。

第8章

设备的经济分析

学习指导

本章知识要点：

1. 设备的磨损形式及其度量
2. 设备磨损的补偿方式
3. 设备的寿命形态
4. 设备的经济寿命理论和计算方法
5. 设备更新的经济决策
6. 设备的折旧方法

本章难点：

1. 设备的经济寿命理论和计算方法
2. 设备更新的经济决策

引例

某企业有一台设备已经使用了很多年，要继续使用就必须进行大修，估计大修需要费用10 000元，大修后可以继续使用3年，每年的维修费为2 000元。现在有另一方案：重新购置一台功能相同的设备，购置成本需30 000元，可使用10年，每年的维修费为800元。如果基准折现率为5%，请你帮助企业决策：是继续使用旧设备好还是更新设备好？

设备是现代企业生产的重要物质和技术基础，任何企业或项目的生产与经营都离不开设备的运行。设备在其运行过程中会发生磨损，磨损需要进行补偿，补偿方式的选择通过经济分析来确定，才能做出利益最大化的正确选择。设备的经济分析是选择设备更新方案、设备现代化改装方案、设备修理方案、设备租赁方案以及在多方案之间选择的依据。设备的经济分析是本章的要点。

设备是指可供企业在生产中长期使用，并在反复使用中基本保持原有实物形态和功能的劳动资料和物质资料的总称，是固定资产的主要组成部分。生产设备是指在生产过程中为生产工人操纵的，直接改变原材料属性、性能、形态或增强外观价值所必需的劳动资料或器物。如高炉、机床、反应器、印染机等。生产设备的质量及其技术先进程度，直接影响着产品的质量、精度、产量和生产效率。它包含了以下几方面的含义：①设备是保证生产能力的必要条件；②设备反映了企业的现代化程度和技术水平；③设备购置费、使用和维护等费用是固定资产投资、生产成本核算的重要内容。

企业购置设备之后，从投入使用到最后报废，通常要经历一段较长的时间，在这段时间里，设备会逐渐磨损。当设备因物理损坏或陈旧落后不能继续使用或不宜继续使用时，就需要进行更新。由于技术进步的速度加快，设备更新的速度也相应加快。作为企业，为了促进技术发展和提高经济效益，需要对设备整个运行期间的技术经济状况进行分析和研究，以做出正确的决策。因此，如何充分发挥设备能力和维持设备性能、研究设备费用随设备使用时间的变化规律，对设备磨损进行经济研究，确定设备最佳更新时机已成为工程经济分析的重要课题。

8.1　设备磨损及其经济后果

设备在使用或闲置的过程中，随着时间的推移会逐渐发生磨损（也称为老化）。这种磨损分为有形磨损和无形磨损。

8.1.1　设备的有形磨损及其经济后果

1. 设备的有形磨损

设备的有形磨损按照其成因分为两种：第一种有形磨损和第二种有形磨损。

设备的第一种有形磨损是指设备在使用过程中受到力的作用，零部件发生摩擦、振动和疲劳等现象致使设备的实体发生的磨损。具体表现为：

（1）零部件原有尺寸的改变，甚至形状也发生改变。

（2）公差配合性质的改变，以及精度的降低。

（3）零件损坏。

第一种有形磨损可使其加工精度降低，表面粗糙度值增加，生产率下降，耗能增加。当设备磨损到一定程度时，零部件和机械就会发生故障，功率下降，设备使用费提高。磨损达到严重的程度，设备不能继续正常工作，甚至会发生故障。这样就要付出较多的修理费用，造成经济上的损失，并影响企业正常生产。

第二种有形磨损是指设备在闲置过程中，由于自然因素的作用而生锈，管理不善和缺乏必要的维护而自然丧失精度和工作能力，使设备遭到的有形磨损。

第一种有形磨损主要与使用时间和使用强度有关，而第二种有形磨损，在一定程度上与闲置时间的长短、保养条件有关。在设备的有形磨损中，有一部分是可以通过修理消除的，属于能消除的有形磨损；另一部分是不能通过修理消除的，属于不能消除的有形磨损。

设备的有形磨损是有一定规律的。一般情况下，设备在初期阶段磨损量增加较快，当磨损量达到一定程度时，磨损缓慢增加，在这一阶段是设备的正常使用阶段。当设备使用到一定时间，磨损的“量变”积聚到一定程度，就会发生“质变”，这时磨损迅速增加，最后致使设备零件实体全部损坏直至报废。设备有形磨损的规律如图 8-1 所示。

在图 8-1 中，设备的有形磨损从时间上分成三个阶段，即初期磨损阶段、正常磨损阶段和剧烈磨损阶段。

在设备的初期磨损阶段，零件磨损很大，表面宏观几何形状和微观粗糙度都发生明显的变化，但这段时间较短。

在设备的正常磨损阶段，工人操作逐渐熟练，零件的磨损趋于缓慢，磨损量基本上随时间而均匀增加，这段时间就是零件的使用寿命，是磨损的“量变”过程。

在设备的剧烈磨损阶段，零件的磨损超过一定限度，正常的磨损关系被破坏，工作情况恶化而磨损加快，设备精度、性能和生产效率迅速下降。此时如果不停止使用设备并进行修理的话，设备将会损坏或者报废。这段时间较短，是磨损的“质变”过程。一般不允许零件进入剧烈磨损阶段还继续使用。

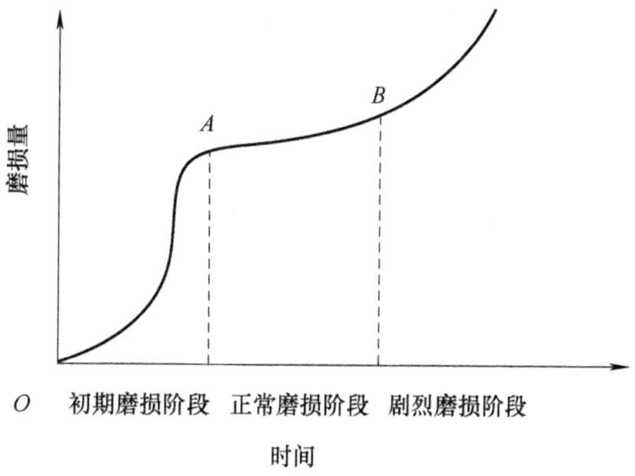

图 8-1　设备有形磨损的规律

设备的有形磨损反映设备使用价值的降低。为了消除这种磨损，可以通过修理的方法加以修复，但相应要求一定的费用支出。因此，有形磨损表示设备原始价值的部分损失。技术的发展，如更加耐用材料的出现、零部件加工精度和表面粗糙度的提高以及结构可靠性的增大等，都可使设备的耐久性增强；同时，采用正确的预防维护、计划预修理制度和新的先进维修技术，都可以推迟设备的有形磨损发生时间。另外，技术的发展又加快了有形磨损的速度，如连续性生产、重载条件工作等，必然会加快有形磨损。而且技术的发展必然经常与提高速度、压力、载荷和高温相联系，因此会使设备的有形磨损加剧。

一般来说，推迟有形磨损在经济上总是有利的。从这点出发，提高设备的耐用度对国民经济具有重要意义，但是必须注意到，增加耐用度是有经济界限的。

2. 设备有形磨损的度量

正确地度量有形磨损的程度，是合理评价设备使用经济价值的标准之一。如果设备的有形磨损程度直接取决于设备零件的磨损量，设备的磨损是因为零件之间摩擦而产生的，则有形磨损程度为

$$\alpha_i = \frac{\delta_{\mathrm{Dr}i}}{\delta_{\mathrm{m}i}} \tag{8-1}$$

式中　α_i——设备 i 零件的有形磨损程度；

$\delta_{\mathrm{Dr}i}$——零件的实际磨损量；

$\delta_{\mathrm{m}i}$——零件的最大允许磨损量。

若设备的磨损是因为零件疲劳而造成的，则有形磨损程度为

$$\alpha_i = \frac{T_{\mathrm{Dr}i}}{T_{\mathrm{m}i}} \tag{8-2}$$

式中　$T_{\mathrm{Dr}i}$——零件的实际服务期；

$T_{\mathrm{m}i}$——零件的疲劳损坏期。

设备（或整机）的有形磨损程度的度量，必须反映其价值损失，因此用经济指标的度量方法。其表达式（不计利息）为

$$\alpha_{\mathrm{p}} = \frac{C}{K_{\mathrm{s}}} \tag{8-3}$$

式中 α_p——设备的有形磨损程度；

C——修复全部零件所用的修理费用；

K_s——在确定设备磨损程度时，该种设备的再生产价值。

在这个公式中，分母中用设备的再生产价值，而不用其原始价值（简称原值），是因为修理费用与设备自身价值必须用同一时期的价值才能进行比较。

8.1.2 设备的无形磨损及其经济后果

1. 设备的无形磨损

设备在使用过程中，除遭受有形磨损之外，还会有设备贬值的现象，称为无形磨损（也称为经济磨损）。

所谓无形磨损，是指由于科学技术进步而出现了功能相同、性能更加完善、生产效率更高的设备，使原有的设备价值降低；或是由于生产技术和工艺的进步，生产同样功能和结构的设备成本下降了，造成原有设备价值降低。

由此可见，无形磨损不是由于生产过程中的使用或自然力作用造成的，因此，它不表现为设备实体的变化，而表现为设备原始价值的贬值。

设备的无形磨损按照其成因也可以分为两种：第一种无形磨损和第二种无形磨损。

（1）由于相同结构设备的再生产价值的降低而使原有设备价值的贬低，叫作第一种无形磨损。

（2）由于不断出现性能更完善、效率更高的设备而使其原有设备显得陈旧和落后，因而产生的经济磨损，叫作第二种无形磨损。

在第一种无形磨损情况下，设备的技术结构和经济性能并未改变，但由于技术进步的影响，生产工艺不断改进，成本不断降低，从而使原有设备发生贬值。

这种无形磨损虽然使生产领域中的现有设备部分贬值，但其设备本身的技术特性和功能不受影响，设备的使用价值并未降低，因此，不产生提前更换现有设备的问题。如果说对设备使用周期多少有些影响的话，是由于技术进步既影响生产部门，也影响修理部门，而且对生产部门的影响往往大于修理部门，设备本身价值降低的速度比其修理费用降低的速度更快，从而有可能出现修理费用高于设备本身价值的情况，因此从修理的角度分析，有可能影响设备的使用期限。

在第二种无形磨损情况下，由于出现结构更新、技术性能更完善、具有更高生产效率和更好经济性的设备，不仅原始设备的价值相对贬低，而且如果继续使用旧设备还会相对地降低生产的经济效果（即原始设备所生产的产品，质量不及新设备，以及生产中耗用的原材料、燃料动力和工资等比新设备多）。这种经济效果的降低，实际上反映了原设备使用价值的局部或全部丧失，这就可能产生用新设备代替现有陈旧设备的必要性；但是，这种更换的经济合理性不取决于出现相同技术用途的新设备这一事实，而取决于现有设备贬值的程度及在生产中继续使用旧设备的经济效果下降的幅度。

设备使用价值的降低和设备的更换，与技术进步的具体形式有关，一般有以下三种情况：

（1）出现了性能更高、结构更合理、效率更高而加工方法没有原则性变化的新设备时，这种无形磨损则使原有设备的使用价值降低。如果这种磨损速度很快，那么继续使用旧设备是不经济的。

（2）广泛采用新的劳动对象，特别是利用新材料时，则加工旧材料的设备必然要被淘汰。

（3）改变原有生产的加工方法，则原有设备将失去使用价值。

2. 设备无形磨损的度量

衡量设备的无形磨损常常采用价值指标。下面介绍在技术发展的影响下，如何对两种无形磨损进行度量。设备（或整机）无形磨损的表达式（不计利息）为

$$\alpha_q = \frac{K_0 - K_s}{K_0} = 1 - \frac{K_s}{K_0} \tag{8-4}$$

式中　α_q——设备的无形磨损程度；

K_0——设备原值；

K_s——（考虑两种无形磨损时）设备的再生产价值。

K_s可用下式计算：

$$K_s = K_x \left(\frac{q_0}{q_x}\right)^{\alpha} \left(\frac{C_x}{C_0}\right)^{\beta} \tag{8-5}$$

式中　K_x——新设备的价值；

q_0——旧设备的年生产率；

q_x——新设备的年生产率；

C_0——旧设备的单位产品的耗费；

C_x——新设备的单位产品的耗费；

α——生产率提高指数（$0 < \alpha < 1$）；

β——成本降低指数（$0 < \beta < 1$）。

α、β 两个指数的大小，可以通过研究相似设备的实际资料获得。

当 $q_0 = q_x$，$C_0 = C_x$，即新旧机器的劳动生产率、使用成本均相同时，$K_s = K_x$ 表示发生第一种无形磨损。

若出现下列三种情况之一，即表示发生第二种无形磨损：

（1）当 $q_x > q_0$，$C_x = C_0$ 时

$$K_s = K_x \left(\frac{q_0}{q_x}\right)^{\alpha}$$

（2）当 $q_x = q_0$，$C_x < C_0$ 时

$$K_s = K_x \left(\frac{C_x}{C_0}\right)^{\beta}$$

（3）当 $q_x > q_0$，$C_x < C_0$ 时

$$K_s = K_x \left(\frac{q_0}{q_x}\right)^{\alpha} \left(\frac{C_x}{C_0}\right)^{\beta}$$

在比较时，采用的是将单位产品耗费相比较的方法，也就是设备的单位产品使用成本。因为一种结构完美、效率更高的新设备，其价值不一定比旧结构设备再生产的价值更低，所以直接比较两者的价值不一定能得出正确的结论，只有通过比较单位产品的使用成本才能反映新设备的优越性。

8.1.3 设备综合磨损的度量

机器设备在使用中，既要遭受有形磨损，又要遭受无形磨损，因此机器设备所受的磨损是双重的、综合的，即综合磨损。两种磨损都引起设备原始价值贬值。不同的是，遭受有形磨损的设备，特别是有形磨损严重的设备，在修理之前，常常不能正常工作。而遭受无形磨损的设备，即使无形磨损损失严重，仍可以继续使用，只不过继续使用在经济上不合算了，需要分析研究。

将设备有形磨损和无形磨损对设备的影响综合到一起，用价值形态表现出来，称为设备综合磨损（或设备综合老化）。

设备有形磨损后的残余价值为：$1-\alpha_p$。

设备无形磨损后的残余价值为：$1-\alpha_q$。

设备的综合磨损程度（两种磨损同时发生后的设备残余价值）为

$$\alpha_{pq}=1-(1-\alpha_p)(1-\alpha_q) \tag{8-6}$$

式中 α_{pq}——设备的综合磨损程度（用设备原始价值比率表示）。

设备在两种磨损作用下（任何时候）的残余价值 L 可用下式计算：

$$\begin{aligned} L &= (1-\alpha_{pq})K_0 \\ &= [1-1+(1-\alpha_p)(1-\alpha_q)]K_0 \\ &= \left(1-\frac{C}{K_s}\right)\left(1-\frac{K_0-K_s}{K_0}\right)K_0 \end{aligned} \tag{8-7}$$

化简后

$$L=K_s-C \tag{8-8}$$

从上式可以看出，残值 L 等于设备再生产价值减去修理费用。

例 8-1：设备的原值 $K_0=10\,000$ 元，当前需要修理，修理费用为 $C=3\,000$ 元，若该设备再生产的价值 $K_s=7\,000$ 元，则

$$\alpha_p=\frac{C}{K_s}=\frac{3\,000\text{元}}{7\,000\text{元}}=0.43$$

$$\alpha_q=\frac{K_0-K_s}{K_0}=\frac{10\,000\text{元}-7\,000\text{元}}{10\,000\text{元}}=0.3$$

$$\alpha_{pq}=1-(1-\alpha_p)(1-\alpha_q)=1-(1-0.43)(1-0.3)=0.6$$

$$L=K_s-C=7\,000\text{元}-3\,000\text{元}=4\,000\text{元}$$

8.1.4 设备磨损的形式及补偿方式

设备的两种磨损都同时引起设备价值的降低，有形磨损引起设备使用价值的降低，如果使用价值降低到严重程度，在进行大修理之前常常是不能进行生产的；无形磨损引起设备经济价值的降低，但无形磨损不影响它的继续使用。

倘若能使设备的有形磨损期与无形磨损期互相接近，这将具有重要意义。假如设备已遭到完全有形磨损，而它的无形磨损期还没有到来，这时就无须设计新设备，只需对已经发生有形磨损的设备进行大修理或更换一台相似的设备就可以了。假如无形磨损期早于有形磨损期，这时企业将面临选择：是继续使用原有的设备，还是用先进的新设备更换尚未折旧完的

旧设备。显然最好的方案是有形磨损期与无形磨损期接近，这是一种理想的“无维修设计”，即设备需要大修理时，恰好到了更换的时刻；但是，大多数设备在一般情况下，无形磨损期短于有形磨损期，通常通过修理可使有形磨损期延长到较长的时间，而无形磨损期却比较短。在这种情况下，就有个如何对待已经无形磨损但物理上还可用的设备的问题。此外还应看到，第二种无形磨损虽然使设备贬值，但它是对社会生产力发展的反映，这种磨损越大，则表明社会技术进步越快，因此应该充分重视对设备磨损规律性的研究，促进技术加快发展。

设备磨损的形式不同，补偿磨损的方式也不一样。设备磨损的补偿一般有三种方式：修理、更换和现代化改装。

根据设备有形磨损程度的不同，可以分为可消除的有形磨损和不可消除的有形磨损，可消除的有形磨损一般磨损程度较小，可通过修理进行补偿；不可消除的有形磨损一般磨损程度较大，只有通过更新来补偿。磨损形式及其补偿方式间的相互关系如图 8-2 所示。

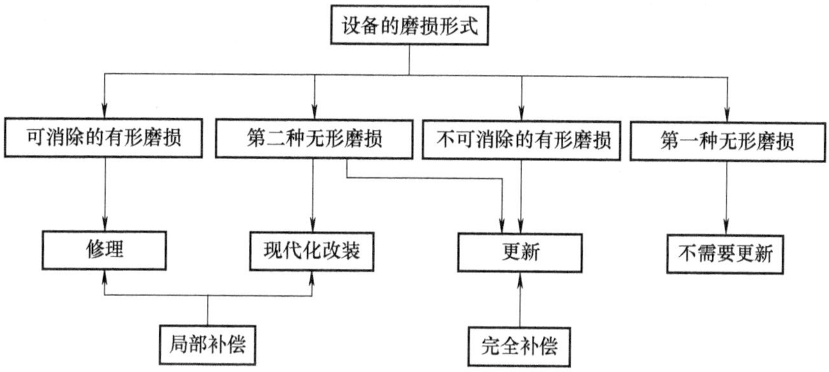

图 8-2　磨损形式及其补偿方式间的相互关系

第一种无形磨损是由于新设备价格降低引起的贬值，但生产技术并没有改进革新，这种情况下一般不进行更新。第二种无形磨损是出现了新技术的同类设备，使原设备技术落后造成设备贬值，这时就存在着是继续用原有设备还是购买新设备或者进行旧设备现代化改装的决策。

8.2　设备的寿命

8.2.1　设备寿命的种类

设备合理使用年限与设备的寿命有密切联系，从不同的角度考察机器设备，设备的寿命有以下三种：

1. 自然寿命

自然寿命也称为物理寿命，是指一台全新的设备从开始使用，经有形磨损而丧失技术性能和使用性能，又无修复价值的时间。其报废界限是最后一次大修是否进行的经济界限。自然寿命的长短，主要是由有形磨损决定的，与无形磨损无关。

做好设备维修和保养可延长设备的自然寿命，但不能从根本上避免设备的磨损。任何一台设备磨损到一定程度时，都必须进行更新。因为随着设备使用时间的延长，设备不断老化，维修所支出的费用也逐渐增加，从而出现经济上不合理的使用阶段。因此，设备的自然寿命不能成为设备更新的估算依据。

2. 技术寿命

设备的技术寿命是指设备从投入使用到因技术落后而被淘汰所延续的时间。由于科学技术迅速发展，一方面，对产品的质量和精度的要求越来越高；另一方面，也不断涌现出技术上更先进、性能更完善的机械设备，这就使得原有设备虽还能继续使用，但已不能保证产品的精度、质量和技术要求而被淘汰。由此可见，技术寿命主要是由设备的无形磨损决定的，一般比自然寿命要短，而且科学技术进步越快，技术寿命越短。因此，在估算设备寿命时，必须考虑设备技术寿命期限的变化特点及其使用的制约或影响。

3. 经济寿命

设备的经济寿命是指设备从投入使用开始，到因继续使用在经济上不合理而被更新所经历的时间。经济寿命受有形磨损和无形磨损共同影响。

三种设备的寿命都考虑了经济效益因素，但其内容范围有所差异。自然寿命以大修效益为更新界限，只强调了物理寿命而忽视了综合效益，这是非完全经济效益寿命。技术寿命片面地强调了无形磨损，难以适时地进行定量核定。经济寿命同时考虑了有形磨损和无形磨损对设备综合效益的影响。

追求技术进步和提高经济效益是研究设备更新决策问题的根本出发点，而讲求技术进步最终还是为了提高经济效益。因此，研究设备更新问题应该从经济效益出发，来寻求设备的合理使用年限，即设备的经济寿命，而经济寿命也称为设备最佳更新期。

8.2.2 计算设备经济寿命的方法

1. 静态法——低劣化数值法

假设设备经过使用后具有一定的残值，并以 K_0 代表设备的原值，K_L 代表设备的残值，T 代表已使用的年数，则每一年的设备分摊费用为 $(K_0 - K_L)/T$，显然与设备的使用年限有关，随着使用年数 T 的增加，$(K_0 - K_L)/T$ 减少；但是设备使用的时间越长，设备的综合磨损损失越大，设备的维护费及燃料、动力消耗增加，而设备性能不断下降，这就叫作设备低劣化。

（1）年度使用费用逐年呈相同劣化程度增加。若这种低劣化每年以 λ 数值线性增加，到第 T 年的低劣化数值 λT，它随着使用年数 T 的增加按正比例增加，而经过 T 年使用后，年平均低劣化数值为 $\lambda T/2$。

据此，则平均每年的设备费用为

$$C = \frac{\lambda}{2}T + \frac{K_0 - K_L}{T} \tag{8-9}$$

式中 K_0——设备原值；

T——设备使用年数；

λ——年低劣化增加值。

求 C 的导数，并令其等于0，则可求出所耗费用最小的经济寿命 $T_{\min}$，即令

$$\frac{\mathrm{d}C}{\mathrm{d}T} = \frac{\lambda}{2} - \frac{K_0 - K_L}{T^2} = 0$$

则

$$T_{\min}=\sqrt{\frac{2(K_0-K_L)}{\lambda}} \tag{8-10}$$

例 8-2：某种设备的原始价值为 8 000 元，每年低劣化增加值为 320 元，残值为 0，求其经济寿命。

解：利用公式可得

$$T_{\min}=\sqrt{\frac{2K_0}{\lambda}}=\sqrt{\frac{2\times8\ 000}{320}}\text{年}=7\text{ 年}$$

在 λ 和 K_0 已知的条件下，逐项加以计算，也可得到同样的结果，见表 8-1。

表 8-1　计算过程及结果　（单位：元）

T	1	2	3	4	5	6	7	8	9
$\frac{K_0}{T}$	8 000	4 000	2 666	2 000	1 600	1 333	1 143	1 000	889
$\frac{\lambda T}{2}$	160	320	480	640	800	960	1 120	1 280	1 440
C	8 160	4 320	3 146	2 640	2 400	2 293	2 263	2 280	2 329

从表 8-1 中可以看出，第 7 年时年平均设备费用 C 最小。同时发现第 6 ~ 8 年的值相差无几，这一段时间可以视为经济寿命区域。

应该注意：

1）用低劣化数值法在计算机械设备的经济寿命时，例中每年低劣化增加值 λ 是作为已知数给定的，这是在目前的实际应用中难以做到的。事实上，λ 往往需要处理方得其值。

2）以上的计算，未考虑资金的时间价值，是静态计算方法。

（2）年度使用费用逐年增加但不呈规律变化。当设备每年的使用费用逐年增加但不呈规律变化，且每年的残值也不相等时，计算设备经济寿命的最好方法也是用列表计算。设备的年平均费用为

$$C=\frac{K_0-K_t}{t}+\frac{\sum_{t=1}^{n}Q_t}{t} \tag{8-11}$$

式中　t——设备的使用年份；

Q_t——第 t 年设备的使用费用；

K_0——设备原值；

K_t——设备第 t 年的残值。

式（8-11）中 C 最小时对应的年份就是设备的经济寿命。由于式（8-11）中 t 是一个变数，因此只能用列表法计算。

例 8-3：有一台推土机，每年的使用费用和残值估计见表 8-2，其自然寿命为 7 年，原始价值为 60 000 元。若不考虑利息，试计算推土机的经济寿命。

表 8-2　推土机每年的使用费用和残值　（单位：元）

年　份	1	2	3	4	5	6	7
年度使用费用	10 000	12 000	14 000	18 000	23 000	28 000	34 000
年末估计残值	30 000	15 000	7 500	3 750	2 000	2 000	2 000

解：按照表8-2中各项列表计算推土机的经济寿命，计算过程见表8-3。

表8-3　计算过程及结果　（单位：元）

年　份	K_t	Q_t	$\frac{K_0-K_t}{t}$	$\sum_{t=1}^{n}Q_t$	$\frac{\sum_{t=1}^{n}Q_t}{t}$	C
1	30 000	10 000	30 000	10 000	10 000	40 000
2	15 000	12 000	22 500	22 000	11 000	33 500
3	7 500	14 000	17 500	36 000	12 000	29 500
4	3 750	18 000	14 063	54 000	13 500	27 563
5	2 000	23 000	11 600	77 000	15 400	27 000
6	2 000	28 000	9 667	105 000	17 500	27 167
7	2 000	34 000	8 286	139 000	19 857	28 143

从表8-3的计算结果可见，第5年时推土机的年平均费用最低，因此，该推土机的经济寿命为5年。

2. 动态法（最小年平均总费用法）

对于一般机械设备来说，实际上要求计算设备的长远使用费用，因此必须考虑资金的时间价值。

当设备的年平均费用最低时，所对应的时间即为设备的经济寿命。

设备的年平均费用 = 设备的年折旧费 + 年维持费用

图8-3中的 n 就是设备的经济寿命。无论是时间小于 n 还是时间大于 n，设备的年平均费用都高于第 n 年对应的费用。

设备的年维持费用包括年运行费用和修理费用两部分。运行费用主要是指设备在使用过程中耗费的水、电、油、燃料等费用。修理费用是指设备在使用过程中对磨损零部件的修复、更换的费用，包括购买零部件的费用和操作人工费用。

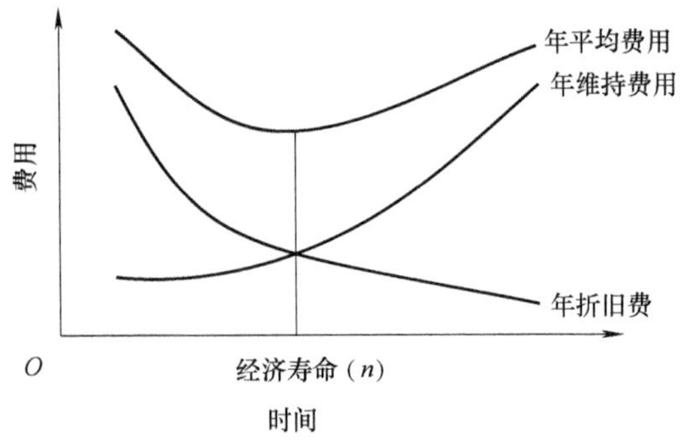

图8-3　设备的经济寿命

设备的年平均费用可以用公式表示为

$$AC_t = [K_0 - L_t(P/F,i,t) + \sum C_t(P/F,i,t)](A/P,i,t) \tag{8-12}$$

式中　AC_t——动态年总费用；

K_0——设备原始价值；

L_t——设备使用 t 年后的残值；

C_t——第 t 年设备使用费用；

t——设备使用时间。

例8-4：某设备原始价值 $K_0=60\ 000$ 元，年利率 $i=10\%$，各年使用费用及年末残值见表8-4，试计算该设备的经济寿命。

表 8-4　设备年使用费用和残值　　（单位：元）

年　份	1	2	3	4	5	6
年使用费用	12 000	14 000	18 000	23 000	28 000	34 000
年末残值	15 000	7 500	3 750	2 000	2 000	2 000

解：求解过程见表 8-5。

表 8-5　经济寿命计算表

年份	C_t（元）	$(P/F,i,n)$	$C_t(P/F,i,n)$（元）	$\sum C_t(P/F,i,n)$（元）	L_t（元）	$L_t(P/F,i,t)$（元）	$(A/P,i,t)$	AC_t（元）
1	12 000	0.909 1	10 909	10 909	15 000	13 637	1.100 0	62 999
2	14 000	0.826 5	11 570	22 479	7 500	6 198	0.576 2	43 953
3	18 000	0.751 3	13 523	36 002	3 750	2 817	0.402 1	37 470
4	23 000	0.683 0	15 709	51 711	2 000	1 366	0.315 5	34 814
5	28 000	0.620 9	17 385	69 096	2 000	1 242	0.263 8	33 728
6	34 000	0.564 5	19 193	88 289	2 000	1 129	0.229 6	33 788

由表 8-5 可知，设备的年平均总费用在 1 ~ 5 年内是逐年递减的，到第 5 年达到最低点，随后呈上升趋势，因此设备的经济寿命是 5 年。

8.3　设备磨损补偿的经济分析

8.3.1　设备修理的经济分析

1. 设备修理的概念

设备在使用过程中，不断地受到有形磨损。设备的零件、部件是由各种不同的材料制成的，它们的使用条件也各不相同，因此设备的零部件有着不同的耐久性和不同的服务期。

同一台设备，由于各组成部分的耐久性不同，使用条件不同，在使用一定时间之后，有的零件已经磨到需要修复或更换；另一些零件还可以在一定时间内正常工作，直到必须修理时为止；此外，还有些零部件在整个设备使用期间内，实际上并不需要修理或更换。总之，对整个设备的不同零部件来说，这种有形磨损是不均衡的。

如果设备的全部零件在相同的时间内要求更换，那就不存在修理的问题了。这是等强度设备的理想极限。这种理想的“无维修保养设计”实际上是做不到的，因此在今后相当长的时间内仍需要保持必要的修理工作；但是，只有修理工作的必要性与经济性相结合，才能取得最佳效果。

综上所述，修理就是为保持设备在平均寿命周期内的完好使用状态而进行的局部更换或修复工作，目的是消除设备经常性的有形磨损和机器运行中遇到的各种故障，恢复设备在使用过程中局部丧失的工作能力的过程。

维修按其经济内容可分为日常维护和计划修理（小修理、中修理、大修理）等几种形式。日常维护是指与拆除和更换设备中被磨损的零部件无关的一些维修内容，诸如设备的润滑与保洁，定期检验与调整，消除部分零部件的磨损等。小修理就是对设备进行局部检修，更换或修复少量的磨损零件，排除故障，清洗设备，调整机构，保证设备能正常使用到下次计划修理时间。中修理就是更换和修复部分磨损零件（包括少数主要零部件），使修理的部分达到规定的精度、性能和工作效率，保证设备能够使用到下次中修或大修时间。设备大修理是通过调整、修复或更换磨损的零部件的办法，恢复设备的精度、生产效率，恢复零部件及整机的全部或接近全部的功能，使设备达到原有出厂水平。

修理的内容不同，间隔时间也不同，所花费的资金及资金来源也不同。中修理和小修理所需要的资金一般直接计入生产成本，而大修理费用则由大修理费用专项资金开支。

2. 大修理的技术经济实质

对起重运输机械来说，大修理是恢复其技术参数和使用性能，其中包括动力性能的恢复、安全装置的可靠性和生产率的恢复等，使之达到或接近相同结构新设备的水平。

从经济上讲，大修理与中修理、小修理相比，是规模最大、花钱最多的设备修理方式。因此，在选择补偿方式时，一般以大修理作为研究对象，同其他再生产方式进行经济分析、对比。

大修理能够利用被保留下来的零部件，从而节约大量成本，这一点与购置新设备相比有很大的优越性，因而它是保证修理的经济性的先决条件。

此外，在一般情况下大修理比制造新设备要快，因此大修理可以延长设备的使用期限，保持了设备的可用度。但是，在大修理后的设备上所产生的劳动消耗如果比新机器的高到一定的程度，则在经济上并不是合理的。因此，需要核算修理的经济效果。

在做大修理决策时，应注意以下两点：①尽管要求大修理过的设备达到出厂水平，但实践上大修理过的设备不论从生产率、精度、速度等方面，还是从故障的频率、有效利用率等方面，都不如用同类型的新设备。大修后设备的综合质量会有某种程度的降低，这是客观事实。②大修理的周期会随着设备使用时间的延长而越来越短。假如新设备投入使用到第一次大修理的间隔期定为5~8年，那么第二次大修理的间隔期就可能降至4~6年，也就是说，大修理间隔期会随着修理次数的增加而缩短，从而也使大修理的经济性逐步降低。

图8-4中，OA表示设备标准性能（初期效率）线。事实上，设备在使用过程中其性能或效率是沿AB_1线下降的。如果不及时修理，设备的寿命一定很短。如果在B_1点（即到第一个大修理期限）时就进行大修理，其性能恢复到B点。自B点开始起用，其性能又继续劣化到C_1点（即第二个大修理期），再进行第二次大修理，其性能又恢复到C点。这样，经过一次次大修理，其性能虽然能恢复到某种要求，但难以恢复到原来（标准）的性能。可以看出，设备性能的劣化随着使用时间的延长而增加，设备大修理费用是随着性能的劣化程度的增加而增加的。如果进行现代化改装，可以使设备的性能大大改善，如图8-4中的性能从P跃到Q；采用先进技术更新设备，提高了设备生产效率或者降低生产成本，使设备的加工性能得到极大的提升，可以使设备的性能从R跃到S。

随着大修理次数的增加，设备性能越来越低且设备维修费用越来越高，随着性能的降低，各种消耗随之增加，在经济上不合理，同时严重阻碍了技术进步。因此必须打破传统观念，不能只靠修理或大修理来维持生产，应对设备修理进行经济分析，依靠技术进步来发展生产。

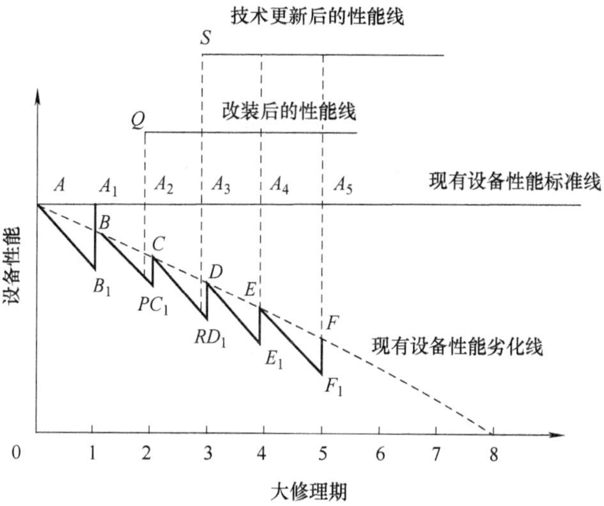

图 8-4　设备劣化图

3. 设备大修理的经济界限

设备从投入使用到其寿命周期结束前所花费的维修费用总额，往往超过设备原始的价值，甚至达到数倍之多。设备的使用期越长，相应的维修费用就越高。在民航运输业，据统计，民用飞机的维修费用达到了购买价格的 2/3，直接运营成本的 10% ~20% 。一架飞机每飞行 1h 的直接维修成本大致是 300 ~ 500 美元。一台发动机一次送修的费用约为 200 万美元，一架军用喷气飞机平均每年的维修成本高达 160 万美元，约占总使用成本的 11% 。

因此，对设备大修理的经济性进行分析和合理的决策可以减少寿命周期费用，减少维修成本，从而提高项目的盈利水平。由于小修理和中修理的修理费用相对较少，因此只对大修理的经济合理性进行分析。

（1）设备大修理最低经济界限分析。大修理的经济界限是一次大修理费用 C 必须小于在同一年份该种新设备的再生产价值 K_x，即 $C < K_x$。

采用这个标准，在比较时还应把设备的残值 L 计算在内。如果设备在该时期的残值加上大修理费用等于或大于新设备的价值，很显然，这样的大修理是不合理的，此时宁可买新设备也不进行大修理。故大修理的条件为

$$C < K_x - L \tag{8-13}$$

在实际工作中，由于修理工作组织不当，致使修理成本很高，有时甚至超过新设备的价值，这种情况常有发生。从经济观点来分析，这样的修理当然是不合理的，但由于新设备供应不足，用户不能及时买到所需要的设备，往往被迫进行高价修理的现象也是存在的。

设备大修理的最低经济界限，是没有考虑修理后的设备在性能等方面与同种新设备的差异，只要满足上式条件即可选择大修理，如不能满足上述最低的经济界限，应考虑其他补偿方式。

但是符合上述条件的大修理，在经济上是不是最佳？还应对大修理的经济性做深入分析，还应考虑修理后的工作质量。

（2）设备大修理的理想经济界限。满足了最低经济界限，并不一定达到最佳效果。如果

在大修理之后，生产技术特性与同种新设备没有区别，则上述公式对衡量修理的经济性便是充分的，但是实际情况并非如此。设备在大修理之后，常常缩短了下一次大修理的间隔期。同时修理后的设备与新设备相比，技术上的故障多，设备停歇时间长，日常维护和小修理的费用多，与设备使用有关的费用增加。因此，修理的质量对于单位产品成本的高低有很大影响。

只有大修理后使用该设备生产的单位产品的成本，在任何情况下都不超过相同新设备生产的单位产品的成本时，这样的大修理在经济上才是合理的。

设备大修理的经济效果取决于大修理后设备与新设备单位产量成本上的比例关系或两者成本之差。即

$$I_{\mathrm{r}} = \frac{C_{\mathrm{r}}}{C_{\mathrm{x}}} \leqslant 1 \tag{8-14}$$

或

$$\Delta C_{\mathrm{z}} = C_{\mathrm{x}} - C_{\mathrm{r}} \geqslant 0$$

式中 I_{r}——大修理后设备与新设备单位产量成本的比值；

C_{r}——大修理后设备的单位产量成本；

C_{x}——新设备的单位产量成本；

ΔC_{z}——新设备与大修后设备单位产量成本差额。

新设备大修理后设备的单位产量成本按下述方法来确定：

1）在设备第一次大修理前的整修使用期内，单位产量的成本为 C_{z1}，其表达式为

$$C_{\mathrm{z1}} = \frac{K_{\mathrm{x}} + C_{\mathrm{e1}} - L_1}{Q_1} \tag{8-15}$$

式中 C_{e1}——设备在第一个使用期内的经营费用总额（不包括折旧费）；

K_{x}——新设备的价值；

L_1——设备第一次大修理时的残值；

Q_1——设备第一次大修理前整个使用期内的产量。

2）大修理过的设备的单位产量成本，同样可以根据两次大修理期间的总费用与该期间生产产量之比来确定。

若在第二个使用期内单位产量成本为 C_{z2}，则其表达式为

$$C_{\mathrm{z2}} = \frac{L_1 + C_{\mathrm{e2}} + C_1 - L_2}{Q_2} \tag{8-16}$$

式中 C_1——第一次大修理费用；

C_{e2}——第一次与第二次大修理期间的经营费用总额；

L_2——设备第二次大修理时的残值；

Q_2——第二次使用期内设备的产量。

3）经过多次大修理，则任何一个使用期内的单位产量成本为

$$C_{\mathrm{z}t} = \frac{L_{t-1} + C_{\mathrm{e}t} + C_{t-1} - L_t}{Q_t} \tag{8-17}$$

4）单位产品成本的高低与设备在一个修理周期内使用期（或修理间隔期）的长短有关。因此，确定大修理经济效果的正确方法，是比较在不同修理周期内实际达到的最小单位产品成本。即

$$C_{\min} = \min\{C_{z1}, C_{z2}, \cdots, C_{zt}\} \tag{8-18}$$

要确定最小的单位产品成本，必须找出设备在每一个不同的使用期中的单位产品成本。随着修理间隔期变换的规律性，这就需要分析单位产品成本中各种因素与修理间隔期长度的关系。因此，可以把以上确定单位产品成本的公式改写为

$$C_{z1} = \frac{K_x - L_1}{Q_1} + \frac{C_{e1}}{Q_1} \tag{8-19}$$

$$C_{zt} = \frac{L_{t-1} + C_{t-1} - L_t}{Q_t} + \frac{C_{et}}{Q_t} \quad (t = 2, 3, \cdots, n) \tag{8-20}$$

因为不同使用期内分摊的设备价值为

$$K_{m1} = K_x - L_1$$

$$K_{m2} = L_1 + C_1 - L_2$$

$$\vdots$$

$$K_{mt} = L_{t-1} + C_{t-1} - L_t$$

所以，设备在任何使用周期内的单位产品成本可表达为

$$C_{zt} = \frac{K_{mt}}{Q_t} + \frac{C_{et}}{Q_t} \tag{8-21}$$

由式（8-21）可知，单位产品的成本是由分摊到单位产品上的设备价值和经营费用两个部分组成的。第一部分是分摊到单位产品上的设备价值，它的分子 K_{mt} 对每个使用周期来说都可视为常数，它的分母 Q_t 是一个变量。因此，随着修理间隔期的增大（即产量的增大），分摊到单位产品上的设备价值是按双曲线关系降低的。

例如，新设备到第一次大修理期间：

$$\frac{K_{m1}}{Q_1} = \frac{K_x - L_1}{Q_1} \tag{8-22}$$

式中　K_{m1}——这一期间设备的价值；

K_x——新设备的价值；

L_1——第一次大修理前设备的残值；

Q_1——这一期间的产品产量。

第一次修理到第二次大修理期间：

$$\frac{K_{m2}}{Q_2} = \frac{L_1 + C_1 - L_2}{Q_2} \tag{8-23}$$

式中　K_{m2}——第一次大修理到第二次大修理期间的设备的价值；

L_2——第二次大修理前设备的残值；

C_1——第一次大修理费用；

Q_2——第一次大修理到第二次大修理期间的产量。

第二次大修理到第三次大修理期间：

$$\frac{K_{m3}}{Q_3} = \frac{L_2 + C_2 - L_3}{Q_3} \tag{8-24}$$

其余以此类推。

从式（8-22）~式（8-24）可以看出：$Q_t(t = 1, 2, \cdots, n)$越大，则单位产量分摊的设备价

值越低。就这一点来看，设备生产的产量越大，也就是设备使用的年限越长越好，这是问题的一个方面。

第二部分是分摊到单位产量上的经营费用为$\frac{C_{et}}{Q_t}$，这部分费用与修理间隔期的变化有关系，它有以下两个部分：

1）用 C 表示不随设备修理间隔期或使用期变化而变化的经营费用。修理间隔期变化时，单位产量 C 值不变，为一常数。

2）随设备修理间隔期或使用期变化而变化的经营费用，它主要包括：因设备生产率变化而引起运行费用的增加，如设备日常维护、维修费用、停工损失、材料及能源的耗费等，用 C_{et}表示。修理间隔期变化时，单位产量的 C_t 值将发生变化。其值为

$$\frac{C_{et}}{Q_t}=C_t \tag{8-25}$$

新设备到第一次大修理期间，单位产量分摊的这部分经营费用为$\frac{C_{e1}}{Q_1}$，C_{e1}为这段时间内与设备开动有关的经营费用。

第一次大修理到第二次大修理期间，单位产量分摊的这部分经营费用为$\frac{C_{e2}}{Q_2}$，其中 C_{e2}为同期内与设备开动有关的经营费用。

以此类推，其他修理周期的经营费用也是一样的，这部分费用的变化如图 8-5 所示。

经营费用是随修理间隔期长度和修理次数的增加而增加的费用。即设备使用期越长，这部分经营费用越高，临近大修理时达到最大值。进行大修理后，设备的各项使用指标都有好转，这部分经营费用将直线下降。第一次大修理后，费用由 B 降到 E；第二次大修理后，费用由 C 降到 F；第三次大修理后，费用由 D 降到 G。

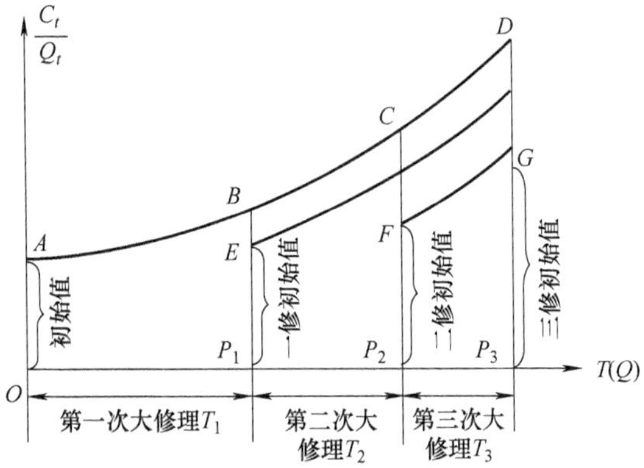

图 8-5　设备修理间隔与经营费用的关系

这部分费用在大修理之后，又逐渐增加，不断恶化，一经修理，又开始好转。尽管每次修理之后，是直线下降的，但后次大修理与前次大修理相比，其 C_{et} 值总是逐渐升高的。即

$$P_3G>P_2F>P_1E>OA$$

并且

$$T_1>T_2>T_3>\cdots>T_n$$

这是一条上升的曲线，也就是说，随着设备使用时间的加长，这部分费用是逐渐增加的。如果把同一修理周期内的这两部分费用$\frac{K_{mt}}{Q_t}$及 C_{et}/Q_t 加起来，可以表示各个修理周期内与设备开支有关的成本部分的大小。不同的修理周期这部分费用是不同的。

第一个修理周期为$\frac{K_{m1}}{Q_1}+\frac{C_{et}}{Q_1}$，第二个修理周期为$\frac{K_{m2}}{Q_2}+\frac{C_{et}}{Q_2}+\cdots$

在计算几个周期之后，就可以进行比较，看看哪一个修理周期内这两项费用之和最小。这个最小费用对应的大修理周期，就是设备应该修理到期的周期，超过这个周期再进行修理经济上是不合算的，参阅图 8-6。

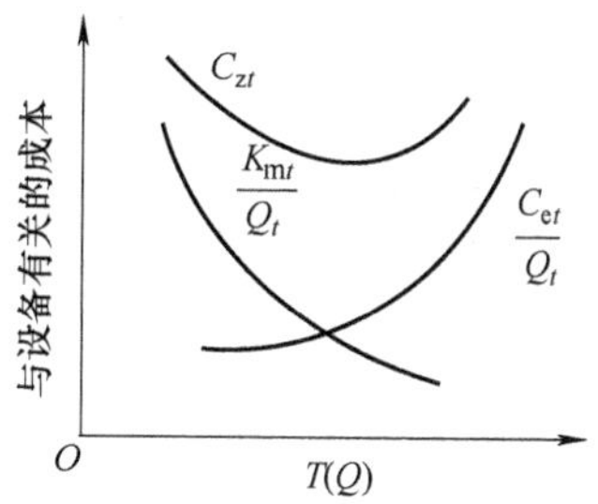

图 8-6　最小费用对应的大修理周期

如果经过比较之后，第三个修理周期$\frac{K_{m3}}{Q_3}+\frac{C_{e3}}{Q_3}$为最小，则表示该设备就应该修到这个周期。如果超过这个周期，再进行大修理或延长设备使用期限，都是不经济的。

上面的分析表明：将设备长期无止境地进行大修理，在经济上是不合算的。要提高设备使用的经济性，就必须找出设备大修理的经济界限，而超过经济界限就应该考虑用新设备去代替旧设备。

例 8-5：某厂有一台设备已使用 5 年，拟进行一次大修理，预计费用为 5 000 元，大修理前残值为 3 000 元。大修理后每年生产 10 万件产品，年运行成本为 3 100 元。4 年后再大修理，这时设备的残值为 2 000 元。同类型改进型新设备的价值为 20 000 元，预计使用 5 年后进行一次大修理，此时残值为 5 000 元，期间每年生产 12 万件产品，年运行成本为 2 500 元，基准收益率 $i_0=10\%$，问应该进行大修理还是更换新设备？

解：从客观立场上看，该设备的第一次大修理后使用的代价为旧设备的残值 3 000 元，加上大修理费 5 000 元，合计 8 000 元，因此大修理后设备的初始费用取为 8 000 元，小于更换新设备的投资费用 20 000 元，因此满足大修理最低经济界限条件。

两个方案的现金流量图如图 8-7 所示。

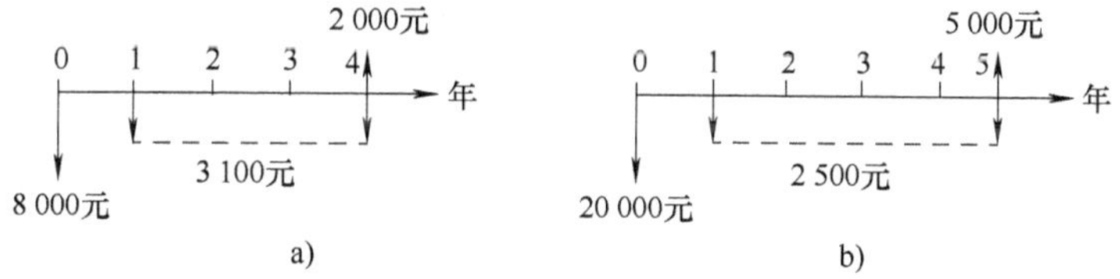

图 8-7　现金流量图

大修理情况下旧设备单位产品成本为

$$C_0=\frac{[8\ 000\text{ 元}-2\ 000\text{ 元}\times(P/F,10\%,4)](A/P,10\%,4)+3\ 100\text{ 元}}{10\text{ 万件}}=519.3\text{ 元/万件}$$

投资新设备单位产品成本为

$$C_1=\frac{[20\ 000\text{ 元}-5\ 000\text{ 元}\times(P/F,10\%,5)](A/P,10\%,5)+2\ 500\text{ 元}}{12\text{ 万件}}=695.7\text{ 元/万件}$$

由于 $C_0<C_1$，所以应当进行大修理，而不更换新设备。

设备磨损可以通过设备大修理来进行补偿，但是也不能无止境地一修再修，应有合理的技术经济界限。在下列情况下，设备必须进行更新：

1）设备役龄长，精度丧失，结构陈旧，技术落后，无修理或改造价值的。

2）设备先天不足，粗制滥造，少产效率低，不能满足产品工艺要求，且很难修好的。

3）设备技术性能落后，工人劳动强度大，影响人身安全的。

4）设备严重“四漏”，能耗高，污染环境的。

5）一般经过三次大修理，再修理也难以恢复出厂精度和生产效率，且大修理费用超过其设备原值60%以上的。

8.3.2 设备更新的经济分析

设备更新一般有两种形式：原型更新和技术更新。原型更新是指用结构相同的新设备代替遭受严重有形磨损而不能继续使用的旧设备。技术更新是指以结构更先进、技术更完善、效率更高、性能更好、消耗更低、外观更新颖的设备代替落后、陈旧，遭受第二种无形磨损，且在经济上不宜继续使用的设备。这是实现企业技术进步、提高经济效益的主要途径。但是，由于当今科学技术发展迅速，对前一种更新不宜过多采用，否则会导致企业技术停滞。

设备更新的评价指标有很多，有技术方面的，如可靠性、安全性、节能性、维修性等；有社会方面的，如环保等；有经济方面的，如投资、经营成本等。设备更新究竟按照哪些指标进行评价，要具体情况具体分析。在一些特殊行业，如石油、化工或高温高压、易燃、易爆行业，首先考虑设备的安全可靠性，其次才是经济性。通常情况下，经济性是更多考虑的因素。

1. 设备更新的技术方法

（1）原型更新。对于原型更新，主要是依据经济寿命确定其更新时间。这种方法针对长期生产同一类型产品的企业或进行周期性重复更换的设备。

（2）技术更新。对于技术更新，这是一个互斥问题的决策，可采用年费用比较法。从原有旧设备现状出发，分别计算旧设备再用一年的总费用和备选新设备在预计的经济寿命期内的年平均总费用，并进行比较，根据年费用最小原则决定是否更换设备。

2. 设备更新经济分析的步骤

（1）计算出新设备的经济寿命 T，以及在此经济寿命下的等值年度费用 AC_n。

（2）计算旧设备再使用 T 年的年费用，如果小于 AC_n，则不用更新设备；如果大于 AC_n，则更新设备为佳。而什么时候更新最经济，按照下面第（3）步来决策。

（3）计算旧设备再使用 N 年的年值费用：

$$AC_N = V_{0(N-1)}(F/P,i,1) - V_{0N} + C_N \quad (N=1,2,\cdots,n) \tag{8-26}$$

式中 AC_N——旧设备再使用 N 年的总费用；

$V_{0(N-1)}$——旧设备再使用 $N-1$ 年年末的残值；

V_{0N}——旧设备使用 N 年末的残值；

C_N——旧设备第 N 年的运行费用。

当 $N=1$ 时，若 $AC_1 < AC_n$，则旧设备可以再使用一年；

若 $AC_N > AC_n$，则旧设备使用到 N 年，并不经济，使用到 $N-1$ 年进行更新最经济。

例 8-6：某企业有一台已经使用了 2 年的起重机，当初购置费为 65 万元，该设备还可以继续使用 4 年。现在也可以用 40 万元的价格将旧起重机转让，然后购买一台新的同样的起重机，价格为 60 万元。新旧起重机的年度使用费用和各年市场残值见表 8-6，假设该企业基准投资收益率为 10%，分析是否需要更新旧起重机，何时更新最经济。

表 8-6　相关数据　　（单位：元）

年　份	旧起重机		新起重机	
	残　值	使用费用	残　值	使用费用
1	310 000	180 000	420 000	135 000
2	220 000	200 000	320 000	150 000
3	90 000	250 000	240 000	170 000
4	10 000	310 000	160 000	200 000
5			80 000	260 000
6			10 000	310 000

解：（1）计算新起重机的经济寿命。考虑资金时间价值，经济寿命计算方法见第 8.2 节，这里省略过程，第 4 年年度费用最低，新起重机经济寿命 4 年的年费用为 $AC_n = 316\ 019$ 元。

（2）旧起重机再使用 4 年的年费用为

$$AC_4 = [400\ 000\text{元} - 10\ 000\text{元} \times (P/F,10\%,4) + 180\ 000\text{元} \times (P/F,10\%,1) + 200\ 000\text{元} \times (P/F,10\%,2) + 250\ 000\text{元} \times (P/F,10\%,3) + 310\ 000\text{元} \times (P/F,10\%,4)](A/P,10\%,4) = 353\ 885\text{元}$$

由于 353 885 元 $> AC_n = 316\ 019$ 元，所以应更新起重机。

（3）旧起重机再使用 1 年的年费用为

$$AC_1 = 400\ 000\text{元} \times (F/P,10\%,1) - 310\ 000\text{元} + 180\ 000\text{元} = 310\ 000\text{元}$$

由于 $AC_1 < AC_n$，所以旧起重机可以再使用 1 年。

旧起重机再使用 2 年的年费用为

$$AC_2 = 310\ 000\text{元} \times (F/P,10\%,1) - 220\ 000\text{元} + 200\ 000\text{元} = 321\ 000\text{元}$$

由于 $AC_2 > AC_n = 316\ 019$ 元，因此旧起重机再继续用到第 2 年并不经济，因此起重机应再使用 1 年后更新。

8.3.3　设备现代化改装

1. 设备现代化改装的概念

所谓设备的现代化改装，是指应用现代的技术成就和先进经验，改变现有设备的结构，提高现有设备的技术性能，使之全部达到或局部达到新设备的水平，适应生产的具体需要。设备现代化改装的主要目的是：提高机械化、自动化水平；改进设备的加工工艺；改善设备的技术性能；提高设备的精度；增加设备的寿命；改善劳动条件和安全作业等。设备现代化改装是克服现有设备的技术陈旧状态、消除因技术进步而导致的无形磨损、促进技术进步的方法之一，也是扩大设备的生产能力、提高设备质量的重要途径。

现有设备通过现代化改装在技术上可以做到：①提高设备的技术特性，使之达到现代新设备的水平；②改善设备的某些技术特性，使之局部达到现代新设备的水平。

现代化改装属于广义更新概念的范围，不同于其他更新形式的是，现代化改装是在企业内部自主完成的，更重要的是它只是对设备的局部进行更新，而不改变主体的基本结构和技术性能。因此，现代化改装具有针对性强、适应性广的特点，而且一般情况下投入的资金比较少，而带来的收益和效益却比较显著，在设备更新中，现代化改装的形式比较容易被接受和使用。

现代化改装的具体方式有：对原有设备的零部件进行更新；安装新的装置；增加新的附件等。在某些情况下，改装后的设备适应生产需要的程度和技术特性可以超过新设备，因此其经济性得到提高。

2. 现代化改装的经济性决策

设备现代化改装的经济性决策是与设备大修理、原设备继续使用、原型更新及技术更新等方案进行比较，确定一个最佳方案，总费用现值最小的方案是最优方案。

（1）总费用现值法。

$$\text{方案的生产能力系数}(\beta)=\frac{\text{方案的生产能力}}{\text{同类型新设备的生产能力}} \tag{8-27}$$

各种方案的总费用现值计算如下：

1）继续使用旧设备

$$C_{\mathrm{o}}=\frac{1}{\beta_{\mathrm{o}}}\left[\sum_{t=1}^{T}\frac{G_{\mathrm{o}t}}{(1+i)^{t}}-\frac{L_{\mathrm{o}T}}{(1+i)^{T}}\right] \tag{8-28}$$

2）旧设备大修理

$$C_{\mathrm{r}}=\frac{1}{\beta_{\mathrm{r}}}\left[K_{\mathrm{r}}+\sum_{t=1}^{T}\frac{G_{\mathrm{r}t}}{(1+i)^{t}}-\frac{L_{\mathrm{r}T}}{(1+i)^{T}}\right] \tag{8-29}$$

3）用原型新设备替换

$$C_{\mathrm{n}}=\frac{1}{\beta_{\mathrm{n}}}\left[K_{\mathrm{n}}+\sum_{t=1}^{T}\frac{G_{\mathrm{n}t}}{(1+i)^{t}}-L_{0}-\frac{L_{\mathrm{n}T}}{(1+i)^{T}}\right] \tag{8-30}$$

4）用高效新设备替换

$$C_{\mathrm{g}}=\frac{1}{\beta_{\mathrm{g}}}\left[K_{\mathrm{g}}+\sum_{t=1}^{T}\frac{G_{\mathrm{g}t}}{(1+i)^{t}}-L_{0}-\frac{L_{\mathrm{g}T}}{(1+i)^{T}}\right] \tag{8-31}$$

5）设备现代化改装

$$C_{\mathrm{m}}=\frac{1}{\beta_{\mathrm{m}}}\left[K_{\mathrm{m}}+\sum_{t=1}^{T}\frac{G_{\mathrm{m}t}}{(1+i)^{t}}-\frac{L_{\mathrm{m}T}}{(1+i)^{T}}\right] \tag{8-32}$$

以上五式中 β_j——各方案的设备生产能力系数，j = o，r，n，g，m，代表五种方案，$\beta_{\mathrm{n}}=1$，就是以原型新设备替换的生产能力为基准，使各方案具有可比性；

K_j——j 方案的投资费用；

G_{jt}——各方案第 t 年的经营费用；

L_0——各方案的旧设备在待处理（决策）时的残值；

L_{jT}——j 方案的第 T 年年末的设备残值；

t——设备的使用年份，$t=1，2，\cdots，T$。

（2）追加投资回收期法。大多数情况下，设备大修理、现代化改装、更新之间有下列关系：

$$K_r < K_m < K_n$$
$$C_r > C_m > C_n$$
$$Q_r < Q_m < Q_n$$

式中　K_r、K_m、K_n——设备大修理、现代化改装和更新的基本投资；

C_r、C_m、C_n——设备大修理、现代化改装和更新的单位产品成本；

Q_r、Q_m、Q_n——设备大修理、现代化改装和更新的年生产量。

在考虑设备补偿方案时，可按下列标准进行决策：

1）$K_r/Q_r > K_m/Q_m$，且 $C_r > C_m$ 时，现代化改装方案的经济效果好，不仅节约了基本投资，经营费用也相对较少，但该种经济效果不容易实现。

2）当 $K_m/Q_m > K_n/Q_n$，且 $C_m > C_n$ 时，设备更新方案优于现代化改装方案。

3）当 $K_r/Q_r < K_m/Q_m$，但 $C_r > C_m$ 时，可用追加投资回收期指标进行决策：

$$P_a = \frac{K_m/Q_m - K_r/Q_r}{C_r - C_m}$$

若 $P_a \leqslant P_c$，则应选择现代化改装方案（P_c 为行业的基准投资回收期）；若 $P_a > P_c$，则应选择大修理方案。

4）当 $K_m/Q_m < K_n/Q_n$，但 $C_m > C_n$ 时，也可用追加投资回收期来计算：

$$P_a = \frac{K_n/Q_n - K_m/Q_m}{C_m - C_n}$$

若 $P_a \leqslant P_c$，则更新方案更合理；若 $P_a > P_c$，则应选择现代化改装方案。

例 8-7：某设备更新方案各年费用的原始资料见表 8-7，设备在决策年份的可售价值为 3 000元，$i = 10\%$，试选择不同服务年限时设备的最佳更新方案。

表 8-7　各种更新方案的原始数据

方案	K_j（元）	β_j	费用（或残值）	年份									
				1	2	3	4	5	6	7	8	9	10
继续使用旧设备	0	0.75	Ⅰ	1 450	1 880	2 200	2 700						
			Ⅱ	1 290	680	400	100						
旧设备大修理	7 200	0.96	Ⅰ	720	980	1 200	1 480	1 750	1 950	2 200	2 500	2 750	2 960
			Ⅱ	6 500	5 800	5 200	4 800	4 000	3200	2300	1 500	800	750
用原型新设备替换	13 000	1	Ⅰ	480	570	660	750	850	960	1 050	1 180	1 250	1 400
			Ⅱ	9 500	8 500	7 300	6 280	5 300	4 200	3 150	2 100	1 300	1 250
用高效率新设备替换	18 000	1.3	Ⅰ	360	430	500	550	620	700	780	850	900	980
			Ⅱ	11 500	10 250	8 800	7 250	5 680	4 800	4 000	3 000	2 000	2 000
现代化改装	11 000	1.1	Ⅰ	550	660	800	950	1 080	1 200	1 350	1 450	1 600	1 730
			Ⅱ	9 000	8 000	6 800	5 800	4 700	3 800	2 700	1 700	1 000	1 000

由表 8-8 分析计算可知，如果考虑最多只使用 3 年，以继续使用旧设备为最佳方案。此时没有更换的必要，甚至大修理也是多余的；如果使用 4 年，就可以考虑大修理方案；如果设备将使用 5 ~ 7 年，最佳方案是用原型新设备替换旧设备；如果使用 8 年以上，用高效率新设备替换旧设备为最佳方案。

表 8-8 各方案的总费用 （单位：元）

方 案	年 份									
	1	2	3	4	5	6	7	8	9	10
继续使用旧设备	194	3 080	5 632	8 401						
旧设备大修理	2 027	4 032	5 895	7 603	9 562	114 115	13 243	14 958	15 886	17 127
用原型新设备替换	1 800	3 883	5 919	7 626	9 153	10 615	11 908	13 095	14 053	14 663
用高效率新设备替换	3 748	5 547	7 267	8 832	10 225	111 57	11 971	12 778	13 496	13 846
现代化改装	3 017	4 940	6 852	8 485	10 043	11 362	12 682	13 836	14 788	15 430

8.3.4 设备余值的确定

在计算大修理的经济界限时，涉及设备余值的计算，下面介绍设备余值的计算方法。机械大修理或核销前的余值，可按下列方法确定，大修理前它的组成零件可分成三组：

（1）可用零件。

（2）需要修理的零件。

（3）不能继续使用的零件。

设备的余值是由上述三组零件的余值组成的。为了确定整个设备的余值，应该准确地找出各组零件的余值。因此，要分析每组零件并确定其余值的大小。第（1）组零件按其技术状况，在大修理中还可以继续使用，也可以作为其他相似机器的备用零件。由于这些零件的耐久性或经济性将低于新的零件，所以应按其现行价格乘上一个修正系数（K_u）作为余值。修正系数 K_u 取决于 i 零件剩余使用期（T_i）与同种新零件使用期（T_{ni}）之比。

第（1）组零件总余值为

$$\sum_{i=1}^{n} L_{ui} = \sum_{i=1}^{n} P_{ni}K_{ui} \tag{8-33}$$

式中 L_{ui}——可用 i 零件的余值；

P_{ni}——同种新 i 零件的（现行）价格；

K_{ui}——i 种零件的修正系数；

n——可用零件的数目。

第（2）组零件的余值取决于新零件价格与旧零件修理费用之间的差额，并考虑修理后零件使用期的修正系数（K_r）。修正系数取决于修复零件 j 的使用期（T_{rj}）对同种新零件使用期（T_{nj}）之比。第（2）组零件总余值为

$$\sum_{j=1}^{m} L_{nj} = \sum_{j=1}^{m} (P_{nj} - P_{Bj})K_{rj} \tag{8-34}$$

式中 L_{nj}——修理 j 零件的余值；

P_{nj}——同种新 j 零件的（现行）价格；

P_{Bj}——同种 j 零件的恢复价值（修理费）；

m——修复零件数目。

第（3）组无用零件的余值为

$$\sum_{k=1}^{l} L_{wk} = \sum_{k=1}^{l} G_k g_v \tag{8-35}$$

式中　L_{wk}——第 k 个无用零件的价值；

G_k——第 k 个无用零件的重量；

g_v——1kg 废料的价值；

l——无用零件的数量。

在分析确定每组零件余值方法的基础上，可得计算整个设备余值（L）的公式为

$$L = \sum_{i=1}^{n} P_{ni}K_{ui} + \sum_{j=1}^{m}(P_{nj} - P_{Bj})K_{rj} + \sum_{k=1}^{l} G_k g_v - A_0 \tag{8-36}$$

式中　A_0——注销费用（设备拆除费用等）。

在确定第一次大修理前设备余值时，使用的折旧应等于第一个修理周期的折旧。在这种情况下，零件耐久性即使超过第一个周期时，也不存在重复利用的问题；但是在确定第二次大修理前设备的余值时，应将重复利用计算在内。

8.4　设备折旧

设备在长期使用过程中，要经受有形磨损和无形磨损。有形磨损会造成设备使用价值和资产价值的降低；第一种无形磨损只会造成设备资产价值的降低，但不影响其使用价值。第二种无形磨损由于出现了高于旧设备的新技术，需要评估继续使用旧设备和更新设备的经济性哪个更好。为了保证生产过程连续进行，企业应该具有重置设备资产的能力。这就要求企业能在设备有效使用年限内将其磨损逐渐转移到其所生产的产品中去，这种按期或按活动量转为产品成本费用的设备资产的损耗价值就是折旧费。企业提取折旧费可以弥补设备在有形磨损和无形磨损中所造成的设备资产价值的降低，是设备磨损的价值补偿的主要方式。

8.4.1　设备折旧的概念

设备更新需要资金，这些资金是在设备使用过程中以折旧的形式消耗掉的。通常把设备在使用过程中由新变旧，价值逐年降低的损耗额称为折旧。设备的这部分损耗会逐步将其价值转移到产品成本中去，通过产品的销售而得到补偿。

设备的折旧一般采用“使用年限法”来进行计算，按设备的原始价值，考虑其使用年限，平均计算年折旧额与折旧率。设备的折旧率是按年分摊设备价值的比率。

正确制定设备的折旧率不仅是正确计算成本的依据，而且可以促进科学技术发展，有利于提高国民经济发展速度。正确的折旧率应该既能反映设备的有形磨损，又能反映设备的无形磨损，应该与设备的实际消耗相符合。如果折旧率规定得过低，则设备使用期满，还没有把设备的价值全部转移到产品中去，不足以抵偿设备的消耗，影响企业的正常发展，人为地扩大利润，夸大积累，结果不仅使设备得不到及时更新，而且会盲目地安排扩大再生产的投资。如果折旧率规定得过高，则使折旧抵偿设备实际损耗有余，折旧进入制造费用的成本比例增加，会人为地降低利润，一方面减少了税金，另一方面影响资金的正常积累，妨碍扩大再生产。

8.4.2　折旧方法与折旧率

折旧率是单位时间折旧额占计提折旧设备原值的比率。确定折旧率，是为了便于提取折

旧。在设备折旧年限和设备残值比重既定的情况下，折旧方法不同，折旧率也就不同。下面介绍各种折旧方法下折旧率与折旧额的确定方法。

1. 直线折旧法

每年提取的设备折旧额、折旧率及各年的账面价值公式分别为

$$d=\frac{P-S_v}{n} \tag{8-37}$$

$$r=\frac{d}{P} \tag{8-38}$$

$$P_t=P-\sum d_t=P-\left(\frac{P-S_v}{n}\right)t \tag{8-39}$$

式中 d——每年折旧额；

r——年折旧率；

P——设备原值；

S_v——预计回收残值；

n——折旧年限；

P_t——第 t 年折旧后的账面价值；

d_t——第 t 年的折旧额；

t——折旧年度。

在使用直线折旧法计提折旧时，不仅折旧率是确定的，一定时间的折旧额也是不变的。年折旧额等于设备原值减去残值后，再乘上年折旧率。因此，直线折旧法又称为“定额折旧法”。

例 8-8：某设备原值为 3 000 万元，折旧年限为 10 年，残值为 600 万元，则每年的折旧额为

$$d=\frac{P-S_v}{n}=\frac{3\ 000\text{ 万元}-600\text{ 万元}}{10}=240\text{ 万元}$$

折旧率为

$$r=\frac{d}{P}=\frac{240\text{ 万元}}{3\ 000\text{ 万元}}=8\%$$

2. 余额递减折旧法

采用余额递减折旧法，每年的折旧率并不变化，起变化的只是计提的折旧额。在计算年折旧额时，不是以设备原值乘上折旧率，而是以年初账面价值乘上折旧率。具体计算见表 8-9。

表 8-9 余额递减折旧法

年 度	年 折 旧 额	折旧后年账面价值
第 1 年	rP	$P(1-r)$
第 2 年	$rP(1-r)$	$P(1-r)^2$
第 3 年	$rP(1-r)^2$	$P(1-r)^3$
⋮	⋮	⋮
第 n 年	$rP(1-r)^{n-1}$	$P(1-r)^n$

因为到折旧年限终了，即第 n 年年末，设备的账面价值应等于预先规定的残值 S_v，所以有

$$P(1-r)^n = S_v \tag{8-40}$$

$$r = 1 - \left(\frac{S_v}{P}\right)^{\frac{1}{n}} \tag{8-41}$$

$$d_t = rP(1-r)^{t-1} \tag{8-42}$$

$$P_t = P(1-r)^t \tag{8-43}$$

仍按前面直线折旧法所举的例子，采用余额递减折旧法，其折旧率应为

$$r = 1 - \left(\frac{S_v}{P}\right)^{\frac{1}{n}} = 1 - \left(\frac{600\text{万元}}{3\,000\text{万元}}\right)^{\frac{1}{10}} = 14.866\%$$

折旧率比采用直线折旧法的折旧率提高了6.866个百分点。

每年的折旧额计算结果见表8-10。

表8-10　每年的折旧额　（单位：万元）

年　度	年折旧额	折旧后年账面价值
第1年	445.98	2 554.02
第2年	379.68	2 174.33
第3年	323.24	1 851.10
第4年	275.18	1 575.92
第5年	234.28	1 341.64
第6年	199.45	1 142.19
第7年	169.80	972.39
第8年	144.56	827.84
第9年	123.07	704.77
第10年	104.77	600.00

采用余额递减折旧法提取折旧，每年的折旧额不再是等额的了，而是随着年初账面价值等比例递减。

3. 双倍余额递减折旧法

双倍余额递减折旧法是由余额递减折旧法演变而来的，其差别在于双倍余额递减折旧法的折旧率不是根据设备的残值与原值之比来确定，而是按直线折旧率的双倍来计算。即

$$r = 2 \times \frac{1}{n} \tag{8-44}$$

第 t 年的折旧额与账面价值仍按式（8-42）和式（8-43）计算。

由于在确定双倍余额递减折旧法的折旧率时没有考虑残值，当按此折旧率一直折旧到设备结束使用的第 n 年年末时，可能会使剩余账面价值不等于设备预先规定的残值，因此，会计上常做的处理是在寿命周期的最后两年平均折旧完账面剩余价值。当然，也可以提前转为直线折旧法，通用的判断标准为：当某一年按直线折旧法计算的折旧额大于或等于按双倍余额递减法计算的折旧额时，从这一年开始采用直线折旧法折旧。

仍按前面直线折旧法所举的例子，采用双倍余额递减折旧法，其折旧率应为

$$r = 2 \times \frac{1}{n} = 2 \times \frac{1}{10} = 20\%$$

此时折旧率比采用直线折旧法的折旧率提高了 12%，比采用余额递减折旧法的折旧率提高了 5.13%。

双倍余额递减折旧法的计算结果见表 8-11。

表 8-11　双倍余额递减折旧法的计算结果　　（单位：万元）

年　度	年折旧额	折旧后年账面价值
第 1 年	600.00（600.00）	2 400.00（2 400.00）
第 2 年	480.00（480.00）	1 920.00（1 920.00）
第 3 年	384.00（384.00）	1 536.00（1 536.00）
第 4 年	307.20（307.20）	1 228.80（1 228.80）
第 5 年	245.76（245.76）	983.04（983.04）
第 6 年	76.61（196.61）	906.43（786.43）
第 7 年	76.61（157.29）	829.82（629.15）
第 8 年	76.61（125.83）	752.22（503.32）
第 9 年	76.61（100.66）	676.61（402.66）
第 10 年	76.61（80.53）	600.00（322.13）

注：表中圆括号中的数字为全部按双倍余额递减折旧法计算的结果。

从表 8-11 中可知，按双倍余额递减折旧法折旧到第 6 年时，年折旧额小于直线折旧法的 240 万元。因此，在表 8-11 中，从第 6 年开始转用直线折旧法折旧。

4. 年限总和折旧法

年限总和折旧法也是一种传统的加速折旧方法，它在回收期内计提的折旧额随时间逐渐减少，然而，它并不像双倍余额递减法那样快。这种技术可能被用于多资产账户折旧的工程经济分析（分类折旧和综合折旧）。

年限总和折旧法的机制涉及设备使用年数的总和，从第 1 年到第 n 年，任何一年的折旧额 D_t 等于资产的初始账面价值减去残值的差，再乘以剩余的折旧年限，最后除以年限总和，表示为

$$D_t = \text{剩余可折旧年限} \times \frac{\text{初始值} - \text{残值}}{\text{年限总和}}$$

$$D_t = \frac{n - t + 1}{\text{SUM}}(B - S) \tag{8-45}$$

式中　SUM——从第 1 年到第 n 年的累加总和，$\text{SUM} = \sum_{j=1}^{n} j = \frac{n(n+1)}{2}$。

任何一年 t 的账面价值计算式为

$$\text{BV}_t = B - \frac{t\left(\frac{n-t}{2} + 0.5\right)}{\text{SUM}}(B - S) \tag{8-46}$$

折旧率（d_t）每年都在减少，其计算式为

$$d_t = \frac{n - t + 1}{\text{SUM}} \tag{8-47}$$

年限总和折旧法的 Excel 函数显示了第 t 年的折旧额，函数为 SYD(B,S,n,t)。

仍按前面直线折旧法所举的例子，采用年限总和折旧法，$1+2+3+\cdots+10=55$，计算结果见表 8-12。

表 8-12　年限总和折旧法的计算结果　（单位：万元）

年　度	年折旧额	折旧后年账面价值
第 1 年	2 400 ×10/55 =436. 36	2 563. 64
第 2 年	2 400 ×9/55 =392. 73	2 170. 91
第 3 年	2 400 ×8/55 =349. 09	1 821. 82
第 4 年	2 400 ×7/55 =305. 45	1 516. 36
第 5 年	2 400 ×6/55 =261. 82	1 254. 55
第 6 年	2 400 ×5/55 =218. 18	1 036. 36
第 7 年	2 400 ×4/55 =174. 55	861. 82
第 8 年	2 400 ×3/55 =130. 91	730. 91
第 9 年	2 400 ×2/55 =87. 27	643. 64
第 10 年	2 400 ×1/55 =43. 64	600. 00

思考与练习

1. 什么是设备的有形磨损和无形磨损?
2. 设备的有形磨损、无形磨损和综合磨损如何度量?
3. 为什么要对设备磨损进行补偿?
4. 设备的磨损和磨损的补偿方式有哪些?
5. 设备更新的含义是什么?
6. 试述设备折旧率对企业的影响。
7. 什么是设备的经济寿命、技术寿命和自然寿命?
8. 某厂以 5 万元购进一台新设备，使用期为 10 年，残值为 0. 15 万元。试用直线折旧法、年限总和折旧法和双倍余额递减折旧法计算设备使用到第 2 年和第 8 年的折旧额。
9. 某设备的购置费用为 6 000 元，第 1 年设备的运行成本为 400 元，以后设备每年的低劣化增加值为 300 元，不考虑设备的残值，求其经济寿命。
10. 某设备的购置费为 8 000 元，年利率 $i=10\%$，其他有关数据见表 8-13，求设备的经济寿命（用动态法）。

表 8-13　设备的年运行成本及年末残值

使用年限/年	1	2	3	4	5	6	7	8
年运行成本（元）	1 000	1 200	1 400	1 800	2 300	2 800	3 400	4 100
年末残值（元）	5 000	4 500	4 000	3 300	2 500	1 700	800	0

11. 某设备更新方案，新设备购置费为11 000元，可使用5年，年运行成本为2 000元，5年后的残值为1 000元。如果把现有设备转卖出去，售价为2 000元，5年后售价为400元，旧设备的年运行费用为4 500元，若利率为10%，问现有设备是否应该更新？

12. 某机械加工企业针对生产中要使用的一台设备进行经济决策，该设备5年前用6 000元购买，目前估值2 500元，还可以使用5年，各年的残值及运行成本见表8-14。现在又出现了一种改进型的新设备，售价为8 000元，寿命为8年，其运行成本低于旧设备，每年的残值及运行成本见表8-13。设基准收益率为10%，若企业长期需要该设备进行加工，是否需要更新该设备？何时更新？

表8-14　旧设备每年的残值及运行成本

使用年限/年	1	2	3	4	5
年运行成本（元）	1 800	2 300	2 900	3 500	4 100
年末残值（元）	1 500	1 000	600	200	100

第9章

价 值 工 程

学习指导

本章知识要点：

1. 价值工程的概念和特点
2. 提高价值的途径
3. 价值工程的工作程序
4. 价值工程对象的选择方法
5. 功能的定义和分类
6. 功能整理的步骤
7. 功能评价的过程及功能改进的方法
8. 改进方案的提出与评价方法

本章难点：

1. 价值工程对象的选择方法
2. 功能评价的过程及功能改进的方法

引例

第二次世界大战期间，麦尔斯供职于美国通用电气公司的采购部门，长期负责生产军用产品的原材料采购工作。当时，麦尔斯在采购公司急需的大量石棉板时，石棉板价格成倍增长，引起了麦尔斯的疑虑。他提出了这样的问题：为什么要用石棉板？它的功能是什么？麦尔斯通过调查发现，在产品生产的过程中，需要在喷刷涂料时，把石棉板铺到地上，是为了避免污染地板和引起火灾。麦尔斯想：既然石棉板这么紧俏，价格持续攀升，那么有没有一种材料能够满足这两种功能而且又便宜呢？于是他找到一种价格便宜又不燃烧的纸，代替了石棉板。由此，麦尔斯发现了产品的功能与成本的关系。他总结出：对用户而言，需要的不是产品本身，而是它的功能。并且按照功能的必要程度付款，因为产品设计是根据用户对产品功能的要求进行的。于是，设计出价廉物美的产品问题变成了以最低费用提供用户所要求功能的问题。之后，麦尔斯通过一系列成功的实践活动，总结出了一套在保证同样功能的前提下降低成本的比较完整的科学方法，并将其定名为“价值分析”。

本案例涉及石棉板和防火纸的选择问题，需要考虑各种材料的功能及其形成功能的费用，怎样用最低的成本为用户提供需要的功能，这正是价值工程的研究内容。

9.1 价值工程的产生与发展

价值工程（value engineering，VE）又称价值分析（value analyse，VA），是20世纪40年代后期产生的一门新兴的管理技术。价值工程的创始人公认是美国工程师麦尔斯。以后，随着研究内容的不断丰富与完善，其研究领域也从材料代用逐步推广到产品设计、生产、工程、组织、服务等领域，形成了一套比较完整的科学体系——价值工程。

价值工程与一般的投资决策理论不同。一般的投资决策理论研究的是项目的投资效果，强调的是项目的可行性；而价值工程是研究如何以最少的人力、物力、财力和时间获得必要的功能的技术经济分析方法，强调的是产品的功能分析和功能改进。

价值工程是继工业工程（IE）、质量控制（QC）之后出现的又一种新的管理方法，价值工程的实施效果十分显著。通用电气公司在开发价值工程技术上花费了80万美元，而在17年里就节约了2亿美元以上。1954年，美国海军舰船局首先采用了VE，仅1956年就节约了3 500万美元，随后VE又被空军、陆军及民用产品所采用。进入20世纪70年代，新产品、新技术合同的必要条件中都包括必须实施价值工程。1960年，日本企业开始采用价值工程，并与IE、质量管理（QM）结合起来开展活动，取得了显著的经济效益。

价值工程从材料代用开始，以后发展到改进设计、改进生产工艺，从单个零件、单个作业工序的改进，发展到整机、全部工序的改进。从应用领域看，它从产品开发设计发展到行政、培训、管理、预测、资源分配和销售等领域，是一门提高产品或服务价值的实践应用学科。

我国是从20世纪70年代末开始运用价值工程的。1984年，国家经济委员会将价值工程作为18种现代化管理方法之一，向全国推广。1987年，国家标准局颁布了第一个价值工程标准《价值工程基本术语和一般工作程序》（GB 8223—1987，现已作废）。

工程经济的核心就是通过技术经济的分析方法，对项目、产品和工艺等进行核算、对比和优选。实践表明，价值工程是一种新兴的工程经济分析方法，是研究产品功能与成本关系问题的管理技术。功能属于技术指标，成本则属于经济指标，工程经济用价值概念把技术与经济统一起来，谋求最低的成本，获得必要的功能，以达到在满足使用者需要的同时，使企业和社会都获得最佳的经济效益，并使有限的资源得到充分合理利用的目的。

9.2 价值工程的概念和特点

9.2.1 价值工程的概念

价值工程是以谋求最低的产品全寿命周期成本，可靠地实现使用者所需的必要功能成本而进行有组织的系统分析的一种技术经济思想方法和管理技术。

价值工程可以用下式表达：

$$V=\frac{F}{C} \tag{9-1}$$

式中　V——价值；

F——功能；

C——成本。

价值工程的基本原理涉及以下三个重要的基本概念：

1. 价值

价值工程中的“价值”与一般所说的“价值”不同。从通俗意义来讲，许多人会把价值理解为某种商品有用的或者有意义的一种性质。从政治经济学的角度来看，价值是商品的社会属性，表现为一种商品同另一种商品相互交换的数量上的关系或比例，它是由社会的必要劳动量来决定的。这种凝聚在商品中的、一般的、无差别的人类劳动就是价值。

价值工程中所说的“价值”与政治经济学中的价值也是不同的。它是被作为一种衡量尺度提出来的，因此价值实际上反映了物品的“物美价廉”的程度，是个相对概念。例如，用户需要购买一台电视机，假设此市场上有两种型号的电视机，当两种电视机价格相同时，用户当然会选择质量好功能全的那一种，因为它的价值大。当两种电视机价格不同时，用户会面临这种情况：质量好功能全的电视机价格高，而性能低的那种电视机价格低，这时用户就要权衡一下，到底是购买性能高价格高的还是购买性能低价格低的电视机，这时就需要衡量为得到商品的有用性而付出的花费是否合适。从这个意义上讲，价值是衡量物品（事物或产品）有用程度的一种尺度，或者说是物品的效用（功能）与费用（成本）的比值。上述定义除了表明价值是由于增加功能或降低成本而增加外，还可以说明价值是可以测定的变化的量。

2. 功能

功能是对象能够满足某种需求的一种属性。具体来说，功能就是功用、效用。功能的系统分析包含功能的定义、功能的分类和功能分析。

3. 成本

价值工程中的成本指的是寿命周期成本（Life Cycle Cost），包括产品从研究、设计、制造、销售、使用直至报废为止的整个期间的全部费用。它由生产成本和使用成本两部分构成，生产成本包括研究开发费用、设计费用、制造费用和销售费用等，用户的使用成本是产品出厂后的各项费用总和，包括使用过程中的运行费用和维护费用等，如图 9-1 所示。

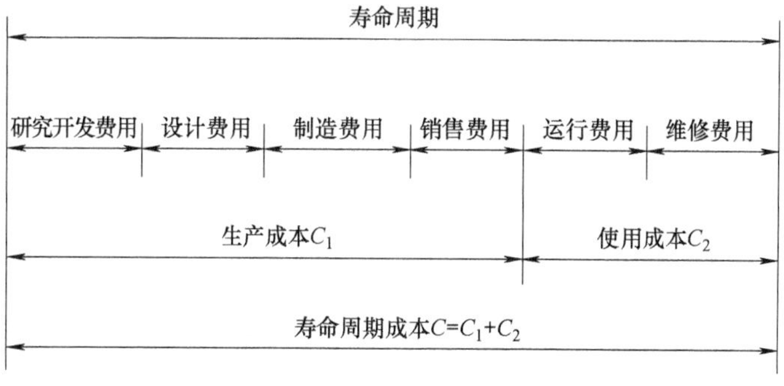

图 9-1　寿命周期成本构成

在价值工程活动中，虽然把重点放在产品的设计阶段，但既要重视降低生产成本，也必须重视降低使用成本，把产品的寿命周期费用作为一个整体。这样做，不仅对企业有利，对用户有利，对整个社会也有极大的益处。

针对同一产品而言，一般情况下，生产成本随着产品功能水平的提高而上升，使用成本随着产品功能水平的提高而下降，如图 9-2 所示，寿命周期成本随产品功能水平的变化成开口向上的抛物线形变化。可以看到，寿命周期成本有一个最低点 C_{min}，对应的产品功能则有一个最适宜水平 F_0。功能过高，虽然使用成本低，但生产成本高，寿命周期成本仍偏高；反之，功能过低，虽然生产成本较低，但使用成本太大，寿命周期成本也偏高。

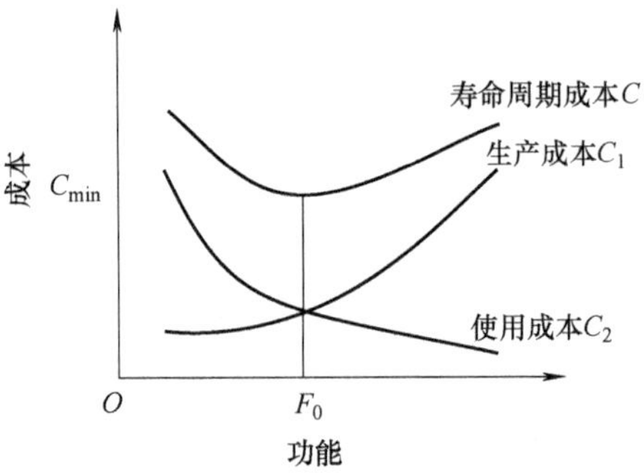

图 9-2　寿命周期成本

价值工程的目的，是要使产品功能达到最适宜水平，从而确保产品的寿命周期成本最低。在实践中，往往要反复应用价值工程才能实现该目的。

9.2.2　提高价值的途径

根据价值、功能、成本的关系，提高价值的途径总体上可以分为两类：一类是以提高功能为主的途径，另一类是以降低成本为主的途径。既提高功能，又降低成本，是一种理想途径。提高价值的基本途径具体表现为以下五个方面：

（1）成本降低，功能提高。主要采用新技术、新材料、新工艺、新方法等降低成本，通过改进设计或增加用户希望的功能来提高产品的功能水平。这是最理想也是最难的一种方式。

（2）功能不变，成本降低。采用材料代用、新方法新工艺、改善管理等措施，在功能不变的前提下，降低成本。该途径主要针对性能和质量趋于稳定的产品。

（3）成本不变，功能提高。在成本不变的前提下，通过改进设计以提高使用功能和美学功能等必要功能。

（4）成本略增，功能大幅度提高。针对购买力强的用户，在原有基础上适当增加成本，提高档次，增加功能，并以较高价格出售。

（5）功能略减，成本大幅度下降。针对购买力较弱的用户，在满足用户需要的同时，降低产品档次，减少过剩和不必要功能，使成本大幅度降低，以此提高价值。

上述五种基本途径，仅是依据价值工程的基本关系式 $V = F/C$，从定性的角度所提出来的一些思路。在价值工程活动中，具体选择提高价值的途径时，则需进一步进行市场调查，依据用户的要求，按照价值分析的重点，针对不同产品的适用特点和企业的实际条件进行具体的选择。这五种途径的着重点不一样，采取的分析方法和改进措施着重点也不一样。

9.2.3　价值工程的特点

价值工程在我国是一门新的软科学和管理技术。尽管在我国传统管理中，产品的设计和生产也注重产品产量，也进行成本核算，似乎具备价值工程的思想，但实际上，价值工程是一种更有效的方法，其系统性和科学性体现在以下特点中：

（1）功能分析是价值工程的核心。准确地分析产品或作业的必要功能、剩余功能、不必要功能是价值工程实施效果的关键。功能分析是价值工程特有的一种分析方法，也是价值工程的重要特点。价值工程活动之所以能取得显著效果，其关键就在于抓住了功能分析这一环节。只有通过功能分析，才能了解现有功能的性质，明确功能的满足程度及各功能之间的逻辑关系，为研究功能与成本之间的关系打下基础。由于功能与成本的关系是相当复杂的，只有采用系统的观点和方法，进行定性和定量的分析研究，才能达到满足功能需求、降低成本、提高研究对象价值的目的。

（2）追求的是全寿命周期成本最低。这就说明仅仅追求产品的生产成本最低是不够的，还需要考虑产品在其寿命周期的使用成本。

（3）价值工程是有组织的创造性活动。价值工程的活动范围涉及企业内外生产经营活动的许多环节，必须把与价值工程对象相关的环节，从产品的研究开发、设计、制造、供销、成本核算直到产品用户的有关人员组织起来，有组织、有计划、有步骤地开展价值工程活动，形成功能与成本综合分析的创造性活动。

（4）从消费者角度分析必要功能。价值工程的目的是以最低的费用实现产品的必要功能，因此价值应从用户的角度来考虑，而不是从制造者或设计者的角度来考虑。因此，功能不能满足用户的要求，即使质量再高的产品也是没有市场的；但是，如果质量超过了用户的需要，导致费用和价格的大幅提高，显然也不会受到市场的欢迎。从价值工程的观点来看，功能不足、功能过剩或不必要功能对产品的市场竞争力都不利，应以满足用户所需要的必要功能为目标。

9.3 价值工程的工作程序

价值工程已发展成为一门比较完善的管理技术，在实践中已形成了一套科学的实施程序。这套实施程序可概括为三个阶段、六个步骤、七个提问，见表9-1。

表9-1 价值工程的工作程序

阶　段	具体步骤	价值工程提问
分析问题	选择价值工程对象 搜集情报 功能分析与评价	价值工程的对象是什么？ 价值工程的作用是什么？ 价值工程的成本是多少？ 价值工程的价值是多少？
综合研究	方案创造	有其他方法能实现这个功能吗？
方案评价	方案评价与选择 方案实施与成果评价	新方案的成本是多少？ 新的方案能满足要求吗？

价值工程的工作程序具体内容如下：

（1）选择价值工程对象。对象选择的基本原则是：在生产经营上有迫切的必要性，在改进功能、降低成本上有取得较大成果的潜力。

（2）搜集情报。通过搜集情报，可以得到进行价值工程活动的依据、标准、对比对象，可以受到启发、打开思路，深入地发现问题，科学地确定问题的所在和问题的性质，设想改进方向、方针和方法。

（3）功能分析。功能分析也称为功能研究，对于新产品来讲，又称为功能设计，是价值工程的核心，价值工程的活动就是围绕这个中心环节进行的。因为价值工程的目的是用最低的寿命周期成本，可靠地实现用户所需的必要的功能，所以，价值工程师对产品的分析，首先不是分析产品的结构，而是分析产品的功能，也即从传统的对产品结构的分析（研究）转移到对产品功能的分析（研究）。

（4）功能评价。功能评价的目的是寻求功能最低的成本。它是用量化手段来描述功能的重要程度和价值，以找出低价值区域，明确实施价值工程的目标、重点和大致的经济效果。功能评价的主要尺度是价值系数。

（5）方案创新和评价。为了改进设计，就必须提出创新方案。麦尔斯曾说过，要得到价值高的设计，必须有20～50个可选方案。提出实现某一功能的各种各样的设想，逐步使其完善和具体化，形成若干个在技术和经济上比较完善的方案。

（6）方案试验和提案。为了确保选用的方案是先进可行的，必须对选出的最优方案进行试验。验证的内容有方案的规格和条件是否合理、恰当，方案的优缺点是否确切，存在的问题有无进一步解决的措施，并将选出的方案及有关技术经济资料编写成正式提案。

9.4 价值工程的对象选择与信息搜集

9.4.1 价值工程对象选择的原则

选择价值工程活动的对象，就是要具体确定功能成本分析的产品与零部件。价值工程对象的选择是价值工程活动的关键步骤。在一个企业里，有许多产品和大量零部件，并不是对所有产品都要进行价值工程分析，而是有选择、有重点地进行。这样就可以提高价值工程活动的效果，在工作量相同的情况下，力争取得最好的成效。一般来说，选择价值工程活动的对象，必须遵循一定的原则，运用适当的方法保证对象选择得合理。

价值工程是就某个具体对象开展的有针对性的分析评价和改进，有了对象，才有具体内容和分析的目标。价值工程的对象选择过程就是逐步收缩研究范围、方向的过程。一般来说，对象的选择有以下几个原则：

1. 与企业生产经营发展相一致的原则

由于行业、部门不同，环境、条件不同，企业经营目标的侧重点也必然不同。企业可以根据一定时期的主要经营目标，有针对性地选择价值工程的改进对象。通常，企业经营目标有如下几个方面：

（1）对国计民生影响较大的产品。

（2）国家计划任务和社会需要较大的产品。

（3）对企业经济效益影响较大的产品。

2. 潜力大、易于提高价值的原则

对象选择要围绕提高经济效益这个中心，选择潜力大、成功可能性大的产品，并和企业人力技术条件相适应，在预定时间能取得成功的产品或零部件作为价值工程对象。

可以从下列几个方面进行分析和选择：

（1）从设计方面来看，对结构复杂、性能和技术指标差距大、体积大、重量大的产品、零部件进行价值工程活动，可以使产品结构、性能、技术水平得到优化，从而提高产品价值。

（2）从生产方面来看，数量多、工艺复杂、原材料消耗高和废品率高或关键的产品和零部件，特别是对量多、产值比重大的产品，如果把成本降下来，所取得的总的经济效果会比较好。

（3）从市场销售方面来看，选择用户意见多、系统配套差、维修性低、竞争力差、利润率低的，或者市场上畅销但竞争激烈的产品。

（4）从成本方面来看，选择成本比重大、价格贵的材料和零部件。推行价值工程就是要采用成本低的代用零部件或材料，以最低的寿命周期成本可靠地实现必要功能。

根据以上原则，对生产企业，有以下情况之一者，应优先选择为价值工程的对象：

（1）结构复杂或落后的产品。

（2）制造工序多或制造方法落后及手工劳动较多的产品。

（3）原材料种类繁多的产品。

（4）在总成本中所占比重大的产品。

对由各零部件组成的产品，应优先选择以下部分作为价值工程的对象：

（1）造价高的组成部分。

（2）占产品成本比重大的组成部分。

（3）数量多的组成部分。

（4）体积或重量大的组成部分。

（5）加工工序多的组成部分。

（6）废品率高和关键性的组成部分。

9.4.2 价值工程对象选择的方法

价值工程对象选择的方法有定性和定量两大类别。

1. 经验分析法

经验分析法也称为因素分析法。它依靠价值工程人员的经验和知识，来选择和确定分析对象。在对各因素进行综合分析时，以前述的价值工程对象的选择原则为基础，既要区别轻重缓急，考虑需要，又要考虑可能性。经验分析法的优点是简便易行，不需要特殊训练，能综合考虑问题。缺点是缺乏定量依据，受分析人员的水平和主观因素的影响较大。

2. ABC 分析法

ABC 分析法是一种运用数理统计的分析技术原理，按照局部成本在总成本中的比重大小来选择价值工程对象的方法，所以也叫成本比重法，国外也把这种方法称为帕累托分析法。此方法是选择价值工程对象最常用的方法之一。其基本原理是在选择价值工程对象时，要分清主次、轻重，区别关键的少数和次要的多数，根据不同的情况分类对待。

ABC 分析法是将意大利经济学家帕累托的不均匀分布定律用在成本分析上，即对某一产品的全部零部件的成本比重进行分析时，往往有少数几种零部件在产品总成本中的比重很大，占零部件总数 10% ~20% 的零部件的累计成本占总成本的 70% ~80%，这 10% ~20% 的零部件称为 A 类零部件。A 类零部件数量少而成本比重大，是对产品成本举足轻重的关键零部件类，应列为价值工程对象；还有一些零部件占零部件总数的 70% ~80%，但成本仅占总成本的 10% ~20%，这类零部件称为 C 类零部件。C 类零部件虽然数量多，但对整体成本影响不大。A、C 两种零部件之外的其他零部件归为 B 类零部件。一般来说，A 类为重点研究对象，对 B 类做一般分析，对 C 类可不做分析。ABC 曲线图如图 9-3 所示。

ABC 分析法的具体步骤如下：

（1）将所有研究对象（零部件或工序、项目），按其成本由多到少进行排列编号。

（2）计算每个研究对象的累计个数占全部研究对象总数的百分比。

（3）计算研究对象的累计成本。

（4）计算累计成本占总成本的百分比。

（5）按 ABC 分析法的分类原则进行分类。

（6）画出 ABC 曲线图。

（7）将 A 类作为价值工程的主要研究对象。

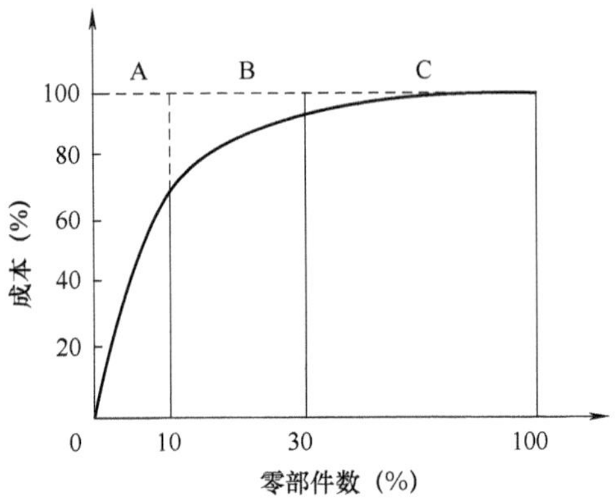

图 9-3　ABC 曲线图

当构成产品的零部件较少时，可以直接画出曲线图。如果零部件数量很多，就要先将零部件成本按大小排列，由高到低列成表格，再逐一画在坐标图上，然后作出曲线图。在产品较多的企业中，应选择占主导地位的或对利润影响最大的产品作为 A 类对象。

3. 功能评价系数法

功能评价系数法也叫强制确定法，是以功能重要程度作为选择价值工程对象决策指标的一种分析方法。它通过专家打分来计算产品或零部件的功能评价系数，见式（9-2），从而估计其功能重要程度。在打分的时候，应针对不同的目标，赋予零部件或功能不同的重要程度。比如，以降低能源消耗为目标的价值分析，要根据消耗能源的比重来进行打分。功能重要程度高的零部件是产品中的关键，因此，应当是重点分析对象。功能评价系数法不仅可以用于产品，也可以用于工程项目、工序、作业、服务项目或管理环节的价值分析对象选择。功能评价系数法分为 0-1 评分法和 0-3 或 0-4 评分法两种。评分时由熟悉产品的 5 ~ 15 位专家参加，各自独立打分，不讨论，不干扰。

$$\text{某零部件功能评价系数 FI}=\frac{\text{该零部件功能分数}}{\text{全部零部件功能总分数}} \tag{9-2}$$

0-1 评分法是先将构成产品的各零部件（或项目因素）排列成矩阵，并站在用户的角度按功能重要程度进行一对一循环对比，两两打分，功能相对重要的零部件得 1 分，不重要的得 0 分，每做一次比较有一个得 1 分，另一个得 0 分，合计零部件的得分值（取平均值）后除以全部零部件的得分值总和，就得出各零部件的功能评价系数。系数大者，表明此零部件重要。0-1 评分法示例见表 9-2。

表 9-2　0-1 评分法示例

零部件名称（或功能名称）	两两对比评分					得分值	修正值	功能评价系数
	A	B	C	D	E			
A	×	1	1	1	1	4	5	0.333
B	0	×	1	0	1	2	3	0.200
C	0	0	×	0	1	1	2	0.133
D	0	1	1	×	1	3	4	0.267
E	0	0	0	0	×	0	1	0.067
合计						10	15	1

如果觉得0-1评分法不够精确表达两个零部件之间的功能差别程度，可以选择0－3或0－4评分法，将多个零部件的功能重要程度分得更细、更准确。

功能评价系数法是国内外应用十分广泛的方法之一，但它只考虑了产品或零部件的功能重要度，没有考虑其成本。它虽然在逻辑上不十分严密，又含有定性分析的因素，但却有一定的实用性，只要运用得当，在多数情况下所指示的方向与实际大致相同。

4. 价值系数法

价值系数法是根据零部件或作业的价值系数选择价值工程对象的。价值系数等于功能评价系数除以成本系数。价值系数法考虑了功能重要程度和成本所占比重，其具体步骤如下：

（1）确定产品零部件或作业的功能评价系数。功能评价系数可采用上述的0-1评分法和0-3或0-4评分法计算，0-3评分法示例见表9-3。

表9-3　0-3评分法示例

零部件名称（或作业名称）	两两对比评分				得分值	功能评价系数
	零部件1	零部件2	零部件3	零部件4		
零部件1	×	3	3	2	8	0.333
零部件2	1	×	1	1	3	0.125
零部件3	1	3	×	2	6	0.250
零部件4	2	3	2	×	7	0.292
合计	4	9	6	5	24	1.000

（2）求出各零部件或作业的成本系数。成本系数是指每个零部件或作业的现实成本占全部零部件总成本或作业总成本的比值。可用公式表示为

$$某零部件或作业成本系数\ CI=\frac{该零部件或作业成本}{全部零部件或作业总成本} \tag{9-3}$$

（3）求出各零部件或作业的价值系数。零部件或作业的价值系数是指该零部件或作业的功能评价系数与其成本系数之比。可用公式表示为

$$某零部件或作业价值系数\ VI=\frac{该零部件或作业功能评价系数\ FI}{该零部件或作业的成本系数\ CI} \tag{9-4}$$

（4）根据价值系数对零部件或作业进行分析评价，选择价值工程对象。当$VI=1$时，表明零部件或作业的功能与成本相当，这样的零部件或作业不必进行价值分析；当$VI>1$时，表明零部件或作业的功能重要程度高，而成本分配偏低，与其功能不平衡，这种情况下，应该适当增加成本使功能更好地发挥，或者分析是否有多余的功能，将之删除，从而降低一点成本；当$VI<1$时，表明零部件或作业实现的功能所分配的成本偏高，应该把这样的零部件或作业作为价值工程的重点对象，降低成本。

表9-4是根据表9-3计算的功能价值系数。可以看出，零部件2和零部件3的$VI>1$，而且零部件3的VI偏离标准线1更远，首先作为价值分析的对象；零部件4的$VI<1$，也应该作为价值分析的对象；零部件1的VI接近于1，可暂时不作为价值分析的对象。

表 9-4 价值系数法表

作业名称	现状成本（元）	成本系数	功能评价系数	价值系数
零部件 1	60	0.3	0.333	1.11
零部件 2	20	0.1	0.125	1.25
零部件 3	20	0.1	0.250	2.5
零部件 4	100	0.5	0.292	0.584
合计	200	1.0	1.000	

5. 最合适区域法

这是一种在采用强制确定法选择价值工程对象时，根据对象的价值系数大小和对象是否处在最合适区域两种因素，从而确定价值工程对象的方法，是强制确定法的优化。

由前面介绍的强制确定法可知，凡是价值系数不为 1 的对象，原则上都可以为 VE 对象，实际上 VI = 1 的情况很少，显然这样的选取对象必浪费人力和物力，又不能保证合理性。日本东京大学田中教授于 1973 年提出了最合适区域法，避免了强制确定法的缺点。

这种方法的原理是：价值系数相同的对象，由于各自的功能评价系数和成本系数的绝对值不同，对产品价值的实际影响有很大差异，对于功能评价系数小的零部件或功能，本身说明是不重要的，可以不作为 VE 对象；对于成本系数小的零部件或功能，在改变价值系数的时候，绝对成本变化也不大，对功能的提升有限。因此，对于价值系数相同的对象，由于各自的功能评价系数和成本系数的绝对值不同，在选择 VE 对象时，不应把价值系数相同的对象同等看待，而应优先选择对产品价值影响大的为对象。至于对产品影响小的，则再根据必要性和可能性原则，决定是否作为 VE 对象。

如表 9-5 所示的 A、B、C、D 四个零件，由于它们的成本系数和功能评价系数的绝对值不同，虽然价值系数相同，但对产品价值改善的实际影响有很大差异。价值系数小于 1 的零件，进行 VE 的目的是降低成本。如果零件 A 将价值系数提高到 1，则成本可降低 10 元，而若将零件 B 的价值系数提高到 1，则成本仅降低 1 元；价值系数大于 1 的零件，进行 VE 的目的是增加成本使功能发挥得更好，如零件 C 的价值系数达到 1，需要增加 100 元的成本，对功能的提升有明显的作用；而若将零件 D 的价值系数达到 1，则成本最多只增加 10 元，对功能的改善很有限，而且该功能不是重要功能。

表 9-5 相同价值系数的零件数据

零件名称	目标成本（元）	成本系数	功能评价系数	价值系数
A	100	0.1	0.09	0.9
B	10	0.01	0.009	0.9
C	100	0.1	0.2	2.0
D	10	0.01	0.02	2.0
⋮	⋮	⋮	⋮	⋮
总计	1000	1.0	1.0	

最合适区域法的应用原则是，不把价值系数相等的对象同等看待，而优先选择对产品实际影响较大的对象。为了更清晰地表达功能的重要程度与功能成本系数的关系，以成本系数

为横坐标 X，以功能评价系数为纵坐标 Y，作价值图，如图9-4a所示，同时根据功能评价系数和成本系数确定的最合适区域来确定价值工程对象。最合适区域为图9-4a中的阴影部分。

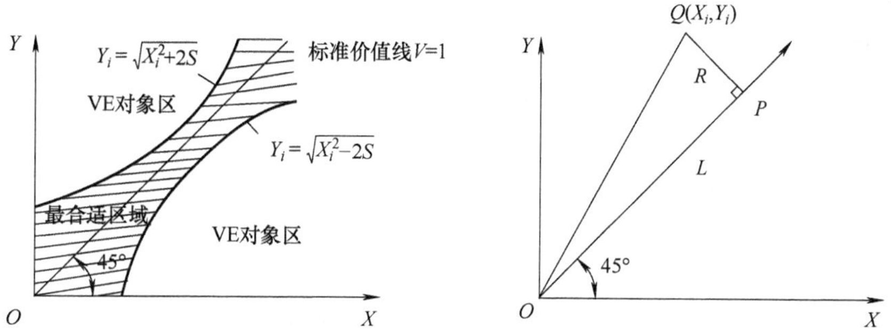

a) 价值图 b) 求曲线方程图

图9-4 VE最合适区域法

图中倾角为45°的直线称为标准价值线，这条线上的点标志着功能与成本恰好平衡，此时 $V=1$。标准价值线左上方的区域表示 $V>1$，右下方的区域表示 $V<1$，可列为VE对象区。其中，离原点远的点表示功能重要或成本高，其变化对整体影响大，必须严加控制，即使偏离标准价值线不多，也要列为价值工程对象；而离原点近的点，表明其功能次要或成本低，其变化对整体影响小，可以放宽控制，允许对于标准价值线有较大的偏离。因此，分析对象所在的最合适区域应是上狭下宽。在最合适区域内的各点虽然偏离标准价值线，但离标准价值线较近，不选作价值工程对象，只将处于最合适区域外的各点选作价值工程对象。

构成最合适区域的两条曲线是这样确定的：曲线上的任一点 Q 到标准价值线的垂直距离 R 与垂足 P 到原点 O 的距离 L 的乘积 RL 为一常数 S，如图9-4b所示。这样一个运动规律的动点轨迹必然是两条以标准价值线为渐近线且相互对称的曲线，并呈向原点开口的喇叭形。根据 $S=RL$ 这一规律可推导出两条曲线的方程如下：

$$Y_i=\sqrt{X_i^2-2S}\,(\text{当 } X_i>Y_i \text{ 时}) \tag{9-5}$$

$$Y_i=\sqrt{X_i^2+2S}\,(\text{当 } X_i<Y_i \text{ 时}) \tag{9-6}$$

曲线上的点凡是距原点较近者，与标准价值线的距离必然较大，达到放宽控制的目的；凡是距原点较远者，与标准价值线的距离较小，达到从严控制的目的。曲线所围区域的大小取决于 S 值的大小。常数 S 的取值越大，所围区域越大；反之越小。一般根据各对象的点在图中的分布情况选一个合适的 S 值，使大多数的点（80%以上）分布在区域内，则认为 S 较合适，该区域为最合适区域。S 的值可根据VE目标，通过反复画曲线进行试验，直到价值工程取得满意的效果。

总之，选择VE对象的方法很多，应根据具体情况灵活应用或者结合实际情况选用。

9.4.3 价值工程的信息搜集

在价值工程活动中，搜集信息的工作是非常重要的。只有在大量、迅速、准确、全面信息资料的基础上，才能有效地分析对比，打开思路，找到解决问题的办法。从某种程度上来说，价值工程成果的大小取决于情报搜集的质量、数量与适宜的时间。

价值工程对象不同，需要的信息资料也不同。信息搜集一般涉及产品的研究开发、生产、流通、维修和服务等各方面的情况，并在此基础上进行整理和分析。主要包括用户方面的信息、销售方面的信息、科学技术方面的信息和产品成本方面的信息。

1. 用户方面的信息

用户方面的信息对价值改善具有决定性作用，是产品设计的基本依据，主要包括如下内容：

（1）用户的基本要求：用户要求产品必备的基本功能及其水平，对产品寿命与可靠性的要求；希望价格降低幅度及交货时间；对技术服务的具体要求；对产品所产生副作用的最高限度等。

（2）用户的基本条件：用户所处的销售地区及其市场阶层；用户的经济条件及购买力水平；用户的文化水平及操作能力；用户的使用环境及维修、保养能力等。

2. 销售方面的信息

销售方面的信息对价值改善具有指导性作用，是确定产品设计目标的重要基础，主要包括以下内容：

（1）产品方面：产品销售的市场范围及其发展趋势；产品销售数量的演变及其缘由；国家需求计划与市场需求预测；产品的技术现状及其发展的可能。

（2）竞争方面：主要竞争对手的技术经济现状及其未来发展趋势；竞争对手的主要特性与问题；名牌产品的优势与特色；各家的产量、销量以及售后服务等。

3. 科学技术方面的信息

科学技术方面的信息对价值改善具有方向性作用，是改进设计的主要来源，主要包含以下内容：

（1）科技方面：有关的科研成果及其应用情况；新结构、新材料、新工艺的现状及其发展；标准化的具体要求及其存在的问题；国内外同类产品的研究与开发方向。

（2）设计方面：产品设计的主要功能标准与其相关要求；产品的结构原理及零部件配合的先进程度；材料价格、尺寸、精度；产品造型的适时程度及其体积、重量、色泽的发展趋向。

4. 产品成本方面的信息

产品成本方面的信息对价值改善具有参考性作用，是确定成本目标的参照系统，主要有以下内容：

（1）同类企业成本：同类企业的生产成本、使用成本；主要原材料、能源费用的构成情况及其变化趋势；车间经费、企业管理费等有关资料；产品及其组件等历史资料中的最低成本。

（2）供料企业成本：供料企业成本的变动，必将引起供应材料价格的变动。具体包括原材料、燃料生产企业的各种成本的现状，历史时期的发展变化状况，未来发展的趋势与可能。

另外，还应该搜集和整理本企业的信息和协作企业的信息，国家与社会有关部门方面的信息。例如，国家的新经济政策，有关产品的优惠政策，国家有关部门的技术政策、能源政策，有关部门的对外贸易、技术引进政策，以及环保方面的法令与规定等。

9.5 产品的功能分析与评价

价值工程旨在提高研究对象的价值，即以对象的最低寿命周期成本可靠地实现使用者所需的功能。显然，要想提高对象价值，必须抓住对象的本质——功能。为此，只有通过产品的功能分析，才能加深对功能的理解，探索功能要求，明确功能的性质和相互关系，进而对研究对象进行价值评价和成本评价，以提高产品的价值。

功能分析包含功能分类、功能定义和功能整理，进行功能分析的基础是功能分类，功能分析是价值工程的核心。

9.5.1 功能分类

功能是满足某种需求的一种属性。功能的概念是广义的，它随着研究对象的不同，可以有多方面的含义。一个产品可以有多种功能，为了更好地研究这些不同的功能，首先需要将功能进行分类。

按照不同的标准，功能可以分为以下几类：

1. 从功能重要程度的角度可分为基本功能和辅助功能

（1）基本功能。基本功能是与对象的主要目的直接有关的功能，是对象存在的主要理由。一个产品可以有多种功能来满足用户对产品所提出的各种要求，其中能满足用户基本要求的那一部分功能就是产品的基本功能，它是产品存在的基本条件，也是用户购买产品的主要原因。显然，一件产品并不一定只具有一项基本功能。例如，手机的基本功能是通话，而手机现在有很多使用广泛的功能，如上网、看视频以及玩游戏等，虽然可能比通话使用更多的时间，但如果去掉通话功能，就不是手机了。因此，基本功能是用户需求的基本原因，因此不能由设计者或企业加以改变，而且要想方设法给予保证。

（2）辅助功能。辅助功能也称为二次功能，是为有效地实现基本功能而存在的功能。其作用虽然相对于基本功能是次要的，但它是实现基本功能的重要手段。例如，手表的基本功能是显示时间，而防水、防磁、防振则是为了更准确地显示时间而附加的辅助功能。又如，电视机的遥控功能是为使基本功能能够得到更方便的实现而附加的辅助功能。

由于辅助功能是由设计者附加上去的功能，当然是可以改变的，因此，应该在确保基本功能实现的前提下，根据需要和可能来增加或剔除辅助功能。从开展价值工程活动本身来说，改进辅助功能是开展价值工程活动的重要课题，也是降低成本潜力较大的地方。

随着科学技术的进步和用户需求的变化，基本功能和辅助功能的划分是相对的，有时辅助功能也可以转化为基本功能。例如，手机的上网功能，最开始是一项辅助功能，随着智能手机的普及和功能的完善，上网功能成为智能手机的基本功能。

应该注意：有的产品两者的划分是相对应的，需视情况而定。

2. 从用户对功能需求角度可分为必要功能和不必要功能

（1）必要功能。必要功能是为满足用户需求而必须具有的功能。必要功能包括基本功能与辅助功能。基本功能一定是必要功能，而辅助功能既有必要的部分，也包含不必要的部分。例如电冰箱的必要功能是冷冻和保鲜，但美学功能也是用户选用的主要因素，这时，冷冻、保鲜和美学功能都是必要功能。

（2）不必要功能。不必要功能是对象所具有的、与满足用户的需求无关的功能。不必要功能包括过剩的功能、过时的功能、重复的功能以及无助于基本功能更好地实现的功能。不必要功能的发生，可能是生产厂家的失误，也可能源于用户不同的要求。因此，区分功能必要与否，必须以用户的需求为准绳，而不能凭生产厂家的主观臆断。发现不必要功能并剔除不必要功能，正是价值工程活动中研究功能的重要目的。

当然，功能是否必要，对于不同用户来说，有不同的划分标准，因此，在产品设计时，要有明确的市场目标群体才能准确地划分必要功能与不必要功能。

3. 从功能的性质角度可分为使用功能和美学功能

（1）使用功能。使用功能是对象所具有的与技术经济用途直接有关的功能，凡是从产品使用目的方面所提出的各项特性要求都属于使用功能，也就是产品及其组成部分的实际用途或给用户带来的效用，并体现用户要求效用的程度，如可靠性、安全性、维修性、操作性和有效性等。使用功能是用户最关心的功能。它们往往通过基本功能或辅助功能来实现，如热水瓶的保持水温、手表的显示时间和计时均是使用功能。

（2）美学功能。美学功能是与用户的精神感觉、主观意识有关的功能，如贵重功能、外观功能、欣赏功能等。美学功能是在满足用户对使用功能要求的前提下，为了吸引用户，提高竞争力，在贵重、外观、欣赏等方面所提供的功能，如产品的结构、造型、色彩、数字符号、商标图案、包装等。美学功能多通过辅助功能来实现，但工艺品、装饰品的美学功能则属于基本功能。

有些产品只要求使用功能，不要求美学功能，如机械零部件、地下管道及其他不需要外观要求的产品。有些产品却只要求美学功能，一般不要求使用功能，如工艺品和装饰品等。但大多数产品既有使用功能，又有美学功能，只不过因产品性质、经济发达程度、民族特点、风俗文化的不同，使用功能与美学功能的构成比例不同而已。但随着生产的发展和生活水平的不断提高，美学功能越来越显示出重要的作用。

4. 从功能的满足程度角度可分为不足功能和过剩功能

（1）不足功能。不足功能是对象尚未满足用户需求的必要功能。不足功能既可以表现为产品的整体功能在数量上低于某一确定标准，也可以表现为某些零部件的功能低于产品整体功能的要求，而这些都必然导致产品在使用中表现为功能不足以满足用户的需求。例如，手表的准确性不够，洗衣机洗衣服不够干净。

（2）过剩功能。过剩功能虽然从定性的角度来看属于必要功能，但在数量上超过了用户的需求。它可以表现为产品的整体功能在数量上超过了某一确定标准，也可以表现为某些零部件的功能超出产品整体功能的需求，造成了资源的浪费。过剩功能虽然从功能角度相对用户来说没有造成问题，但过剩功能增加了不必要的成本，提高了产品的价格，削弱了产品的市场竞争力。

9.5.2 功能定义

功能定义就是用简明准确的语言，描述价值工程对象及其构成要素的各种功能，以区别各产品或零部件之间的特性。定义时常采用一个动词加一个名词的形式来描述。

1. 使用功能的定义方法

使用功能大多是以一定的动作行为作用于某一特定的对象。由于动作行为必然以动词来表述，被作用的对象是动词的宾语，因此，对使用功能下定义时，要用动词和名词构成的动宾词组来描述。动宾词组作为功能定义的主要形式，不仅适用于使用功能的定义，还适用于基本功能的定义。例如：

对象	动词 +	名词
杯子	盛	水
电线	传导	电流
铅笔	做出	记号
桌子	支撑	重量

2. 辅助功能的定义方法

辅助功能的定义是对产品基本功能实施过程中的辅助性要求所进行的限定与描述。例如，收音机的基本功能是“发生音响信息”，其辅助功能有音质优美、性能稳定、造型大方、色泽美观等。

3. 美学功能的定义方法

对美学功能下定义，就是对研究对象所具有的外观、特性或艺术水平进行定性的表述。一般情况下，对象的外观、特性或艺术水平用形容词来描述，由此构成一个名词加形容词的陈述与被陈述关系的主谓词组。例如，收音机的美学功能造型大方、色泽美观就是这种结构。

4. 功能定义一般应遵循的规则

（1）抓住功能本质。在给功能下定义时要围绕用户所要求的功能，要透过产品或零部件的物理特性，对事物进行本质思考，打破现有产品表明的框架的限制，找到隐藏在其背后的某种功能特性。

（2）表达准确简明。对于产品及其组成部分的功能定义的正确与否，直接关系到以后价值工程活动的成果。因此，必须定性准确，否则，以后在改进产品及组成部分的功能时，就会发生混乱现象。例如，气压表的功能定义，如果表述为“测量压力”，这虽然是站在客体的立场上给气压表下的功能定义，但不够精确，而应该是“测压准确”或者是“准确地测量压力”。因为一个不精确的气压表是没有使用价值的。为此，有时在给产品下功能定义时，还要加上一个对客体功能说明的规定性副词。通过这样准确性的描述，才能为今后改进产品的功能指出方向。还要注意功能定义的表达必须简单明了，切合实际，不可一词多义、含混不清。

（3）尽可能定量化。名词部分要使用可测量的词汇，以便于在功能评价和方案创造过程中将功能数量化，利于价值工程活动中的定量分析。而且，在评价功能和成本高低时，就有了定量化的依据。例如给“桌子”下定义时，“支撑重量”就符合要求，因为重量是可测的。

（4）避免用被动或间接的动词。例如被测试、被支撑等。

（5）注意功能定义表述的唯一性。研究对象及其构成要素具有多个功能时，对每一项功能只能有一个定义，要分别逐项下定义。例如，暖水瓶外壳有两项功能，则要分别定义为“保护瓶胆”和“美化外观”。若几个构成要素同时具有某一项功能，则这些构成要素的功能定义中都应具有唯一功能定义。也就是说，不论是构成要素具有几项功能，还是功能需要几个要素同时出现，某一特定功能必须对应于唯一的确定的功能定义。

（6）站在物品的立场上下定义。要避免以人为中心来考虑物品功能的倾向。例如，给“铅笔”的功能定义为“写××”就是错误的。

9.5.3 功能整理

所谓功能整理，就是在功能定义的基础上，按照功能之间的逻辑关系，把产品构成要素的功能按照一定的关系进行系统的整理与排列，然后绘制功能系统图，以便从局部与整体的相互关系上把握问题，从而达到掌握必要功能和发现不必要功能的目的，并提出改进的办法。

任何一种产品的各个构成要素之间都会按照设计和生产的要求实现相互联系、相互制约的关系，这种关系构成了产品的结构系统；各构成要素的功能之间也相互联系、相互制约，组成了产品的功能系统，以实现产品的总功能。

一般来说，在产品及其零部件的功能之间，存在着上下位关系和并列关系。上下位关系是指功能系统中存在着目的和手段的关系。甲功能是乙功能的目的，乙功能是甲功能的手段。起“目的”作用的功能叫上位功能，起“手段”作用的功能叫下位功能，如白炽灯的功能关系如图 9-5 所示。为了实现同一目的的功能同时需要的两个或多个手段功能，它们之间不存在从属关系，彼此独立，构成一个功能区域，这些功能之间就是并列关系。例如暖水瓶的功能系统中，减少热传导、减少热对流、减少热辐射即为并列关系，如图 9-6 所示。

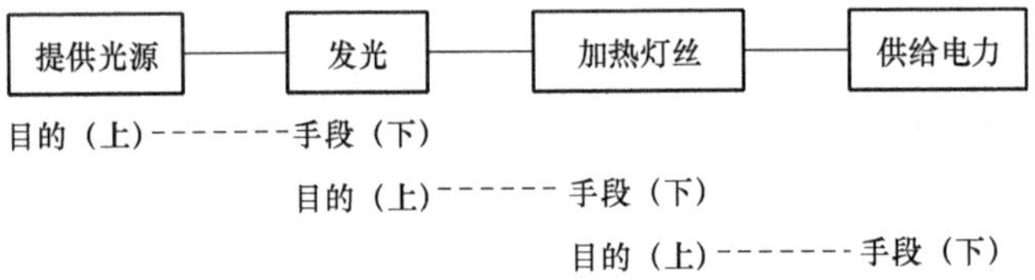

图 9-5　白炽灯的功能关系

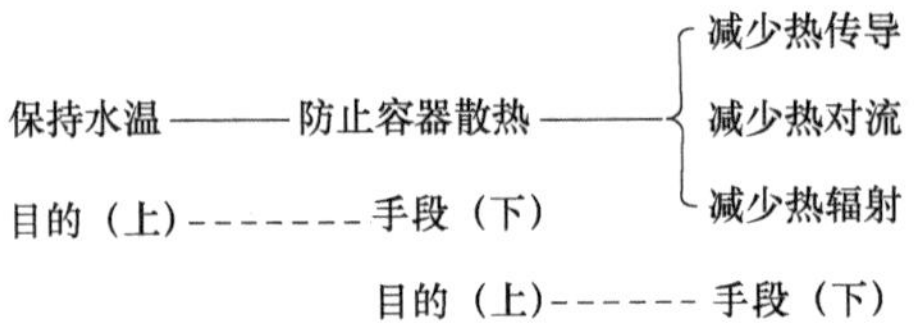

图 9-6　暖水瓶的功能关系

功能系统图的绘制并不是唯一的，因同一产品从不同角度分析可有不同的功能系统图。因此，在绘制时要因目的而异，可将之分系统、分级、分段进行，并非要把产品全面详尽的功能绘制在一起。

功能整理的工作程序，通常按以下方面进行：

（1）把功能定义写在小卡片上，每条写一张卡片，这样便于排列、调整和修改。

（2）从基本功能中挑选出一个最基本的功能，也就是最上位的功能（产品的目的）列在左边。其他卡片按功能的性质以树枝状结构的形式向右排列。

（3）逐个研究功能之间的关系，也就是找出功能之间的上下位关系。例如，人们分析一个功能时，如果提出一个问题，即为什么需要这个功能，或者是这个功能为了达到什么目的，那么就能找到它的上位功能。要查找它的下位功能，可以提问这个功能是怎样实现的。这样通过回答为什么和怎么样，就能找到上位功能和下位功能。上位功能和下位功能的关系为，上位功能是目的，下位功能是手段。当然目的和手段的关系是相对的。就某一个功能而言，对于它的上位功能来说是手段，对于它的下位功能来说却是目的。如图9-7所示为上位功能与下位功能关系图。

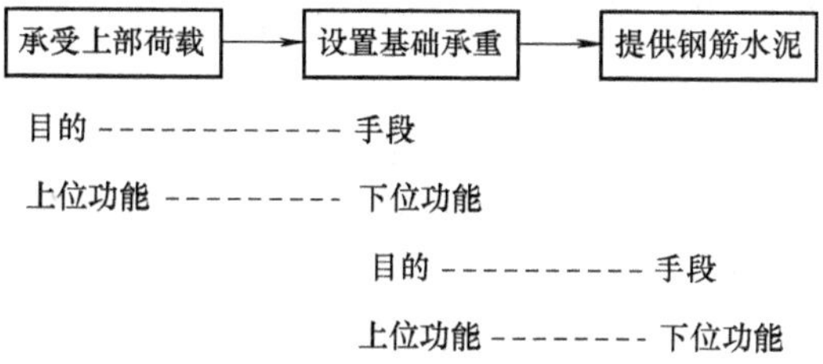

图9-7　上位功能与下位功能关系图

（4）找出功能的并列关系。在功能系统中，在上位功能之后，往往有几个并列的功能存在，这些并列的功能又各自形成一个子系统，构成一个功能区域，称为“功能区”。

（5）编制功能系统图。根据上面所确定的功能间的上下关系和并列关系，把上位功能排在左边，下位功能排在右边，并列关系的功能并列排列。即按其逻辑关系，从整体出发，用图形表示，就形成了功能系统图。对初步形成的功能系统图，必须进一步检查和验证功能关系是否正确，再经过充分的讨论和严格的审查，最后整理成逻辑严密、结构清晰的功能系统图，如图9-8所示。

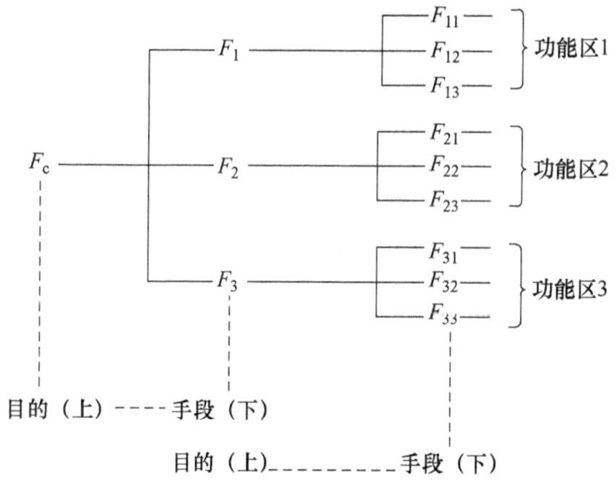

图9-8　功能系统图

9.5.4　功能评价

所谓功能评价，是指通过定量地评价功能价值，从而选出功能价值低、改善期望值大的功能作为价值工程的重点改进对象的活动。依据价值工程的基本关系式 $V=\frac{F}{C}$，要定量地评价功能价值，必须先将功能和成本进行量化。成本可以用货币单位直接进行定量度量，但功能却不同。一方面，大多数功能不易用数量准确计量；另一方面，有些功能虽可以直接计量，但一个产品各项功能的计量单位也不尽相同，必须找出一个共同的标准才能进行比较和评价。就是计量相同，也往往不能进行简单的计算与比较。因此，功能评价的关键是将功能数量化，即对功能价值进行测定与比较。

功能评价实际上就是将测定的功能价值与评价的基准进行比较，然后来判断和评定。由于对功能价值的测定方法及相应评价基准选择的不同，形成了不同的评价方法。总的来讲，可将功能评价的方法分为两大类：功能成本法和功能系数法。

1. 功能成本法

功能成本法是直接计算功能的货币量，用金额表达功能的量值，并与实现用户所需要的某项必要功能的最低成本相比较的方法，故也称为绝对值法。这种方法便于更好地从功能成本的角度出发，合理地确定功能与成本的具体数值。

这种方法是通过对各功能的目标成本与现实成本的比较，寻求改进的途径。实现分析对象的某一功能可能有几个方案，对应着几个成本，其中最低的成本称为目标成本，它与相应的现实成本之比为该功能的价值系数，见式（9-7）。二者之差为该功能成本降低的期望值。

$$V = \frac{F}{C} \tag{9-7}$$

$$\Delta V = C - F \tag{9-8}$$

式中 V——功能的价值系数；

F——功能的目标成本（或叫功能评价值）；

C——功能的现实成本。

该方法的基本步骤如下：

（1）确定一个产品（或部件）的全部零件的现实成本。

（2）把零件成本转化为功能成本。在实际产品中，常常有下列情况，即实现一个功能要由几个零件来完成，或者一个零件有几个功能。因此，零件的成本不等于功能的成本，要把零件成本换算成功能成本。换算的方法是：一个零件有一个功能，则零件的成本就是功能的成本；一个零件有两个或两个以上功能，就把零件成本按功能的重要程度分摊给各个功能；上位功能的成本是下位功能的成本的合计。功能成本分析见表9-6。

表9-6　功能成本分析

零件		功能						
序号	名称	成本	F_1	F_2	F_3	F_4	F_5	F_6
1	A	150	50		50			50
2	B	250	25		75	100		50
3	C	30				20		10
4	D	70		45			25	
合计		C_0	C_1	C_2	C_3	C_4	C_5	C_6
		500	75	45	125	120	25	110

（3）确定功能的目标成本（功能最低成本，也称为功能评价值）。确定的方法为：从实现每个功能的初步改进方案中找出最低的成本方案（要对改进方案的成本进行估算），以此方案的成本为功能的目标成本；或从厂内外已有的相同或相似零件的成本中找出最低成本，以此来确定功能的目标成本。

（4）计算各功能的价值系数。通过这样计算，就知道了每一功能的现实价值的大小，计算出的功能价值（即价值系数）一般都小于1，即现实成本高于目标成本。

（5）选择功能价值系数低的作为 VE 的对象。现实成本和目标成本之差（$C-F$）就是改善的幅度，也称为功能价值的期望值，可以作为辅助决策指标，按照期望值由大到小作为改善的顺序。但功能成本系数太小或功能重要程度太低的功能不重要，一般也不进行价值工程分析。

1）当 $V=1$ 时，说明 $C=F$，即现实成本与目标成本相符合，比较理想。

2）当 $V<1$ 时，说明 $C>F$，即现实成本大于目标成本，应设法降低现实成本，以提高其价值。

3）当 $V>1$ 时，说明 $C<F$，即现实成本小于目标成本，应先检查功能评价值是否定得太高，或是有什么多余的功能，应降低 F 值；如果 F 值确定得合理，再检查 C 低的原因，如果是功能不足造成的，应该提高一些成本使功能发挥得更好。

例 9-1：某产品的现实成本为 1 129 元，功能的现实成本见表 9-7，产品的目标成本为 900 元。通过专家打分采用 0-1 评分法得到功能重要度系数，见表 9-7。功能目标成本根据产品的目标成本按功能的重要度进行分配得到的，功能成本降低的期望值也见表 9-7。根据功能成本降低的期望值从大到小的顺序进行价值工程分析，但 F_4 的功能重要度系数太低，也可忽略。

表 9-7　功能成本法实例

功能 ①	现实成本（元） ②	功能重要 度系数③	功能目标成本（元） ④=900 元×③	价值系数 ④÷②	成本降低的期望值（元） ②－④	改善优 先次序
F_1	562	0. 51	459	0. 817	103	1
F_2	298	0. 26	234	0. 785	64	2
F_3	153	0. 17	153	1. 00	0	
F_4	116	0. 06	54	0. 466	62	3
合计	1 129	1. 00	900	—	229	—

价值系数小于 1 的 F_1、F_2、F_4 都可以作为价值工程的对象，但 F_4 功能重要度系数太低，可以不作为价值工程的对象。从成本降低期望值的大小进行价值工程排序，应该是 F_1 优于 F_2。

2. 功能系数法

功能系数法是通过计算功能价值系数来描述功能的重要程度与成本之间的协调关系等。功能价值系数的计算与零部件的价值系数类似（都是按照价值系数的公式来计算的，见式(9-9)）。

$$\text{功能价值系数}(V_i)=\frac{\text{功能重要度系数}(F_i)}{\text{功能成本系数}(C_i)} \tag{9-9}$$

因此功能系数法也称为相对值法或功能指数法，具体步骤如下：

（1）确定功能重要度系数（F_i）。功能重要度系数的计算与第 9. 4 节价值工程的对象选择中的零部件功能评价系数的计算方法类似，采用强制确定法中的 0-1 评分或 0-3、0-4 评分法都可以。

（2）确定功能成本系数（C_i）。功能成本系数是根据功能现实成本来计算的，即

$$C_i = \frac{c_i}{\sum_{i=1}^{m} c_i} \tag{9-10}$$

式中　m——零部件数；

c_i——第 i 个零部件的现实成本。

（3）功能价值系数分析及功能评价。求出功能重要度系数与功能成本系数后，就可用式（9-9）得到功能价值系数，以明确改进对象。在此基础上进一步进行功能评价，评价产品各功能的成本分配是否合理，是否与功能的重要程度相匹配。如果不匹配，就需要重新确定功能价值系数，重新分配成本。重新分配成本后就能发现各功能新分配成本与原来分配成本之间的差异。

功能价值系数经过计算可得到三种结果，决定了功能分析的对象。分析如下：

1）$V_i<1$，表明该功能分配了过多的成本，即功能与成本不相匹配，应作为功能改进的对象，改进的主要方向是降低成本。

2）$V_i=1$，表明该功能与成本匹配，不作为功能改进的对象。

3）$V_i>1$，表明功能高于成本。如果是由于采用了新技术、新材料和新工艺，大大降低了成本，从而达到了这种用较低成本获得重要功能的目的，则这就是理想的状态。但也应该注意分析是否有以下两种情况发生：①由于盲目地降低成本，使其低于必要成本水平，而使该功能得不到可靠的实现，这时应该适当加大成本，使该功能发挥得更好；②功能水平偏高造成功能过剩，这时要删除不必要功能，同时也降低成本。

9.6　价值工程方案的创新与评价

9.6.1　方案创新

方案创新就是从改善对象的价值出发，针对应改进的具体目标，依据已建立的功能系统图和功能目标成本，通过创造性的思维活动，提出实现功能的各种改进方案。方案的提出是在搜集信息和功能分析的基础上进行创造和改进的过程，也是把经验和知识进行分析、提炼、组合的过程，需要有效的方法进行引导和激发，才能充分发挥分析能力、综合能力和创造技巧，并提出改进方案。方案创新的主要方法主要有以下几种：

1. 哥顿法

哥顿法是美国人哥顿在1964年提出的方法。这种方法的指导思想是，把要研究的问题适当抽象，以利于开阔思路。会议主持人并不把要解决的问题全部摊开，只把问题抽象地介绍给大家，要求与会者提出各种设想。例如，要研究一种新型割稻机，主持人只提出如何把东西割断和分开，大家围绕这一问题提方案。当大家提出可以用剪断、切断、扯断、割断、锯断和冲断的方法后，主持人再告诉大家需要断开的东西是草，让大家研究割草机方案，由此提出用旋转刀片、盘形刀片等不同的工具。总之，哥顿法是抽象类比法，会议主持人要头脑敏捷，善于引导，步步深入，在适当的时机再把问题讲明，以做进一步研究。

2. 头脑风暴法

头脑风暴法是一种专家会议法，是用来产生有助于查明和概念化问题的思想、目标和策略的方法。它是 1948 年由创造性思维专家奥斯本（A. F. Osborn）首先提出的一种加强创造性思维的手段，它可以产生解决问题的潜在办法的建议。它通过召集一定数量的专家（通常在 10 ~ 15 人之间）一道开会研究，共同对某一问题做出集体判断。

头脑风暴法有各种类型，如：①直接的头脑风暴法——这是一种依一定的规则，鼓励创造性活动的专家集体评估的方法；②质疑的头脑风暴法——这是一种同时召开两个专家会议的集体产生设想或方案的方法（第一个会议按照直接的头脑风暴法的要求进行，第二个会议对第一个会议提出的设想或方案加以质疑）；③有控制的产生设想的方法——这是一种利用定向智力活动作用于产生设想的过程，用于开拓远景设想和独到设想的方法；④鼓励观察的方法——其目的是在一定的限制条件下，就所讨论的问题找出合理的方案；⑤对策创造的方法——就所讨论问题寻找一个统一的方案。

3. 德尔菲法

德尔菲法（DelPhi Method）采用函询调查的形式，组织者将所研究对象的内容和要求，以信函意见征询表的形式寄给有关领域的专家，使专家在彼此不见面的情况下发表意见、交流信息，组织者最后将其答复意见加以整理、综合。德尔菲法的主要目的是使专家达成共识，得出最后预测结果。

除了以上方法，还有校对清单法、类比法、形态综合法或特性列举法、缺点列举法及希望点列举法等，可针对不同的对象和专业特点适当采用。

9.6.2 方案评价

方案评价是对创新阶段提出的设想和方案的优缺点和可行性做分析和评价，并在评论过程中对有希望的方案进一步完善的过程。方案评价的标准是价值的高低而不是功能成本的优劣，即以功能费用比作为最终的评价标准。

方案评价的步骤可分为概略评价和详细评价两大步骤，其评价内容均围绕着技术评价、经济评价、社会评价进行，并在此基础上进行综合评价，如图 9-9 所示。

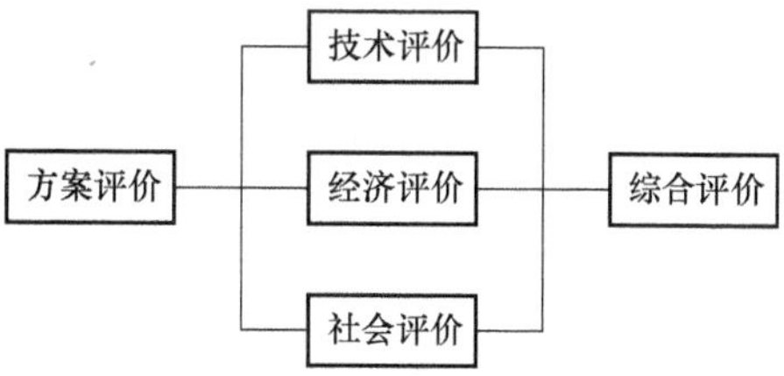

图 9-9　方案评价图

1. 方案概略评价

方案创新阶段从不同的角度提出了许多可行方案。然而，为了节省人力、物力，提高效率，要通过初步筛选，淘汰一些希望不大的方案，保留价值较高的可行方案为详细评价做好准备工作，因此首先要进行方案的概略评价。

概略评价是对方案创新中所提出的设想方案进行大致的粗略评价，筛选出有价值的设想，以便进行方案的具体制定。概略评价内容比较粗略，评价方法较简单，力求尽快得出结论，以便有效利用时间。

概略评价一般可从以下几个方面进行：

(1) 技术可行性。对功能是否满足用户要求，满足程度怎样，企业内部是否具备实施方案的技术条件，技术难题能否解决，相关企业外部条件能否解决等方面进行评价。

(2) 经济合理性。它主要是测算方案的寿命周期成本，与目标成本进行比较，看是否能实现预定的期望目标，企业内部是否允许，投资是否可能。

(3) 社会适宜性。它主要考虑是否符合国家政策法规，是否能最有效地利用资源，有无造成环境污染或损害生态平衡，对国民经济是否存在不利影响等。

(4) 综合分析。在技术、经济和社会三个方面评价的基础上，根据企业经营方针的需要，进行全面而综合的分析和评价。在以技术水平和成本水平为主要评价内容时，不能简单地从粗略对比结果来筛选，而要从价值的升降来综合考虑。

概略评价要求效率高，时间及时，而不要求详尽确切，因此在方法上要求简便易行，形式灵活多样，不受严格限制，既可使用技术、经济指标类推，也可采用差异比较法或优缺点列举评价法。

概略评价一览表见表 9-8。

表 9-8　概略评价一览表

方　　案	经济评价	技术评价	社会评价	综合评价
A	○	○	○	○
B	○	○	○	△
C	○	×	×	△
D	○	△	○	○
E	○	○	×	○

注：×——不可行方案；○——可行方案；△——有待进一步研究的方案

2. 方案详细评价

详细评价是对已经粗略筛选之后的若干有前途的方案进行细致评价。其主要目的是筛选出最佳方案，以便正式提交审查。因此，详细评价必须提供详尽、有说服力的数据，论证方案实施的效果。详细评价不论从内容或方法上来说，都较为复杂。下面从技术、经济、社会、综合评价四个方面分别加以叙述。

(1) 技术评价。技术评价就是评定新方案在技术上的可行性，以用户要求的功能为依据，评价方案的必要功能和实现功能条件的强度。技术评价是以能否实现预定功能为中心，对新方案的技术性能、可靠性、外观、协调性和成功率等方面进行逐项评价。对于产品来说，一般可从以下几个方面进行评价：

1) 技术设计、设计原理、关键问题、先进性、成功率。

2) 产品或零部件的功能、性能、加工性、装配性、搬运性、操作性、安全性、外观、整体协调性。

3) 材料供应的保证程度。

4) 目前存在问题的解决程度。

5）制约条件的满足程度。

（2）经济评价。方案的经济可行性主要是以产品寿命周期成本为主要目标，同时，围绕着新方案在实施过程中所产生的成本、利润、方案措施费用节约额和投资回收期等进行测算和对比。

1）成本评价。成本估算以寿命周期成本为标准，包括生产成本和使用成本两部分。评价时把两部分成本之和最低的方案视为经济性最优的方案。但是，生产成本是企业可控制的，而使用成本与使用方法、使用状态有关，企业难于控制，是不可控制成本。因此，评价时，实际上是以生产过程中产品的生产成本为主进行的。同时应该指出，进行成本预测时要以未来成本进行估算，不能简单地套用现行成本资料。

2）利润评价。利润是销售收入减去成本和税金以及销售费用后的纯收入。利润是一个综合指标，它反映了企业在一定时期内的经营成果。在单位产品利润一定的情况下，产品销售收入越多，说明产品越受欢迎，满足用户要求的程度越高，方案的价值越高。

3）方案措施费用评价。方案措施费用是指实施方案时所投入的设计费用、设备安装费用、试验与试制费用等技术措施费用、生产组织调整费用，以及因采用新方案而产生的损失费。同时还要估算失败风险损失，而且要评价其与该方案所获利润的比值大小。

4）节约额和投资回收期的评价。为了评价方案的经济效果，必须计算节约额和投资回收期。其中回收期越短的方案越有利。如果回收期超过标准回收期，则方案不可取。此外还要考虑，回收期要小于装备和设备的使用年限。

（3）社会评价。方案的社会评价是谋求企业利益、用户利益及社会利益的一致性，社会评价的内容要根据方案的具体情况而定，一般要考虑以下几个方面的问题：

1）政策法规方面。方案是否符合国家有关政策、法令、规定、标准以及科技发展规划的要求。

2）国民经济方面。方案的实施效果是否与国家的长远规划及国民经济发展计划要求相一致。方案的社会效果是否与社会范围内的人、财、物、资源的合理利用相一致。

3）生态环境方面。在环境污染防治、自然环境及生态平衡保护等方面是否存在抵触或危害。

4）用户利益方面。方案是否符合使用者的风俗习惯，对身体健康、心理状态、人际关系等有无不利影响，能否满足使用要求。

（4）综合评价。综合评价的程序一般是首先确定要用哪些指标或因素来衡量方案的优劣，然后分析每个方案对每一评价项目的满足程度，最后根据方案对各评价项目的满足程度判断方案的总体价值，从对比方案中选择总体价值最大的定为最优方案。综合评价的方法有很多，常用的方法有评分法、加权打分法、线性规划法、层次分析法。

1）评分法。评分法是通过专家打分后，对方案的技术性和经济性进行综合评价。

① 技术性系数。技术性系数用 X 表示，其计算公式为

$$X = \frac{\sum P}{nP_{\max}} \tag{9-11}$$

式中 P——各方案满足功能的得分数，比如，可取0、1、2、3、4，分别表示不能满足要求、勉强满足要求、一般、好、理想等；

$P_{\max}$——满足功能的最高得分（4分）；

n——需满足的功能数目。

② 经济性系数。经济性系数用 Y 表示，其计算公式为

$$Y=\frac{H_0-H}{H_0} \tag{9-12}$$

式中 H_0——老产品成本（以老产品原成本为基准进行核算）；

H——新方案的预计成本。

③ 综合评价系数。综合评价系数用 K 表示，其计算公式为

$$K=\sqrt{XY} \tag{9-13}$$

评价准则：K 值最高的方案为最优方案。

2）加权打分法。加权打分法就是把目标判决的重要性考虑进去，用一个加权系数表示重要性的大小。首先确定目标判决重要性系数 W_i 和各方案分别满足目标判据的得分 S_i，最后可以求出各方案的总评价值，即

$$A_i=\sum W_iS_i$$

评价准则：A_i 最大者为最优方案。

9.6.3 方案实施与成果评价

1. 方案实施

选定最佳方案后，在正式实施前还要对其进行必要的试验和验证，通过试验和验证后方可正式提案和上报审批。方案验证一般包括产品结构、新材料、新工艺、新方案、样机或样品的性能和使用情况等。上报审批时，应提交价值分析提案表，包括原产品的技术经济指标、用户要求、存在的主要问题及预计达到的目的等，并附上功能分析、改进依据、使用数据、图样和预计效果等资料。

2. 成果评价

提案通过实施后要对价值工程活动的成果进行评价与总结。

（1）技术成果对比评价。主要评价采用新方案后产品性能与功能条件的改善情况，如各项性能指标、质量、寿命、可靠性、安全性、操作性、系统协调等。

（2）经济效果对比评价。根据需要，计算提案实施对劳动生产率、原材料消耗、能源消耗、资金利用率、设备利用率、产量、利润等指标的影响效果。一般计算以下几项指标：

1）成本降低率。其计算公式为

$$成本减低率=\frac{价值工程后单位成本降低额}{价值工程前单位成本}\times100\% \tag{9-14}$$

2）年节约总额与年净节约额。其计算公式为

$$\begin{aligned}&年节约总额=价值工程后单位成本降低额\times年预计销量\\&年净节约额=年节约总额-实施附加费用\end{aligned} \tag{9-15}$$

3）价值工程投资倍数。其计算公式为

$$价值工程投资倍数=\frac{年净节约额}{价值工程活动费用} \tag{9-16}$$

式中 价值工程活动费用——价值工程人员的工资、实验费、调研费、资料费。

（3）社会效果对比评价。社会效果对比评价是比较广泛的，主要包括以下内容：

1）是否填补地区或国家所需品种的空白。
2）是否节约稀缺和贵重物资。
3）是否节约和开发能源。
4）是否降低使用成本。
5）是否防止和减少公害。
6）劳动强度是否减轻等。

9.7　价值工程应用案例

某开发商在某一地块准备开发商品房，其中以多层住宅为主，为了优化设计，采用价值工程的方法进行分析。分析步骤如下：

1. 选取价值工程的研究对象

本小区多层住宅所占比重大，选取多层住宅设计方案作为价值工程的研究对象。

2. 资料搜集，调查研究

搜集有关住宅成本方面的信息，调查客户对住宅各方面的功能需求，搜集客户各方面的偏好信息。

3. 功能分析

依据调查资料的分析，确定住宅功能评价因素，按照客户的偏好排序依次为：平面布局、采光通风、层高层数、坚固耐用、防火防震防空三防设施、室内外装饰、绿化及景观等环境设计。

4. 确定以上功能评价指标的权重系数

综合设计人员、客户意见和专家的建议，确定住宅功能评价指标的权重系数（用德尔菲法或层次分析法），得到各指标的权重系数，见表9-9。

表9-9　功能评价指标的权重系数

指标	平面布局	采光通风	层高层数	坚固耐用	三防设施	室内外装饰	环境设计
权重	0.31	0.22	0.04	0.18	0.06	0.14	0.05

5. 设计方案

根据当地的地质特点、环境现状以及客户的意见等条件，设计单位提出了多种设计方案，各方案的特征和造价见表9-10。

表9-10　各方案的特征和造价

方案	主要特征	造价（元/m^2）	成本系数
A	混合结构，240mm内外砖墙，预制桩基础，半地下室储存间，外装修好，室内设备较好	700	0.315
B	混合结构，240mm内外砖墙，120mm非承重砖墙，条形基础，外装修好	520	0.234
C	混合结构，加气混凝土内墙，沉管灌注桩基础，外装修好	450	0.203
D	混合结构，空心砖内墙，满堂基础，装修及设备一般	550	0.248

6. 计算成本系数

根据成本系数(C)=该方案造价/各方案造价之和，求出各方案的成本系数，见表9-10。

7. 计算功能系数

采用专家打分法强制确定功能系数。各指标采用10分制由专家进行打分。打分结果见表9-11。根据功能因素权重求各方案加权总分，并按下式求功能系数F：

$$功能系数(F)=\frac{该方案加权总分}{各方案加权总分之和}$$

表9-11 设计方案的功能系数

指 标	权 重	方案（分）			
		A	B	C	D
平面布局	0.31	10	10	9	10
采光通风	0.22	9	8	9	7
层高层数	0.04	8	8	7	9
坚固耐用	0.18	9	9	9	8
三防设施	0.06	6	5	7	6
室内外装饰	0.14	10	8	6	5
环境设计	0.05	7	9	6	9
方案加权总分		9.13	8.67	8.23	7.95
功能系数		0.269	0.255	0.242	0.234

8. 计算价值系数，进行方案评价

根据价值系数(V)=功能(F)/成本(C)，计算四个方案的价值系数，见表9-12。

表9-12 价值系数

方 案	A	B	C	D
功能系数	0.269	0.255	0.242	0.234
成本系数	0.315	0.234	0.203	0.248
价值系数	0.854	1.09	1.192	0.944

从以上四个方案可以看出，方案C的价值系数最大，为最优方案。

9. 控制工程造价，进一步降低费用

为控制工程造价和进一步降低费用，拟针对所选的最优设计方案的土建工程部分，以工程材料费为对象开展价值工程分析。将土建工程划分为四个功能项目，各功能项目评分值及目前成本见表9-13。按限额设计要求，目标成本额应控制为12 170万元。

表9-13 各功能项目评分值及目前成本

功 能 项 目	功能评价（分）	目前成本（万元）
桩基维护工程	10	1 520
地下室工程	11	1 482

（续）

功能项目	功能评价（分）	目前成本（万元）
主体结构工程	35	4 705
装饰工程	38	5 105
合计	94	12 812

10. 计算相关指标

根据表9-13所列数据，分别计算桩基维护工程、地下室工程、主体结构工程和装饰工程的功能系数、成本系数和价值系数；再根据给定的总目标成本额计算各工程项目的目标成本额，从而确定其成本降低额度。具体计算结果汇总见表9-14。

表9-14 各方案计算结果汇总

功能项目	功能评价（分）	功能系数	目前成本（万元）	成本系数	目标成本（万元）	成本降低额（万元）
桩基维护工程	10	0.107	1 520	0.119	1 295	225
地下室工程	11	0.117	1 482	0.116	1 424	58
主体结构工程	35	0.372	4 705	0.367	4 531	174
装饰工程	38	0.404	5 105	0.398	4 920	185
合计	94	1.0	12 812	1.0	12 170	642

由表9-14的计算结果可知，桩基维护工程、地下室工程、主体结构工程和装饰工程均应通过适当方式降低成本。根据成本降低额的大小，功能改进顺序依次为桩基维护工程、装饰工程、主体结构工程、地下室工程。

思考与练习

1. 什么是价值工程？提高产品价值的途径有哪些？
2. 简述价值工程与工程经济之间的关系。
3. 简述最合适区域法的原理。
4. 简述ABC分析法和强制确定法选择分析对象的基本思路和步骤。
5. 什么是功能？功能如何分类？
6. 什么是功能整理？怎样绘制功能系统图？将你熟悉的某种生活日用品及其组成部分进行功能分析，并绘出功能系统图。
7. 什么是功能评价？常用的功能评价方法有哪些？怎样根据功能评价结果选择价值工程的改进对象？
8. 某产品由12种零件组成，各种零件的数量和单个零件的成本见表9-15，用ABC分类法选择价值工程的研究对象，并画出ABC分类图。

表9-15 零件数量及单个零件成本

零件名称	A	B	C	D	E	F	G	H	I	J	K	L
零件数量（个）	1	1	2	2	18	1	1	3	5	3	4	8
单个零件成本（元）	5.65	4.74	2.05	1.85	0.15	0.84	0.75	0.33	0.35	0.18	0.15	0.10

9. 产品由五个零件构成，成本为 15 元，功能成本和打分资料见表 9-16。试计算零件的价值系数，并分析确定价值工程的对象和进行改进的目标。

表 9-16　功能成本和打分资料

零件名称	A	B	C	D	E	合　计
成本（元）	3	2	4	1	5	15
功能得分（分）	2	2	1	2	3	10

10. 某产品有 A、B、C、D、E 五个功能，各功能重要度比较和成本见表 9-17，目标成本为 450 元，试确定功能重要度系数，并确定价值工程的对象及改进目标。

表 9-17　功能成本和重要度比较

功能名称	功能重要度比较	目前成本（元）
A	A 与 B 相比同等重要，与 C 相比较重要，与 D、E 相比非常重要	210
B	B 与 C 相比同等重要，与 D、E 相比非常重要	100
C	C 与 D 相比同等重要，与 E 相比较重要	110
D	D 与 E 相比较重要	60
E		20

第10章 工程项目可行性研究

学习指导

本章知识要点：

1. 工程项目可行性研究的任务和作用
2. 可行性研究的阶段
3. 可行性研究的主要内容
4. 可行性研究报告的撰写方法和内容

本章难点：

可行性研究报告的撰写方法和内容

10.1 可行性研究概述

10.1.1 可行性研究的概念

可行性研究（Feasibility Study）是对拟建项目方案进行全面的技术、经济分析论证，预测评价其投资效果、可行性程度并予以优选，以便进行投资决策的一种科学方法。技术的先进性、经济的合理性和建设的可能性三者的和谐统一，是工程项目可行性研究始终坚持的目标。

可行性研究是在20世纪30年代美国开发田纳西河流域时兴起，之后在许多国家广泛应用于各种投资项目的可行性分析。

联合国工业发展组织编写的《工业可行性研究手册》中对可行性研究的概括更为具体：可行性研究提供工程项目投资决策的技术、经济与商业基础。它研究分析给定产品生产的关键要素及不同生产方案。这一研究应对在选定地点采用某一技术与投入材料的有关项目做分析，明确投资与生产价格、销售收入与投资的效益。一般来讲，可行性研究就是对工程项目方案在实施前是否可行、是否可能成功所进行的研究、分析和论证的工作。目前可行性研究已是广义的论证工作，它可以包括各行各业各个方面的可行性研究。

国务院1981年30号文件《关于加强基本建设计划管理，控制基本建设规模的若干规定》和1981年12号文件《技术引进和设备进口工作暂行条例》中明确规定，所有新建、扩建的大中型项目，都要在经过反复周密的论证后，提出项目可行性研究报告。1983年2

月，国家计委颁发了《关于建设项目进行可行性研究的试行管理办法》，对可行性研究的具体内容进行了规定。国家经济建设主管部门也对一些重大建设项目，如石油化工引进装置、核电站建设、山西煤炭开发等，多次组织专家进行可行性分析和论证。实践证明，开展可行性研究工作，可以避免盲目上马造成的巨大浪费和损失，提高固定资产的投资收益。

10.1.2 工程项目可行性研究的任务和作用

1986年，国家计委决定组织“经济评价方法与国家参数”专题研究专家组，在充分吸收国内项目经济评价理论研究和实践成果的基础上，借鉴国外项目评价理论、方法论与实践成就，制定了《关于建设项目评价工作的暂行规定》《建设项目经济评价方法》《建设项目经济评价参数》《中外合资经营项目经济评价方法》四个文件。经过全国专家论证会审定后，于1987年10月正式颁布了《建设项目经济评价方法与参数》（简称《方法与参数》）等四个规定性文件，对经济评价的程序、方法、指标等做出了明确规定和具体说明，并第一次发布了各类经济评价的国家参数，在全国大中型基本建设项目和限额以上的技术改造项目中试行。

为及时指导投资项目的可行性研究工作，国家计委委托中国国际工程咨询公司组织编写了《投资项目可行性研究指南（试用版）》，并于2002年1月以计办投资〔2002〕15号文下发，对投资项目的可行性研究报告的内容和方法做了详细的指导。

为了加强固定资产投资宏观调控，引导和促进各类资源合理配置，优化投资结构，减少和规避投资风险，充分发挥投资效益。国家发改委和建设部对1993年版的《关于建设项目经济评价工作的若干规定》《建设项目经济评价方法》《建设项目经济评价参数》做了修改，并于2006年7月3日以发改投资〔2006〕1325号文印发《建设项目经济评价方法》和《建设项目经济评价参数》，要求在投资项目的经济评价工作中使用。该文件成为投资项目经济评价的纲领性文件。

1. 工程项目可行性研究的任务

概括地讲，可行性研究的任务就是研究项目是否可行，为正确进行投资决策提供科学的依据。具体讲，可行性研究的任务是根据国民经济和社会发展长期规划与地区和行业发展规划的要求，对工程建设项目或生产经营方案，研究其在技术上是否先进、适用与可靠，在经济上是否合理，有无资源保障和生产建设条件，项目或方案有无生命力，在财务上是否有盈利能力和清偿能力，在投资上需要多少资金投入，有哪些筹资渠道和来源，在施工建设上有无建造能力，建设期限长短等，经过一系列、全面的分析和论证，做多方案比较和评价，为该项目编制和审批设计任务书及投资决策提供科学的依据。

2. 工程项目可行性研究的作用

工程项目的可行性研究，是项目建设前期极其重要的一项工作，是项目建设程序的重要组成部分，是开展投资建设时期各项工作的基本依据，对建设项目实现科学的投资决策和取得良好的投资经济效益具有极其重要的作用。具体讲，工程项目可行性研究的作用主要有以下几个方面：

（1）可行性研究是投资决策的依据。建设项目可行性研究和工程经济分析论证结果，即可行性研究报告的结论，可作为判定该项目是否投资与如何投资等决策的依据。

（2）可行性研究是确定建设项目和编制设计任务书的依据。在可行性研究中对建设项目的建设条件、厂址选择、建设规模、产品方案、生产工艺流程及设备选型、资源及原材料和燃料动力等供应条件、气象水文、工程地质、建设进度等都做了详细的技术经济分析论证和决定。这就为进一步开展设计任务书编制提供了可靠的依据。为了加强和完善建设前期研究工作，国家明确规定所有大中型和限额以上建设项目都必须做可行性研究，凡未进行可行性研究的项目，不能批准其设计任务书，不能进行勘察设计，不能列入基本建设年度计划。

(3) 可行性研究是建设项目筹措资金和向银行贷款的依据。项目所需建设资金，经国家财政预算批准并由银行贷款或从其他渠道取得信用贷款时，都必须附有该项目的可行性研究报告，并经银行或其他有关部门审查和评估后确认该建设项目具有较好的经济效益和足够的偿债能力时，银行或有关部门才予以贷款和提供建设资金。因此，可行性研究是筹集资金和贷款必不可少的重要依据。

(4) 可行性研究是同有关单位签订合同和协议的依据。在可行性研究报告中，对项目建设和生产经营所需的原材料、燃料、动力等需要量以及产品销售量、货物运输量、生产技术和工艺流程的选择与主要设备选型等都做了分析和论证。因此，经批准的可行性研究报告就为项目建设单位同有关部门签订各项协议和合同提供了依据。

(5) 可行性研究是申请项目建设执照的依据。项目建设需要当地政府批准购买的土地，必须符合当地市政建设规划与环境保护等方面的各项要求。在可行性研究报告中，对厂址选择、工厂布置、工艺方案做了论证，为申请和批准建设执照（建设许可证）提供了基本依据。

(6) 对涉外项目，可行性研究是引进国外技术、装备和资源以及与外商谈判和签订合同的依据。

(7) 可行性研究是工程项目进一步补充和完善基础性资料和开展各项试验与研究的依据。例如进一步收集设计、施工资料和开展中间试验与工业性试验等都是以可行性研究报告为依据的。

10.2　可行性研究的阶段

工程项目的可行性研究，是项目建设前这一时期进行的一项极为重要的技术经济分析与论证工作，它的目的是为项目投资决策提供科学的依据。工程项目的可行性研究通常分为四个阶段进行。

10.2.1　机会研究

机会研究又称为机会鉴别或投资机会研究。它的任务是研究和确定合理的投资方向、投资规模和投资结构。也就是通过对社会经济因素和自然条件的初步调查，探寻和选择最有利的投资机会，这是投资项目的设想阶段。投资机会研究虽然是一种初步的和概略的研究，但它却是属于资金投向的战略性研究，是对投资宏观控制和管理的重要环节。

机会研究又可分为一般机会研究与项目机会研究两类。

1. 一般机会研究

一般机会研究是为了提出具体的投资建议，主要内容包括三个方面：①地区研究，即研究和探寻最有利的投资地区和地点；②部门研究，即研究和探寻最有利的投资部门或行业；③资源研究，即研究和探寻以最优综合利用某种自然资源或工农业产品为目的的投资机会。

2. 项目机会研究

项目机会研究是为了研究和确定最有利的投资项目，也就是说在地区、部门（行业）、资源等一般机会研究做出的初步投资鉴别的基础上，进一步研究和确定具体的最有利的项目投资机会，使项目设想转变为概略的投资建议。

显然，机会研究确定的投资方向和投资项目应符合产业政策与市场经济对社会资源配置基础性作用的要求。机会研究比较粗略，主要是依据信息资料做出的一种概略估计，不是详细的分析计算。因此，对项目所需投资总额及投产后产品成本费用的估算都很不精确。一般要求投资额、产品成本费用估算的误差不超过 ±30%，而所需研究费用约占投资总额的 0.2% ~1.0%。

10.2.2 初步可行性研究

初步可行性研究又称为预可行性研究，是机会研究与详细可行性研究之间的中间研究阶段。它的任务是对机会研究所提出的项目设想和投资建议进行初步分析，以判明该设想和建议有无生命力，是否值得进一步做详细可行性研究。因此，初步可行性研究的主要目的是：

（1）判定该项目投资机会有无生命力和发展前景，有无必要进一步开展分析和研究工作。

（2）分析和确定影响项目可行性的关键因素，并决定是否需要进行市场供求预测、生产工艺和技术装备等的实验室试验或工业性中间试验等专题研究。

（3）判定现有资料、数据等是否能足以证明项目设想和投资建议可行，并对投资者有较大的吸引力。

经初步可行性研究后认为该项目设想没有生命力和建设前途，不可行，没有立项的可能性和必要性，则该项目的可行性研究到此停止，不再进行详细可行性研究。

实践表明，初步可行性研究常常用于重大的和特殊项目的研究，而对那些利用机会研究所提供的资料、数据和研究结果就足以开展详细可行性研究的一般中小型建设项目，也可在机会研究后直接开展详细可行性研究而省去初步可行性研究阶段。

初步可行性研究阶段的投资额与产品成本费用的估算精确度误差一般要求不超过 ±20%，而所需研究经费一般占投资总额的 0.25% ~1.5%。

10.2.3 详细可行性研究

详细可行性研究又称为技术经济可行性研究或最终可行性研究。它的任务是在机会研究和初步可行性研究的基础上，对项目进行全面深入的技术经济分析和论证，并进行多方案比较，为项目最终做出投资决策提供科学的和可靠的依据。

详细可行性研究阶段，要着重分析和论证建设项目的厂址选择、建设规模、生产纲领、车间组成、工艺技术选择、工厂布置、设备选型、原材料和燃料动力供求分析、货物运输量估算、厂内外运输方式选择、辅助生产和生产服务系统设置、协作配合方式选择、投资和成本费用估算及资金筹措、组织机构设置及劳动定员、建设进度、项目盈利能力与偿债能力分析以及项目经济效益评价等重要问题。

详细可行性研究阶段，投资额和产品成本费用估算的精确度误差要求不超过 ±10%，大项目所需研究费用一般占投资总额的 1% ~3%。

10.2.4　评价与决策

评价与决策阶段是根据前述各阶段的研究结果，对拟建项目的可行性进行全面综合的分析和论证，提出项目建设可行性研究的结论性意见和建议，对多方案建设项目则提出经筛选后的推荐性建议方案。在此阶段，要撰写“建设项目可行性研究报告”或称为“工程项目评价报告”，它是可行性研究的最后结论，是决策者决策的重要参考，为建设项目投资决策提供正式文件。

表 10-1 列出了可行性研究各阶段的任务、投资估算精度、研究费用占用总投资的比例以及研究时间。

表 10-1　可行性研究各阶段

研究阶段	任　务	投资估算精度	研究费用的比例	研究时间
机会研究	寻求投资方向和目标	±30%	0.2%～1.0%	1～3 月
初步可行性研究	初步选择备选方案	±20%	0.25%～1.5%	3～5 月
详细可行性研究	具体深入研究备选方案	±10%	大项目 1.0%～3.0% 小项目 0.2%～1.0%	大项目 1～2 年 小项目 0.5～1 年
评价与决策	方案评价与决策	±10%	—	1～3 月

10.3　可行性研究的内容

10.3.1　可行性研究的一般内容

（1）总论。主要说明：项目提出的历史背景，投资的必要性和经济意义；可行性研究的依据、范围以及研究概况和结论；改扩建项目还应说明企业的现状。

（2）需求预测和建设规模。主要包括：分析和预测国内外市场需求状况，国内现有生产能力的估计及产品供求平衡分析；产品价格、竞争能力以及进入国际市场前景的预测和分析；项目建设规模、产品方案、发展方向等方面的技术经济分析与论证。

（3）自然资源、原材料、燃料动力及公用设施状况。主要包括：经国家正式批准的资源储量、品位、成分以及开采利用条件的分析和论证；原材料、燃料、电力等需求种类、数量、来源和供给分析；公用设施具备状况、需要量、供应方式和供给可能性的分析和论证。

（4）建厂条件和厂址选择。主要包括：拟建项目对厂址的要求以及已选厂址具备的条件，如地理位置、气象水文及工程地质、地形地貌条件及当地社会经济状况的分析和论述；交通运输、水、电、气等社会公用设施的现状和发展变化趋势的调查分析和论述；厂址方案的比较、选择及其推荐方案等。

（5）项目设计。主要包括：工程项目的组成，即各主要单项工程的名称、数量及其设计方案；生产技术、工艺方法及设备选型等方案的比较和分析，技术、设备的来源，主要技术经济指标的计算和确定；工厂总图布置方案及建筑工程量估算；公用设施和厂内外交通运输方案的分析、比较和选择。

（6）环境保护、劳动保护与安全防护。主要包括：建厂地区、地点环境状况的调查分析；项目的“三废”治理、劳动保护与安全防护方案的分析和论证。

(7) 工厂组织机构、劳动定员和职工培训。主要包括：全厂的组织机构、生产与管理系统的设置、车间组成、劳动定员和职工培训等措施方案；从基建、设备安装、生产调试到正式投入生产的全过程的衔接配合、统筹安排、全面规划的工程项目施工建设进度计划的制订。

(8) 建设进度计划。主要包括从勘察设计、设备订货和制造、建筑安装、生产调试到正式投入生产的全过程的衔接配合、统筹安排、全面规划的工程项目施工建设进度计划的制订。

(9) 投资和成本费用估算及资金筹措。主要包括：主体工程、辅助工程和协作配套工程所需投资总额的估算；产品成本费用的估算以及资金的筹措来源、方式，贷款偿还能力与偿还方式以及投资回收时间等。

(10) 经济评价。主要包括：工程项目的财务评价，以考察和分析论证项目的盈利能力、偿债能力以及外汇平衡等财务状况；工程项目的国民经济评价，以考察和分析论证项目对国民经济的净贡献。

10.3.2 可行性研究的主要内容及其分析

由上述可行性研究的一般内容可知，工程项目的可行性研究范围是十分广泛而全面的，但是其中**市场预测是可行性研究的前提，生产和建设条件与技术条件分析是可行性研究的基础，而经济评价是可行性研究的核心和目的**。这里介绍可行性研究与可行性研究报告的主要内容，下面就这几个方面做进一步分析：

1. 市场预测

市场预测主要包括需求预测与供给预测。在市场经济条件下，市场需求是工程项目“立项”建设的前提，也是可行性研究的前提。可行性研究分析项目立项的必要性时，通常就是从市场需求预测和产品销售预测开始的。

(1) 市场需求预测的主要内容。市场需求量包括现时需求量和未来一定时期的潜在需求量。显然，现时需求量可通过用户调查或统计资料分析得到，而潜在需求量则应通过科学的预测方法求得。需求量既包括国内市场的需求量又包括国际市场的需求量，特别是涉外项目的建设，尤其是要重视国际市场需求预测。

1) 产品需求量预测，包括国内外市场对该产品现时的与潜在需求量的预测，以及需求量发展变化趋势的预测。

2) 市场占有率的预测，即本项目的产品占同类产品市场容量的比重及其发展变化趋势的预测。

3) 产品寿命周期预测，即本项目产品的市场需求量处于该类产品寿命周期的哪个阶段及其发展变化趋势的预测。

4) 新产品开发预测，即替代本项目产品的更新换代新产品开发现状及其发展变化趋势的预测。通过对新产品的开发预测，可以预见现有产品寿命周期的变化发展趋势，从而准确预测市场对产品的需求持续时间。

5) 市场竞争预测，即国内外市场生产同类产品的竞争者的生产规模及其发展动向的预测，包括对竞争者产品性能、质量、价格、市场策略、销售方式、销售渠道、生产能力和盈利水平及竞争实力等的预测。通过对产品的市场竞争预测，可以预见本项目产品的市场份额的变化趋势，从而帮助预测市场对该产品的需求走势。

6）产品社会拥有量预测，即本项目产品，特别是所生产的耐用产品目前社会拥有量及市场需求达到饱和状态的数量和时间的预测。通过对产品社会拥有量的预测，可以预见市场对该产品的需求总量和需求持续时间。

（2）市场供给预测的主要内容。可行性研究分析项目立项的必要性时，除了分析和预测市场需求量外，还应相应分析和预测产品的市场供给量，即该产品的社会生产能力。产品社会生产能力包括现有生产能力和在建项目生产能力以及规划中的未来建设项目的生产能力。

1）现有企业生产规模预测，即对生产该产品的现有企业的社会生产能力的预测。现有企业的社会生产能力是目前和近期市场供给量的基础。市场供给预测要预测现有企业的生产能力，分析现有企业的产品产量满足市场需求的程度，要通过定量分析判明该产品目前在市场上是供过于求、供不应求，还是供求基本平衡等状态。

2）在建项目和规划建设项目的生产规模预测。这是行业的生产发展规划，对该产品中长期供给预测有重要影响。在进行市场供给预测时，必须了解在建项目的生产能力、投产时间、生产条件和产品销售区域和市场分布，同时还要掌握规划项目的建设规模、区域分布及市场未来的需求变化趋势等。

总之，通过市场需求预测和供给预测，分析和论证项目立项建设的必要性和确定项目建设规模、生产纲领及建设进度等。

2. 生产和建设条件分析

项目的生产和建设条件分析的内容很广泛，也很复杂，概括起来讲，主要包括资源、原材料、燃料和动力需要量与供应来源，交通运输条件，工程地质和水文地质，厂址选择及环境保护等方面的综合性分析和评价。

（1）资源分析。资源是项目建设和生产经营极其重要的物质基础和保证条件。一般可分为矿产资源分析和农业资源分析。资源分析要着重研究以下几个问题：①项目建设和生产经营所需资源的种类、特性和数量；②可供资源的数量、质量和供应年限，开采条件及供应方式；③资源的合理利用及综合利用，特别是稀有资源和有限资源的有效利用以及可替代资源的开发前景等。

（2）原材料供应条件分析。原材料包括原料、材料和辅助材料，是项目建设和生产正常进行的物质基础和保障。原材料供应条件分析主要包括原材料供应品种、数量、质量、价格、供应来源和地点、运输距离、储备量以及仓储设施等方面的条件和状况分析，特别是要着重分析和研究：原材料供应数量能否满足项目生产能力的需要；原材料供应质量能否满足生产工艺要求和设计产品功能和质量的要求；大宗原材料能否就地或就近供应，以减少运输量和缩短运输距离，节省运输费用，降低产品成本费用；对于连续生产项目，原材料能否保证连续不断地供应或保证合理的储备量及仓储设施条件等。

（3）燃料和动力供应条件分析。燃料和动力是项目建设和正常生产极其重要的物质条件和保证。燃料主要包括煤、石油和天然气等，动力主要包括电、水、压缩空气、蒸汽、氧气以及各种惰性气性（如氦、氖、氩等）。燃料供应条件分析要着重研究合理选择燃料供应来源和供应品种、数量、质量以及运输、储备和仓储等条件。电力供应条件分析要着重研究最大耗电量、高峰负荷、冲击负荷、稳定性、供应量和备用量以及电力网、变电站、高压输电线路和自备电厂等设施和条件。水资源和工业供水是项目建设和生产的重要条件之一，工业用水供应条件分析要着重研究原料用水、工艺用水、锅炉用水、冷却用水、冲洗用水等的用水量、水质的要求以及水源地及其供应设施和条件的分析。压缩空气、蒸汽、氧气、惰性气体供应条件分析，要着重研究供求数量、质量、生产方法、供应方式或协作配合要求等。

（4）交通运输条件的分析。交通运输是项目建设和生产正常进行的关键环节，大量的物资供应和产品销售都是靠交通运输来完成的，它是项目建设和生产经营活动的“先行官”、大动脉。项目的交通运输分为厂内运输和厂外运输两类，这是工厂总图布置的重要组成部分。厂内运输方式及其设备选择主要取决于生产工艺流程特点、车间组成、厂区地形地貌以及总图布置的要求等条件。吞吐量大并靠近铁路干线，应修建工厂专用线、编组站等，采用铁路运输方式；沿海或有航运河流，可修建港口、码头等，采用水路运输方式；运输批量小，运输距离短，地形复杂的可采用汽车、畜力车等公路运输方式。此外，必要时还可采用管道运输方式。交通运输条件的分析，要着重研究各种不同运输方式和运输设施选择的经济合理性和运输效益，实现运输灵活、及时，运距短，运输成本低，装、运、卸、储各环节密切联系和协调配合的目标。

（5）工程地质和水文地质的分析。工程地质和水文地质是厂址选择、大型工程项目施工以及建成后长期生产的重要影响条件。工程地质和水文地质的分析，要着重研究项目建设地址的自然地理、地形地貌、地质构造、土质和土壤耐压力等是否满足建筑物、构筑物建造的要求，要严防厂址选择在地震、断层、熔岩、流沙等不良地质构造上或选择在有用矿床、矿坑及易塌陷地带。要研究项目建设地址的地下水位，尽量避免或减少地下水渗漏等防水设施的建造。

（6）厂址选择的分析。厂址选择也称为厂址布局，是在地区布局与地点布局已确定的基础上具体选择和确定建设项目厂址的坐落位置。厂址选择的分析，要着重研究：厂址的选定是否符合城市或工矿区建设规划及功能分区的原则；厂区工程地质、水文地质和气象条件等是否符合建厂和工程项目施工的要求；是否符合工厂建设规模和总图布置对厂区形状、占地面积、发展余地以及地形地貌的要求；是否符合水源、电力、动力以及生活福利、文化教育、商业网点、公共交通等公用设施衔接和配合的要求；是否符合环境保护、生态平衡、“三废”治理、防止污染等的要求。必须在多方案比较的基础上选择最佳厂址方案。

3. 技术条件分析

技术条件分析即在市场调查分析的基础上，列出可能的技术方案，并对技术方案进行技术的先进性和适用性分析。技术条件分析主要是对项目设计方案的工厂布置、建设规模、生产流程、生产工艺、设备选型、设备数量和容量（功率、生产率）、技术参数以及生产过程和操作的机械化与自动化水平等方面的技术选择进行研究、分析和评价。工程项目技术选择的一般原则是：技术的先进性与适用性，经济性与合理性，可靠性与安全性。

（1）工厂布置分析。工厂布置就是合理布置厂区内的车间、建筑物、构筑物、堆场、栈桥、管线、仓库、动力及运输设施等，妥善处理地上与地下、厂内与厂外设施配置，寻求相互协调、有机结合的建筑群体的规划工作。工厂布置通常分为总平面布置、竖向布置和运输布置三部分，其中总平面布置是核心，竖向布置和运输布置是在总平面布置的基础上进行的。工厂布置的分析，要着重研究：工厂总体布置是否符合城市发展和工矿区建设规划的要求；是否体现了合理利用地形地貌与地质条件，因地制宜布置的要求；车间、设备及其他设施的布置，是否符合生产工艺特点，使物料运输距离为最短，并避免交叉与往返运输，以缩短生产周期，节约生产费用；是否将有密切联系和协作关系的基本生产车间靠近布置，辅助生产车间、生产服务部门布置在主要服务对象附近，以保证生产联系方便和运输距离最短；是否充分利用城市现有运输条件，如铁路、公路、航运、港口、码头等设施，使生产工艺流程与运输系统的配置满足货物运输路线，以保证物料输入和产品输出方便；是否按功能分区的原则，把同类性质的车间、建筑物、构筑物等设施布置在同一个区域内，以实现有利生产，方便生活，符合卫生、劳保、消防、防汛等方面的要求；工厂总体布置是否既紧凑，减小占地面积，又留有工厂改扩建和长远发展的余地等。

（2）项目建设规模分析。项目规模一般可分为建设规模（又称为企业规模）和生产规模（又称为经济规模），两者既有联系，又有区别。可行性研究中的项目规模是指项目的建设规模，即企业规模。企业规模通常是指劳动力、劳动资料、劳动对象等生产要素和产品在企业里集中的程度。科学地确定项目建设规模，对于正确地选定厂址、合理地组织生产和建设都有十分重要的意义。划分企业规模的主要标志，是以产品年产量表示的反映企业综合生产能力的产量规模。目前，企业规模一般划分为特大型、大型、中型和小型四种。项目的建设规模受多种因素的制约和影响，所以项目建设规模分析，应着重分析和研究各项制约因素。主要的制约因素有以下几个方面：

1）社会需求量。社会需求量是确定项目建设规模的根本依据和出发点。社会需求量包括计划需要量和市场预测需求量。特别是在市场经济条件下，社会需求量主要应取决于市场预测需求量，包括市场现时需求量和未来潜在需求量。因此，确定项目建设规模时，对社会需求量要做科学分析和正确预测，不仅考虑当前的需求量，还要考虑发展趋势和前景，预测未来潜在需求量，做动态分析和综合平衡。

2）技术经济可能条件。技术经济可能条件是确定项目建设规模的基本前提和基础。它包括技术装备条件、协作条件等方面。对技术装备条件，要着重分析和研究生产工艺、技术设备的先进性、适用性和提供的可能性；对协作条件，要着重分析和研究当地或附近地区各类生产企业的分布情况及可能的分工协作与配合程度。

3）企业技术经济特点。工程项目所属部门或行业的技术经济特点，是影响项目建设规模的重要制约因素。例如采掘企业的建设规模，主要取决于矿物的工业储量与矿山的地质构造和开采条件；农牧业原料加工企业的规模，主要取决于原料产量和集中程度，在产量大和生产集中的地区，可以建立大型加工企业；使用联动机等设备进行流水生产的现代化企业的规模，则主要取决于联动机的功率，如发电厂、钢铁联合企业和化工厂等；采用复杂的机器和机器体系的加工企业，如机器制造企业和轻工企业的规模，则主要取决于机器和机器体系的综合生产能力及综合生产效率；制造大型的、复杂的和多零部件的产品的企业，如汽车制造厂、机电设备制造厂等企业的规模，由于生产工艺复杂，工序和车间组成多，企业规模都比较大，即使发展专业化和协作生产，其整机的规模也较大，一般都要建成大型企业；产品花色品种多、市场需求变化快或产品运输不便的企业的规模，则主要取决于当地市场容量和市场需求量，企业规模一般不宜过大。

4）专业化协作与生产联合化水平。生产的专业化和协作程度以及生产联合化水平，也是制约企业规模的重要因素之一。专业化和协作生产是社会化大生产的客观要求，发展专业化协作和组织配套生产，就可适当缩小整机厂的建设规模。联合化生产一般都是大型企业，因为只有大型企业才具有把同一产品的不同制造阶段或不同产品的生产联合在一个企业内生产的经济合理性。不论横向联合、纵向联合或者组成企业集团（群体），建设规模都是很大的，将形成大型企业。

5）综合经济效益。工程项目的综合经济效益，是确定项目建设规模的核心问题。合理确定企业规模，应在综合分析工程项目满足社会需求与技术经济可能条件的基础上，着重分析和研究项目建设和生产经营时的综合经济效益与各项经济效益指标。例如，考察项目的投资收益率、企业劳动生产率、单位生产能力投资额、单位产品成本费用、运输费用、资源合理配置与综合利用效率、投资回收期以及资产负债率等经济效益指标，并经过多方案比较、分析和评价后，选定最优企业规模，这是确定项目建设规模最核心、最根本的依据。

总之，确定项目建设规模时，必须对上述制约因素和影响条件进行综合分析和研究，按照既满足社会需求又具备必要的技术经济可能条件，以及符合企业技术经济特点的客观要求和提高综合经济效益的原则，选择和确定合理的项目建设规模。

(3) 生产工艺分析。生产工艺是项目技术设计的重要组成部分。生产工艺流程是指从原材料投入生产到产出成品的全部生产加工过程。先进的生产工艺，就是采用先进的生产技术流程、加工设备和制造方法，生产出性能好、质量优、消耗少、成本低的产品或零部件。生产工艺的选择，除了遵循技术的先进性、适应性、经济性、合理性、可靠性、安全性等基本原则外，还要符合以下几个方面的要求：要符合原材料特别是主要原材料的特性，原材料的特点和性质不同，工艺技术就有所不同；要符合工序间的协调与配合，满足前后工序相衔接的要求；要符合加工对象的特性和生产批量的大小，一般地讲，加工对象的特性不同，生产批量不同，所选择的工艺技术方法应有所不同；要符合节约资源、节约能源、节约劳动力和提高综合利用效率的要求，特别要注意选择和采用节约能源消耗或稀缺资源消耗的工艺技术；要符合环境保护、生态平衡、消除公害和防治污染的要求。

(4) 设备选型分析。设备是项目生产产品实现生产目的的基本手段和工具。设备选型和生产工艺、加工方法有密切的联系，也与产品种类、生产规模等相关。因此，项目的设备选型要依据产品方案、加工方法、工艺流程和生产规模等因素确定，特别是设备型号、容量（功率、效率）和数量等，要依据工艺流程、生产规模的要求确定。设备选择要综合考虑技术先进性、适用性、经济合理性、可靠性和安全性等原则，力求统筹兼顾。设备的先进性常常与大型、精密、高速和自动化相联系，一般地讲，大型自动化设备都具有效率高、质量优、消耗低及成本低的特点；但是先进的大型、精密、高速及自动化设备，也存在着价格昂贵、投资多、技术复杂、制造困难、操作不易掌握等问题。因此，设备选型时要与国情和国力相适应，先进性与适用性和可靠性相结合，做到先进技术、中间技术和一般技术相结合与协调发展。

4. 经济评价

工程项目的经济评价是项目可行性研究的重要组成部分和核心内容，是工程项目决策科学化的重要手段和有效工具。经济评价的目的是根据国民经济和社会发展战略以及行业和地区发展规划的要求，在完成市场预测、生产与建设条件分析、建设项目规模与产品纲要确定、厂址选择、工艺技术方案选择、工厂布置等工程技术研究的基础上，计算项目的效益和费用，通过多方案比较，对拟建项目的财务可行性和经济合理性进行分析论证，做出全面的经济评价，并比选和推荐最佳方案，为工程项目的决策提供科学、可靠的依据。

工程项目的经济评价，**从评价的角度和范围不同可分为财务评价和国民经济评价**。财务评价又称为企业经济评价，是在国家现行财税制度和价格体系的条件下，从项目财务角度分析、计算项目的财务盈利能力和偿债能力，以判别项目的财务可行性。国民经济评价是在合理配置国家资源的前提下，从国家整体的角度分析、计算项目对国民经济的净贡献，以判别项目的经济合理性。一般地讲，财务评价与国民经济评价的结论均可行的项目，应予通过，反之，应予否定；财务评价结论可行，而国民经济评价结论不可行的项目，一般应予否定。某些国计民生急需的项目，如果国民经济评价可行，而财务评价不可行，应重新设计方案，必要时也可向主管部门提出采取相应经济优惠措施的建议，使项目得以具有财务上的生存能力。

在工程项目决策的实际工作中，为了投资决策的科学性和可靠性，工程项目的评价根据评价的目的和要求不同，可分为以下四种不同类型的评价：

（1）基础性评价。这是由设计单位、工程咨询公司在项目建议书和设计任务书（或可行性研究报告）中对工程项目从技术上和经济上论证其可行性的一种评价。这是在建设前期为项目的成立，即“立项”或做项目投资决策准备而开展的一种基础性评价工作，故称为基础性评价。

（2）效益审计或项目审计。由审计、投资部门，对设计单位所做的工程项目可行性研究的基础性评价进行的再评价和审查分析的工作，就叫作效益审计或项目审计。

效益审计或项目审计的任务，就是对基础性评价的可行性研究的程序、内容、方法、参数、结论等进行系统的审查，从而对基础性评价内容的真实性、完整性和可靠性做出评价，以保证项目评价和投资决策的正确性和科学性。

（3）项目评估。由银行、投资部门对建设项目的可行性研究所做的再次评价，叫作项目评估。例如项目是属于乡镇企业的工程项目，其所需建设投资要向农业银行贷款时，则由农业银行做项目评估。

银行或投资部门对工程项目进行再评价或评估，有其专门的评估目的和评价的角度。银行或投资部门进行的项目评估，不仅要考察和评估拟建项目的财务盈利能力，而且还要考察和评估项目的国民经济效益，特别是要着重审查和评估项目的偿债能力，即在规定时间内对贷款本金和利息的偿还能力。如果银行经过再次评估后，认为工程项目有足够清偿贷款本金和利息的能力，才予以贷款，否则将拒绝贷款。

（4）项目决策。这是由计划部门或主管部门所做的关于工程项目投资的最终决策。这种对项目投资的最终决策是在可行性研究的基础性评价和效益审计（或称为项目审计）、项目评估的基础上，对建设项目所做出的最后评价和投资决策的审批。

10.4 可行性研究报告的撰写方法和内容

可行性研究报告是对项目进行充分、准确的论证之后正式向主管部门申报批示，向银行申请贷款及作为与外商谈判依据的书面报告。该报告全面、简要地（尤其主要部分）将论证的情况（依据、分析方法、结论与建议等）一一列出，使依靠报告做决策的部门能借此下决心支持或否定该项目。只要报告据实而论，其结果应该也必须作为取舍项目的主要依据。可行性研究报告在项目建议书正式批准后即可开始实施，项目建议书则是概括的但却认真分析过的项目论证报告，它很像国际上的机会研究报告。项目建议书的呈报，实际上是向政府申请投资项目论证的机会，项目建议书的批准，则表明同意，可以对所申请的项目进行论证。目前，政府主管部门已将项目建议书和可行性研究报告格式化、标准化了，具体应用时可查找参阅。

1. 项目建议书的内容要求

（1）项目名称、项目的主办单位及负责人。

（2）项目的内容与申请理由，说明拟采用的技术名称、内容及国内外技术差距和概要情况；进口设备要说明拟进口的理由，概要生产工艺流程和生产条件、主要设备名称，简要规格、数量以及国内外技术差距和概要情况。

（3）进口国别与厂商。要把拟探询的国别厂商名称写全，包括外文全称。

（4）承办企业的基本情况。说明工厂是新建、改建或扩建，工厂地点及其他基本情况。

（5）产品名称、简要规格与生产能力及其销售方向（国内销售、出口外销）。

（6）主要原材料、电力、燃料、交通运输及协作配套等方面的近期和今后要求具备的条件。

（7）项目资金的估算与来源。包括项目的外汇总用汇额，准备工作阶段的用汇额及用途（一般折算为美元，以万美元计算；使用非美元外汇的要注明折算率），外汇资金的来源与偿还方式，国内费用的估计与来源，其中包含基本建设投资。

（8）项目的进度安排。

（9）初步的技术、经济分析。

（10）附件。

2. 可行性研究报告的内容要求

（1）总说明

1）项目名称。

2）项目的主办单位及负责人。

3）可行性研究工作的主要技术负责人和经济负责人的名单。

4）项目建议书的审批文件。

5）可行性研究的总概况、结论与建议。

（2）承办企业的基本情况与条件。

（3）生产规划

1）产品的名称、规格、技术性能与用途。

2）国内需要情况的调查、研究与预测，如历年有大量进口的，应附最近10年来的进口统计。

3）国外市场情况的调查、研究与预测，包括进入国际市场的设想与措施（无外销出口可能的产品，本项可省略）。

4）国内（外）产品销售价格的调查、研究与分析。

5）分年的国内（外）需求估算。

6）生产能力的选定，对几个可供选择的方案进行比较与论证，说明选定的理由。

7）分年的产品产量与国内（外）销售量规划。

（4）物料供应规划。包括：原材料、半成品、配套件、辅助材料、维修材料、电力、燃料以及其他公用设施等的使用、来源、价格的规划；物料选用的几个可供选择方案的比较与论证，以及选定的理由；分年的物料供应量规划，其中进口部分要单独注出。

（5）厂址选择。包括：厂址的自然、经济、社会、交通运输等条件的概述；几个可供选择方案的比较与论证，以及选定的理由；总平面布置的几个可供选择方案的比较与论证，以及选定的理由。

（6）技术与设备

1）技术选定的几个可供选择方案的比较与论证，以及选定的理由。

2）技术来源的国别与厂商（写明外文全称）。

3）技术转让费用的估算。

4）设备的选定：主要生产设备与辅助设备的名称、型号、规模、数量；几个可供选择方案的比较与论证，以及选定的理由。

5）设备的国内外分交方案和与外国厂商合作制造方案。

6）进口设备来源的国别厂商（写明外文全称）。

7）设备费用的估算。

（7）生产组织、劳动定员和人员培训计划。

（8）环境污染的防治。

（9）项目实施的综合计划。包括：询价、谈判、签订合同、工程设计、技术与设备的交付、工程施工、调试与试生产进度以及正式投产年月；建筑安装工程内容和工作量；施工力量的安排与施工组织规划。

（10）资金的概算和来源

1）项目的总用汇额，包括准备工作阶段实际发生的费用（一般折算为美元计算，使用非美元外汇的，要注明折算率）。

2）外汇资金的来源与偿还方式。

3）国内资金的概算。

4）项目的全部资金需用额及来源，其中包含基本建设投资。

（11）经济分析

1）生产成本与销售收入的估算。

2）分年的现金流量。

3）分年的损益计算表和资金平衡表。

4）根据分年的现金流量，计算投资回收年限（包括外汇回收年限）与投资回收率。

5）根据分年的现金流量，按现值法计算的净现值与内部回收率，包括折现率的依据。

6）项目的敏感度分析和盈亏分析。

7）其他技术经济指标的分析。

（12）附件。

3. 结论与建议的写法

可行性研究报告中均有结论与建议一项，这是具体进行可行性研究的小组，根据论证的情况，并参照项目目标（不同行业、不同地区、不同工业发展时期，目标也不同）和评价标准而提出的结论性表述，包括该项目在特定条件下的优缺点、可实施性等；但这个结论还不是决策者最后的决策，只是为决策者提供参考的结论。针对项目研究中的不尽完善之处或无法完善的部位，常由可行性研究小组提出参考性、建议性意见或建议，促使决策者做出决策。当然，建议也包括使项目锦上添花或舍弃该项目，但大多情况下则是为使项目成功必须紧紧抓住的关键因素、采取的具体措施等。不管是建议书还是可行性研究报告，均应以科学的态度，实事求是、中肯地进行表述。特别是技术引进项目，不确定因素和风险均较大，更应该考虑周密，更应该准确而求实。

思考与练习

1. 对工程项目为什么要进行可行性研究？
2. 可行性研究的阶段有哪些？
3. 可行性研究的主要内容是什么？

附录

普通（按年计）复利系数表

附表1　0.5%普通（按年计）复利系数表

n	一次支付		等额支付数列				等差数列
	复利终值	复利现值	年金终值	偿债基金	年金现值	资金回收	
	已知P求F	已知F求P	已知A求F	已知F求A	已知A求P	已知P求A	已知G求A
	$(1+i)^n$	$\frac{1}{(1+i)^n}$	$\frac{(1+i)^n-1}{i}$	$\frac{i}{(1+i)^n-1}$	$\frac{(1+i)^n-1}{i(1+i)^n}$	$\frac{i(1+i)^n}{(1+i)^n-1}$	
	$F/P,i,n$	$P/F,i,n$	$F/A,i,n$	$A/F,i,n$	$P/A,i,n$	$A/P,i,n$	$A/G,i,n$
1	1.005	0.995 0	1.000	1.000 0	0.995 0	1.005 0	0.000 0
2	1.010	0.990 1	2.005	0.498 8	1.985 1	0.503 8	0.498 8
3	1.015	0.985 2	3.015	0.331 7	2.970 3	0.336 7	0.996 7
4	1.020	0.980 3	4.030	0.248 1	3.950 5	0.253 1	1.493 8
5	1.025	0.975 4	5.050	0.198 0	4.925 9	0.203 0	1.990 0
6	1.030	0.970 5	6.076	0.164 6	5.896 4	0.169 6	2.485 5
7	1.036	0.965 7	7.106	0.140 7	6.862 1	0.145 7	2.980 1
8	1.041	0.960 9	8.141	0.122 8	7.823 0	0.127 8	3.473 8
9	1.046	0.956 1	9.182	0.108 9	8.779 1	0.113 9	3.966 8
10	1.051	0.951 4	10.228	0.097 8	9.730 4	0.102 8	4.458 9
11	1.056	0.946 6	11.279	0.088 7	10.677 0	0.093 7	4.950 1
12	1.062	0.941 9	12.336	0.081 1	11.618 9	0.086 1	5.440 6
13	1.067	0.937 2	13.397	0.074 7	12.556 2	0.079 7	5.930 2
14	1.072	0.932 6	14.464	0.069 1	13.488 7	0.074 1	6.419 0
15	1.078	0.927 9	15.537	0.064 4	14.416 6	0.069 4	6.906 9
16	1.083	0.923 3	16.614	0.060 2	15.339 9	0.065 2	7.394 0
17	1.088	0.918 7	17.697	0.056 5	16.258 6	0.061 5	7.880 3
18	1.094	0.914 1	18.786	0.053 2	17.172 8	0.058 2	8.365 8
19	1.099	0.909 6	19.880	0.050 3	18.082 4	0.055 3	8.850 4
20	1.105	0.905 1	20.979	0.047 7	18.987 4	0.052 7	9.334 2
21	1.110	0.900 6	22.084	0.045 3	19.888 8	0.050 3	9.817 2
22	1.116	0.896 1	23.194	0.043 1	20.784 1	0.048 1	10.299 3
23	1.122	0.891 6	24.310	0.041 1	21.675 7	0.046 1	10.780 6
24	1.127	0.887 2	25.432	0.039 3	22.562 9	0.044 3	11.261 1
25	1.133	0.882 8	26.559	0.037 7	23.445 6	0.042 7	11.740 7
26	1.138	0.878 4	27.692	0.036 1	24.324 0	0.041 1	12.219 5
27	1.144	0.874 0	28.830	0.034 7	25.198 0	0.039 7	12.697 5
28	1.150	0.869 7	29.975	0.033 4	26.061 7	0.038 4	13.174 7
29	1.156	0.865 3	31.124	0.032 1	26.933 0	0.037 1	13.651 0
30	1.161	0.861 0	32.280	0.031 0	27.794 1	0.036 0	14.126 5
31	1.167	0.856 8	33.441	0.029 9	28.650 8	0.034 9	14.601 2
32	1.173	0.852 5	34.609	0.028 9	29.503 3	0.033 9	15.075 0
33	1.179	0.848 3	35.782	0.028 0	30.351 5	0.033 0	15.548 0
34	1.185	0.844 0	36.961	0.027 1	31.195 6	0.032 1	16.020 2
35	1.191	0.839 8	38.145	0.026 2	32.035 4	0.031 2	16.491 5
40	1.221	0.819 1	44.159	0.022 7	36.172 2	0.027 7	18.835 8
45	1.252	0.799 0	50.324	0.019 9	40.207 2	0.024 9	21.159 5
50	1.283	0.779 3	56.645	0.017 7	44.142 8	0.022 7	23.462 4
55	1.316	0.760 1	63.126	0.015 9	47.981 5	0.020 9	25.744 7
60	1.349	0.741 4	69.770	0.014 3	51.725 6	0.019 3	28.006 4
65	1.383	0.723 1	76.582	0.013 1	55.377 5	0.018 1	30.247 5
70	1.418	0.705 3	83.566	0.011 0	58.939 4	0.017 0	32.468 0
75	1.454	0.637 9	90.727	0.011 0	62.413 7	0.016 0	34.667 9
80	1.490	0.671 0	98.068	0.010 2	65.802 3	0.015 2	36.847 4
85	1.528	0.654 5	105.594	0.009 5	69.107 5	0.014 5	39.006 5
90	1.567	0.638 4	113.311	0.008 8	72.331 3	0.013 8	41.145 1
95	1.606	0.622 6	121.222	0.008 3	75.475 7	0.013 3	43.263 3
100	1.647	0.607 2	129.334	0.007 7	78.542 7	0.012 7	45.361 3

附表 2　0.75%普通（按年计）复利系数表

n	一次支付		等额支付数列				等差数列
	复利终值	复利现值	年金终值	偿债基金	年金现值	资金回收	
	已知 P 求 F	已知 F 求 P	已知 A 求 F	已知 F 求 A	已知 A 求 P	已知 P 求 A	已知 G 求 A
	$(1+i)^n$	$\frac{1}{(1+i)^n}$	$\frac{(1+i)^n-1}{i}$	$\frac{i}{(1+i)^n-1}$	$\frac{(1+i)^n-1}{i(1+i)^n}$	$\frac{i(1+i)^n}{(1+i)^n-1}$	
	$F/P,i,n$	$P/F,i,n$	$F/A,i,n$	$A/F,i,n$	$P/A,i,n$	$A/P,i,n$	$A/G,i,n$
1	1.008	0.992 6	1.000	1.000 0	0.992 6	1.007 5	0.000 0
2	1.015	0.985 2	2.008	0.498 1	1.977 7	0.505 6	0.498 1
3	1.023	0.977 8	3.023	0.330 9	2.955 6	0.338 4	0.995 0
4	1.030	0.970 6	4.045	0.247 2	3.926 1	0.254 7	1.490 7
5	1.038	0.963 3	5.076	0.197 0	4.889 4	0.204 5	1.985 1
6	1.046	0.956 2	6.114	0.163 6	5.845 6	0.171 1	2.478 2
7	1.054	0.949 1	7.159	0.139 7	6.796 4	0.147 2	2.970 1
8	1.062	0.942 0	8.213	0.121 8	7.736 6	0.129 3	3.460 8
9	1.070	0.935 0	9.275	0.107 8	8.671 6	0.115 3	3.950 2
10	1.078	0.928 0	10.344	0.096 7	9.599 6	0.104 2	4.438 4
11	1.086	0.921 1	11.422	0.087 6	10.520 7	0.095 1	4.925 3
12	1.094	0.914 2	12.508	0.080 0	11.434 9	0.087 5	5.411 0
13	1.102	0.907 4	13.601	0.073 5	12.342 4	0.081 0	5.895 4
14	1.110	0.900 7	14.703	0.068 0	13.243 0	0.075 5	6.378 6
15	1.119	0.894 0	15.814	0.063 2	14.137 0	0.070 7	6.860 6
16	1.127	0.887 3	16.932	0.059 1	15.024 3	0.066 6	7.341 3
17	1.135	0.880 7	18.059	0.055 4	15.905 0	0.062 9	7.820 7
18	1.144	0.874 2	19.195	0.052 1	16.779 2	0.059 6	8.298 9
19	1.153	0.867 7	20.339	0.049 2	17.646 8	0.056 7	8.775 9
20	1.161	0.861 2	21.491	0.046 5	18.508 0	0.054 0	9.251 7
21	1.170	0.854 8	22.652	0.044 2	19.362 8	0.051 7	9.726 1
22	1.179	0.848 4	23.822	0.042 0	20.211 2	0.049 5	10.199 4
23	1.188	0.842 1	25.001	0.040 0	21.053 3	0.047 5	10.671 4
24	1.196	0.835 8	26.188	0.038 2	21.889 2	0.045 7	11.142 2
25	1.205	0.829 6	27.385	0.036 5	22.718 8	0.044 0	11.611 7
26	1.214	0.823 4	28.590	0.035 0	23.542 2	0.042 5	12.080 0
27	1.224	0.817 3	29.805	0.033 6	24.359 5	0.041 1	12.547 0
28	1.233	0.811 2	31.028	0.032 2	25.170 7	0.039 7	13.012 8
29	1.242	0.805 2	32.261	0.031 0	25.975 9	0.038 5	13.477 4
30	1.251	0.799 2	33.503	0.029 9	26.775 1	0.037 4	13.940 7
31	1.261	0.793 2	34.754	0.028 8	27.568 3	0.036 3	14.402 8
32	1.270	0.787 3	36.015	0.027 8	28.355 7	0.035 3	14.863 6
33	1.280	0.781 5	37.285	0.026 8	29.137 1	0.034 3	15.323 2
34	1.289	0.775 7	38.565	0.025 9	29.912 8	0.033 4	15.781 6
35	1.299	0.769 9	39.854	0.025 1	30.682 7	0.032 6	16.238 7
40	1.348	0.741 7	46.446	0.021 5	34.446 9	0.029 0	18.505 8
45	1.400	0.714 5	53.290	0.018 8	38.073 2	0.026 3	20.742 1
50	1.453	0.688 3	60.394	0.016 6	41.566 5	0.024 1	22.947 6
55	1.508	0.663 0	67.769	0.014 8	44.931 6	0.022 3	25.122 3
60	1.566	0.638 7	75.424	0.013 3	48.173 4	0.020 8	27.266 5
65	1.625	0.615 3	83.371	0.012 0	51.296 3	0.019 5	29.380 1
70	1.687	0.592 7	93.620	0.010 9	54.304 6	0.018 4	31.463 4
75	1.751	0.571 0	100.183	0.010 0	57.202 7	0.017 5	33.516 3
80	1.818	0.550 1	109.073	0.009 2	59.994 5	0.016 7	35.539 1
85	1.887	0.529 9	118.300	0.008 5	62.683 8	0.016 0	37.531 8
90	1.959	0.510 5	127.879	0.007 8	65.274 6	0.015 3	39.494 6
95	2.034	0.491 7	137.823	0.007 3	67.770 4	0.014 8	41.427 7
100	2.111	0.473 7	148.145	0.006 8	70.174 6	0.014 3	43.331 1

附表3 1%普通（按年计）复利系数表

n	一次支付		等额支付数列				等差数列
	复利终值	复利现值	年金终值	偿债基金	年金现值	资金回收	
	已知 P 求 F	已知 F 求 P	已知 A 求 F	已知 F 求 A	已知 A 求 P	已知 P 求 A	已知 G 求 A
	$(1+i)^n$	$\frac{1}{(1+i)^n}$	$\frac{(1+i)^n-1}{i}$	$\frac{i}{(1+i)^n-1}$	$\frac{(1+i)^n-1}{i(1+i)^n}$	$\frac{i(1+i)^n}{(1+i)^n-1}$	
	$F/P,i,n$	$P/F,i,n$	$F/A,i,n$	$A/F,i,n$	$P/A,i,n$	$A/P,i,n$	$A/G,i,n$
1	1.010	0.990 1	1.000	1.000 0	0.990 1	1.010 0	0.000 0
2	1.020	0.980 3	2.010	0.497 5	1.970 4	0.507 5	0.497 5
3	1.030	0.970 6	3.030	0.330 0	2.941 0	0.340 0	0.993 4
4	1.041	0.961 0	4.060	0.246 3	3.902 0	0.256 3	1.487 6
5	1.051	0.951 5	5.101	0.196 0	4.353 4	0.206 0	1.980 1
6	1.062	0.942 1	6.152	0.162 6	5.795 5	0.172 6	2.471 0
7	1.072	0.932 7	7.214	0.138 6	6.728 2	0.148 6	2.960 2
8	1.083	0.923 5	8.236	0.120 7	7.654 7	0.130 7	3.447 8
9	1.094	0.914 3	9.369	0.106 8	8.566 0	0.116 8	3.033 7
10	1.105	0.905 3	10.462	0.095 6	9.471 3	0.105 6	4.417 9
11	1.116	0.896 3	11.567	0.086 5	10.367 6	0.096 5	4.900 5
12	1.127	0.887 5	12.683	0.078 9	11.255 1	0.088 9	5.381 5
13	1.138	0.878 7	13.809	0.072 4	12.133 8	0.082 4	5.860 7
14	1.149	0.870 0	14.947	0.066 9	13.003 7	0.076 9	6.338 4
15	1.161	0.861 4	16.097	0.062 1	13.865 1	0.072 1	6.814 3
16	1.173	0.852 8	17.258	0.058 0	14.717 9	0.068 0	7.288 7
17	1.184	0.844 4	18.430	0.054 3	15.562 3	0.064 3	7.761 3
18	1.196	0.836 0	19.615	0.051 0	16.398 3	0.061 0	8.232 3
19	1.208	0.827 7	20.811	0.048 1	17.226 0	0.058 1	8.701 7
20	1.220	0.819 6	22.019	0.045 4	18.045 6	0.055 4	9.169 4
21	1.232	0.811 4	23.239	0.043 0	18.857 0	0.053 0	9.635 4
22	1.245	0.803 4	24.472	0.040 9	19.660 4	0.050 9	10.099 8
23	1.257	0.795 5	25.716	0.038 9	20.455 8	0.048 9	10.562 6
24	1.270	0.787 6	26.973	0.037 1	21.243 4	0.047 1	11.023 7
25	1.282	0.779 8	28.243	0.035 4	22.023 2	0.045 4	11.483 1
26	1.295	0.772 1	29.526	0.033 9	22.795 2	0.043 9	11.940 9
27	1.808	0.764 4	30.821	0.032 5	23.559 6	0.042 5	12.397 1
28	1.321	0.756 8	32.129	0.031 1	24.316 5	0.041 1	12.851 6
29	1.335	0.749 4	33.450	0.029 9	25.065 8	0.039 9	13.304 5
30	1.348	0.741 9	34.785	0.028 8	25.807 7	0.038 8	13.755 7
31	1.361	0.734 6	36.133	0.027 7	26.542 3	0.037 7	14.205 2
32	1.375	0.727 3	37.494	0.026 7	27.209 6	0.036 7	14.653 2
33	1.389	0.720 1	38.369	0.025 7	27.989 7	0.035 7	15.095 5
34	1.403	0.713 9	40.258	0.024 8	28.702 7	0.031 8	15.544 3
35	1.417	0.705 9	41.660	0.024 0	29.408 6	0.031 0	15.987 1
40	1.489	0.671 7	48.886	0.020 5	32.834 7	0.030 5	18.177 6
45	1.565	0.639 1	56.481	0.017 7	36.094 5	0.027 7	20.327 3
50	1.645	0.608 0	64.463	0.015 5	39.196 1	0.025 5	22.436 3
55	1.729	0.578 5	72.852	0.013 7	42.147 2	0.023 7	24.504 9
60	1.817	0.550 5	81.670	0.012 3	44.955 0	0.022 3	26.533 3
65	1.999	0.522 7	90.937	0.011 0	47.626 6	0.021 0	28.521 7
70	2.007	0.498 3	100.676	0.009 9	50.168 5	0.019 9	30.470 3
75	2.199	0.474 1	110.913	0.009 0	52.587 1	0.019 0	32.379 3
80	2.217	0.451 1	121.672	0.008 2	54.888 2	0.018 2	34.249 2
85	2.330	0.429 2	132.979	0.007 5	57.077 7	0.017 5	36.080 1
90	2.449	0.408 4	144.863	0.006 9	59.100 9	0.016 9	37.872 5
95	2.574	0.388 6	157.354	0.006 4	61.143 0	0.016 4	39.626 5
100	2.705	0.369 7	170.481	0.005 9	63.028 9	0.015 9	41.342 6

附表 4 1.25%普通（按年计）复利系数表

n	一次支付		等额支付数列				等差数列
	复利终值	复利现值	年金终值	偿债基金	年金现值	资金回收	
	已知 P 求 F	已知 F 求 P	已知 A 求 F	已知 F 求 A	已知 A 求 P	已知 P 求 A	已知 G 求 A
	$(1+i)^n$	$\frac{1}{(1+i)^n}$	$\frac{(1+i)^n-1}{i}$	$\frac{i}{(1+i)^n-1}$	$\frac{(1+i)^n-1}{i(1+i)^n}$	$\frac{i(1+i)^n}{(1+i)^n-1}$	
	$F/P,i,n$	$P/F,i,n$	$F/A,i,n$	$A/F,i,n$	$P/A,i,n$	$A/P,i,n$	$A/G,i,n$
1	1.013	0.987 7	1.000	1.000 0	0.987 7	1.012 6	0.000 0
2	1.025	0.975 5	2.013	0.497 0	1.963 1	0.509 5	0.493 2
3	1.038	0.963 5	3.038	0.329 3	2.926 5	0.341 8	0.989 5
4	1.051	0.951 6	4.076	0.245 4	3.878 0	0.257 9	1.483 0
5	1.064	0.939 8	5.127	0.195 1	4.817 7	0.207 6	1.972 9
6	1.077	0.928 2	6.191	0.161 6	5.745 9	0.174 1	2.461 8
7	1.091	0.916 8	7.268	0.137 6	6.662 7	0.150 1	2.949 1
8	1.105	0.905 5	8.359	0.119 7	7.568 0	0.132 2	3.433 0
9	1.118	0.894 3	9.463	0.105 7	8.462 3	0.118 2	3.915 8
10	1.132	0.883 2	10.582	0.094 6	9.345 4	0.107 1	4.396 0
11	1.147	0.872 3	11.714	0.085 4	10.217 7	0.097 9	4.874 4
12	1.161	0.361 6	12.860	0.077 8	11.079 2	0.090 3	5.350 6
13	1.175	0.850 9	14.021	0.071 4	11.930 0	0.083 9	5.824 8
14	1.190	0.840 4	15.196	0.065 9	12.770 4	0.078 4	6.296 8
15	1.205	0.830 0	16.386	0.061 1	13.600 4	0.073 6	6.766 9
16	1.220	0.819 8	17.591	0.056 9	14.420 1	0.069 4	7.235 0
17	1.235	0.809 7	18.811	0.053 2	15.229 8	0.065 7	7.709 9
18	1.251	0.799 7	20.046	0.049 9	16.029 3	0.062 4	8.164 5
19	1.266	0.789 8	21.296	0.047 0	16.819 1	0.059 5	8.626 4
20	1.282	0.780 1	22.563	0.044 4	17.599 1	0.056 9	9.086 1
21	1.298	0.770 4	23.845	0.042 0	18.369 5	0.054 5	9.543 9
22	1.314	0.760 9	25.143	0.039 8	19.130 3	0.052 3	9.999 3
23	1.331	0.751 5	26.457	0.037 8	19.881 8	0.050 3	10.452 8
24	1.347	0.742 3	27.788	0.036 0	20.624 0	0.048 5	10.904 4
25	1.364	0.733 1	29.135	0.034 4	21.357 0	0.046 9	11.353 9
26	1.381	0.724 0	30.499	0.032 8	22.031 0	0.045 3	11.801 2
27	1.399	0.715 1	31.880	0.031 4	22.796 0	0.043 9	12.246 5
28	1.416	0.706 3	33.279	0.030 1	23.502 2	0.042 6	12.689 8
29	1.434	0.697 6	34.695	0.028 9	24.198 8	0.041 4	13.131 1
30	1.452	0.688 9	36.128	0.027 7	24.888 6	0.040 2	13.570 3
31	1.470	0.680 4	37.580	0.026 7	25.569 0	0.039 2	14.007 4
32	1.488	0.672 0	39.050	0.025 7	26.241 0	0.038 2	14.442 5
33	1.507	0.663 7	40.538	0.024 7	26.904 7	0.037 2	14.875 6
34	1.526	0.655 5	42.045	0.023 8	27.560 1	0.036 3	15.306 6
35	1.545	0.647 5	43.570	0.023 0	28.207 5	0.035 5	15.735 7
40	1.644	0.608 5	51.489	0.019 5	31.326 6	0.032 0	17.850 3
45	1.749	0.571 8	59.915	0.016 7	34.257 8	0.029 2	19.914 4
50	1.861	0.537 4	68.880	0.014 6	37.012 5	0.027 1	21.928 4
55	1.980	0.505 0	78.421	0.012 8	39.601 3	0.025 3	23.892 5
60	2.107	0.474 6	88.573	0.011 3	42.034 2	0.023 8	25.807 2
65	2.242	0.446 0	99.375	0.010 1	44.320 6	0.022 6	27.673 0
70	2.386	0.419 2	110.870	0.009 1	46.469 3	0.021 6	29.490 2
75	2.539	0.393 9	123.101	0.008 2	48.488 6	0.020 7	31.259 4
80	2.702	0.370 2	136.116	0.007 4	50.386 2	0.019 9	32.981 2
85	2.875	0.347 9	149.965	0.006 7	52.169 6	0.019 9	34.656 0
90	3.059	0.327 0	164.701	0.006 1	53.845 6	0.018 6	36.284 4
95	3.255	0.307 3	180.382	0.005 6	55.420 7	0.018 1	37.867 1
100	3.463	0.288 8	197.067	0.005 1	56.900 9	0.017 6	39.404 8

附表5　1.5%普通（按年计）复利系数表

n	一次支付		等额支付数列				等差数列
	复利终值	复利现值	年金终值	偿债基金	年金现值	资金回收	
	已知 P 求 F	已知 F 求 P	已知 A 求 F	已知 F 求 A	已知 A 求 P	已知 P 求 A	已知 G 求 A
	$(1+i)^n$	$\frac{1}{(1+i)^n}$	$\frac{(1+i)^n-1}{i}$	$\frac{i}{(1+i)^n-1}$	$\frac{(1+i)^n-1}{i(1+i)^n}$	$\frac{i(1+i)^n}{(1+i)^n-1}$	
	$F/P,i,n$	$P/F,i,n$	$F/A,i,n$	$A/F,i,n$	$P/A,i,n$	$A/P,i,n$	$A/G,i,n$
1	1.015	0.985 2	1.000	1.000 0	0.985 2	1.015 0	0.000 0
2	1.030	0.970 7	2.015	0.496 3	1.955 9	0.511 3	0.496 3
3	1.046	0.956 3	3.045	0.328 4	2.912 2	0.343 4	0.990 1
4	1.061	0.942 2	4.091	0.244 6	3.854 4	0.259 5	1.481 4
5	1.077	0.928 3	5.152	0.194 1	4.782 7	0.209 1	1.970 2
6	1.093	0.914 6	6.230	0.160 5	5.697 2	0.175 5	2.456 6
7	1.110	0.901 0	7.323	0.136 6	6.598 2	0.151 6	2.940 5
8	1.127	0.887 7	8.433	0.118 6	7.485 9	0.133 6	3.421 9
9	1.143	0.874 6	9.559	0.104 6	8.360 5	0.119 6	3.900 8
10	1.161	0.861 7	10.703	0.093 4	9.222 2	0.108 4	4.377 2
11	1.178	0.848 9	11.863	0.084 3	10.071 1	0.099 3	4.851 2
12	1.196	0.836 4	13.041	0.076 7	10.907 5	0.091 7	5.322 7
13	1.214	0.824 0	14.237	0.070 3	11.731 5	0.085 3	5.791 7
14	1.232	0.811 9	15.450	0.064 7	12.543 4	0.079 7	6.258 2
15	1.250	0.799 9	16.682	0.060 0	13.343 2	0.075 0	6.722 3
16	1.269	0.788 0	17.932	0.055 8	14.131 3	0.070 8	7.183 9
17	1.288	0.776 4	19.201	0.052 1	14.907 7	0.067 1	7.643 1
18	1.307	0.764 9	20.489	0.048 8	15.672 6	0.063 8	8.099 7
19	1.327	0.753 6	21.797	0.045 9	16.426 2	0.060 9	8.553 9
20	1.347	0.742 5	23.124	0.043 3	17.168 6	0.058 3	9.005 7
21	1.367	0.731 5	24.471	0.040 9	17.901 1	0.055 9	9.455 0
22	1.388	0.720 7	25.838	0.038 7	18.620 8	0.053 7	9.901 8
23	1.408	0.710 0	27.225	0.036 7	19.330 9	0.051 7	10.346 2
24	1.430	0.699 6	28.634	0.034 9	20.030 4	0.049 9	10.788 1
25	1.451	0.689 2	30.063	0.033 3	20.719 6	0.048 3	11.227 6
26	1.473	0.679 0	31.514	0.031 7	21.398 6	0.046 7	11.664 6
27	1.495	0.669 0	32.987	0.030 3	22.067 6	0.045 3	12.099 2
28	1.517	0.659 1	34.481	0.029 0	22.726 7	0.044 0	12.531 3
29	1.540	0.649 4	35.999	0.027 8	23.376 1	0.042 8	12.961 0
30	1.563	0.639 8	37.539	0.026 6	24.015 8	0.041 6	13.388 3
31	1.587	0.630 3	39.102	0.025 6	24.646 2	0.040 6	13.813 1
32	1.610	0.621 0	40.688	0.024 6	25.267 1	0.039 6	14.235 5
33	1.634	0.611 8	42.299	0.023 7	25.879 0	0.038 7	14.655 5
34	1.659	0.602 8	43.933	0.022 8	26.481 7	0.037 8	15.073 1
35	1.684	0.593 9	45.592	0.029 1	27.075 6	0.036 9	15.488 2
40	1.814	0.551 3	54.268	0.018 4	29.915 9	0.033 4	17.527 7
45	1.954	0.511 7	63.614	0.015 7	32.552 3	0.030 7	19.507 4
50	2.105	0.475 0	73.080	0.013 6	34.999 7	0.028 6	21.427 7
55	2.268	0.440 9	84.530	0.011 8	37.271 5	0.026 8	23.289 4
60	2.443	0.409 3	96.215	0.010 4	39.380 3	0.025 4	25.093 0
65	2.632	0.379 9	108.803	0.009 2	41.337 8	0.024 2	26.839 2
70	2.835	0.352 7	122.364	0.008 2	43.154 9	0.023 2	28.529 0
75	3.055	0.327 4	136.973	0.007 3	44.841 6	0.022 3	30.163 1
80	3.291	0.303 9	152.711	0.006 6	46.407 3	0.021 6	31.742 3
85	3.545	0.282 1	169.665	0.005 9	47.860 7	0.020 9	33.267 6
90	3.819	0.261 9	187.930	0.005 3	49.209 9	0.020 3	34.739 9
95	4.114	0.243 1	207.606	0.004 8	50.462 2	0.019 8	36.160 2
100	4.432	0.225 6	228.803	0.004 4	51.624 7	0.019 4	37.529 5

附表 6　2%普通（按年计）复利系数表

n	一次支付		等额支付数列				等差数列
	复利终值	复利现值	年金终值	偿债基金	年金现值	资金回收	
	已知 P 求 F	已知 F 求 P	已知 A 求 F	已知 F 求 A	已知 A 求 P	已知 P 求 A	已知 G 求 A
	$(1+i)^n$	$\frac{1}{(1+i)^n}$	$\frac{(1+i)^n-1}{i}$	$\frac{i}{(1+i)^n-1}$	$\frac{(1+i)^n-1}{i(1+i)^n}$	$\frac{i(1+i)^n}{(1+i)^n-1}$	
	$F/P,i,n$	$P/F,i,n$	$F/A,i,n$	$A/F,i,n$	$P/A,i,n$	$A/P,i,n$	$A/G,i,n$
1	1.020	0.980 4	1.000	1.000 0	0.980 4	1.020 0	0.000 0
2	1.040	0.961 2	2.020	0.495 1	1.941 6	0.515 1	0.495 1
3	1.061	0.942 3	3.060	0.326 8	2.883 9	0.346 8	0.986 9
4	1.082	0.923 9	4.122	0.242 6	3.807 7	0.262 6	1.475 3
5	1.104	0.905 7	5.204	0.192 2	4.713 5	0.212 2	1.960 4
6	1.126	0.888 0	6.308	0.158 5	5.601 4	0.178 5	2.442 3
7	1.149	0.870 6	7.434	0.134 5	6.472 0	0.154 5	2.920 8
8	1.172	0.853 5	8.583	0.116 5	7.325 5	0.136 5	3.396 1
9	1.195	0.836 8	9.755	0.102 5	8.162 2	0.125 5	3.868 1
10	1.219	0.802 4	10.950	0.091 3	8.982 6	0.111 3	4.336 7
11	1.243	0.804 3	12.169	0.082 2	9.786 9	0.102 2	4.802 1
12	1.268	0.788 5	13.412	0.074 6	10.575 4	0.094 6	5.264 3
13	1.294	0.773 0	14.680	0.068 1	11.348 4	0.088 1	5.723 1
14	1.319	0.757 9	15.974	0.062 6	12.106 3	0.082 6	6.178 6
15	1.346	0.743 0	17.293	0.057 8	12.849 3	0.077 8	6.630 9
16	1.373	0.728 5	18.639	0.053 7	13.577 7	0.073 7	7.079 9
17	1.400	0.714 2	20.012	0.050 0	14.291 9	0.070 0	7.525 6
18	1.428	0.700 2	21.412	0.046 7	14.992 0	0.066 7	7.968 1
19	1.457	0.686 4	22.841	0.043 8	15.678 5	0.063 8	8.407 3
20	1.486	0.673 0	24.297	0.042 1	16.351 4	0.061 2	8.843 3
21	1.516	0.659 8	25.783	0.038 8	17.011 2	0.058 8	9.276 0
22	1.546	0.646 8	27.299	0.036 6	17.658 1	0.056 6	9.705 5
23	1.577	0.634 2	28.845	0.034 7	18.292 2	0.054 7	10.131 7
24	1.608	0.621 7	30.422	0.032 9	18.913 9	0.052 9	10.554 7
25	1.641	0.609 5	30.030	0.031 2	19.523 5	0.051 2	10.974 5
26	1.673	0.597 6	33.671	0.029 7	20.121 0	0.049 7	11.391 0
27	1.707	0.585 9	35.344	0.028 3	20.706 9	0.048 3	11.804 3
28	1.741	0.574 4	37.051	0.027 0	21.281 3	0.047 0	12.214 5
29	1.776	0.563 1	38.792	0.025 8	21.844 4	0.045 8	12.621 4
30	1.811	0.552 1	40.568	0.024 7	22.396 5	0.044 7	13.025 1
31	1.848	0.541 3	42.379	0.023 6	22.937 7	0.043 6	13.425 7
32	1.885	0.530 6	44.227	0.022 6	23.468 3	0.042 6	13.823 0
33	1.922	0.520 2	46.112	0.021 7	23.988 6	0.041 7	14.217 2
34	1.961	0.510 0	48.034	0.020 8	24.498 6	0.040 8	14.608 3
35	2.00	0.500 0	49.994	0.020 0	24.998 6	0.040 0	14.996 1
40	2.208	0.452 9	60.402	0.016 6	27.355 5	0.036 6	16.888 5
45	2.438	0.410 2	71.893	0.013 9	29.490 2	0.033 9	18.703 4
50	2.692	0.371 5	84.579	0.011 8	31.423 6	0.031 8	20.442 0
55	2.972	0.336 5	98.587	0.010 2	33.174 8	0.030 2	22.105 7
60	3.281	0.304 8	114.052	0.008 8	34.760 9	0.028 8	23.696 1
65	3.623	0.276 1	131.126	0.007 6	36.197 5	0.027 6	25.214 7
70	4.000	0.250 0	149.978	0.006 7	37.498 6	0.026 7	26.663 2
75	4.416	0.226 5	170.792	0.005 9	38.677 1	0.025 9	28.043 4
80	4.875	0.205 1	193.772	0.005 2	39.744 5	0.025 2	29.357 2
85	5.383	0.185 8	219.144	0.004 6	40.711 3	0.024 6	30.606 4
90	5.943	0.168 3	247.157	0.004 1	41.585 9	0.024 1	31.792 9
95	6.562	0.152 4	278.085	0.003 6	42.380 0	0.023 6	32.918 9
100	7.245	0.138 0	312.232	0.003 2	43.098 4	0.023 2	33.986 3

附表7 3%普通（按年计）复利系数表

n	一次支付		等额支付数列				等差数列
	复利终值	复利现值	年金终值	偿债基金	年金现值	资金回收	
	已知 P 求 F	已知 F 求 P	已知 A 求 F	已知 F 求 A	已知 A 求 P	已知 P 求 A	已知 G 求 A
	$(1+i)^n$	$\frac{1}{(1+i)^n}$	$\frac{(1+i)^n-1}{i}$	$\frac{i}{(1+i)^n-1}$	$\frac{(1+i)^n-1}{i(1+i)^n}$	$\frac{i(1+i)^n}{(1+i)^n-1}$	
	$F/P,i,n$	$P/F,i,n$	$F/A,i,n$	$A/F,i,n$	$P/A,i,n$	$A/P,i,n$	$A/G,i,n$
1	1.030	0.970 9	1.000	1.000 0	0.970 9	1.030 0	0.000 0
2	1.061	0.942 6	2.030	0.492 6	1.913 5	0.522 6	0.492 6
3	1.093	0.915 2	3.091	0.323 5	2.828 6	0.353 5	0.980 3
4	1.126	0.888 5	4.184	0.239 0	3.717 1	0.269 0	1.463 1
5	1.159	0.862 6	5.309	0.188 4	4.579 7	0.218 4	1.940 9
6	1.194	0.837 5	6.468	0.154 6	5.417 2	0.184 6	2.413 8
7	1.230	0.813 1	7.662	0.130 5	6.230 3	0.160 5	2.881 9
8	1.267	0.789 4	8.892	0.112 5	7.019 7	0.142 5	3.345 0
9	1.305	0.766 4	10.159	0.098 4	7.786 1	0.128 4	3.308 2
10	1.344	0.744 1	11.464	0.087 2	8.530 2	0.117 2	4.256 5
11	1.384	0.722 4	12.808	0.078 1	9.252 6	0.108 1	4.704 9
12	1.426	0.701 4	14.192	0.070 5	9.954 0	0.100 5	5.148 5
13	1.469	0.681 0	15.618	0.064 0	10.635 0	0.094 0	5.587 2
14	1.513	0.661 1	17.086	0.058 5	11.296 1	0.088 5	6.021 1
15	1.558	0.641 9	18.599	0.053 8	11.937 9	0.083 8	6.450 1
16	1.605	0.623 2	20.157	0.049 6	12.561 1	0.079 6	6.874 2
17	1.653	0.605 0	21.762	0.046 0	13.166 1	0.076 0	7.293 6
18	1.702	0.587 4	23.414	0.042 7	13.753 5	0.072 7	7.708 1
19	1.754	0.570 3	25.117	0.039 8	14.322 8	0.069 8	8.117 9
20	1.806	0.553 7	26.870	0.037 2	14.877 5	0.067 2	8.522 9
21	1.860	0.537 6	28.676	0.034 9	15.415 0	0.061 9	8.923 1
22	1.916	0.521 9	30.537	0.032 8	15.936 9	0.062 8	9.709 4
23	1.974	0.506 7	32.453	0.030 8	16.443 6	0.060 8	9.709 4
24	2.033	0.491 9	34.426	0.029 1	16.935 6	0.059 1	10.095 4
25	2.094	0.477 6	36.459	0.027 4	17.413 2	0.057 4	10.476 8
26	2.157	0.463 7	38.553	0.025 9	17.876 9	0.055 9	10.853 5
27	2.221	0.450 2	40.710	0.024 6	18.327 0	0.054 6	11.225 6
28	2.283	0.437 1	42.931	0.023 3	18.764 1	0.053 3	11.593 0
29	2.357	0.424 4	45.219	0.022 1	19.188 5	0.052 1	11.955 8
30	2.427	0.412 0	47.575	0.021 0	19.600 5	0.051 0	12.314 1
31	2.500	0.400 0	50.003	0.020 0	20.000 4	0.050 0	12.667 8
32	2.575	0.388 3	52.503	0.019 1	20.388 8	0.049 1	13.016 9
33	2.652	0.377 0	55.078	0.018 2	20.765 8	0.048 2	13.361 6
34	2.732	0.366 1	57.730	0.017 3	21.131 8	0.047 3	13.701 8
35	2.814	0.355 4	60.462	0.016 5	21.487 2	0.046 5	14.037 5
40	3.262	0.306 6	75.401	0.013 3	23.114 8	0.043 3	15.650 2
45	3.782	0.264 4	92.720	0.010 8	24.518 7	0.040 8	17.155 6
50	4.384	0.228 1	112.797	0.008 9	25.729 8	0.038 9	18.557 5
55	5.082	0.196 8	136.072	0.007 4	26.774 4	0.037 4	19.860 0
60	5.892	0.169 7	163.053	0.006 1	27.675 6	0.036 1	21.067 4
65	6.830	0.146 4	194.333	0.005 2	28.452 9	0.035 2	22.184 1
70	7.918	0.126 3	230.594	0.004 3	29.123 4	0.034 3	23.214 5
75	9.179	0.109 0	272.631	0.003 7	29.701 8	0.033 7	24.162 4
80	10.641	0.094 0	321.363	0.003 1	30.200 8	0.033 1	25.035 4
85	12.336	0.081 1	377.857	0.002 7	30.631 2	0.032 7	25.334 9
90	14.300	0.069 9	443.349	0.002 3	31.002 4	0.032 3	26.566 7
95	16.578	0.060 3	519.272	0.001 9	31.322 7	0.031 9	27.235 1
100	19.219	0.052 0	607.288	0.001 7	31.598 9	0.031 7	27.844 5

附表 8 4%普通（按年计）复利系数表

n	一次支付		等额支付数列				等差数列
	复利终值	复利现值	年金终值	偿债基金	年金现值	资金回收	
	已知 P 求 F	已知 F 求 P	已知 A 求 F	已知 F 求 A	已知 A 求 P	已知 P 求 A	已知 G 求 A
	$(1+i)^n$	$\frac{1}{(1+i)^n}$	$\frac{(1+i)^n-1}{i}$	$\frac{i}{(1+i)^n-1}$	$\frac{(1+i)^n-1}{i(1+i)^n}$	$\frac{i(1+i)^n}{(1+i)^n-1}$	
	$F/P,i,n$	$P/F,i,n$	$F/A,i,n$	$A/F,i,n$	$P/A,i,n$	$A/P,i,n$	$A/G,i,n$
1	1.040	0.961 5	1.000	1.000 0	0.961 5	1.040 0	0.000 0
2	1.082	0.924 6	2.040	0.490 2	1.886 1	0.530 2	0.490 2
3	1.125	0.889 0	3.122	0.320 4	2.775 1	0.360 4	0.973 9
4	1.170	0.854 8	4.246	0.235 5	3.629 9	0.275 5	1.451 0
5	1.217	0.821 9	5.416	0.184 6	4.451 8	0.224 6	1.921 6
6	1.265	0.790 3	6.633	0.150 8	5.242 1	0.190 8	2.385 7
7	1.316	0.759 9	7.898	0.126 6	6.002 1	0.166 6	2.843 3
8	1.369	0.730 7	9.214	0.108 5	6.732 8	0.148 5	3.294 4
9	1.423	0.702 6	10.583	0.094 5	7.435 3	0.134 5	3.739 1
10	1.480	0.675 6	12.006	0.083 3	8.110 9	0.123 3	4.177 3
11	1.539	0.649 6	13.486	0.074 2	8.760 5	0.114 2	4.609 0
12	1.601	0.624 6	15.026	0.066 6	9.385 1	0.106 6	5.034 4
13	1.665	0.600 6	16.627	0.060 2	9.985 7	0.100 2	5.453 3
14	1.732	0.577 5	18.292	0.054 7	10.563 1	0.094 7	5.865 9
15	1.801	0.555 3	20.024	0.050 0	11.118 4	0.090 0	6.272 1
16	1.873	0.533 9	21.825	0.045 8	11.652 5	0.085 8	6.672 0
17	1.948	0.513 4	23.698	0.042 2	12.165 7	0.082 2	7.065 6
18	2.026	0.493 6	25.645	0.039 0	12.659 3	0.079 0	7.453 0
19	2.107	0.474 7	27.671	0.036 1	13.133 9	0.076 1	7.834 2
20	2.191	0.456 4	29.778	0.033 6	13.590 3	0.073 6	8.209 1
21	2.279	0.438 8	31.969	0.031 3	14.029 2	0.071 3	8.578 0
22	2.370	0.422 0	34.248	0.029 2	14.451 1	0.069 2	8.940 7
23	2.465	0.405 7	36.618	0.027 3	14.856 9	0.067 3	9.297 3
24	2.563	0.390 1	39.083	0.025 6	15.247 0	0.065 6	9.647 9
25	2.666	0.375 1	41.646	0.024 0	15.622 1	0.064 0	9.992 5
26	2.772	0.360 7	44.312	0.022 6	15.982 8	0.062 6	10.331 2
27	2.883	0.346 8	47.084	0.021 2	16.329 6	0.061 2	10.664 0
28	2.999	0.333 5	49.968	0.020 0	16.663 1	0.060 0	10.990 9
29	3.119	0.320 7	52.966	0.018 9	16.983 7	0.058 9	11.312 1
30	3.243	0.308 3	56.085	0.017 8	17.292 0	0.057 8	11.627 4
31	3.373	0.296 5	59.328	0.016 9	17.588 5	0.056 9	11.937 1
32	3.508	0.285 1	62.701	0.016 0	17.873 6	0.056 0	12.241 1
33	3.648	0.274 1	66.210	0.015 1	18.147 7	0.055 1	12.539 6
34	3.794	0.263 6	69.858	0.014 3	18.411 2	0.054 3	12.832 5
35	3.946	0.253 4	73.652	0.013 6	18.664 6	0.053 6	13.119 9
40	4.801	0.208 3	95.026	0.010 5	19.792 8	0.050 5	14.476 5
45	5.841	0.171 2	121.029	0.008 3	20.720 0	0.048 3	15.704 7
50	7.107	0.140 7	152.667	0.006 6	21.482 2	0.046 6	16.812 3
55	8.646	0.115 7	191.159	0.005 2	22.108 6	0.045 2	17.807 0
60	10.520	0.095 1	237.991	0.004 2	22.623 5	0.044 2	18.697 2
65	12.799	0.078 1	294.968	0.003 4	23.046 7	0.043 4	19.490 9
70	15.572	0.064 2	364.290	0.002 8	23.394 5	0.042 8	20.196 1
75	18.945	0.052 8	448.631	0.002 2	23.680 4	0.042 2	20.820 6
80	23.050	0.043 4	551.245	0.001 8	23.915 4	0.041 8	21.371 9
85	28.044	0.035 7	676.090	0.001 5	24.108 5	0.041 5	21.856 9
90	34.119	0.029 3	817.983	0.001 2	24.267 3	0.041 2	22.282 6
95	41.511	0.024 1	1 012.785	0.001 0	24.397 8	0.041 0	22.655 0
100	50.505	0.019 8	1 237.624	0.000 8	24.505 0	0.040 8	22.980 0

附表9　5%普通（按年计）复利系数表

n	一次支付		等额支付数列				等差数列
	复利终值	复利现值	年金终值	偿债基金	年金现值	资金回收	
	已知 P 求 F	已知 F 求 P	已知 A 求 F	已知 F 求 A	已知 A 求 P	已知 P 求 A	已知 G 求 A
	$(1+i)^n$	$\frac{1}{(1+i)^n}$	$\frac{(1+i)^n-1}{i}$	$\frac{i}{(1+i)^n-1}$	$\frac{(1+i)^n-1}{i(1+i)^n}$	$\frac{i(1+i)^n}{(1+i)^n-1}$	
	F/P,i,n	P/F,i,n	F/A,i,n	A/F,i,n	P/A,i,n	A/P,i,n	A/G,i,n
1	1.050	0.952 4	1.000	1.000 0	0.952 4	1.050 0	0.000 0
2	1.103	0.907 0	2.050	0.487 8	1.859 4	0.537 8	0.487 8
3	1.158	0.863 8	3.153	0.317 2	2.723 3	0.367 2	0.967 5
4	1.216	0.822 7	4.310	0.232 0	3.546 0	0.282 0	1.439 1
5	1.276	0.783 5	5.526	0.181 0	4.329 5	0.231 0	1.902 5
6	1.340	0.746 2	6.802	0.147 0	5.075 7	0.197 0	2.357 9
7	1.407	0.710 7	8.142	0.122 8	5.786 4	0.172 8	2.805 2
8	1.477	0.676 8	9.549	0.104 7	6.463 2	0.154 7	3.244 5
9	1.551	0.644 6	11.027	0.090 7	7.107 8	0.140 7	3.675 8
10	1.629	0.613 9	12.587	0.079 5	7.721 7	0.129 5	4.099 1
11	1.710	0.584 7	14.207	0.070 4	8.306 4	0.120 4	4.514 5
12	1.796	0.556 8	15.917	0.062 8	8.863 3	0.112 8	4.921 9
13	1.886	0.530 3	17.713	0.056 5	9.393 6	0.106 5	5.321 5
14	1.980	0.505 1	19.599	0.051 0	9.898 7	0.101 0	5.713 3
15	2.079	0.481 0	21.579	0.046 4	10.379 7	0.096 4	6.097 3
16	2.183	0.458 1	23.658	0.042 3	10.837 8	0.092 3	6.473 6
17	2.292	0.436 3	25.840	0.038 7	11.274 1	0.088 7	6.842 3
18	2.407	0.415 5	28.132	0.035 6	11.689 6	0.085 6	7.203 4
19	2.527	0.395 7	30.539	0.032 8	12.085 3	0.082 8	7.556 9
20	2.653	0.376 9	33.066	0.030 3	12.462 2	0.080 3	7.903 0
21	2.786	0.359 0	35.719	0.028 0	12.821 2	0.078 0	8.241 6
22	2.925	0.341 9	38.505	0.026 0	13.163 0	0.076 0	8.573 0
23	3.072	0.325 6	41.430	0.024 1	13.488 6	0.074 1	8.897 1
24	3.225	0.310 1	44.502	0.022 5	13.798 7	0.072 5	9.214 0
25	3.386	0.295 3	47.727	0.021 0	14.094 0	0.071 0	9.523 8
26	3.556	0.281 3	51.113	0.019 6	14.375 2	0.069 6	9.826 6
27	3.733	0.267 9	54.669	0.018 3	14.643 0	0.068 3	10.122 4
28	3.920	0.255 1	58.403	0.017 1	14.898 1	0.067 1	10.411 4
29	4.116	0.243 0	62.323	0.016 1	15.141 1	0.066 1	10.693 6
30	4.322	0.231 4	66.439	0.015 1	15.372 5	0.065 1	10.969 1
31	4.538	0.220 4	70.761	0.014 1	15.592 8	0.064 1	11.238 1
32	4.765	0.209 9	75.299	0.013 3	15.802 7	0.063 3	11.500 5
33	5.003	0.199 9	80.064	0.012 5	16.002 6	0.062 5	11.756 6
34	5.253	0.190 4	85.067	0.011 8	16.192 9	0.061 8	12.006 3
35	5.516	0.181 3	90.320	0.011 1	16.374 2	0.061 1	12.249 8
40	7.040	0.142 1	120.800	0.008 3	17.150 1	0.058 3	13.377 5
45	8.985	0.111 3	159.700	0.006 3	17.774 1	0.056 3	14.364 4
50	11.467	0.087 2	209.348	0.004 8	18.255 9	0.054 8	15.223 3
55	14.636	0.068 3	272.713	0.003 7	18.633 5	0.053 7	15.966 5
60	18.679	0.053 5	353.584	0.002 8	18.929 3	0.052 8	11.606 2
65	23.840	0.042 0	456.798	0.002 2	19.161 1	0.052 2	17.154 1
70	30.426	0.032 9	588.529	0.001 7	19.342 7	0.051 7	17.621 2
75	38.833	0.025 8	756.654	0.001 3	19.485 0	0.051 3	18.017 6
80	49.561	0.020 2	971.229	0.001 0	19.596 5	0.051 0	18.352 6
85	63.254	0.015 8	1 245.087	0.000 8	19.683 8	0.050 8	18.634 6
90	80.730	0.012 4	1 594.607	0.000 6	19.752 3	0.050 6	18.871 2
95	103.035	0.009 7	2 040.694	0.000 5	19.805 9	0.050 5	19.068 9
100	131.501	0.007 6	2 610.025	0.000 4	19.847 9	0.050 4	19.233 7

附表 10　6%普通（按年计）复利系数表

n	一次支付		等额支付数列				等差数列
	复利终值	复利现值	年金终值	偿债基金	年金现值	资金回收	
	已知 P 求 F	已知 F 求 P	已知 A 求 F	已知 F 求 A	已知 A 求 P	已知 P 求 A	已知 G 求 A
	$(1+i)^n$	$\frac{1}{(1+i)^n}$	$\frac{(1+i)^n-1}{i}$	$\frac{i}{(1+i)^n-1}$	$\frac{(1+i)^n-1}{i(1+i)^n}$	$\frac{i(1+i)^n}{(1+i)^n-1}$	
	$F/P,i,n$	$P/F,i,n$	$F/A,i,n$	$A/F,i,n$	$P/A,i,n$	$A/P,i,n$	$A/G,i,n$
1	1.060	0.943 4	1.000	1.000 0	0.943 4	1.060 0	0.000 0
2	1.124	0.890 0	2.060	0.485 4	1.833 4	0.545 4	0.485 4
3	1.191	0.839 6	3.184	0.314 1	2.673 0	0.374 1	0.961 2
4	1.262	0.792 1	4.375	0.228 6	3.465 1	0.288 6	1.427 2
5	1.338	0.747 3	5.637	0.177 4	4.212 4	0.237 4	1.883 6
6	1.419	0.705 0	6.975	0.143 4	4.917 3	0.203 4	2.330 4
7	1.504	0.665 1	8.394	0.119 1	5.582 4	0.179 1	2.767 6
8	1.594	0.627 4	9.897	0.101 0	6.209 8	0.161 0	3.195 2
9	1.689	0.591 9	11.491	0.087 0	6.801 7	0.147 0	3.613 3
10	1.791	0.558 4	13.181	0.075 9	7.360 1	0.135 9	4.022 0
11	1.898	0.526 8	14.972	0.066 8	7.886 9	0.126 8	4.421 3
12	2.012	0.497 0	16.870	0.059 3	8.386 9	0.119 3	4.811 3
13	2.133	0.468 8	18.882	0.053 0	8.852 7	0.113 0	5.192 0
14	2.261	0.442 3	21.015	0.047 6	9.295 0	0.107 6	5.563 5
15	2.397	0.417 3	23.276	0.043 0	9.712 3	0.103 0	5.926 0
16	2.540	0.393 7	25.673	0.039 0	10.105 9	0.099 0	6.279 4
17	2.693	0.371 4	28.213	0.035 5	10.477 3	0.095 5	6.624 0
18	2.854	0.350 4	30.906	0.032 4	10.827 6	0.092 4	6.939 7
19	3.026	0.330 5	33.760	0.029 6	11.158 1	0.089 6	7.286 7
20	3.207	0.311 8	36.786	0.027 2	11.469 9	0.087 2	7.605 2
21	3.400	0.294 2	39.993	0.025 0	11.764 1	0.085 0	7.915 1
22	3.604	0.277 5	43.392	0.023 1	12.041 6	0.083 1	8.216 6
23	3.820	0.261 8	46.996	0.021 3	12.303 4	0.081 3	8.509 9
24	4.049	0.247 0	50.816	0.019 7	12.550 4	0.079 7	8.795 1
25	4.292	0.233 0	54.865	0.018 2	12.783 4	0.078 2	9.072 2
26	4.549	0.219 8	59.156	0.016 9	13.003 2	0.076 9	9.341 5
27	4.822	0.207 4	63.706	0.015 7	13.210 5	0.075 7	9.603 0
28	5.112	0.195 6	68.528	0.014 6	13.406 2	0.074 6	9.856 8
29	5.418	0.184 6	73.640	0.013 6	13.590 7	0.073 6	10.103 2
30	5.744	0.174 1	79.058	0.012 7	13.764 8	0.072 7	10.342 2
31	6.088	0.164 3	84.802	0.011 8	13.929 1	0.071 8	10.574 0
32	6.453	0.155 0	90.890	0.011 0	14.084 1	0.071 0	10.798 8
33	6.841	0.146 2	97.343	0.010 3	14.230 2	0.070 3	11.016 6
34	7.251	0.137 9	104.184	0.009 6	14.368 2	0.069 6	11.227 6
35	7.686	0.130 1	111.435	0.009 0	14.498 3	0.069 0	11.431 9
40	10.286	0.097 2	154.762	0.006 5	15.046 3	0.066 5	12.359 0
45	13.765	0.072 7	212.744	0.004 7	15.455 8	0.064 7	13.141 3
50	18.420	0.054 3	290.336	0.003 5	15.761 9	0.063 5	13.796 4
55	24.650	0.040 6	394.172	0.002 5	15.990 6	0.062 5	14.341 1
60	32.988	0.030 3	533.128	0.001 9	16.161 4	0.061 9	14.791 0
65	44.145	0.022 7	719.083	0.001 4	16.289 1	0.061 4	15.160 1
70	59.076	0.016 9	967.932	0.001 0	16.384 6	0.061 0	15.461 4
75	79.057	0.012 7	1 300.949	0.000 8	16.455 9	0.060 8	15.705 8
80	105.796	0.009 5	1 746.600	0.000 6	16.509 1	0.060 6	15.903 3
85	141.579	0.007 1	2 342.982	0.000 4	16.549 0	0.060 4	16.062 0
90	189.465	0.005 3	3 141.075	0.000 3	16.578 7	0.060 3	16.189 1
95	253.546	0.004 0	4 209.104	0.000 2	16.600 9	0.060 2	16.290 5
100	339.302	0.003 0	5 638.368	0.000 2	16.617 6	0.060 2	16.371 1

附表 11　7%普通（按年计）复利系数表

n	一次支付		等额支付数列				等差数列
	复利终值	复利现值	年金终值	偿债基金	年金现值	资金回收	
	已知 P 求 F	已知 F 求 P	已知 A 求 F	已知 F 求 A	已知 A 求 P	已知 P 求 A	已知 G 求 A
	$(1+i)^n$	$\frac{1}{(1+i)^n}$	$\frac{(1+i)^n-1}{i}$	$\frac{i}{(1+i)^n-1}$	$\frac{(1+i)^n-1}{i(1+i)^n}$	$\frac{i(1+i)^n}{(1+i)^n-1}$	
	$F/P,i,n$	$P/F,i,n$	$F/A,i,n$	$A/F,i,n$	$P/A,i,n$	$A/P,i,n$	$A/G,i,n$
1	1.070	0.931 6	1.000	1.000 0	0.934 6	1.070 0	0.000 0
2	1.145	0.873 4	2.070	0.483 1	1.808 0	0.553 1	0.483 1
3	1.225	0.816 3	3.215	0.311 1	2.624 3	0.381 1	0.954 9
4	1.311	0.762 9	4.440	0.225 2	2.387 2	0.295 2	1.415 5
5	1.403	0.713 0	5.751	0.173 9	4.100 2	0.243 9	1.865 0
6	1.501	0.666 4	7.153	0.139 8	4.766 5	0.209 8	2.303 2
7	1.606	0.622 8	8.654	0.115 6	5.389 3	0.185 6	2.730 4
8	1.718	0.582 0	10.260	0.097 5	5.971 3	0.167 5	3.146 6
9	1.838	0.543 9	11.978	0.083 5	6.515 2	0.153 5	3.551 7
10	1.967	0.508 4	13.816	0.072 4	7.023 6	0.142 4	3.946 1
11	2.105	0.475 1	15.784	0.063 4	7.498 7	0.133 4	4.329 6
12	2.252	0.444 0	17.888	0.055 9	7.942 7	0.125 9	4.702 5
13	2.410	0.415 0	20.141	0.049 7	8.357 7	0.119 7	5.064 9
14	2.579	0.387 8	22.550	0.044 4	8.745 5	0.114 4	5.416 7
15	2.759	0.362 5	25.129	0.039 8	9.107 9	0.109 8	5.758 3
16	2.952	0.338 7	27.888	0.035 9	9.446 7	0.105 9	6.089 7
17	3.159	0.316 6	30.840	0.032 4	9.763 2	0.102 4	6.411 0
18	3.380	0.295 9	33.999	0.029 4	10.059 1	0.099 4	6.722 5
19	3.617	0.276 5	37.379	0.026 8	10.335 6	0.096 8	7.024 2
20	3.870	0.258 4	40.996	0.024 4	10.594 0	0.094 4	7.316 3
21	4.141	0.241 5	44.865	0.022 3	10.835 5	0.092 3	7.599 0
22	4.430	0.225 7	49.006	0.020 4	11.061 3	0.090 4	7.872 5
23	4.741	0.211 0	53.436	0.018 7	11.272 2	0.088 7	8.136 9
24	5.072	0.197 2	58.177	0.017 2	11.469 3	0.087 2	8.392 3
25	5.427	0.184 3	63.249	0.015 8	11.653 6	0.085 8	8.639 1
26	5.807	0.172 2	68.676	0.014 6	11.825 8	0.084 6	8.877 3
27	6.214	0.160 9	74.484	0.013 4	11.986 7	0.083 4	9.107 2
28	6.649	0.150 4	80.698	0.012 4	12.137 1	0.082 4	9.329 0
29	7.114	0.140 6	87.347	0.011 5	12.277 7	0.081 5	9.542 7
30	7.612	0.131 4	94.461	0.010 6	12.409 1	0.080 6	9.748 7
31	8.145	0.122 8	102.073	0.009 8	12.531 8	0.079 8	9.947 1
32	8.715	0.114 8	110.218	0.009 1	12.646 6	0.079 1	10.138 1
33	9.325	0.107 2	118.933	0.008 4	12.753 8	0.078 4	10.321 9
34	9.978	0.100 2	128.259	0.007 8	12.854 0	0.077 8	10.498 7
35	10.677	0.093 7	138.237	0.007 2	12.947 7	0.077 2	10.668 7
40	14.974	0.066 8	199.635	0.005 0	13.331 7	0.075 0	11.423 4
45	21.002	0.047 6	285.749	0.003 5	13.605 5	0.073 5	12.036 0
50	29.457	0.034 0	406.529	0.002 5	13.800 8	0.072 5	12.528 7
55	41.315	0.024 2	575.929	0.001 7	13.939 9	0.071 7	12.921 5
60	57.946	0.017 3	813.502	0.001 2	14.039 2	0.071 2	13.232 1
65	81.273	0.012 3	1 146.755	0.000 9	14.109 9	0.070 9	13.476 0
70	113.989	0.008 8	1 614.134	0.000 6	14.160 4	0.070 6	13.666 2
75	159.876	0.006 3	2 269.657	0.000 5	14.196 4	0.070 5	13.813 7
80	224.234	0.004 5	3 189.063	0.000 3	14.222 0	0.070 3	13.927 4
85	314.500	0.003 2	4 478.576	0.000 2	14.240 3	0.070 2	14.014 6
90	441.103	0.002 3	6 287.185	0.000 2	14.253 3	0.070 2	14.081 2
95	618.670	0.001 6	8 823.854	0.000 1	14.262 6	0.070 1	14.131 9
100	867.716	0.001 2	12 381.662	0.000 1	14.269 3	0.070 1	14.170 3

附表 12　8%普通（按年计）复利系数表

n	一次支付		等额支付数列				等差数列
	复利终值	复利现值	年金终值	偿债基金	年金现值	资金回收	
	已知 P 求 F	已知 F 求 P	已知 A 求 F	已知 F 求 A	已知 A 求 P	已知 P 求 A	已知 G 求 A
	$(1+i)^n$	$\frac{1}{(1+i)^n}$	$\frac{(1+i)^n-1}{i}$	$\frac{i}{(1+i)^n-1}$	$\frac{(1+i)^n-1}{i(1+i)^n}$	$\frac{i(1+i)^n}{(1+i)^n-1}$	
	$F/P,i,n$	$P/F,i,n$	$F/A,i,n$	$A/F,i,n$	$P/A,i,n$	$A/P,i,n$	$A/G,i,n$
1	1.080	0.925 9	1.000	1.000 0	0.925 9	1.080 0	0.000 0
2	1.166	0.857 3	2.080	0.480 8	1.783 3	0.560 8	0.480 8
3	1.260	0.793 8	3.246	0.308 0	2.577 1	0.388 0	0.948 8
4	1.360	0.735 0	4.506	0.221 9	3.312 1	0.301 9	1.404 0
5	1.469	0.680 6	5.867	0.170 5	3.992 7	0.250 5	1.846 5
6	1.587	0.630 2	7.336	0.136 3	4.622 9	0.216 3	2.276 4
7	1.714	0.583 5	8.923	0.112 1	5.206 4	0.192 1	2.693 7
8	1.851	0.540 3	10.637	0.094 0	5.746 6	0.174 0	3.098 5
9	1.999	0.500 3	12.488	0.080 1	6.246 9	0.160 1	3.491 0
10	2.159	0.463 2	14.487	0.069 0	6.710 1	0.149 0	3.871 3
11	2.332	0.428 9	16.645	0.060 1	7.139 0	0.140 1	4.239 5
12	2.518	0.397 1	18.977	0.052 7	7.536 1	0.132 7	4.595 8
13	2.720	0.367 7	21.495	0.046 5	7.903 8	0.126 5	4.940 2
14	2.937	0.340 5	24.215	0.041 3	8.244 2	0.121 3	5.273 1
15	3.172	0.315 3	27.152	0.036 8	8.559 5	0.116 8	5.594 5
16	3.426	0.291 9	30.324	0.033 0	8.851 4	0.113 0	5.904 6
17	3.700	0.270 3	33.750	0.029 6	9.121 6	0.109 6	6.203 8
18	3.996	0.250 3	37.450	0.026 7	9.371 9	0.106 7	6.492 0
19	4.316	0.231 7	41.446	0.024 1	9.603 6	0.104 1	6.769 7
20	4.661	0.214 6	45.762	0.021 9	9.818 2	0.101 9	7.037 0
21	5.034	0.198 7	50.423	0.019 8	10.016 8	0.099 8	7.294 0
22	5.437	0.184 0	55.457	0.018 0	10.200 8	0.098 0	7.541 2
23	5.871	0.170 3	60.893	0.016 4	10.371 1	0.096 4	7.778 6
24	6.344	0.157 7	66.765	0.015 0	10.528 8	0.095 0	8.006 6
25	6.848	0.146 0	73.106	0.013 7	10.674 8	0.093 7	8.225 4
26	7.396	0.132 5	79.954	0.012 5	10.810 0	0.092 5	8.435 2
27	7.988	0.125 2	87.351	0.011 5	10.985 2	0.091 5	8.636 3
28	8.627	0.115 9	95.339	0.010 5	11.051 1	0.090 5	8.828 9
29	9.317	0.107 3	103.966	0.009 6	11.158 4	0.089 6	9.013 3
30	10.063	0.099 4	113.283	0.008 8	11.257 8	0.088 8	9.189 7
31	10.868	0.092 0	123.346	0.008 1	11.349 8	0.088 1	9.358 4
32	11.737	0.085 2	134.214	0.007 5	11.435 0	0.087 5	9.519 7
33	12.676	0.078 9	145.951	0.006 9	11.513 9	0.086 9	9.673 7
34	13.690	0.073 1	158.627	0.006 3	11.586 9	0.086 3	9.820 8
35	14.785	0.067 6	172.317	0.005 8	11.654 6	0.085 8	9.961 1
40	21.725	0.046 0	259.057	0.003 9	11.924 6	0.083 9	10.569 9
45	31.920	0.031 3	386.506	0.002 6	12.108 4	0.082 6	11.044 7
50	46.902	0.021 3	573.770	0.001 8	12.233 5	0.081 8	11.410 7
55	68.914	0.014 5	848.923	0.001 2	12.318 6	0.081 2	11.690 2
60	101.257	0.009 9	1 253.213	0.000 8	12.376 6	0.080 8	11.901 5
65	148.780	0.006 7	1 847.248	0.000 6	12.416 0	0.080 6	12.060 2
70	218.606	0.004 6	2 720.080	0.000 4	12.442 8	0.080 4	12.178 3
75	321.205	0.003 1	4 002.557	0.000 3	12.461 1	0.080 3	12.265 8
80	471.955	0.002 1	5 886.935	0.000 2	12.473 5	0.080 2	12.330 1
85	693.456	0.001 5	8 655.706	0.000 1	12.482 0	0.080 1	12.377 3
90	1 018.915	0.001 0	12 723.939	0.000 1	12.487 7	0.080 1	12.411 6
95	1 497.121	0.000 7	18 701.507	0.000 1	12.491 7	0.080 1	12.436 5
100	2 199.761	0.000 5	27 484.516	0.000 1	12.494 3	0.080 0	12.454 5

附表 13　9%普通（按年计）复利系数表

n	一次支付		等额支付数列				等差数列
	复利终值	复利现值	年金终值	偿债基金	年金现值	资金回收	
	已知 P 求 F	已知 F 求 P	已知 A 求 F	已知 F 求 A	已知 A 求 P	已知 P 求 A	已知 G 求 A
	$(1+i)^n$	$\frac{1}{(1+i)^n}$	$\frac{(1+i)^n-1}{i}$	$\frac{i}{(1+i)^n-1}$	$\frac{(1+i)^n-1}{i(1+i)^n}$	$\frac{i(1+i)^n}{(1+i)^n-1}$	
	$F/P,i,n$	$P/F,i,n$	$F/A,i,n$	$A/F,i,n$	$P/A,i,n$	$A/P,i,n$	$A/G,i,n$
1	1.090	0.917 4	1.000	1.000 0	0.917 4	1.090 0	0.000 0
2	1.188	0.841 7	2.090	0.478 5	1.759 1	0.568 5	0.478 5
3	1.295	0.772 2	3.278	0.305 1	2.531 3	0.395 1	0.942 6
4	1.412	0.708 4	4.573	0.218 7	3.239 7	0.308 7	1.392 5
5	1.539	0.649 9	5.985	0.167 1	3.889 7	0.257 1	1.828 2
6	1.677	0.596 3	7.523	0.132 9	4.485 9	0.229 9	2.249 8
7	1.828	0.547 0	9.200	0.108 7	5.033 0	0.198 7	2.657 4
8	1.993	0.501 9	11.028	0.090 7	5.534 8	0.180 7	3.051 2
9	2.172	0.460 4	13.021	0.076 8	5.995 3	0.166 8	3.431 2
10	2.367	0.422 4	15.193	0.065 8	6.417 7	0.155 8	3.797 8
11	2.580	0.387 5	17.560	0.057 0	6.805 2	0.147 0	4.151 0
12	2.813	0.355 5	20.141	0.049 7	7.160 7	0.139 7	4.491 0
13	3.066	0.326 2	22.953	0.043 6	7.486 9	0.133 6	4.818 2
14	3.342	0.299 3	26.019	0.038 4	7.786 2	0.128 4	5.132 6
15	3.642	0.274 5	29.361	0.034 1	8.060 7	0.124 1	5.434 6
16	3.970	0.251 9	33.003	0.030 3	8.312 6	0.120 3	5.724 5
17	4.328	0.231 1	36.974	0.027 1	8.543 6	0.117 1	6.002 4
18	4.717	0.212 0	41.301	0.024 2	8.755 6	0.114 2	6.268 7
19	5.142	0.194 5	46.018	0.021 7	8.950 1	0.111 7	6.523 6
20	5.604	0.178 4	51.160	0.019 6	9.128 6	0.109 6	6.767 5
21	6.109	0.163 7	56.765	0.017 6	9.292 3	0.107 6	7.000 6
22	7.659	0.150 2	62.873	0.015 9	9.442 4	0.105 9	7.223 2
23	7.258	0.137 8	69.532	0.014 4	9.580 2	0.104 4	7.435 8
24	7.911	0.126 4	76.790	0.013 0	9.706 6	0.103 0	7.638 4
25	8.623	0.116 0	84.701	0.011 8	9.822 6	0.101 8	7.831 6
26	9.399	0.106 4	93.324	0.010 7	9.929 0	0.100 7	8.015 6
27	10.245	0.097 6	102.723	0.009 7	10.026 6	0.099 7	8.190 6
28	11.167	0.089 6	112.968	0.008 9	10.116 1	0.098 9	8.357 2
29	12.172	0.082 2	124.135	0.008 1	10.198 3	0.098 1	8.515 4
30	13.268	0.075 4	136.308	0.007 3	10.273 7	0.097 3	8.665 7
31	14.462	0.069 2	149.575	0.006 7	10.342 8	0.076 7	8.808 3
32	15.763	0.063 4	164.037	0.006 1	10.406 3	0.096 1	8.943 6
33	17.182	0.058 2	179.800	0.005 6	10.464 5	0.095 6	9.071 8
34	18.728	0.053 4	196.982	0.005 1	10.517 8	0.095 1	9.193 3
35	20.414	0.049 0	215.711	0.004 6	10.566 8	0.094 6	9.308 3
40	31.409	0.031 8	337.882	0.003 0	10.757 4	0.093 0	9.795 7
45	48.327	0.020 7	525.859	0.001 9	10.881 2	0.091 9	10.160 3
50	74.358	0.013 5	815.084	0.001 2	10.961 7	0.091 2	10.429 5
55	114.408	0.008 8	1 260.092	0.000 8	11.014 0	0.090 8	10.626 1
60	176.031	0.005 7	1 944.792	0.000 5	11.048 0	0.090 5	10.768 3
65	270.846	0.003 7	2 998.288	0.000 3	11.070 1	0.090 3	10.870 2
70	416.730	0.002 4	4 619.223	0.000 2	11.084 5	0.090 2	10.942 7
75	641.191	0.001 6	7 113.232	0.000 2	11.093 8	0.090 2	10.994 0
80	986.552	0.001 0	10 950.574	0.000 1	11.099 9	0.090 1	11.029 9
85	1 517.932	0.000 7	16 854.800	0.000 1	11.103 8	0.090 1	11.055 1
90	2 335.527	0.000 4	25 939.184	0.000 1	11.106 4	0.090 0	11.072 6
95	3 593.497	0.000 3	29 916.635	0.000 0	11.108 0	0.090 0	11.084 7
100	5 529.041	0.000 2	61 422.675	0.000 0	11.109 1	0.090 0	11.093 0

附表 14　10%普通（按年计）复利系数表

n	一次支付		等额支付数列				等差数列
	复利终值	复利现值	年金终值	偿债基金	年金现值	资金回收	
	已知 P 求 F	已知 F 求 P	已知 A 求 F	已知 F 求 A	已知 A 求 P	已知 P 求 A	已知 G 求 A
	$(1+i)^n$	$\frac{1}{(1+i)^n}$	$\frac{(1+i)^n-1}{i}$	$\frac{i}{(1+i)^n-1}$	$\frac{(1+i)^n-1}{i(1+i)^n}$	$\frac{i(1+i)^n}{(1+i)^n-1}$	
	$F/P,i,n$	$P/F,i,n$	$F/A,i,n$	$A/F,i,n$	$P/A,i,n$	$A/P,i,n$	$A/G,i,n$
1	1.100	0.909 1	1.000	1.000 0	0.909 1	1.100 0	0.000 0
2	1.210	0.826 5	2.100	0.476 2	1.735 5	0.576 2	0.476 2
3	1.331	0.751 3	3.310	0.302 1	2.486 9	0.402 1	0.936 6
4	1.464	0.683 0	4.641	0.215 5	3.169 9	0.315 5	1.381 2
5	1.611	0.620 9	6.105	0.163 8	3.790 8	0.263 8	1.810 1
6	1.772	0.564 5	7.716	0.129 6	4.355 3	0.229 6	2.223 6
7	1.949	0.513 2	9.487	0.105 4	4.868 4	0.205 4	2.621 6
8	2.144	0.466 5	11.436	0.087 5	5.334 9	0.187 5	3.004 5
9	2.358	0.424 1	13.579	0.073 7	5.759 0	0.173 7	3.372 4
10	2.594	0.385 6	15.937	0.062 8	6.144 6	0.162 8	3.725 5
11	2.853	0.350 5	18.531	0.054 0	6.495 1	0.154 0	4.064 1
12	3.138	0.318 6	21.384	0.046 8	6.813 7	0.146 8	4.388 4
13	3.452	0.289 7	24.523	0.040 8	7.103 4	0.140 8	4.698 8
14	3.798	0.263 3	27.975	0.035 8	7.366 7	0.135 8	4.995 5
15	4.177	0.239 4	31.772	0.031 5	7.606 1	0.131 5	5.278 9
16	4.595	0.217 6	35.950	0.027 8	7.823 7	0.127 8	5.549 3
17	5.054	0.197 9	40.545	0.024 7	8.021 6	0.124 7	5.807 1
18	5.560	0.179 9	45.599	0.021 9	8.201 4	0.121 9	6.052 6
19	6.116	0.163 5	51.159	0.019 6	8.364 9	0.119 6	6.286 1
20	6.728	0.148 7	57.275	0.017 5	8.513 6	0.117 5	6.508 1
21	7.400	0.135 1	64.003	0.015 6	8.648 7	0.115 6	6.718 9
22	8.140	0.122 9	71.403	0.014 0	8.771 6	0.111 0	6.918 9
23	8.954	0.111 7	79.543	0.012 6	8.883 2	0.112 6	7.108 5
24	9.850	0.101 5	88.497	0.011 3	8.984 8	0.111 3	7.288 1
25	10.835	0.092 3	98.347	0.010 2	9.077 1	0.110 2	7.458 0
26	11.918	0.083 9	109.182	0.009 2	9.161 0	0.109 2	7.618 7
27	13.110	0.076 3	121.100	0.008 3	9.237 2	0.108 3	7.770 4
28	14.421	0.069 4	134.210	0.007 5	9.306 6	0.107 5	7.913 7
29	15.863	0.063 0	148.631	0.006 7	9.369 6	0.106 7	8.048 9
30	17.449	0.057 3	164.494	0.006 1	9.426 9	0.106 1	8.176 2
31	19.194	0.052 1	181.943	0.005 5	9.479 0	0.105 5	8.296 2
32	21.114	0.047 4	201.138	0.005 0	9.526 4	0.105 0	8.409 1
33	23.225	0.043 1	222.252	0.004 5	9.569 4	0.104 5	8.515 2
34	25.548	0.039 2	245.477	0.004 1	9.608 6	0.104 1	8.614 9
35	28.102	0.035 6	271.024	0.003 7	9.644 2	0.103 7	8.708 6
40	45.259	0.022 1	442.593	0.002 3	9.779 1	0.102 3	9.096 2
45	72.890	0.013 7	718.905	0.001 4	9.862 8	0.101 4	9.374 1
50	117.391	0.008 5	1 163.909	0.000 9	9.914 8	0.100 9	9.570 4
55	189.059	0.005 3	1 880.591	0.000 5	9.947 1	0.100 5	9.707 5
60	304.482	0.003 3	3 034.816	0.000 3	9.967 2	0.100 3	9.802 3
65	490.371	0.002 0	4 893.707	0.000 2	9.979 6	0.100 2	9.867 2
70	789.747	0.001 3	7 887.470	0.000 1	9.987 3	0.100 1	9.911 3
75	1 271.895	0.000 8	12 708.954	0.000 1	9.992 1	0.100 1	9.941 0
80	2 048.400	0.000 5	20 474.002	0.000 1	9.995 1	0.100 1	9.960 9
85	3 298.969	0.000 3	32 979.690	0.000 0	9.997 0	0.100 0	9.974 2
90	5 313.023	0.000 2	53 120.226	0.000 0	9.998 1	0.100 0	9.983 1
95	8 556.676	0.000 1	85 556.760	0.000 0	9.998 8	0.100 0	9.988 9
100	13 780.612	0.000 1	137 796.123	0.000 0	9.999 3	0.100 0	9.992 8

附表15　12%普通（按年计）复利系数表

n	一次支付		等额支付数列				等差数列
	复利终值	复利现值	年金终值	偿债基金	年金现值	资金回收	
	已知P求F	已知F求P	已知A求F	已知F求A	已知A求P	已知P求A	已知G求A
	$(1+i)^n$	$\frac{1}{(1+i)^n}$	$\frac{(1+i)^n-1}{i}$	$\frac{i}{(1+i)^n-1}$	$\frac{(1+i)^n-1}{i(1+i)^n}$	$\frac{i(1+i)^n}{(1+i)^n-1}$	
	F/P,i,n	P/F,i,n	F/A,i,n	A/F,i,n	P/A,i,n	A/P,i,n	A/G,i,n
1	1.120	0.892 9	1.000	1.000 0	0.892 9	1.120 0	0.000 0
2	1.254	0.797 2	2.120	0.471 7	1.690 1	0.591 7	0.471 7
3	1.405	0.711 8	3.374	0.296 4	2.401 8	0.416 4	0.924 6
4	1.574	0.635 5	4.779	0.209 2	3.037 4	0.329 2	1.358 9
5	1.762	0.567 4	6.353	0.157 4	3.604 8	0.277 4	1.774 6
6	1.974	0.506 6	8.115	0.123 2	4.111 4	0.243 2	2.172 1
7	2.211	0.452 4	10.089	0.099 1	4.563 8	0.219 1	2.551 5
8	2.476	0.403 9	12.300	0.081 3	4.967 6	0.201 3	2.913 2
9	2.773	0.360 6	14.776	0.067 7	5.328 3	0.187 7	3.257 4
10	3.106	0.322 0	17.549	0.057 0	5.650 2	0.177 0	3.554 7
11	3.479	0.287 5	20.655	0.048 4	5.937 7	0.168 4	3.895 3
12	3.896	0.256 7	24.133	0.041 4	6.194 4	0.161 4	4.189 7
13	4.364	0.229 2	28.029	0.035 7	6.423 6	0.155 7	4.468 3
14	4.887	0.204 6	32.393	0.030 9	6.628 2	0.150 9	4.731 7
15	5.474	0.182 7	37.280	0.026 8	6.810 9	0.146 8	4.980 3
16	6.130	0.163 1	42.753	0.023 4	6.974 0	0.143 4	5.214 7
17	6.866	0.145 7	48.884	0.020 5	7.119 6	0.140 5	5.435 3
18	7.690	0.130 0	55.750	0.017 9	7.249 7	0.137 9	5.642 7
19	8.613	0.116 1	63.440	0.015 8	7.365 8	0.135 8	5.837 5
20	9.646	0.103 7	72.052	0.013 9	7.469 5	0.133 9	6.020 2
21	10.804	0.092 6	81.699	0.012 3	7.562 0	0.132 3	6.191 3
22	12.100	0.082 7	92.503	0.010 8	7.644 7	0.130 8	6.351 4
23	13.552	0.073 8	104.603	0.009 6	7.718 4	0.129 6	6.501 0
24	15.179	0.065 9	118.155	0.008 5	7.784 3	0.128 5	6.640 7
25	17.000	0.058 8	133.334	0.007 5	7.843 1	0.127 5	6.770 8
26	19.040	0.052 5	150.334	0.006 7	7.895 7	0.126 7	6.892 1
27	21.325	0.046 9	169.374	0.005 9	7.942 6	0.125 9	7.004 9
28	23.884	0.041 9	190.699	0.005 3	7.984 4	0.125 3	7.109 8
29	26.750	0.037 4	214.583	0.004 7	8.021 8	0.124 7	7.207 1
30	29.960	0.033 4	241.333	0.004 2	8.055 2	0.124 2	7.294 7
31	33.555	0.029 8	271.293	0.003 7	8.085 0	0.123 7	7.381 1
32	37.582	0.026 6	304.848	0.003 3	8.111 6	0.123 3	7.458 6
33	42.092	0.023 8	342.429	0.002 9	8.135 4	0.122 9	7.530 3
34	47.143	0.021 2	384.521	0.002 6	8.156 6	0.122 6	7.596 5
35	52.800	0.018 9	431.664	0.002 3	8.175 5	0.122 3	7.657 7
40	93.051	0.010 8	767.091	0.001 3	8.243 8	0.121 3	7.898 8
45	163.988	0.006 1	1 358.230	0.000 7	8.282 5	0.120 7	8.057 2
50	289.002	0.003 5	2 400.018	0.000 4	8.304 5	0.120 4	8.159 7

附表 16 15%普通（按年计）复利系数表

n	一次支付		等额支付数列				等差数列
	复利终值	复利现值	年金终值	偿债基金	年金现值	资金回收	
	已知 P 求 F	已知 F 求 P	已知 A 求 F	已知 F 求 A	已知 A 求 P	已知 P 求 A	已知 G 求 A
	$(1+i)^n$	$\frac{1}{(1+i)^n}$	$\frac{(1+i)^n-1}{i}$	$\frac{i}{(1+i)^n-1}$	$\frac{(1+i)^n-1}{i(1+i)^n}$	$\frac{i(1+i)^n}{(1+i)^n-1}$	
	F/P,i,n	P/F,i,n	F/A,i,n	A/F,i,n	P/A,i,n	A/P,i,n	A/G,i,n
1	1.150	0.869 6	1.000	1.000 0	0.869 6	1.150 0	0.000 0
2	1.323	0.756 2	2.150	0.465 1	1.625 7	0.615 1	0.465 1
3	1.521	0.657 5	3.473	0.288 0	2.283 2	0.438 0	0.907 1
4	1.749	0.571 8	4.993	0.200 3	2.855 0	0.350 3	1.326 3
5	2.011	0.497 2	6.742	0.148 3	3.352 2	0.298 3	1.722 8
6	2.313	0.432 3	8.754	0.114 2	3.784 5	0.264 2	2.097 2
7	2.660	0.375 9	11.067	0.090 4	4.160 4	0.240 4	2.449 9
8	3.059	0.326 9	13.727	0.072 9	4.487 3	0.222 9	2.781 3
9	3.518	0.284 3	16.786	0.059 6	4.771 6	0.209 6	3.092 2
10	4.046	0.247 2	20.304	0.049 3	5.018 8	0.199 3	3.383 2
11	4.652	0.215 0	24.349	0.041 1	5.233 7	0.191 1	3.655 0
12	5.350	0.186 9	29.002	0.034 5	5.420 6	0.184 5	3.908 2
13	6.153	0.162 5	34.352	0.029 1	5.583 2	0.179 1	4.143 8
14	7.076	0.141 3	40.505	0.024 7	5.724 5	0.174 7	4.362 4
15	8.137	0.122 9	47.580	0.021 0	5.847 4	0.171 0	4.565 0
16	9.358	0.106 9	55.717	0.018 0	5.954 2	0.168 0	4.752 3
17	10.761	0.092 9	65.075	0.015 4	6.047 2	0.165 4	4.925 1
18	12.375	0.080 8	75.836	0.013 2	6.128 0	0.163 2	5.084 3
19	14.232	0.070 3	88.212	0.011 3	6.198 2	0.161 3	5.230 7
20	16.367	0.061 1	102.444	0.009 8	6.259 3	0.159 8	5.365 1
21	18.822	0.053 1	118.810	0.008 4	6.312 5	0.158 4	5.488 3
22	21.645	0.046 2	137.632	0.007 3	6.358 7	0.157 3	5.601 0
23	24.891	0.040 2	159.276	0.006 3	6.398 8	0.156 3	5.704 0
24	28.625	0.034 9	184.168	0.005 4	6.433 8	0.155 4	5.797 9
25	32.919	0.030 4	212.793	0.004 7	6.464 2	0.154 7	5.883 4
26	37.857	0.026 4	245.712	0.004 1	6.490 6	0.154 1	5.961 2
27	43.535	0.023 0	283.569	0.003 5	6.513 5	0.153 5	6.031 9
28	50.066	0.020 0	327.104	0.003 1	6.533 5	0.153 1	6.096 0
29	57.575	0.017 4	377.170	0.002 7	6.550 9	0.152 7	6.154 1
30	66.212	0.015 1	434.745	0.002 3	6.566 0	0.152 3	6.206 6
31	76.144	0.013 1	500.957	0.002 0	6.579 1	0.152 0	6.254 1
32	87.565	0.011 4	577.100	0.001 7	6.590 5	0.151 7	6.297 0
33	100.700	0.009 9	664.666	0.001 5	6.600 5	0.151 5	6.335 7
34	115.805	0.008 6	765.365	0.001 3	6.609 1	0.151 3	6.370 5
35	133.176	0.007 5	881.170	0.001 1	6.616 6	0.151 1	6.401 9
40	267.864	0.003 7	1 779.090	0.000 6	6.641 8	0.150 6	6.516 8
45	538.769	0.001 9	3 585.128	0.000 3	6.654 3	0.150 3	6.583 0
50	1 083.657	0.000 9	7 217.716	0.000 2	6.660 5	0.150 1	6.620 5

附表 17　20%普通（按年计）复利系数表

n	一次支付		等额支付数列				等差数列
	复利终值	复利现值	年金终值	偿债基金	年金现值	资金回收	
	已知 P 求 F	已知 F 求 P	已知 A 求 F	已知 F 求 A	已知 A 求 P	已知 P 求 A	已知 G 求 A
	$(1+i)^n$	$\frac{1}{(1+i)^n}$	$\frac{(1+i)^n-1}{i}$	$\frac{i}{(1+i)^n-1}$	$\frac{(1+i)^n-1}{i(1+i)^n}$	$\frac{i(1+i)^n}{(1+i)^n-1}$	
	$F/P,i,n$	$P/F,i,n$	$F/A,i,n$	$A/F,i,n$	$P/A,i,n$	$A/P,i,n$	$A/G,i,n$
1	1.200	0.833 3	1.000	1.000 0	0.833 3	1.200 0	0.000 0
2	1.440	0.694 5	2.200	0.454 6	1.527 8	0.654 6	0.454 6
3	1.728	0.578 7	3.640	0.274 7	2.106 5	0.474 7	0.879 1
4	2.074	0.482 3	5.368	0.186 3	2.588 7	0.386 3	1.274 2
5	2.488	0.401 9	7.442	0.134 4	2.990 6	0.334 4	1.640 5
6	2.986	0.334 9	9.930	0.100 7	3.325 5	0.300 7	1.978 8
7	3.583	0.279 1	12.916	0.077 4	3.604 6	0.277 4	2.290 2
8	4.300	0.232 6	16.499	0.060 6	3.837 2	0.260 6	2.575 6
9	5.160	0.193 8	20.799	0.048 1	4.031 0	0.248 1	2.836 4
10	6.192	0.161 5	25.959	0.038 5	4.192 5	0.238 5	3.073 9
11	7.430	0.134 6	32.150	0.031 1	4.327 1	0.231 1	3.289 3
12	8.916	0.112 2	39.581	0.025 3	4.439 2	0.225 3	3.484 1
13	10.699	0.093 5	48.497	0.020 6	4.532 7	0.220 6	3.659 7
14	12.839	0.077 9	59.196	0.016 9	4.610 6	0.216 9	3.817 5
15	15.407	0.064 9	72.035	0.013 9	4.675 5	0.213 9	4.958 9
16	18.488	0.054 1	87.442	0.011 4	4.729 6	0.211 4	4.085 1
17	22.186	0.045 1	105.931	0.009 5	4.774 6	0.209 5	4.197 6
18	26.623	0.037 6	128.117	0.007 8	4.812 2	0.207 8	4.297 5
19	31.948	0.031 3	154.740	0.006 5	4.843 5	0.206 5	4.386 1
20	38.338	0.026 1	186.688	0.005 4	4.869 6	0.205 4	4.464 4
21	46.005	0.021 7	225.026	0.004 5	4.891 3	0.204 5	4.533 4
22	55.206	0.018 1	271.031	0.003 7	4.909 4	0.203 7	4.594 2
23	66.247	0.015 1	326.237	0.003 1	4.924 5	0.203 1	4.647 5
24	79.497	0.012 6	392.484	0.002 6	4.937 1	0.202 6	4.694 3
25	95.396	0.010 5	471.981	0.002 1	4.947 6	0.202 1	4.735 2
26	114.475	0.008 7	567.377	0.001 8	4.956 3	0.201 8	4.770 9
27	137.371	0.007 3	681.853	0.001 5	4.963 6	0.201 5	4.802 0
28	164.845	0.006 1	819.223	0.001 2	4.969 7	0.201 2	4.829 1
29	197.814	0.005 1	984.068	0.001 0	4.974 7	0.201 0	4.852 7
30	237.376	0.004 2	1 181.882	0.000 9	4.978 9	0.200 9	4.873 1
31	284.852	0.003 5	1 419.258	0.000 7	4.982 5	0.200 7	4.890 8
32	341.822	0.002 9	1 704.109	0.000 6	4.985 4	0.200 6	4.906 1
33	410.186	0.002 4	2 045.931	0.000 5	4.987 8	0.200 5	4.919 4
34	492.240	0.002 0	2 456.118	0.000 4	4.989 9	0.200 4	4.930 8
35	590.668	0.001 7	2 948.341	0.000 3	4.991 5	0.200 3	4.940 7
40	1 469.772	0.000 7	7 343.858	0.000 2	4.996 6	0.200 1	4.972 8
45	3 657.262	0.000 3	18 281.310	0.000 1	4.998 6	0.200 1	4.987 7
50	9 100.438	0.000 1	45 497.191	0.000 0	4.999 5	0.200 0	4.994 5

附表 18 25%普通（按年计）复利系数表

n	一次支付		等额支付数列				等差数列
	复利终值	复利现值	年金终值	偿债基金	年金现值	资金回收	
	已知 P 求 F	已知 F 求 P	已知 A 求 F	已知 F 求 A	已知 A 求 P	已知 P 求 A	已知 G 求 A
	$(1+i)^n$	$\frac{1}{(1+i)^n}$	$\frac{(1+i)^n-1}{i}$	$\frac{i}{(1+i)^n-1}$	$\frac{(1+i)^n-1}{i(1+i)^n}$	$\frac{i(1+i)^n}{(1+i)^n-1}$	
	$F/P,i,n$	$P/F,i,n$	$F/A,i,n$	$A/F,i,n$	$P/A,i,n$	$A/P,i,n$	$A/G,i,n$
1	1.250	0.800 0	1.000	1.000 0	0.800 0	1.250 0	0.000 0
2	1.563	0.640 0	2.250	0.444 5	1.440 0	0.694 5	0.444 5
3	1.953	0.512 0	3.813	0.262 2	1.952 0	0.512 3	0.852 5
4	2.441	0.409 6	5.766	0.173 5	2.361 6	0.423 5	1.224 9
5	3.052	0.327 7	8.207	0.121 9	2.689 3	0.371 9	1.563 1
6	3.815	0.262 2	11.259	0.088 8	2.951 4	0.338 8	1.868 3
7	4.768	0.209 7	15.073	0.066 4	3.161 1	0.316 4	2.142 4
8	5.960	0.167 8	19.842	0.050 4	3.328 9	0.300 4	2.387 3
9	7.451	0.134 2	25.802	0.038 8	3.463 1	0.288 8	2.604 8
10	9.313	0.107 4	33.253	0.030 1	3.570 5	0.280 1	2.797 1
11	11.642	0.085 9	42.566	0.023 5	3.656 4	0.273 5	2.966 3
12	11.552	0.068 7	54.208	0.018 5	3.725 1	0.268 5	3.114 5
13	18.190	0.055 0	68.760	0.014 6	3.780 1	0.264 6	3.243 8
14	22.737	0.044 0	86.949	0.011 5	3.824 1	0.261 5	3.356 0
15	28.422	0.035 2	109.687	0.009 1	3.859 3	0.259 1	3.453 0
16	35.527	0.028 2	138.109	0.007 3	3.887 4	0.257 3	3.536 6
17	44.409	0.022 5	173.636	0.005 8	3.909 9	0.255 8	3.608 4
18	55.511	0.018 0	218.045	0.004 6	3.928 0	0.254 6	3.669 8
19	69.389	0.014 4	273.556	0.003 7	3.942 4	0.253 7	3.722 2
20	86.736	0.011 5	342.945	0.002 9	3.953 9	0.252 9	3.766 7
21	108.420	0.009 2	429.681	0.002 3	3.963 1	0.252 3	3.804 5
22	135.525	0.007 4	538.101	0.001 9	3.970 5	0.251 9	3.836 5
23	169.407	0.005 9	673.626	0.001 5	3.976 4	0.251 5	3.863 4
24	211.758	0.004 7	843.033	0.001 2	3.981 1	0.251 2	3.886 1
25	264.698	0.003 8	1 054.791	0.001 0	3.984 9	0.251 0	3.905 2
26	330.872	0.003 0	1 319.489	0.000 8	3.987 9	0.250 8	3.921 2
27	413.590	0.002 4	1 650.361	0.000 6	3.990 3	0.250 6	3.934 6
28	516.988	0.001 9	2 663.952	0.000 5	3.992 3	0.250 5	3.945 7
29	646.235	0.001 6	2 580.939	0.000 4	3.993 6	0.250 4	3.955 1
30	807.794	0.001 2	3 227.174	0.000 3	3.995 1	0.250 3	3.962 8
31	1 009.742	0.001 0	4 034.968	0.000 3	3.996 0	0.250 3	3.969 3
32	1 262.177	0.000 8	5 044.710	0.000 2	3.996 8	0.250 2	3.974 6
33	1 577.722	0.000 6	6 306.887	0.000 2	3.997 5	0.250 2	3.979 1
34	1 972.152	0.000 5	7 884.609	0.000 1	3.998 0	0.250 1	3.982 8
35	2 465.190	0.000 4	9 856.761	0.000 1	3.998 4	0.250 1	8.985 8

附表 19　30%普通（按年计）复利系数表

n	一次支付		等额支付数列				等差数列
	复利终值	复利现值	年金终值	偿债基金	年金现值	资金回收	等差数列
	已知 P 求 F	已知 F 求 P	已知 A 求 F	已知 F 求 A	已知 A 求 P	已知 P 求 A	已知 G 求 A
	$(1+i)^n$	$\frac{1}{(1+i)^n}$	$\frac{(1+i)^n-1}{i}$	$\frac{i}{(1+i)^n-1}$	$\frac{(1+i)^n-1}{i(1+i)^n}$	$\frac{i(1+i)^n}{(1+i)^n-1}$	
	F/P,i,n	P/F,i,n	F/A,i,n	A/F,i,n	P/A,i,n	A/P,i,n	A/G,i,n
1	1.300	0.769 2	1.000	1.000 0	0.769 2	1.300 0	0.000 0
2	1.690	0.591 7	2.300	0.434 8	1.361 0	0.734 8	0.434 8
3	2.197	0.455 2	3.990	0.250 6	1.816 1	0.550 6	0.827 1
4	2.856	0.350 1	6.187	0.161 6	2.166 3	0.461 6	1.178 3
5	3.713	0.269 3	9.043	0.110 6	2.435 6	0.410 6	1.490 3
6	4.827	0.207 2	12.756	0.078 4	2.642 8	0.378 4	1.765 5
7	6.275	0.159 4	17.583	0.056 9	2.802 1	0.356 9	2.006 8
8	8.157	0.122 6	23.858	0.041 9	2.924 7	0.341 9	2.215 6
9	10.605	0.094 3	32.015	0.031 2	3.019 0	0.331 2	2.396 3
10	13.786	0.072 5	42.620	0.023 5	3.091 5	0.323 5	2.551 2
11	17.922	0.055 8	56.405	0.017 7	3.147 3	0.317 7	2.683 3
12	23.298	0.042 9	74.327	0.013 5	3.190 3	0.313 5	2.795 2
13	30.288	0.033 0	97.625	0.010 3	3.223 3	0.310 3	2.889 5
14	39.374	0.025 4	127.913	0.007 8	3.248 7	0.307 8	2.968 5
15	51.186	0.019 5	167.286	0.006 0	3.268 2	0.306 0	3.034 5
16	66.542	0.015 0	218.472	0.004 6	3.283 2	0.304 6	3.089 2
17	86.504	0.011 6	285.014	0.003 5	3.294 8	0.303 5	3.134 5
18	112.455	0.008 9	371.518	0.002 7	3.303 7	0.302 7	3.171 8
19	146.192	0.006 9	483.973	0.002 1	3.310 5	0.302 1	3.202 5
20	190.050	0.005 3	630.165	0.001 6	3.315 8	0.301 6	3.227 6
21	247.065	0.004 1	820.215	0.001 2	3.319 9	0.301 2	3.248 0
22	321.184	0.003 1	1 067.280	0.000 9	3.323 0	0.300 9	3.264 6
23	417.539	0.002 4	1 388.464	0.000 7	3.325 4	0.300 7	3.278 1
24	542.801	0.001 9	1 806.003	0.000 6	3.327 2	0.300 6	3.289 0
25	705.641	0.001 4	2 348.803	0.000 4	3.328 6	0.300 4	3.297 9
26	917.333	0.001 1	3 054.444	0.000 3	3.329 7	0.300 3	3.305 0
27	1 192.533	0.000 8	3 971.778	0.000 3	3.330 5	0.300 3	3.310 7
28	1 550.293	0.000 7	5 164.311	0.000 2	3.331 2	0.300 2	3.315 3
29	2 015.381	0.000 5	6 714.004	0.000 2	3.331 7	0.300 2	3.318 9
30	2 619.996	0.000 4	8 729.985	0.000 1	3.332 1	0.300 1	3.321 9
31	3 405.994	0.000 3	11 349.981	0.000 1	3.332 4	0.300 1	3.324 2
32	4 427.793	0.000 2	14 755.975	0.000 1	3.332 6	0.300 1	3.326 1
33	5 756.130	0.000 2	19 183.768	0.000 1	3.332 8	0.300 1	3.327 6
34	7 482.970	0.000 1	24 939.899	0.000 1	3.332 9	0.300 1	3.328 8
35	9 727.860	0.000 1	32 422.868	0.000 0	3.333 0	0.300 0	3.329 7

附表 20　40%普通（按年计）复利系数表

n	一次支付		等额支付数列				等差数列
	复利终值	复利现值	年金终值	偿债基金	年金现值	资金回收	
	已知 P 求 F	已知 F 求 P	已知 A 求 F	已知 F 求 A	已知 A 求 P	已知 P 求 A	已知 G 求 A
	$(1+i)^n$	$\frac{1}{(1+i)^n}$	$\frac{(1+i)^n-1}{i}$	$\frac{i}{(1+i)^n-1}$	$\frac{(1+i)^n-1}{i(1+i)^n}$	$\frac{i(1+i)^n}{(1+i)^n-1}$	
	$F/P,i,n$	$P/F,i,n$	$F/A,i,n$	$A/F,i,n$	$P/A,i,n$	$A/P,i,n$	$A/G,i,n$
1	1.400	0.714 3	1.000	1.000 1	0.714 3	1.400 1	0.000 0
2	1.960	0.510 3	2.400	0.416 7	1.224 5	0.816 7	0.416 7
3	2.744	0.364 5	4.360	0.229 4	1.589 0	0.629 4	0.779 9
4	3.842	0.260 4	7.104	0.140 8	1.849 3	0.540 8	1.092 4
5	5.378	0.186 0	10.946	0.091 4	2.035 2	0.491 4	1.358 0
6	7.530	0.132 9	16.324	0.061 3	2.168 0	0.461 3	1.581 1
7	10.541	0.094 9	23.853	0.042 0	2.262 9	0.442 0	1.766 4
8	14.758	0.067 8	34.395	0.029 1	2.330 6	0.429 1	1.918 6
9	20.661	0.048 5	49.153	0.020 4	2.379 0	0.420 4	2.042 3
10	28.925	0.034 6	69.814	0.014 4	2.413 6	0.414 4	2.142 0
11	40.496	0.024 7	98.739	0.010 2	2.438 3	0.410 2	2.221 5
12	56.694	0.017 7	139.234	0.007 2	2.456 0	0.407 2	2.284 6
13	79.371	0.012 6	195.928	0.005 2	2.468 6	0.405 2	2.334 2
14	111.120	0.009 0	275.299	0.003 7	2.477 5	0.403 7	2.372 9
15	155.568	0.006 5	386.419	0.002 6	2.484 0	0.402 6	2.403 0
16	217.794	0.004 6	541.986	0.001 9	2.488 6	0.401 9	2.426 2
17	304.912	0.003 3	759.780	0.001 4	2.491 8	0.401 4	2.444 1
18	426.877	0.002 4	1 064.691	0.001 0	2.494 2	0.401 0	2.457 8
19	597.627	0.001 7	149.567	0.000 7	2.495 9	0.400 7	2.468 2
20	836.678	0.001 2	2 089.195	0.000 5	2.497 1	0.400 5	2.476 1
21	1 171.348	0.000 9	2 925.871	0.000 4	2.497 9	0.400 4	2.482 1
22	1 639.887	0.000 7	4 097.218	0.000 3	2.498 5	0.400 3	2.486 6
23	2 295.842	0.000 5	5 737.105	0.000 2	2.499 0	0.400 2	2.490 0
24	3 214.178	0.000 4	8 032.945	0.000 2	2.499 3	0.400 2	2.492 6
25	4 499.847	0.000 3	11 247.110	0.000 1	2.499 5	0.400 1	2.494 5
26	6 299.785	0.000 2	15 746.960	0.000 1	2.499 7	0.400 1	2.495 9
27	8 819.695	0.000 2	22 046.730	0.000 1	2.499 8	0.400 1	2.497 0
28	12 347.570	0.000 1	30 866.430	0.000 1	2.499 8	0.400 1	2.497 8
29	17 286.590	0.000 1	43 213.990	0.000 1	2.499 9	0.400 1	2.498 4
30	24 201.230	0.000 1	60 500.580	0.000 1	2.499 9	0.400 1	2.498 8

附表 21 50%普通（按年计）复利系数表

n	一次支付		等额支付数列				等差数列
	复利终值	复利现值	年金终值	偿债基金	年金现值	资金回收	
	已知 P 求 F	已知 F 求 P	已知 A 求 F	已知 F 求 A	已知 A 求 P	已知 P 求 A	已知 G 求 A
	$(1+i)^n$	$\frac{1}{(1+i)^n}$	$\frac{(1+i)^n-1}{i}$	$\frac{i}{(1+i)^n-1}$	$\frac{(1+i)^n-1}{i(1+i)^n}$	$\frac{i(1+i)^n}{(1+i)^n-1}$	
	$F/P,i,n$	$P/F,i,n$	$F/A,i,n$	$A/F,i,n$	$P/A,i,n$	$A/P,i,n$	$A/G,i,n$
1	1.500	0.666 7	1.000	1.000 0	0.666 7	1.500 0	0.000 1
2	2.250	0.444 5	2.500	0.400 0	1.111 2	0.900 1	0.400 1
3	3.375	0.296 3	4.750	0.210 6	1.407 5	0.710 6	0.736 9
4	5.063	0.197 6	8.125	0.123 1	1.605 0	0.623 1	1.015 4
5	7.594	0.131 7	13.188	0.075 9	1.736 7	0.575 9	1.241 8
6	11.391	0.087 8	20.781	0.048 2	1.824 5	0.548 2	1.422 6
7	17.086	0.058 6	32.172	0.031 1	1.883 0	0.531 1	1.564 9
8	25.629	0.039 1	49.258	0.020 4	1.922 0	0.520 4	1.675 2
9	38.443	0.026 1	74.887	0.013 4	1.948 0	0.513 4	1.759 7
10	57.665	0.017 4	113.330	0.008 9	1.965 4	0.508 9	1.823 6
11	86.498	0.011 6	170.995	0.005 9	1.976 9	0.505 9	1.871 4
12	129.746	0.007 8	257.493	0.003 9	1.984 6	0.503 9	1.906 8
13	194.620	0.005 2	387.239	0.002 6	1.989 8	0.502 6	1.932 9
14	291.929	0.003 5	581.858	0.001 8	1.993 2	0.501 8	1.051 9
15	437.894	0.002 3	873.788	0.001 2	1.995 5	0.501 2	1.965 7
16	656.841	0.001 6	1 311.681	0.000 8	1.997 0	0.500 8	1.975 7
17	985.261	0.001 1	1 968.522	0.000 6	1.998 0	0.500 6	1.982 8
18	1 477.891	0.000 7	2 953.783	0.000 4	1.998 7	0.500 4	1.987 9
19	2 216.837	0.000 5	4 431.671	0.000 3	1.999 1	0.500 3	1.991 5
20	3 325.256	0.000 4	6 648.511	0.000 2	1.999 4	0.500 2	1.994 0
21	4 987.882	0.000 3	9 973.765	0.000 2	1.999 6	0.500 2	1.995 8
22	7 481.824	0.000 2	14 961.640	0.000 1	1.999 8	0.500 1	1.997 1
23	11 222.730	0.000 1	22 443.470	0.000 1	1.999 9	0.500 1	1.998 0
24	16 834.100	0.000 1	33 666.210	0.000 1	1.999 9	0.500 1	1.998 6
25	25 251.160	0.000 1	50 500.330	0.000 1	2.000 0	0.500 1	1.999 1

思考与练习答案（部分）

第2章

7. 总成本 =22 100 万元，经营成本 =20 600 万元，固定成本 =2 100 万元，可变成本 =20 000 万元，单位平均成本 =2 210 元/t。

8. 增值税 $=\left(\dfrac{2\ 000\text{ 万元}}{1.13}-\dfrac{1\ 200\text{ 万元}}{1.13}\right)\times 13\%=92.04$ 万元。

9. 建筑安装工程费用 =8 800 万元，工程建设其他费用 =1 760 万元，基本预备费 =528 万元，涨价预备费 =332.64 万元，建设投资 =11 420.64 万元。

10. 拟建项目的投资 =11 599 万元。

第3章

5. 实际年利率是 19.56%。

6. （1）$F_1=610.5$ 万元。

（2）$F_2=671.55$ 万元。

（3）$F_3=613.56$ 万元。

7. （1）$A_1=5\ 548$ 元。

（2）实际年利率为 12.55%，$A_2=5\ 624$ 元。

8. （1）$F_1=32.22$ 万元。

（2）$A=20$ 万元 $\times P(A/P,10\%,5)=5.276$ 万元，每年年末等本利还款计算见下表。

（单位：万元）

年　份	年初待还本金	利　息	本　金
1	20	2	3.276
2	16.724	1.672 4	3.604
3	13.12	1.312	3.964
4	9.156	0.915 6	4.36
5	4.796	0.479 6	4.796 4

（3）每年还本金 4 万元，每年年末等本金还款计算见下表。

（单位：万元）

年　份	年初待还本金	利　息	每年还款总额
1	20	2	6
2	16	1.6	5.6
3	12	1.2	5.2
4	8	0.8	4.8
5	4	0.4	4.4

所有方式的现值都是贷款额20万元。

9. $P=P_A+P_G=4\ 213.95$ 元。

10. 现金流量图略，终值 $F=326.65$ 万元，现值 $P=129.7$ 万元，第4年年末 $F_4=176.47$ 万元。

11. 实际年利率 $r=9.44\%$。

第4章

5. 静态投资回收期=5.33年。

6. 方案的经济效益的排序是2—4—1—3。

7. NPV=9.47万元>0。

8. $AC_{甲}=469.92$ 万元，$AC_{乙}=446.43$ 万元。
   乙方案的费用年值更低，因此乙方案更好。

9. 净现值率=38.03%。

10. $\frac{B}{C}=1.135$，方案可行。

11. $i_0=13.32\%>10\%$，此方案可行。

12. 差额内部收益率=19.54%>10%，应该选择投资方案大的方案A。

13. $NAV_A=497.34$ 万元，$NAV_B=930.85$ 万元，$NAV_C=1\ 093.99$ 万元。

14. 若资金没有限制，则可以投资A、B、D、E项目。

若资金有限制：A和E项目的净现值是2 674.7万元，B、D、E三个项目的净现值是2 981.9万元，因此选择将9 000万元投资B、D、E项目。

第5章

6. 盈亏平衡点产量 $Q^*=3\ 538.12$t，盈亏平衡点的生产能力利用率=58.97%。

7. 产量 $Q<20$ 时，C方案最优；$Q>30$ 时，A方案最优；$20<Q<30$ 时，B方案最优。

8. NPV=343.73万元。

令NPV=0，设投资变动、产品价格变动、经营成本变动分别为 x,y,z，得到 $x=19.09\%$，$y=-9.77\%$，$z=24.61\%$，由此可见，价格是最敏感的因素。

9. $P(NPV\geqslant 0)=99.38\%$，$P(NPV>50)=4.75\%$。

10. $E(NPV)=460.1$ 万元，$P(NPV>0)=88\%$。

11. 概率树略，$E(A)=123.36$ 万元，$E(B)=115.58$ 万元，因此选A方案。

第6章

1. 加权平均资金成本率=8.767%。

2. 该项目全部投资的加权平均资金成本率=7.25%。

3. 企业长期借款的资金成本=7.54%。

4. $IRR_{全}=21.32\%$，$IRR_{权}=32.74\%$。

第7章

10. 国内设备影子价格=455万元，进口设备的影子价格=391.38万元，总成本=

846.38 万元。

11. 甲的投入物的影子价格 =2 416.46 元。

12. 出厂价 = FOB × 汇率 ×（1 −6%）− 项目到口岸的运费

=850 美元 ×7 元/美元 ×（1 −6%）−200 元 =5 393 元

第 8 章

8. 直线折旧法：第 2 年 $d_2=0.485$ 万元，第 8 年 $d_8=0.485$ 万元。

年限总和折旧法：$d_2=0.794$ 万元，$d_8=0.265$ 万元。

双倍余额递减折旧法：$d_2=0.8$ 万元，$d_8=0.2097$ 万元。

9. $T_{\min}=6.3$ 年。

10. 设备使用 1 年到 8 年的费用年值分别为：4 799.96 元，3 562.06 元，3 195.65 元，3 132.32 元，3 180.85 元，3 267.44 元，3 394.23 元，3 534.04 元，因此该设备的经济寿命为 4 年。

11. 新设备的全部费用现值为 17 960.7 元，旧设备的全部费用现值为 18 810.24 元，所以，应该更新设备。

12. 由第 10 题得知，新设备的经济寿命为 4 年，年均费用 =3 132.32 元。

旧设备再用 4 年的年费用为 3 303.80 元。

大于新设备的 4 年年均费用，因此应该更新设备。

旧设备再使用 1 年的费用 =3 050 元，小于 4 年的年均费用 3 132.32 元，所以可以再使用 1 年。

旧设备再使用第 2 年的费用 =2 950 元 <3 132.32 元，所以旧设备可以再用 2 年。

旧设备再使用第 3 年的费用 =3 400 元 >3 132.32 元，所以旧设备用 3 年不划算。

综上，旧设备只用 2 年，然后更换新设备。

第 9 章

9. A、B、C、D、E 五个零件的价值系数为 1、1.5、0.375、3、0.9。因此价值工程的分析对象为 C、D、B 顺序。C 需要大幅度降低成本，对于 B 和 D，分析其功能是否太高或者合理，如果合理，应适当提高成本，使功能发挥得更好。

10. A、B、C、D、E 五个功能的价值系数分别为 0.696、1.35、0.82、0.937 5、1.125，成本降低的期望值为 63.75 元、−35 元、20 元、3.75 元、−2.50 元。

分析对象是 A、B、C。A、C 是成本改进，B 是功能改进。D 的价值系数接近于 1，可不作为价值工程的对象，E 则因为功能不重要，也可以不作为价值分析的对象。

参考文献

[1] 钟世谋，李小兵，孙京燕. 工程经济及电算法教程 [M]. 成都：电子科技大学出版社，2005.

[2] 吴锋，叶锋. 工程经济学 [M]. 北京：机械工业出版社，2006.

[3] 沙立文，威克斯，勒克斯霍. 工程经济学 [M]. 邵颖红，等译. 北京：清华大学出版社，2007.

[4] 刘新梅. 工程经济学 [M]. 北京：北京大学出版社，2009.

[5] 邵颖红. 工程经济学 [M]. 5 版. 上海：同济大学出版社，2015.

[6] BLANK L, TARQUIN A. 工程经济学 [M]. 胡欣悦，李从东，汤勇力，译. 北京：清华大学出版社，2010.

[7] 冯为民. 工程经济学 [M]. 2 版. 上海：同济大学出版社，2006.

[8] 都沁军. 工程经济学 [M]. 北京：北京大学出版社，2012.

[9] 国家发展改革委，建设部. 建设项目经济评价方法与参数 [M]. 3 版. 北京：中国计划出版社，2006.

[10] 张小利. 工程经济学 [M]. 北京：中国电力出版社，2017.

[11] 刘新梅. 工程经济分析 [M]. 北京：北京大学出版社，2014.

[12] 黄有亮. 工程经济学习题集及解析 [M]. 南京：东南大学出版社，2016.